해커스변호사

Law Man
특별형법

Criminal Law

핵심암기장

이재철

 해커스변호사

서문을 적기에 앞서 먼저 2023년에 출간된 「Law Man 형사특별법(제9판)」 교재에 많은 성원을 보내주신 독자분들에게 감사의 말씀을 전합니다. 이에 힘입어 「2025 해커스변호사 Law Man 특별형법 핵심암기장」 교재를 출간합니다.

그런데 2024년부터 한림법학원에서 해커스변호사 학원으로의 이적이 있게 되어 출판사도 윌비스 출판사에서 해커스변호사 출판사로 변경하여 출판을 하게 되었고, 이러한 출판사의 변경으로 인하여 교재의 제목에도 어느 정도 변화가 있게 되었습니다.

즉 종래에는 「Law Man 형사특별법(제9판)」 등으로 교재의 명칭을 표기하였으나, 앞으로는 해커스변호사 출판사에서 공통으로 사용하는 「2025 해커스변호사 Law Man 특별형법 핵심암기장」 등으로 표기하게 되었습니다.

또한 본래 본 교재의 내용에는 실체법 이외의 절차법적인 내용도 포함되어 있어 이름을 형사특별법으로 명명하였으나, 일반적으로 형사특별법이라는 용어 대신 특별형법이라는 명칭을 사용하고 있습니다. 이에 본서도 특별형법이라는 명칭을 사용하기로 하여 본서의 명칭을 「2025 해커스변호사 Law Man 특별형법 핵심암기장」으로 하였습니다.

「2025 해커스변호사 Law Man 특별형법 핵심암기장」은 기본적으로 「Law Man 형사특별법(제9판)」의 체제를 유지하면서 2024년 2월까지 개정된 법령과 최신판례를 보완하고, 2023년 시행된 법전협 모의고사 변형사례문제와 2024년 시행된 변호사시험 사례문제를 반영하였습니다.

본서는 변호사시험, 5급공채시험, 법원행정고시 등의 고급시험의 대비를 위한 입문서와 정리서의 역할을 하기 위하여 변호사시험 등에서 출제될 가능성이 높은 특별형법의 내용만을 충실하게 정리한 교재입니다.

본서의 주요한 내용을 설명하면 다음과 같습니다.

1. 변호사시험이나 5급공채시험 등의 고급시험을 대비하기 위한 입문서와 정리서의 역할

본서는 변호사시험, 5급공채시험 등의 고급시험의 대비를 위한 특별형법 교재입니다. 특별형법도 그 내용이 상당하지만, 본서는 수험을 위한 입문서와 정리서의 역할을 하기 위하여 변호사시험 등에서 출제될 가능성이 높은 특별형법의 내용만을 충실하게 정리하였습니다. 즉 특별형법의 내용 중 변호사시험 등의 대비를 위하여 필수적으로 알아야 할 기본적인 내용들을 1. 관련 조문, 2. 주요 내용, 3. 관련 판례의 순서로 정리하여 가장 효과적인 수험서가 되도록 하였습니다.

서문

2. 본서의 기본적인 체제

본서는 형법과 형사소송법에 대한 선행지식이 있다는 것을 전제로 하였으므로 ① 형법에 나오지 않는 특별한 구성요건이 많은 도로교통 관련 특별형법 부분에 많은 양을 할애하고 ② 형법상의 구성요건을 수정 내지 변형한 특별형법의 내용은 조문과 그 내용 및 판례의 태도만으로 간단히 정리하였습니다.

3. 제1편 도로교통 관련 법률 정리

제1편에서는 도로교통 관련 법률인 ① 도로교통법 ② 교통사고처리 특례법 ③ 특정범죄 가중처벌 등에 관한 법률 제5조의3과 제5조의11 및 제5조의13 등을 정리하였습니다. 특히 도로교통 관련 법률은 변호사시험에서 선택형이나 사례형 및 기록형문제로, 법원행정고시 등에서도 선택형이나 사례형문제로 출제가능성이 높은 부분이므로 가능하면 최신판례를 바탕으로 충분한 판례를 적시하였습니다.

4. 제2편 도로교통 관련 이외의 법률 정리

제2편에서는 도로교통 관련 이외의 법률로서 시험출제가능이 높은 순서에 따라 ① 폭력행위 등 처벌에 관한 법률 ② 성폭력범죄의 처벌에 관한 특례법 ③ 아동·청소년의 성보호에 관한 법률 ④ 특정범죄 가중처벌 등에 관한 법률 ⑤ 특정경제범죄 가중처벌 등에 관한 법률 ⑥ 부정수표단속법 등의 내용을 조문을 중심으로 정리하였으며, 기타 ⑦ 여신전문금융업법 ⑧ 정보통신망 이용촉진 및 정보보호 등에 관한 법률 ⑨ 변호사법 ⑩ 통신비밀보호법에 대하여 시험출제가능성이 높은 벌칙조항을 정리하였습니다.

5. 2024년 2월까지의 최신 법률과 판례의 반영

본서는 2024년 2월까지의 최신 법률과 판례의 내용을 모두 반영하였습니다. 특히 최근에 개정이 빈번한 도로교통법과 성폭력범죄의 처벌에 관한 특례법 등의 개정내용 등을 충실히 반영하였습니다.

6. 판례의 제목을 판례의 핵심내용으로 정리

판례의 제목을 판례의 핵심내용으로 정리하여 판례의 내용을 모두 읽지 않고 판례의 제목만 보더라도 해당 판례의 내용을 이해하고 정리할 수 있어 수험생의 최대의 관건인 시간을 줄여 보다 효율적인 수험서가 되도록 하였습니다. 그리고 하나의 쟁점에 다수의 판례가 있는 경우에는 이를 ① 기본 법리 판례와 ② 긍정한 판례 및 ③ 부정한 판례 등으로 정리하여 보다 효율적인 이해와 정리가 되도록 하였습니다.

7. 변호사시험 기출사례문제와 모의시험 변형사례문제 수록
2012년부터 2024년 1월까지의 변호사시험 기출사례문제와 법전협 모의시험 변형사례문제를 진도에 맞추어 수록하였습니다. 따라서 본서를 통하여 특별형법 사례문제가 주로 출제되는 부분 및 사례문제의 출제수준을 가늠할 수 있을 것입니다.

본서는 변호사시험이나 5급공채시험 및 법원행정고시 등을 준비하시는 분들을 위한 입문서이자 정리서로서의 수험서입니다. 따라서 본서의 내용을 이해하고 응용하실 수 있으면 현행 변호사시험이나 5급공채시험 및 법원행정고시 등을 대비하기 위한 교재로서 크게 부족함이 없을 것입니다.

마지막으로 본서가 출간됨에 있어 해커스 출판사 임직원분들에게도 감사의 말을 전합니다. 그럼 본서가 독자분들의 형사법 실력을 향상시켜 훌륭한 법조인이 되시는데 도움이 되기를 바라며 이만 줄입니다.

2024년 2월 22일 우정에서

이 재 철

https://cafe.daum.net/ljc7329

목차

제1편 교통 관련 특별법

제2편 교통 관련 이외의 특별법

해커스변호사
law.Hackers.com

제1편

교통 관련 특별법

제1장 | 도로교통법

제1절 | 도로교통법의 기본 개념

I. 서 설

도로교통법위반죄는 기본적으로 <u>도로에서의 자동차 등의 운전을 전제</u>로 하므로 도로교통법위반죄의 기본개념인 ① 도로의 개념 ② 자동차 등의 개념 ③ 운전의 개념 등을 살펴본다.

---

1) 음주운전죄에 대한 보다 정확한 조문은 제148조의2 제1항, 제3항 제1호, 제2호, 제3호, 제4항이다.
2) 난폭운전죄는 2015.8.11.에 신설되었으며, 부칙 제1조에 따라 시행일은 2016.2.12.부터이다.

Ⅱ. 도로와 노면전차 전용로의 개념

1. 관련 조문

> 제2조 (정의) - 제1호, 제2호, 제3호, 제7의2호
> 1. "도로"란 다음 각 목에 해당하는 곳을 말한다.
>   가. 도로법에 따른 도로
>   나. 유료도로법에 따른 유료도로
>   다. 농어촌도로 정비법에 따른 농어촌도로
>   라. 그 밖에 현실적으로 불특정 다수의 사람 또는 차마(車馬)가 통행할 수 있도록 공
>   개된 장소로서 안전하고 원활한 교통을 확보할 필요가 있는 장소
> 2. "자동차전용도로"란 자동차만 다닐 수 있도록 설치된 도로를 말한다.
> 3. "고속도로"란 자동차의 고속 운행에만 사용하기 위하여 지정된 도로를 말한다.
> 7의2. "노면전차 전용로"란 도로에서 궤도를 설치하고, 안전표지 또는 인공구조물로 경
>   계를 표시하여 설치한 「도시철도법」 제18조의2제1항 각 호에 따른 도로 또는 차
>   로를 말한다.

2. 주요 내용

도로교통법상의 도로는 ① 도로로서의 형태성 ② 통행로로서의 이용성 ③ 공개성 및 공공성을 구비하여야 한다.[3]

3. 관련 판례

종래 음주운전(음주측정거부죄 포함)과 사고발생시의 미조치의 경우에도 도로에서의 교통으로 제한하였으나, 2010.7.23.의 개정으로 이러한 경우에도 도로외의 경우를 포함하므로 예전만큼의 구별실익은 없다고 하겠다. 그러나 아직도 업무상과실·중과실 재물손괴죄(제151조), 무면허운전죄(제152조 제1호), 미신고죄(제154조 제4호)의 경우에는 도로에서의 운전만으로 제한하므로 이에 그 구별실익은 있다.[4] 도로 인정여부에 대한 판례는 주로 무면허운전죄와 관련하여 판례가 많이 있으므로 무면허운전죄 부분에서 도로인정여부에 대한 관련 판례를 설시한다.

---

3) 이러한 도로의 세 가지의 개념요소 중 공개성 및 공공성이 주로 논의의 대상이 된다.
4) 2015.8.11.에 신설된 제151조의2 난폭운전죄의 경우에도 그 본질상 도로에서의 운전으로 제한된다고 보아야 할 것이다.

Ⅲ. 자동차등과 노면전차의 개념

1. 관련 조문

제2조 (정의) – 제21호 (자동차등)

21. "자동차등"이란 자동차와 원동기장치자전거를 말한다.

제2조 (정의) – 18호 (자동차)

18. "자동차"란 철길이나 가설된 선을 이용하지 아니하고 원동기를 사용하여 운전되는 차(견인되는 자동차도 자동차의 일부로 본다)로서 다음 각 목의 차를 말한다.
    가. 자동차관리법 제3조에 따른 다음의 자동차.[5] 다만, 원동기장치자전거는 제외한다.
       1) 승용자동차 2) 승합자동차 3) 화물자동차 4) 특수자동차 5) 이륜자동차
    나. 건설기계관리법 제26조제1항 단서에 따른 건설기계

제2조 (정의) – 제19호 (원동기장치자전거)

19. "원동기장치자전거"란 다음 각 목의 어느 하나에 해당하는 차를 말한다.
    가. 「자동차관리법」 제3조에 따른 이륜자동차 가운데 배기량 125시시 이하(전기를 동력으로 하는 경우에는 최고정격출력 11킬로와트 이하)의 이륜자동차
    나. 그 밖에 배기량 125시시 이하(전기를 동력으로 하는 경우에는 최고정격출력 11킬로와트 이하)의 원동기를 단 차(「자전거 이용 활성화에 관한 법률」 제2조제1호의2에 따른 전기자전거 및 제21호의3에 따른 실외이동로봇은 제외한다) [개정 2023.4.18]

제2조 (정의) – 제17의2호 (노면전차)

17의2 "노면전차"란 「도시철도법」 제2조제2호에 따른 노면전차로서 도로에서 궤도를 이용하여 운행되는 차를 말한다.

---

5) 자동차 관리법 제3조(자동차의 종류)
   ① 자동차는 다음 각 호와 같이 구분한다.
   1. 승용자동차 : 10인 이하를 운송하기에 적합하게 제작된 자동차
   2. 승합자동차 : 11인 이상을 운송하기에 적합하게 제작된 자동차. 다만, 다음 각 목의 어느 하나에 해당하는 자동차는 승차인원에 관계없이 이를 승합자동차로 본다.
      가. 내부의 특수한 설비로 인하여 승차인원이 10인 이하로 된 자동차
      나. 국토교통부령으로 정하는 경형자동차로서 승차인원이 10인 이하인 전방조종자동차
      다. 캠핑용자동차 또는 캠핑용트레일러
   3. 화물자동차 : 화물을 운송하기에 적합한 화물적재공간을 갖추고, 화물적재공간의 총적재화물의 무게가 운전자를 제외한 승객이 승차공간에 모두 탑승했을 때의 승객의 무게보다 많은 자동차
   4. 특수자동차 : 다른 자동차를 견인하거나 구난작업 또는 특수한 작업을 수행하기에 적합하게 제작된 자동차로서 승용자동차·승합자동차 또는 화물자동차가 아닌 자동차
   5. 이륜자동차 : 총배기량 또는 정격출력의 크기와 관계없이 1인 또는 2인의 사람을 운송하기에 적합하게 제작된 이륜의 자동차 및 그와 유사한 구조로 되어 있는 자동차

2. 자동차 등의 개념과 적용범위의 확대

자동차 등의 개념은 도로교통법 제2조 제18호에서 말하는 자동차와 동조 제19호에서 말하는 원동기장치자전거를 말한다(제2조 제21호). 그러나 <u>음주운전, 음주측정거부, 과로운전 등의 경우에는 건설기계관리법 제26조 제1항 단서에 따른 건설기계 외의 건설기계를 포함한다</u>(제44조 제1항 참조).

3. 노면전차

2018.3.27.의 개정으로 노면전차와 관련된 규정들이 새로이 신설되었다. 노면전차란 「도시철도법」 제2조 제2호에 따른 노면전차로서 도로에서 궤도를 이용하여 운행되는 차를 말한다.

Ⅳ. 운전의 개념

1. 관련 조문

> **제2조 (정의) – 제26호 (운전)**
> 26. "운전"이란 도로(제27조제6항제3호 · 제44조 · 제45조 · 제54조제1항 · 제148조 · 제148조의2 및 제156조제10호의 경우에는 도로 외의 곳을 포함한다)에서 차마 또는 노면전차를 그 본래의 사용방법에 따라 사용하는 것(조종 또는 자율주행시스템을 사용하는 것을 포함한다)을 말한다.[6]
>
> **〈참조 조문의 기본 내용〉**
> 제27조 제6항 제3호 (도로외의 곳에서의 보행자의 보호), 제44조(술에 취한 상태에서의 운전 금지), 제45조(과로한 때 등의 운전 금지), 제54조 제1항(사고발생 시의 조치), 제148조(벌칙) : 제54조 제1항 위반 벌칙, 제148조의2(벌칙) : 음주운전 · 음주측정불응 · 약물등 운전 등 위반 벌칙, 제156조 제10호(벌칙) : 주 · 정차된 차만 손괴한 것이 분명한 경우에 제54조 제1항 제2호에 따라 피해자에게 인적 사항을 제공하지 아니한 사람

2. 주요 내용

(1) 운전의 개념요소

운전이라고 하기 위해서는 객관적 요소로서 ① 운전의 장소적 상황 ② 운전행위 그리고 주관적 요소로서 ③ 운전의사가 구비되어야 한다.

---

6) 조문에서의 '제27조제6항제3호'는 2022. 1. 11. 개정으로 들어왔으며, 시행은 2022.7.12.부터이다.

(2) 장소적 상황

종래 운전을 도로에서의 운전만으로 제한하였으나, 2010.7.23.의 개정으로 음주운전, 음주측정거부, 약물 운전 및 사고발생시의 미조치의 경우 그리고 2017.10.24.의 개정으로 주·정차된 차량을 손괴하고 인적 사항을 제공하지 않은 경우에는 도로외에서의 운전을 포함하게 되었다. 그러나 업무상과실 또는 중과실 재물손괴죄(도교법 제151조), 무면허운전(도교법 제152조 제1호), 미신고죄(도교법 제154조 제4호)의 경우에는 도로에서의 운전으로 제한된다. 그리고 2015.8.11.에 신설된 제151조의2 난폭운전죄의 경우에도 그 본질상 도로에서의 운전으로 제한된다고 보아야 할 것이다.

(3) 운전행위

운전이란 차마 또는 노면전차를 그 본래의 사용방법에 따라 사용하는 것(조종을 포함한다)을 말한다. 운전의 시기에 대하여는 ① 엔진시동설 ② 발진조작완료설 ③ 발진설의 견해 대립이 있으나, 판례는 '단지 엔진을 시동시켰다는 것만으로는 부족하고 이른바 발진조작의 완료를 요하며, 또한 그로써 족하다'라고 하여 발진조작완료설을 따르고 있다. 그리고 운전이 종료되기 위해서는 엔진시동의 종료가 있어야 한다.

(4) 운전의사

운전이란 차마 또는 노면전차를 그 본래의 사용방법에 따라 사용하는 것(조종을 포함한다)을 말하므로 사용을 하기 위한 고의가 있어야 한다.

3. 관련 판례

(1) 기본 법리 판례

〈운전의 시기에 대하여 발진조작완료설을 따른 판례〉 구 도로교통법(2017. 3. 21. 법률 제14617호로 개정되기 전의 것) 제2조 제26호에 따르면, '운전'이란 도로에서 차를 '그 본래의 사용방법'에 따라 사용하는 것을 말한다. 이때 자동차를 '그 본래의 사용방법'에 따라 사용하였다고 하기 위하여는 단지 엔진을 시동시켰다는 것만으로는 부족하고 이른바 발진조작의 완료를 요한다. 통상 자동차 엔진을 시동시키고 기어를 조작하며 제동장치를 해제하는 등 일련의 조치를 취하면 위와 같은 발진조작을 완료하였다고 할 것이지만, 애초부터 자동차가 고장이나 결함 등의 원인으로 객관적으로 발진할 수 없었던 상태에 있었던 경우라면 그와 같이 볼 수는 없다(대판 2021.1.14. 2017도10815).

〈피고인이 자동차의 시동을 걸지 못한 사건〉 [1] 도로교통법 제2조 제26호는 '운전'이란 차마 또는 노면전차를 본래의 사용방법에 따라 사용하는 것을 말한다고 정하고 있다. 그중 자동차를 본래의 사용방법에 따라 사용했다고 하기 위해서는 엔진을 걸고 발진조작을 해야 한다. [2] 피고인이 이 사건 차량에 장착된 STOP&GO 기능 조작 미숙으로 시동을 걸지 못한 상태에서 제동장치를 조작하다 차량이 뒤로 밀려 추돌사고를 야기한 경우, 피고인이 운전하려는 의사로 제동장치를 조작했어도 시동을 걸지 못한 이상 발진조작을 했다고 볼 수 없으므로, 자동차를 본래의 사용방법에 따라 사용했다고 보기 어렵다고 본 사안임(대판 2020.12.30. 2020도9994).

(2) 운전을 긍정한 판례

〈막다른 골목길에서 주차차량 다시 일렬주차하기 위해 1m정도 전·후진하면 운전이라는 판례〉 특정인들 또는 그들과 관련된 특정한 용건이 있는 자들만이 사용할 수 있고 자주적으로 관리되는 장소가 아닌 한 주택가의 막다른 골목길 등과 같은 곳도 법에서 말하는 도로에 해당하고, 또 이러한 장소에서 자동차의 시동을 걸어 이동하였다면 그것이 주차를 위한 것이라거나 주차시켜 놓았던 차량을 똑바로 정렬하기 위한 것이더라도 "차량을 그 본래의 사용방법에 따라 사용"하는 것으로서 법에서 말하는 "운전"에 해당한다(대판 1993.6.22. 93도828). [COMMENT] 본 판례는 음주운전과 관련된 판례이나, 현재는 음주운전의 경우에는 도로에서의 운전에 한정하지 아니하므로 도로와 운전의 개념 정도만 참조하시기 바란다.

(3) 운전을 부정한 판례

〈시동이 걸리지 않았다면 운전에 해당되지 않는다는 판례〉 자동차를 절취할 생각으로 자동차의 조수석문을 열고 들어가 시동을 걸려고 시도하는 등 차 안의 기기를 이것저것 만지다가 핸드브레이크를 풀게 되었는데 그 장소가 내리막길인 관계로 시동이 걸리지 않은 상태에서 약 10미터 전진하다가 가로수를 들이받는 바람에 멈추게 되었다면 절도의 기수에 해당한다고 볼 수 없을 뿐 아니라 도로교통법 제2조 제19호 소정의 자동차의 운전에 해당하지 아니한다(대판 1994.9.9. 94도1522). [COMMENT] 본 판례에서의 제2조 제19호는 현행법 제2조 제26호를 의미한다.

〈자동차를 움직이게 할 의도없이 시동 건 후 실수로 자동차가 움직이게 되었다면 운전이 아니라는 판례〉 [1] 도로교통법 제2조 제19호는 '운전'이라 함은 도로에서 차를 그 본래의 사용 방법에 따라 사용하는 것을 말한다고 규정하고 있는바, 여기에서 말하는 운전의 개념은 그 규정의 내용에 비추어 목적적 요소를 포함하는 것이므로 고의의 운전행위만을 의미하고 자동차 안에 있는 사람의 의지나 관여 없이 자동차가 움직인 경우에는 운전에 해당하지 않는다. [2] 어떤 사람이 자동차를 움직이게 할 의도 없이 다른 목적을 위하여 자동차의 원동기(모터)의 시동을 걸었는데, 실수로 기어 등 자동차의 발진에 필요한 장치를 건드려 원동기의 추진력에 의하여 자동차가 움직이거나 또는 불안전한 주차상태나 도로여건 등으로 인하여 자동차가 움직이게 된 경우는 자동차의 운전에 해당하지 아니한다(대판 2004.4.23. 2004도1109). [COMMENT] 본 판례에서의 제2조 제19호는 현행 제2조 제26호를 의미한다.

甲은 친구 乙의 집에서 함께 양주를 마신 후 혈중 알코올농도 0,15%의 상태서 자신의 집으로 가기 위해 주차장에 세워 둔 자신의 승용차에 올라타고 시동을 걸어 앞으로 진행하려고 하였으나, 앞에 서 있던 A가 길을 비켜주지 않자 승용차에서 내려 A와 시비가 붙어 소란을 일으켰다. 검사가 甲을 도로교통법위반(음주운전)으로 기소한 경우에 甲의 변호인의 입장에서 무죄를 주장하는 논거를 제시하시오. (10점) [2016 3차]

제2절 | 교통사고발생시 조치의무 불이행

1. 관련 조문

> **제148조 (벌칙)**
> 제54조제1항에 따른 교통사고 발생 시의 조치를 하지 아니한 사람(주 · 정차된 차만 손괴한 것이 분명한 경우에 제54조제1항제2호에 따라 피해자에게 인적 사항을 제공하지 아니한 사람은 제외한다)은 5년 이하의 징역이나 1천500만원 이하의 벌금에 처한다.
>
> **〈참조 조문〉**
> 도로교통법 제54조 (사고발생 시의 조치)
> ① 차 또는 노면전차의 운전 등 교통으로 인하여 사람을 사상하거나 물건을 손괴(이하 "교통사고"라 한다)한 경우에는 그 차 또는 노면전차의 운전자나 그 밖의 승무원(이하 "운전자등"이라 한다)은 즉시 정차하여 다음 각 호의 조치를 하여야 한다. 〈개정 2014.1.28, 2016.12.2, 2018.3.27〉
>   1. 사상자를 구호하는 등 필요한 조치
>   2. 피해자에게 인적 사항(성명 · 전화번호 · 주소 등을 말한다. 이하 제148조 및 제156조 제10호에서 같다) 제공

2. 주요 내용

(1) 주 체

본죄의 주체는 '차 또는 노면전차의 운전자나 그 밖의 승무원(운전자 등)'이다. 따라서 사고차의 운전자는 물론 사고차의 안전운행에 책임있는 조수, 안내원 등도 본죄의 주체가 된다.[7]

---

7) 그러나 특가법 제5조의3(도주차량)의 경우에는 사고차의 운전자로 제한된다.

(2) **교통사고**

   1) **교통** : 교통이란 ① 운전은 물론 ② 운전과 동일하게 평가할 수 있는 유사운전행위 (오토바이를 끌고 가는 행위, 고장난 차를 밀고 가는 행위 등) ③ 차의 이동과 밀접한 관련이 있는 운전밀접행위(주차 행위, 주차 후 문을 여는 행위 등)를 포함한다.

   2) **사고** : 사고에는 사람의 사망 또는 상해 및 재물에 대한 손괴를 포함한다.[8]

   3) **고의포함 여부** : 교통사고는 주로 과실에 의하여 발생하는 것이 일반적이지만, 판례에 의하면 고의로 인한 사고를 포함한다.[9]

> 甲은 차를 운전하고 교회 주차장으로 갔다. 그 주차장은 교회 관계자나 신자들만 이용하는 곳이고 일반인들이 주차를 할 수 없도록 경비원이 관리를 하는 곳이다. 차를 주차하고 운전석 문을 열던 甲은 마침 뒤쪽에서 오토바이를 타고 주차장을 빠져나가던 A를 보지 못하고 문으로 오토바이의 핸들 부분을 쳐서 넘어뜨렸다. 오토바이에서 떨어진 A는 얼굴에 상처를 입고 비틀거렸으나, 甲는 이와 같은 사실을 알면서도 다시 차 문을 닫고 그대로 주차장을 떠났다. 甲의 죄책은? (15점) [2011 2차]

(3) **미조치**

   1) **조치 상황의 필요성** : 미조치죄가 성립하기 위해서는 교통사고의 결과가 피해자의 구호 및 교통질서의 회복을 위한 조치가 필요한 상황이어야 하며, 조치가 필요한 상황인 이상 그 의무는 교통사고를 발생시킨 당해 차량의 운전자에게 그 사고발생에 있어서 고의·과실 혹은 유책·위법의 유무에 관계없이 부과된다(판례).

   2) **조치의무의 내용** : 조치가 필요한 상황이 있다면, 운전자나 그 밖의 승무원은 제54조 제1항에 의해 ① 사상자를 구호하는 등 필요한 조치를 하고(제1호) ② 피해자에게 성명·전화번호·주소 등 인적 사항을 제공하여야 한다(제2호). 종래 신원확인 조치의무가 명문화 되어 있지 않았으나, 2016.12.2. 개정으로 제54조 제1항 제2호에서 이를 명문화 하였다.

   3) **조치의 내용과 정도** : 이 경우 운전자가 취하여야 할 조치는 사고의 내용과 피해의 정도 등 구체적 상황에 따라 적절히 강구되어야 하고, 그 정도는 건전한 양식에 비추어 통상 요구되는 정도의 조치를 말한다.

(4) **타죄와의 관계**

   1) **사람을 사상하고 도주한 경우** : 운전자가 업무상과실로 사람을 사상하고 도주한 경우에는 특가법 제5조의3 위반(도주차량)죄만 성립하고, 미조치죄는 성립하지 아니한다. 이러한 경우 특가법 제5조의3이 특별관계에 있으므로 미조치죄는 이에 흡수

---

8) 그러나 특가법 제5조의3(도주차량)의 경우에는 사람의 사망 또는 상해의 경우로 제한된다.
9) 그러나 특가법 제5조의3(도주차량)의 경우에는 업무상과실 또는 중과실행위로 제한된다.

된다. 그러나 특가법위반죄가 아닌 교특법 제3조 제1항 위반죄(업무상과실치사상죄)와 미조치죄로 기소되는 경우에는 실체적 경합이 된다(판례).

2) 사람을 상해함과 동시에 물건을 손괴하고 도주한 경우 : 운전자가 업무상과실로 사람을 상해함과 동시에 물건을 손괴하고 도주한 경우에는 상해에 대한 미조치죄는 특가법 제5조의3 위반(도주차량)죄에 흡수되지만, 손괴에 대한 미조치죄는 별도로 성립하므로 특가법 제5조의3 위반(도주차량)죄와 손괴에 대한 미조치죄는 상상적 경합이 된다(판례).

3) 타인의 재물을 손괴하고 도주한 경우 : 운전자가 과실로 타인의 재물을 손괴하고 도주한 경우에는 도로교통법 제151조 위반죄(업무상과실손괴)와 미조치죄는 실체적 경합이 된다(판례).

4) 미신고죄와의 관계 : 미조치죄와 미신고죄는 실체적 경합관계에 있다(판례).

5) 주·정차 차량 손괴 후 미조치죄와의 관계 : 주·정차 차량 손괴 후 미조치죄가 성립하는 경우에는 주·정차 차량 손괴 후 미조치죄가 특별규정으로 우선 적용되어 본 미조치죄는 성립하지 않는다.

3. 관련 판례

(1) 기본 법리 판례

〈도로교통법 제54조 제1항, 제2항에서 정한 교통사고 발생 시의 구호조치의무 및 신고의무는 교통사고를 발생시킨 차량 운전자의 고의·과실 혹은 유책·위법 유무에 관계없이 부과된 의무라는 판례〉 도로교통법 제54조 제1항, 제2항이 규정한 교통사고 발생 시의 구호조치 의무 및 신고의무는 차의 교통으로 인하여 사람을 사상하거나 물건을 손괴한 때에 운전자 등으로 하여금 교통사고로 인한 사상자를 구호하는 등 필요한 조치를 신속히 취하게 하고, 또 속히 경찰관에게 교통사고의 발생을 알려서 피해자의 구호, 교통질서의 회복 등에 관하여 적절한 조치를 취하게 하기 위한 방법으로 부과된 것이므로, 교통사고의 결과가 피해자의 구호 및 교통질서의 회복을 위한 조치가 필요한 상황인 이상 그 의무는 교통사고를 발생시킨 당해 차량의 운전자에게 그 사고 발생에 있어서 고의·과실 혹은 유책·위법의 유무에 관계없이 부과된 의무라고 해석함이 타당하고, 당해 사고의 발생에 귀책사유가 없는 경우에도 위 의무가 없다 할 수 없다(대판 2015.10.15. 2015도12451).

(2) 미조치죄를 긍정한 판례

〈비록 사고로 인한 피해차량의 물적 피해가 경미하고, 파편이 도로상에 비산되지도 않았다고 하더라도 미안하다 손짓만 하고 도주한 것은 미조치에 해당한다는 판례〉 [1] 도로교통법 제54조 제1항의 취지는 도로에서 일어나는 교통상의 위험과 장해를 방지·제거하여 안전하고 원활한 교통을 확보하기 위한 것으로서, 피해자의 피해를 회복시켜 주기 위한 것이 아니다. 이 경우 운전자가 취하여야 할 조치는 사고의 내용과 피해의 정도 등 구체적 상황에 따라 적절히 강구되어야 하고, 그 정도는 건전한 양식에 비추어 통상 요구되는 정도의 조치를 말한다. [2] 농로에서 중앙분리대가 설치된 왕복 4차로의 도로로 진입하던 차량의 운전자가 속도를 줄이거나 일시 정지하여 진행 차량의 유무를 확인하지 않은 채 그대로 진입하다가 도로를 진행하던 차량을 들이받아 파손한 사안에서, 비록 사고로 인한 피해차량의 물적 피해가 경미하고, 파편이 도로상에 비산되지도 않았다고 하더라도, 차량에서 내리지 않은 채 미안하다는 손짓만 하고 도로를 역주행하여 피해차량의 진행방향과 반대편으로 도주한 것은 교통사고 발생시의 필요한 조치를 다하였다고 볼 수 없다고 한 사례(대판 2009.5.14. 2009도787). [COMMENT] 본 판례는 업무상과실 재물손괴가 문제된 사안이다.

〈피해변제조로 금원을 지급하려고 하였으나 피해자가 이를 거절하자 인적 사항이나 연락처를 알려 주지 아니한 채 도주했다면 미조치에 해당한다는 판례〉 [1] 도로교통법 제50조 제1항의 취지는 도로에서 일어나는 교통상의 위험과 장해를 방지, 제거하여 안전하고 원활한 교통을 확보함을 그 목적으로 하는 것이지 피해자의 물적 피해를 회복시켜 주기 위한 규정이 아니나, 이 경우 운전자가 위 규정 소정의 필요한 조치를 다하였는지의 여부는 사고의 내용, 피해의 태양과 정도 등 사고현장의 상황에 비추어 우리의 건전한 양식상 통상 요구되는 정도의 조치를 다하였는지의 여부에 따라 결정되어야 한다. [2] 피해 정도가 경미하고 교통사고 후 피해 상태를 확인한 후 피해변제조로 금원을 지급하려고 하였으나 피해자가 이를 거절하면서 사고신고하자고 하였는데도 인적 사항이나 연락처를 알려 주지 아니한 채 도주하였다면 위 [1]항의 조치를 다하였다고 볼 수 없다 한 사례(대판 1993.11.26. 93도2346). [COMMENT] 판례의 조문 중 제50조는 현행법 제54조를 의미한다.

〈피해차량 운전자가 실제로 피고인의 차량을 추격하지 않았다거나 추격 과정에서 교통상의 구체적 위험이 발생하지 않았더라도 사고로 인한 교통상의 위험과 장해가 발생하였다는 판례〉 자동차 운전자인 피고인이 편도 3차로 도로의 1차로를 따라 진행하다가 2차로로 차선을 변경하는 과정에서 자신의 차량 우측 앞바퀴 부분으로 갑이 운전하던 피해차량의 좌측 뒤 펜더 부분을 들이받는 사고로 피해차량을 손괴하고도 필요한 조치를 취하지 아니하고 도주하였다고 하여 도로교통법 위반(사고후미조치)으로 기소된 사안에서, 사고 충격의 정도, 피해차량 운전자의 사고 직후 상태, 피해차량이 정차된 위치 등 제반 사정을 종합하면, 피해차량 운전자 갑이 실제로 피고인의 차량을 추격하지 않았다거나 추격 과정에서 교통상의 구체적 위험이 발생하지 않았더라도 사고로 인한 교통상의 위험과 장해가 발생하였다고 보이고, 피고인은 그러한 위험과 장해를 방지·제거하여 원활한 교통을 확보하기 위한 조치를 취할 필요가 있었다는 이유로, 이와 달리 보아 공소사실을 무죄로 판단한 원심판결에 법리오해의 잘못이 있다고 한 사례(대판 2020.2.6. 2019도3225).

(3) 죄수 및 타죄와의 관련 판례

〈사람을 상해함과 동시에 물건을 손괴하고 도주한 사안에서 특가법 제5조의3의 도주차량죄와 손괴후미조치죄의 죄수관계를 상상적경합으로 본 판례〉 차의 운전자가 업무상 주의의무를 게을리하여 사람을 상해에 이르게 함과 아울러 물건을 손괴하고도 피해자를 구호하는 등 도로교통법 제50조 제1항의 규정에 의한 조치를 취하지 아니한 채 도주한 때에는,

같은 법 제113조 제1호 소정의 제44조 위반죄와 같은 법 제106조 소정의 죄 및 특정범죄가중처벌등에관한법률위반죄가 모두 성립하고, 이 경우 특정범죄가중처벌등에관한법률위반죄와 물건손괴 후 필요한 조치를 취하지 아니함으로 인한 도로교통법 제106조 소정의 죄는 1개의 행위가 수개의 죄에 해당하는 상상적 경합범의 관계에 있다(대판 1993.5.11. 93도49). [COMMENT] 본 판례에서의 제113조 제1호 소정의 제44조 위반죄는 안전의무위반죄를 말하고, 제106조 소정의 죄는 현행법 제148조의 미조치죄를 말한다.

〈업무상과실손괴죄와 미조치죄와의 관계를 실체적 경합으로 본 판례〉 도로교통법 제106조에 의해 처벌되는 동법 제50조 제1항 위반죄는 사람의 사상, 물건의 손괴가 있다는 것에 대한 인식이 있을 것을 필요로 하는 고의범으로서, 과실범인 형법 제268조의 죄 중 업무상과실 또는 중과실치상죄 및 도로교통법 제108조의 죄와는 그 보호법익, 주체, 행위 등 구성요건이 전혀 다른 별개의 범죄이므로, 차의 운전자가 업무상과실 또는 중과실에 의하여 사람을 상해에 이르게 하거나 재물을 손괴하고 같은 법 제50조 제1항 소정의 구호조치 등 필요한 조치를 취하지 아니한 경우에는 업무상과실, 중과실치상죄 또는 같은 법 제108조의 죄외에 같은 법 제106조의 죄가 성립하고 이는 실체적 경합범이라고 보아야 한다(대판 1991.6.14. 91도253). [COMMENT] 본 판례에서의 제108조의 죄는 현행법 제151조의 업무상과실 재물손괴죄를 말하며, 제106조의 죄는 제148조의 미조치죄를 말한다.

〈특가법 제5조의3 제1항 위반(도주차량)죄와 도로교통법 제54조 제2항 위반(미신고)죄는 실체적 경합관계에 있다는 판례〉 특정범죄가중처벌등에관한법률 제5조의3 제1항 위반(도주차량)죄와 도로교통법 제50조 제2항 위반(미신고)죄는 모두 교통사고 이후의 작위의무위반에 대한 것으로서 각 구성요건에서 본 행위의 태양, 시간적, 장소적인 연관성 등을 종합하여 보면 양죄는 실체적 경합관계에 있음이 분명하고, 또한 양범죄사실의 기초가 되는 사회적 사실관계도 상이하므로 위 도로교통법위반죄에 대하여 약식명령이 확정되었다 하여도 그 기판력이 위 특정범죄가중처벌등에관한법률위반죄에 미친다고 할 수 없다(대판 1992.11.13. 92도1749). [COMMENT] 판례에서의 제50조 제2항은 현행법에 따르면 제54조 제2항이 된다. 그리고 본 판례는 미조치죄와 미신고죄를 실체적 경합으로 본 판례로 언급되고 있다.

〈제156조 제10호의 문콕죄는 제148조의 미조치죄의 특별규정이라는 판례〉 2016. 12. 2. 법률 제14356호로 개정된 도로교통법 제54조(사고발생 시의 조치) 제1항, 제148조(벌칙), 제156조(벌칙) 제10호의 문언 내용과 입법 취지, 도로교통법 제148조와 도로교통법 제156조 제10호의 관계 등을 종합하면, 주·정차된 차만 손괴한 것이 분명한 경우에 도로교통법 제54조 제1항 제2호에 따라 피해자에게 인적 사항을 제공하지 않은 사람은 도로교통법 제148조의 적용 범위에서 제외되고 도로교통법 제156조 제10호만 적용되지만, 그 밖에 도로교통법 제54조 제1항에 따른 교통사고 발생 시의 조치를 하지 않은 사람은 여전히 도로교통법

제148조가 적용된다고 보아야 한다(대판 2019.4.11. 2019도1503). **[판결이유 중 일부 인용]** 도로
교통법은 2016. 12. 2. 법률 제14356호로 다음과 같이 개정되었다. 도로교통법 제54조
(사고발생 시의 조치) 제1항은 "차의 운전 등 교통으로 인하여 사람을 사상하거나 물건을
손괴(이하 '교통사고'라 한다)한 경우에는 그 차의 운전자나 그 밖의 승무원은 즉시 정차
하여 다음 각호의 조치를 하여야 한다."라고 정하면서 종전에 규정하고 있던 '사상자를
구호하는 등 필요한 조치'를 제1호로 하고, 제2호로 '피해자에게 인적 사항(성명ㆍ전화번
호ㆍ주소 등을 말한다. 이하 제148조 및 제156조 제10호에서 같다) 제공'을 신설하였다.
도로교통법 제148조(벌칙)는 "제54조 제1항에 따른 교통사고 발생 시의 조치를 하지 아니
한 사람(주ㆍ정차된 차만 손괴한 것이 분명한 경우에 제54조 제1항 제2호에 따라 피해자
에게 인적 사항을 제공하지 아니한 사람은 제외한다)은 5년 이하의 징역이나 1,500만
원 이하의 벌금에 처한다."라고 정하여 괄호 부분을 신설하였다. 도로교통법 제156조(벌
칙)는 "다음 각호의 어느 하나에 해당하는 사람은 20만 원 이하의 벌금이나 구류 또는
과료에 처한다."라고 정하면서 제10호로 '주ㆍ정차된 차만 손괴한 것이 분명한 경우에
제54조 제1항 제2호에 따라 피해자에게 인적 사항을 제공하지 아니한 사람'을 신설하였
다. 위와 같이 개정된 도로교통법 조항의 문언 내용과 입법 취지, 도로교통법 제148조와
도로교통법 제156조 제10호의 관계 등을 종합하면, 주ㆍ정차된 차만 손괴한 것이 분명한
경우에 도로교통법 제54조 제1항 제2호에 따라 피해자에게 인적 사항을 제공하지 않은 사
람은 도로교통법 제148조의 적용 범위에서 제외되고 도로교통법 제156조 제10호만 적용되
지만, 그 밖에 도로교통법 제54조 제1항에 따른 교통사고 발생 시의 조치를 하지 않은 사람
은 여전히 도로교통법 제148조가 적용된다고 보아야 한다.

甲은 친구들과 어울려 늦은 시간까지 술을 마시고는 혈중알콜농도 0.1%의 주취상태
에서 대리운전기사를 불러 집 근처에 도착하였다. 그러나 아파트 주차장에 주차공간
이 없자 대리운전기사를 보내고는 스스로 아파트 밖 길가에 평행주차(일렬주차)하기
위해 운행하다가 통행량이 많은 편의점 앞에서 비상등을 켜고 정차해있던 A의 자동
차를 뒤에서 충격하여 뒷범퍼 및 후미등이 심하게 파손되어 그 파편들이 도로바닥에
여기저기 흩어졌다. 놀란 甲은 그대로 큰 도로로 나가서 도로 갓길에 주차를 하였다.
甲의 죄책은? (10점) [2020 3차]

제3절 | 음주운전죄 (약물운전죄 등 포함)

☑ GUIDE |

음주 · 약물 · 과로 등의 상태에서의 운전과 관련된 범죄를 논리적으로 전개하여 정리한다.
I. 음주운전죄 (제148조의2 제3항)
II. 상습음주운전죄 (제148조의2 제1항)
III. 약물운전죄 (제148조의2 제4항)
IV. 과로 · 질병 운전죄 (제154조 제3호)

I. 음주운전죄

1. 관련 조문

> **제148조의2 (벌칙)**
> ③ 제44조제1항을 위반하여 술에 취한 상태에서 자동차등 또는 노면전차를 운전한 사람
> 은 다음 각 호의 구분에 따라 처벌한다.
>   1. 혈중알코올농도가 0.2퍼센트 이상인 사람은 2년 이상 5년 이하의 징역이나 1천만원
>   이상 2천만원 이하의 벌금
>   2. 혈중알코올농도가 0.08퍼센트 이상 0.2퍼센트 미만인 사람은 1년 이상 2년 이하의
>   징역이나 500만원 이상 1천만원 이하의 벌금
>   3. 혈중알코올농도가 0.03퍼센트 이상 0.08퍼센트 미만인 사람은 1년 이하의 징역이
>   나 500만원 이하의 벌금 [개정 2018.12.24] [시행일 2019.6.25]
>
> **〈참조 조문〉**
> **도로교통법 제44조 (술에 취한 상태에서의 운전 금지)**
> ① 누구든지 술에 취한 상태에서 자동차등(「건설기계관리법」제26조제1항 단서에 따른
> 건설기계 외의 건설기계를 포함한다. 이하 이 조, 제45조, 제47조, 제93조제1항제1호부터
> 제4호까지 및 제148조의2에서 같다), 노면전차 또는 자전거를 운전하여서는 아니 된다.
> ④ 제1항에 따라 운전이 금지되는 술에 취한 상태의 기준은 운전자의 혈중알코올농도가
> 0.03퍼센트 이상인 경우로 한다. [개정 2018.12.24] [시행일 2019.6.25.]
>
> **도로교통법 제156조 (벌칙)**
> 다음 각 호의 어느 하나에 해당하는 사람은 20만원 이하의 벌금이나 구류 또는 과료에 처
> 한다.
>   11. 제44조제1항을 위반하여 술에 취한 상태에서 자전거등을 운전한 사람

2. 주요 내용

(1) 주 체

본죄의 주체는 술에 취한 상태에서 자동차등 또는 노면전차 및 자전거등을 운전한 사람이다. 운전면허의 여부는 불문한다. 자전거등이란 자전거와 개인형 이동장치를 말한다.[10] 본서에서는 자동차등 운전을 전제로 설명하지만, 자전거등의 운전과 관련하여 동기설을 폐기한 전합 판례가 있으므로 이를 먼저 설시하여 둔다.

〈술에 취한 상태로 전동킥보드를 운전한 사건(동기설을 폐기한 전합 판례)〉 피고인이 도로교통법 위반(음주운전)죄로 처벌받은 전력이 있음에도 술에 취한 상태로 전동킥보드를 운전하였다고 하여 구 도로교통법 위반(음주운전)으로 기소되었는데, 구 도로교통법이 개정(2020.6.9.-저자 주)되어 원심판결 선고 후에 개정 도로교통법이 시행되면서 제2조 제19호의2 및 제21호의2에서 전동킥보드와 같은 '개인형 이동장치'와 이를 포함하는 '자전거 등'에 관한 정의규정을 신설함에 따라 개인형 이동장치 음주운전 행위는 자동차등 음주운전 행위를 처벌하는 제148조의2의 적용 대상에서 제외되는 한편 자전거 등 음주운전 행위를 처벌하는 제156조 제11호가 적용되어 법정형이 종전보다 가볍도록 법률이 변경되고 별도의 경과규정은 두지 않은 사안에서, 이러한 법률 개정은 구성요건을 규정한 형벌법규 자체의 개정에 따라 형이 가벼워진 경우에 해당함이 명백하므로, 종전 법령이 반성적 고려에 따라 변경된 것인지를 따지지 않고 형법 제1조 제2항에 따라 신법인 도로교통법 제156조 제11호, 제44조 제1항으로 처벌할 수 있을 뿐이라는 이유로, 행위시법인 구 도로교통법 제148조의2 제1항, 도로교통법 제44조 제1항을 적용하여 공소사실을 유죄로 인정한 원심판결은 더 이상 유지될 수 없다고 한 사례(대판 2022.12.22. 2020도16420 전합).

---

10) 도로교통법 제2조 제21의2 참조. 그리고 제19조의2에 의하면 "개인형 이동장치"란 제19호나목의 원동기장치자전거 중 시속 25킬로미터 이상으로 운행할 경우 전동기가 작동하지 아니하고 차체 중량이 30킬로그램 미만인 것으로서 행정안전부령으로 정하는 것을 말한다.

(2) 행위 상황

음주운전 등의 위반죄는 도로에서의 운전으로 제한되지 않는다(제2조 제26호). 자동차등에는 건설기계관리법 제26조제1항 단서에 따른 건설기계 외의 건설기계가 포함된다(제44조 제1항).

(3) 행 위

술에 취한 상태에서 운전하는 것을 말한다.

1) **술에 취한 상태의 측정 방법** : 원칙적으로 호흡측정기에 의한 것을 원칙으로 하지만(제44조 제2항), 예외적으로 호흡측정기에 의한 측정 결과에 불복하는 운전자에 대하여는 그 운전자의 동의를 얻어 혈액채취방법에 의한 측정을 할 수 있다(제44조 제3항).

2) **호흡측정기에 의한 측정의 전제조건** : 음주측정을 함에 있어서는 음주측정 기계나 운전자의 구강 내에 남아 있는 잔류 알코올로 인하여 잘못된 결과가 나오지 않도록 미리 필요한 조치(물로 입안을 헹구는 등)를 취하는 등 그 측정결과의 정확성과 객관성이 담보될 수 있는 공정한 방법과 절차에 따라 이루어져야 한다.

3) **위드마크 공식** : 술을 마신 후에 일정시간이 지나면 혈중알콜농도가 감소한다는 점에 착안하여 1930년대 Widmark가 창안한 공식으로 ① 술을 마시면 소화기관에 의해 그 일정량이 혈액에 흡수되고 ② 음주후의 일정한 시간이 지나면 그 시간에 비례하여 혈중알콜농도가 감소한다는 것을 기초로 하여 운전 후 일정한 시간이 지나 측정을 한 것을 바탕으로 운전시의 혈중알콜농도를 역추산하는 공식을 말한다. 그런데 위드마크 공식은 그 적용을 위한 자료로 섭취한 알콜의 양, 음주 시각, 체중 등의 전제요건이 필요하며 이는 엄격한 증명이 요구된다(판례). 특히 혈중알콜농도의 상승기에 있었는지 아니면 하강기에 있었는지는 명확하게 밝혀져야 한다(판례).

(4) 사물관할의 문제

제148조의2 제3항 제1호와 제2호는 단기 1년이상의 형이므로 합의부관할에 속하여야 하지만, 법원조직법 제32조 제1항 3. 사.(사. 도로교통법 제148조의2 제1항·제2항, 같은 조 제3항 제1호 및 제2호에 해당하는 사건)에 따라 단독판사의 관할이다.

(5) 긴급체포의 문제

제148조의2 제3항 제2호와 제3호의 경우에는 긴급체포의 요건 중 중대성인 장기 3년이상의 징역이나 금고에 해당하지 않아 긴급체포가 불가능하다.

3. 관련 판례 [11]

(1) 술에 취한 상태와 측정 관련 판례

1) 기본 법리 판례

〈주취운전으로 처벌하기 위해서는 혈중알콜농도가 특정되어야 한다는 판례〉 도로교통법에 의하여 처벌되는 주취운전이란 같은 법 제107조의2 제1호, 제41조 제1항, 제4항, 같은 법 시행령 제31조에 의하여 혈중알코올농도가 0.05% 이상인 상태에서 운전하는 경우를 말하는 것이어서 그 혈중알코올농도가 특정되어야만 주취운전으로 처벌할 수 있다(대판 1999.12.28. 98도138). [COMMENT] 판례에서의 제107조2 제1호와 제41조는 현행법에 따르면 제148조의2 제2항과 제44조가 된다.

〈호흡측정기에 의한 음주측정치보다 혈액검사에 의한 음주측정치가 신뢰성이 있다는 판례〉 도로교통법 제41조 제2항에서 말하는 '측정'이란, 측정결과에 불복하는 운전자에 대하여 그의 동의를 얻어 혈액채취 등의 방법으로 다시 측정할 수 있음을 규정하고 있는 같은 조 제3항과의 체계적 해석상, 호흡을 채취하여 그로부터 주취의 정도를 객관적으로 환산하는 측정방법, 즉 호흡측정기에 의한 측정이라고 이해하여야 할 것이고, 호흡측정기에 의한 음주측정치와 혈액검사에 의한 음주측정치가 다른 경우에 어느 음주측정치를 신뢰할 것인지는 법관의 자유심증에 의한 증거취사선택의 문제라고 할 것이나, 호흡측정기에 의한 측정의 경우 그 측정기의 상태, 측정방법, 상대방의 협조정도 등에 의하여 그 측정결과의 정확성과 신뢰성에 문제가 있을 수 있다는 사정을 고려하면, 혈액의 채취 또는 검사과정에서 인위적인 조작이나 관계자의 잘못이 개입되는 등 혈액채취에 의한 검사결과를 믿지 못할 특별한 사정이 없는 한, 혈액검사에 의한 음주측정치가 호흡측정기에 의한 음주측정치보다 측정 당시의 혈중알콜농도에 더 근접한 음주측정치라고 보는 것이 경험칙에 부합한다(대판 2004.2.13. 2003도6905). [COMMENT] 판례에서의 제41조는 현행법 제44조가 된다.

〈운전자가 일단 호흡측정에 응한 이상 재차 음주측정에 응할 의무까지 당연히 있다고 할 수는 없지만, 운전자의 자발적인 의사에 의하여 혈액 채취가 이루어졌다는 것이 객관적인 사정에 의하여 명백한 경우에 한하여 혈액 채취에 의한 측정의 적법성이 인정된다는 판례〉 [1] 구 도로교통법(2014. 12. 30. 법률 제12917호로 개정되기 전의 것, 이하 같다) 제44조 제2항, 제3항, 제148조의2 제1항 제2호의 입법연혁과 내용 등에 비추어 보면, 구 도로교통법 제44조 제2항, 제3항은 음주운전 혐의가 있는 운전자에게 수사를 위한 호흡측정에도 응할 것을 간접적으로 강제하는 한편 혈액 채취 등의 방법에 의한 재측정을 통하여 호흡측정의 오류로 인한 불이익을 구제받을 수 있는 기회를 보장하는 데 취지가 있으므로, 이 규정들이 음주운전에 대한 수사방법으로서의 혈액 채취에 의한 측정의 방법을 운전자가 호흡측정 결과에 불복하는 경우에만 한정하여 허용하려는 취지의 규정이라고 해석할 수는 없다. [2] 음주운전에 대한 수사 과정에서 음주운전 혐의가 있는 운전자에 대하여

---

11) 음주운전 관련 판례는 ① 술에 취한 상태와 측정 ② 위드마크 공식 ③ 자동차 등의 운전 ④ 죄수관련 판례로 정리한다.

구 도로교통법(2014. 12. 30. 법률 제12917호로 개정되기 전의 것) 제44조 제2항에 따른 호흡측정이 이루어진 경우에는 그에 따라 과학적이고 중립적인 호흡측정 수치가 도출된 이상 다시 음주측정을 할 필요성은 사라졌으므로 운전자의 불복이 없는 한 다시 음주측정을 하는 것은 원칙적으로 허용되지 아니한다. 그러나 운전자의 태도와 외관, 운전 행태 등에서 드러나는 주취 정도, 운전자가 마신 술의 종류와 양, 운전자가 사고를 야기하였다면 경위와 피해 정도, 목격자들의 진술 등 호흡측정 당시의 구체적 상황에 비추어 호흡측정기의 오작동 등으로 인하여 호흡측정 결과에 오류가 있다고 인정할 만한 객관적이고 합리적인 사정이 있는 경우라면 그러한 호흡측정 수치를 얻은 것만으로는 수사의 목적을 달성하였다고 할 수 없어 추가로 음주측정을 할 필요성이 있으므로, 경찰관이 음주운전 혐의를 제대로 밝히기 위하여 운전자의 자발적인 동의를 얻어 혈액 채취에 의한 측정의 방법으로 다시 음주측정을 하는 것을 위법하다고 볼 수는 없다. 이 경우 운전자가 일단 호흡측정에 응한 이상 재차 음주측정에 응할 의무까지 당연히 있다고 할 수는 없으므로, 운전자의 혈액 채취에 대한 동의의 임의성을 담보하기 위하여는 경찰관이 미리 운전자에게 혈액 채취를 거부할 수 있음을 알려주었거나 운전자가 언제든지 자유로이 혈액 채취에 응하지 아니할 수 있었음이 인정되는 등 운전자의 자발적인 의사에 의하여 혈액 채취가 이루어졌다는 것이 객관적인 사정에 의하여 명백한 경우에 한하여 혈액 채취에 의한 측정의 적법성이 인정된다(대판 2015.7.9. 2014도16051).

2) 음주운전을 부정한 판례

〈음주종료 후 4시간 정도 지난 시점에서 물로 입 안을 헹구지 아니한 채 호흡측정기로 측정한 혈중알코올 농도 수치가 0.05%로 나타났다면 피고인이 혈중알코올 농도 0.05% 이상의 술에 취한 상태에서 자동차를 운전하였다고 인정하기 부족하다고 한 판례〉 [1] 호흡측정기에 의한 혈중알코올 농도의 측정은 장에서 흡수되어 혈액 중에 용해되어 있는 알코올이 폐를 통과하면서 증발하여 호흡공기로 배출되는 것을 측정하는 것이므로, 최종 음주시로부터 상당한 시간이 경과하지 아니하였거나, 트림, 구토, 치아보철, 구강청정제 사용 등으로 인하여 입 안에 남아 있는 알코올, 알코올 성분이 있는 구강 내 타액, 상처부위의 혈액 등이 폐에서 배출된 호흡공기와 함께 측정될 경우에는 실제 혈중알코올의 농도보다 수치가 높게 나타나는 수가 있어, 피측정자가 물로 입 안 헹구기를 하지 아니한 상태에서 한 호흡측정기에 의한 혈중알코올 농도의 측정 결과만으로는 혈중알코올 농도가 반드시 그와 같다고 단정할 수 없고, 오히려 호흡측정기에 의한 측정수치가 혈중알코올 농도보다 높을 수 있다는 의심을 배제할 수 없다. [2] 음주종료 후 4시간 정도 지난 시점에서 물로 입 안을 헹구지 아니한 채 호흡측정기로 측정한 혈중알코올 농도 수치가 0.05%로 나타난 사안에서, 위 증거만으로는 피고인이 혈중알코올 농도 0.05% 이상의 술에 취한 상태에서 자동차를 운전하였다고 인정하기 부족하다고 한 사례(대판 2010.6.24. 2009도1856).

〈과다측정을 방지하기 위한 조치를 취하지 않고, 1개의 불대만으로 연속적으로 측정하여 혈중알코올농도 측정치가 0.058%로 나왔다면 혈중알코올농도 0.05% 이상의 상태에서 자동차를 운전하였다고 단정할 수 없다고 한 판례〉 [1] 구 도로교통법(2005. 5. 31. 법률 제7545호로 전문 개정되기 전의 것) 제41조 제2항의 규정에 의하여 실시한 음주측정 결과는 그 결과에 따라서는 운전면허를 취소하거나 정지하는 등 당해 운전자에게 불이익한 처분을 내리게 되는 근거가 될 수 있고 향후 수사와 재판에 있어 중요한 증거로 사용될 수 있는 것이므로, 음주측정을 함에 있어서는 음주측정 기계나 운전자의 구강 내에 남아 있는 잔류알코올로 인하여 잘못된 결과가 나오지 않도록 미리 필요한 조치를 취하는 등 음주측정은 그 측정결과의 정확성과 객관성이 담보될 수 있는 공정한 방법과 절차에 따라 이루어져야 하고, 만약 당해 음주측정 결과가 이러한 방법과 절차에 의하여 얻어진 것이 아니라면 이를 쉽사리 유죄의 증거로 삼아서는 아니 될 것이다. [2] 피고인에 대한 음주측정시 구강 내 잔류 알코올 등으로 인한 과다측정을 방지하기 위한 조치를 전혀 취하지 않았고, 1개의 불대만으로 연속적으로 측정한 점 등의 사정에 비추어, 혈중알코올농도 측정치가 0.058%로 나왔다는 사실만으로는 피고인이 음주운전의 법정 최저 기준치인 혈중알코올농도 0.05% 이상의 상태에서 자동차를 운전하였다고 단정할 수 없다고 한 원심의 판단을 수긍한 사례(대판 2006.5.26. 2005도7528). [COMMENT] 판례에서의 제41조는 현행법 제44조가 된다.

(2) 위드마크 공식 관련 판례

1) 기본 법리 판례

〈위드마크 공식 기본 판례(대판 2000.11.10. 99도5541에서 원심판례 인용 부분)〉 [1] 사람이 술을 마신 경우 소화기관이 알코올을 흡수하면서 일정기간 동안 혈중알코올농도가 상승하다가 간의 분해작용이 이를 상쇄해 나가면서 혈중알코올농도가 감소하게 되는바, 섭취한 알코올의 양과 혈중알코올농도의 상관관계에 관하여 1930년대 독일의 위드마크에 의하여 제안된 소위 위드마크 공식은 "$C = a/(p \times r)$"로 표시되는데, 여기서 C는 혈중알코올농도, a는 섭취한 알코올의 양, p는 체중, r은 위드마크 상수로서 그 중 r은 우리 몸이 알코올을 흡수하는 혈액만으로 이루어져 있는 것이 아니고 그렇지 않은 고형물질이나 체지방으로도 이루어져 있기 때문에 이러한 요소를 고려한 계수인데, 위드마크의 1932년 연구결과에 의하면 r의 값이 남자의 경우 0.52부터 0.86까지 분포되어 그 평균치가 0.68이고 여자의 경우 0.47부터 0.64까지 분포되어 그 평균치가 0.55이다. [2] 한편 위드마크 공식에 시간 개념을 도입하여 음주 후 일정시간이 지난 뒤의 혈중알코올농도를 산출할 경우 "$Ct = \{a/(p \times r)\} - b \times t$"라는 등식이 성립하고, 여기서 b는 시간당 알코올분해량을 표시하고 t는 음주 후 경과된 시간을 표시하는데 b의 값 또한 개인에 따라 시간당 0.008%부터 0.030%까지 분포되어 있고 그 평균치는 0.015%인 것으로 알려져 있다. [3] 위 공식의 전제조건은 피실험자가 다른 음식물과 함께 술을 마시는 것이 아니라 오직 술만을 마시되 그것도 시간간격을 두지 않고 일시에 마시는 것으로 되어 있어 이는 일반적으로 평균인이 술을 마시는 습관과 상이하고, 실제로 술을 마시는 속도나 음주 전 혹은 음주와 함께 섭취한 음식물의 종류와 양은 소화기관이 알코올을 흡수하는 데 상당한 영향을 미치는 것으로 알려져 있고, 또한 술의 종류, 음주자의 신체적 조건, 평소 술을 마시는 빈도와 양 등도 혈중알코올농도를 결정하는 중요한 요소가 된다(대판 2000.11.10. 99도5541).

〈위드마크 공식에 따라 산출된 수치가 근소하게 초과한다면 신중하게 판단해야 한다는 판례〉
위드마크 공식에 의하여 산출한 혈중알코올농도가 법이 허용하는 혈중알코올농도를 상당히 초과하는 것이 아니고 근소하게 초과하는 정도에 불과한 경우라면 위 공식에 의하여 산출된 수치에 따라 범죄의 구성요건 사실을 인정함에 있어서 더욱 신중하게 판단하여야 할 것이다(대판 2004.9.24. 2004도4408).

〈음주운전 시점과 혈중알코올농도의 측정 시점 사이에 시간 간격이 있고 그때가 혈중알코올농도의 상승기로 보이는 경우라 하더라도 증명이 불가능하다고 볼 수는 없고, 여러 사정을 종합적으로 고려하여 논리와 경험칙에 따라 합리적으로 판단하여 혈중알콜농도를 판단할 수 있다는 판례〉 [1] 음주운전 시점과 혈중알코올농도의 측정 시점 사이에 시간 간격이 있고 그때가 혈중알코올농도의 상승기로 보이는 경우라 하더라도, 그러한 사정만으로 무조건 실제 운전 시점의 혈중알코올농도가 처벌기준치를 초과한다는 점에 대한 증명이 불가능하다고 볼 수는 없다. 이러한 경우 운전 당시에도 처벌기준치 이상이었다고 볼 수 있는지 여부는 운전과 측정 사이의 시간 간격, 측정된 혈중알코올농도의 수치와 처벌기준치의 차이, 음주를 지속한 시간 및 음주량, 단속 및 측정 당시 운전자의 행동 양상, 교통사고가 있었다면 그 사고의 경위 및 정황 등 증거에 의하여 인정되는 여러 사정을 종합적으로 고려하여 논리와 경험칙에 따라 합리적으로 판단하여야 한다. [2] 원심판결 이유에 의하면, ① 피고인은 2012. 7. 8. 01 : 45경까지 'ㅇㅇ국수'에서 안주와 함께 소주 4잔 정도를 마신 사실, ② 이후 피고인은 운전을 시작하여 02 : 08경까지 운전을 하였고 02 : 31경 경찰로부터 호흡측정을 받았는데, 그 혈중알코올농도는 0.080%로 측정된 사실, ③ 이에 피고인이 채혈측정을 요구하여 02 : 43경 서울성북성심의원에서 채혈이 이루어졌으며, 감정의뢰를 받은 국립과학수사연구원의 감정결과에 의한 혈중알코올농도는 0.201%로 측정된 사실 등을 알 수 있다. [3] 주위적 공소사실인 도로교통법 제148조의2 제2항 제1호(혈중알코올농도가 0.2% 이상인 경우)위반에 대하여 피고인의 운전 시점은 혈중알코올농도의 상승시점인지 하강시점인지를 확정하기 어려운 때인 것으로 보이고 운전을 종료한 때로부터 35분이 경과한 시점에서 측정된 혈중알코올농도가 위 규정이 적용되는 기준치인 0.2%를 불과 0.001% 초과한 경우이므로, 실제 운전 시점의 혈중알코올농도가 위 처벌기준치를 초과하였다고 단정할 수는 없다고 할 것이다. [4] 예비적 공소사실인 도로교통법 제148조의2 제2항 제3호(혈중알코올농도가 0.05% 이상 0.1% 미만인 경우)위반에 대하여 무죄로 판단한 원심을 파기한 사례(대판 2013.10.24. 2013도6285).

〈혈중알코올농도의 감소기(위드마크 제2공식, 하강기)의 기산점 관련 판례〉 혈중알코올농도 측정 없이 위드마크 공식을 사용해 피고인이 마신 술의 양을 기초로 피고인의 운전 당시 혈중알코올농도를 추산하는 경우로서 알코올의 분해소멸에 따른 혈중알코올농도의 감소기(위드마크 제2공식, 하강기)에 운전이 이루어진 것으로 인정되는 경우에는 피고인에게 가장 유리한 음주 시작 시점부터 곧바로 생리작용에 의하여 분해소멸이 시작되는 것으로 보아야 한다. 이와 다르게 음주 개시 후 특정 시점부터 알코올의 분해소멸이 시작된다고 인정하려면 알코올의 분해소멸이 시작되는 시점이 다르다는 점에 관한 과학적 증명 또는 객관적인 반대 증거가 있거나, 음주 시작 시점부터 알코올의 분해소멸이 시작된다고 보는 것이 그렇지 않은 경우보다 피고인에게 불이익하게 작용되는 특별한 사정이 있어야 한다(대판 2022.5.12. 2021도14074).

〈음주운전이 의심되는 운전자가 혈중알코올농도 측정 직전에 추가로 음주를 한 사건〉 [1] 음주하고 운전한 직후에 운전자의 혈액이나 호흡 등 표본을 검사하여 혈중알코올농도를 측정할 수 있는 경우가 아니라면 이른바 위드마크(Widmark) 공식을 사용하여 수학적 방법에 따른 계산결과로 운전 당시의 혈중알코올농도를 추정할 수 있다. [2] 운전시부터 일정한 시간이 경과한 후에 음주측정기 또는 혈액채취 등에 의하여 측정한 혈중알코올농도는 운전시가 아닌 측정시의 수치에 지나지 아니하므로 운전시의 혈중알코올농도를 구하기 위하여는 여기에 운전시부터 측정시까지의 알코올분해량을 더하는 방식이 사용된다. [3] 일반적으로 범죄구성요건 사실의 존부를 알아내기 위하여 위와 같은 과학공식 등의 경험칙을 이용하는 경우에는 그 법칙 적용의 전제가 되는 개별적이고 구체적인 사실에 관하여 엄격한 증명을 요한다고 할 것이다. [4] 시간의 경과에 의한 알코올의 분해소멸에 관해서는 평소의 음주정도, 체질, 음주속도, 음주 후 신체활동의 정도 등이 시간당 알코올분해량에 영향을 미칠 수 있으므로, 특별한 사정이 없는 한 해당 운전자의 시간당 알코올분해량이 평균인과 같다고 쉽게 단정할 것이 아니라 증거에 의하여 명확히 밝혀야 하고, 증명을 위하여 필요하다면 전문적인 학식이나 경험이 있는 사람들의 도움 등을 받아야 하며, 만일 공식을 적용할 때 불확실한 점이 남아 있고 그것이 피고인에게 불이익하게 작용한다면 그 계산결과는 합리적인 의심을 품게 하지 않을 정도의 증명력이 있다고 할 수 없다. [5] 그러나 시간당 알코올분해량에 관하여 알려져 있는 신빙성 있는 통계자료 중 피고인에게 가장 유리한 것을 대입하여 위드마크 공식을 적용하여 운전시의 혈중알코올농도를 계산하는 것은 피고인에게 실질적인 불이익을 줄 우려가 없으므로 그 계산결과는 유죄의 인정자료로 사용할 수 있다고 하여야 한다(대판 2023.12.28. 2020도 6417).

2) 음주운전을 긍정한 판례

〈음주시작 후 1시간 50분 정도에 운전을 하고, 마지막 술을 마신 시각으로부터 98분이 지난 시점의 혈중알콜농도가 0.158%로 나타났다면 적어도 운전할 당시에는 0.1%이상의 상태에서 운전했다는 판례〉 피고인이 혈중알코올농도 0.158%의 술에 취한 상태로 자동차를 운전하였다고 하여 도로교통법 위반(음주운전)으로 기소된 사안에서, 피고인이 마지막으로 술을 마신 시각이라고 주장하는 때로부터 약 98분이 경과한 시각에 측정한 혈중알코올농도가 처벌기준치인 0.1%를 크게 상회하는 0.158%로 나타난 점, 피고인이 처음으로 음주를 한 시각을 기준으로 하면 1시간 50분 뒤에 운전이 이루어진 것이어서 운전 당시에 혈중알코올농도의 상승기에 있었다고 단정하기 어려운 점 등 제반 사정에 비추어 볼 때, 피고인이 차량을 운전할 당시 적어도 혈중알코올농도 0.1% 이상의 술에 취한 상태에 있었다고 봄이 타당한데도, 이와 달리 보아 무죄를 인정한 원심판결에 음주운전에서 혈중알코올농도의 입증에 관한 법리오해 등 위법이 있다고 한 사례(대판 2014.6.12. 2014도3360).

3) 음주운전을 부정한 판례

〈위드마크공식을 유죄의 증거로 삼기 위한 요건(운전자에 대한 음주측정시 구강 내 잔류 알코올 등으로 인한 과다측정을 방지하기 위한 조치를 전혀 취하지 않았고, 위드마크(Widmark) 공식에 따라 혈중알코올농도를 산출하면서 적합하지 아니한 체중 관련 위드마크인수를 적용한 점 등에 비추어, 혈중알코올농도 측정치가 0.062%로 나왔다는 사실만으로는 운전자가 혈중알코올농도 0.05% 이상의 상태에서 자동차를 운전하였다고 단정할 수 없다고 한 판례〉〉

[1] 도로교통법 제44조 제2항의 규정에 의하여 실시한 음주측정 결과는 그 결과에 따라서는 운전면허를 취소하거나 정지하는 등 당해 운전자에게 불이익한 처분을 내리게 되는 근거가 될 수 있고 향후 수사와 재판에 있어 중요한 증거로 사용될 수 있으므로, 음주측정은 음주측정 기계나 운전자의 구강 내에 남아 있는 잔류 알코올로 인하여 잘못된 결과가 나오지 않도록 미리 필요한 조치를 취하는 등 그 측정결과의 정확성과 객관성이 담보될 수 있는 공정한 방법과 절차에 따라 이루어져야 하고, 만약 당해 음주측정 결과가 이러한 방법과 절차에 의하여 얻어진 것이 아니라면 이를 쉽사리 유죄의 증거로 삼아서는 아니 된다. [2] 범죄구성요건사실의 존부를 알아내기 위해 과학공식 등의 경험칙을 이용하는 경우에 그 법칙 적용의 전제가 되는 개별적이고 구체적인 사실에 대하여는 엄격한 증명을 요하는바, 위드마크 공식의 경우 그 적용을 위한 자료로 섭취한 알코올의 양, 음주 시각, 체중 등이 필요하므로 그런 전제사실에 대한 엄격한 증명이 요구된다. 한편, 위드마크 공식에 따른 혈중알코올농도의 추정방식에는 알코올의 흡수분배로 인한 최고 혈중알코올농도에 관한 부분과 시간경과에 따른 분해소멸에 관한 부분이 있고, 그 중 최고 혈중알코올농도의 계산에서는 섭취한 알코올의 체내흡수율과 성, 비만도, 나이, 신장, 체중 등이 그 결과에 영향을 미칠 수 있으며 개인마다의 체질, 음주한 술의 종류, 음주 속도, 음주시 위장에 있는 음식의 정도 등에 따라 최고 혈중알코올농도에 이르는 시간이 달라질 수 있고, 알코올의 분해소멸에는 평소의 음주 정도, 체질, 음주 속도, 음주 후 신체활동의 정도 등이 시간당 알코올 분해량에 영향을 미칠 수 있는 등 음주 후 특정 시점에서의 혈중알코올농도에 영향을 줄 수 있는 다양한 요소들이 있는바, 형사재판에 있어서 유죄의 인정은 법관으로 하여금 합리적인 의심을 할 여지가 없을 정도로 공소사실이 진실한 것이라는 확신을 가지게 할 수 있는 증명이 필요하므로, 위 각 영향요소들을 적용함에 있어 피고인이 평균인이라고 쉽게 단정하여서는 아니 되고 필요하다면 전문적인 학식이나 경험이 있는 자의 도움을 받아 객관적이고 합리적으로 혈중알코올농도에 영향을 줄 수 있는 요소들을 확정하여야 한다. [3] 운전자에 대한 음주측정시 구강 내 잔류 알코올 등으로 인한 과다측정을 방지하기 위한 조치를 전혀 취하지 않았고, 위드마크(Widmark) 공식에 따라 혈중알코올농도를 산출하면서 적합하지 아니한 체중 관련 위드마크인수를 적용한 점 등에 비추어, 혈중알코올농도 측정치가 0.062%로 나왔다는 사실만으로는 운전자가 혈중알코올농도 0.05% 이상의 상태에서 자동차를 운전하였다고 단정할 수 없다고 한 사례(대판 2008.8.21. 2008도5531).

〈혈중알콜농도가 상승하는 상황에 있을 가능성이 농후한 경우에는 위드마크 공식을 적용한 역추산 방식으로는 혈중알콜농도를 확인할 수 없다는 판례〉 음주운전 시각이 혈중알코올농도가 최고치를 향하여 상승하고 있는 상황에 속하는지 아니면 최고치에 이른 후 하강하고 있는 상황에 속하는지 확정할 수 없고 오히려 상승하는 상황에 있을 가능성이 농후한 경우에는, 그 음주운전 시점으로부터 상당한 시간이 경과한 후 측정한 혈중알코올농도를 기초로 이른바 위드마크 공식 중 시간경과에 따른 분해소멸에 관한 부분만을 적용하여 혈중알코올농도 측정시점으로부터 역추산하여 음주운전 시점의 혈중알코올농도를 확인할 수는 없으므로, 위와 같은 경우 그러한 위드마크 공식만을 적용한 역추산 방식에 의하여 산출해 낸 혈중알코올농도 수치는 해당 운전자에 대한 운전면허취소 등 행정처분의 기준이 될 수 없다(대판 2007.1.11. 2006두15035).

〈사건발생시간을 특정하는 과정에서 발생하는 오차가능성 등의 여러 사정을 고려할 때 위드마크 공식에 의한 역추산 방식에 의한 결과를 인정할 수 없다는 판례〉 피고인에게 가장 유리한 감소치를 적용하여 위드마크 공식에 따라 계산한 혈중 알코올농도가 도로교통법상 처벌기준인 0.05%를 넘는 0.051%이었으나, 사건발생시간을 특정하는 과정에서 발생하는 오차가능성 등의 여러 사정을 고려할 때 피고인의 운전 당시 혈중 알코올농도가 처벌기준치를 초과하였으리라고 단정할 수는 없다고 한 사례(대판 2005.7.28. 2005도3904).

〈음주시각과 혈액채취에 의한 혈중알코올농도를 측정한 시각과의 시간적 간격이 87분에 불과하여, 혈중알콜농도가 상승기였는지 하강기였는지를 알 수 없다면 혈중알코올농도가 0.05%라는 점은 증거가 될 수 없고, 호흡측정결과의 수치인 0.053%도 합리적 의심을 넘는 충분한 정도로 음주운전의 입증이 있다고 볼 수는 없다고 한 판례〉 음주시각과 혈액채취에 의한 혈중알코올농도를 측정한 시각과의 시간적 간격이 87분에 불과한 점 등을 고려할 때 처벌기준치를 겨우 0.003% 넘는 0.053%의 호흡측정결과 수치만으로는 합리적 의심을 넘는 충분한 정도로 음주운전의 증명이 있다고 볼 수 없다고 한 사례(대판 2006.10.26. 2006도5683). [판결이유 중 일부 인용] 그러나 원심도 인정한 바와 같이, 이 사건 음주시각과 혈액채취에 의한 혈중알코올농도를 측정한 시각과의 시간적 간격이 87분에 불과하여, 그 도중에 있는 적발시점과 혈액채취시점 사이에 혈중알콜농도가 상승기였는지 하강기였는지를 알 수 없는 등의 사유로 위드마크 공식에 의한 역추산 방식에 상당한 의문과 불확실성이 내재할 수밖에 없고, 위드마크 공식에 의한 혈중알코올농도가 겨우 0.05%에 불과한 점 등을 고려할 때 혈액채취결과를 가지고 역산한 수치는 유죄의 증거가 될 수 없다면, 처벌기준치를 겨우 0.003% 넘는 0.053%의 호흡측정결과 수치만으로는 합리적 의심을 넘는 충분한 정도로 음주운전의 입증이 있다고 볼 수는 없다고 할 것이다. 그렇다면 이 사건 공소사실은 그 증명이 없어서 무죄라고 판단하여야 할 것인바, 원심이 이와 달리 범죄의 증명이 있다고 판시한 것은, 채증법칙을 위반한 위법이 있다고 할 것이고 이는 판결의 결과에 영향을 미쳤다 할 것이다. 이 점을 지적하는 피고인의 상고논지는 이유 있다.

(3) 자동차 등의 운전 관련 판례

〈주차된 다른 차량의 출입의 편의를 위하여 주차되었던 차량을 이동시켜주기 위한 운전도 도로교통법상의 운전이라는 판례〉 도로교통법 제2조 제19호는 '운전'이라 함은 도로에서 차를 그 본래의 사용방법에 따라 사용하는 것을 말한다고 규정하고 있는바, 여기에서 말하는 운전의 개념은 그 규정의 내용에 비추어 목적적 요소를 포함하는 것이므로 고의의 운전행위만을 의미하고, 또한 도로에서 자동차의 시동을 걸어 이동하였다면 그것이 주차된 다른 차량의 출입의 편의를 위하여 주차시켜 놓았던 차량을 이동시켜 주기 위한 것이더라도 차량을 그 본래의 사용방법에 따라 사용하는 것으로서 도로교통법상의 '운전'에 해당한다(대판 2005.9.15. 2005도3781). [COMMENT] 본 판례에서의 제2조 제19호는 현행법 제2조 제26호가 된다.

(4) 죄수 및 타죄와의 관련 판례

〈음주상태로 자동차를 운전하다가 제1차 사고, 제2차 사고를 내었다면 음주운전죄는 포괄일 죄라는 판례〉 [1] 음주운전으로 인한 도로교통법 위반죄의 보호법익과 처벌방법을 고려 할 때, 혈중알콜농도 0.05% 이상의 음주상태로 동일한 차량을 일정기간 계속하여 운전하 다가 1회 음주측정을 받았다면 이러한 음주운전행위는 동일 죄명에 해당하는 연속된 행위 로서 단일하고 계속된 범의하에 일정기간 계속하여 행하고 그 피해법익도 동일한 경우이므 로 포괄일죄에 해당한다. [2] 음주상태로 자동차를 운전하다가 제1차 사고를 내고 그대로 진행하여 제2차 사고를 낸 후 음주측정을 받아 도로교통법 위반(음주운전)죄로 약식명 령을 받아 확정되었는데, 그 후 제1차 사고 당시의 음주운전으로 기소된 사안에서 위 공소사실이 약식명령이 확정된 도로교통법 위반(음주운전)죄와 포괄일죄 관계에 있다고 본 사례(대판 2007.7.26. 2007도4404).

〈주취운전과 음주측정거부의 각 도로교통법위반죄의 죄수관계는 실체적 경합관계에 있다는 판례〉 도로교통법 제107조의2 제2호 음주측정불응죄의 규정 취지 및 입법 연혁 등을 종합하여 보면, 주취운전은 이미 이루어진 도로교통안전침해만을 문제삼는 것인 반면 음주측정거부는 기왕의 도로교통안전침해는 물론 향후의 도로교통안전 확보와 위험 예 방을 함께 문제삼는 것이고, 나아가 주취운전은 도로교통법시행령이 정한 기준 이상으로 술에 '취한' 자가 행위의 주체인 반면, 음주측정거부는 술에 취한 상태에서 자동차 등을 운 전하였다고 인정할 만한 상당한 이유가 있는 자가 행위의 주체인 것이어서, 결국 양자가 반드시 동일한 법익을 침해하는 것이라거나 주취운전의 불법과 책임내용이 일반적으로 음주측정거부의 그것에 포섭되는 것이라고는 단정할 수 없으므로, 결국 주취운전과 음 주측정거부의 각 도로교통법위반죄는 실체적 경합관계에 있는 것으로 보아야 한다(대판 2004.11.12. 2004도5257). [COMMENT] 판례에서의 제107조의2 제2호는 현행법에 따르면 제 148조의2 제2항이 된다.

甲과 乙은 甲이 운전하는 자동차를 이용하여 야외로 나간 후 술집에서 술을 마시게 되었다. 술자리가 끝나갈 즈음에 乙은 甲이 걸음을 제대로 걷지 못할 정도로 만취하 였음을 알면서도 甲의 요구에 따라 카운터에 맡겨둔 甲의 자동차열쇠를 가져다 주었 으며, 이를 받은 甲은 자신의 승용차를 운전하였고(혈중알코올농도는 0.15%), 乙도 동승하였다. 운전한지 10여 분이 지나자 甲은 전방주시를 게을리 하다가 길옆으로 떨어졌고 甲과 乙은 병원으로 후송되어 전치 4주의 진단을 받았다. 甲과 乙의 죄책 은? (20점) [2022 2차]

Ⅱ. 상습음주운전죄

1. 관련 조문

제148조의2 (벌칙)

① 제44조제1항 또는 제2항을 위반(자동차등 또는 노면전차를 운전한 경우로 한정한다. 다만, 개인형 이동장치를 운전한 경우는 제외한다. 이하 이 조에서 같다)하여 벌금 이상의 형을 선고받고 그 형이 확정된 날부터 10년 내에 다시 같은 조 제1항 또는 제2항을 위반한 사람(형이 실효된 사람도 포함한다)은 다음 각 호의 구분에 따라 처벌한다. 〈개정 2023.1.3.〉

1. 제44조제2항을 위반한 사람은 1년 이상 6년 이하의 징역이나 500만원 이상 3천만원 이하의 벌금에 처한다.

2. 제44조제1항을 위반한 사람 중 혈중알코올농도가 0.2퍼센트 이상인 사람은 2년 이상 6년 이하의 징역이나 1천만원 이상 3천만원 이하의 벌금에 처한다.

3. 제44조제1항을 위반한 사람 중 혈중알코올농도가 0.03퍼센트 이상 0.2퍼센트 미만인 사람은 1년 이상 5년 이하의 징역이나 500만원 이상 2천만원 이하의 벌금에 처한다.

〈참조 자료〉 – 개정전 제148조의2 제1항

① 제44조제1항 또는 제2항을 2회 이상 위반한 사람(자동차등 또는 노면전차를 운전한 사람으로 한정한다. 다만, 개인형 이동장치를 운전하는 경우는 제외한다. 이하 이 조에서 같다)은 2년 이상 5년 이하의 징역이나 1천만원 이상 2천만원 이하의 벌금에 처한다. 〈개정 2020.6.9〉

〈참조 조문〉

도로교통법 제44조 (술에 취한 상태에서의 운전 금지)

① 누구든지 술에 취한 상태에서 자동차등(「건설기계관리법」 제26조제1항 단서에 따른 건설기계 외의 건설기계를 포함한다. 이하 이 조, 제45조, 제47조, 제93조제1항제1호부터 제4호까지 및 제148조의2에서 같다), 노면전차 또는 자전거를 운전하여서는 아니 된다. 〈개정 2018.3.27.〉

② 경찰공무원은 교통의 안전과 위험방지를 위하여 필요하다고 인정하거나 제1항을 위반하여 술에 취한 상태에서 자동차등, 노면전차 또는 자전거를 운전하였다고 인정할 만한 상당한 이유가 있는 경우에는 운전자가 술에 취하였는지를 호흡조사로 측정할 수 있다. 이 경우 운전자는 경찰공무원의 측정에 응하여야 한다. 〈개정 2014.12.30., 2018.3.27.〉

④ 제1항에 따라 운전이 금지되는 술에 취한 상태의 기준은 운전자의 혈중알코올농도가 0.03퍼센트 이상인 경우로 한다. 〈개정 2018.12.24.〉

⑤ 제2항 및 제3항에 따른 측정의 방법, 절차 등 필요한 사항은 행정안전부령으로 정한다. 〈신설 2023.1.3〉

2. 주요 내용

종래 제148조의2 제1항의 2회 이상 음주운전 또는 음주측정 불응 시 가중처벌하고 있는 규정이 음주운전 금지규정 위반 전력을 가중요건으로 삼으면서 해당 전력과 관련하여 형의 선고나 유죄의 확정판결을 받을 것을 요구하지 않는 데다 아무런 시간적 제한도 두지 않고 있어 책임에 비해 과도한 형벌을 규정하고 있다는 헌법재판소의 위헌결정에 따라, 제148조의2 제1항을 개정하여 전범과 후범 사이 시간적 제한을 정하고 재범의 기산점을 명시하는 등 위헌 사유를 보완하였다.

Ⅲ. 약물운전죄

1. 관련 조문

제148조의2 (벌칙)
④ 제45조를 위반하여 약물로 인하여 정상적으로 운전하지 못할 우려가 있는 상태에서 자동차등 또는 노면전차를 운전한 사람은 3년 이하의 징역이나 1천만원 이하의 벌금에 처한다.

〈참조 조문〉
도로교통법 제45조 (과로한 때 등의 운전 금지)
자동차등(개인형 이동장치는 제외한다) 또는 노면전차의 운전자는 제44조에 따른 술에 취한 상태 외에 과로, 질병 또는 약물(마약, 대마 및 향정신성의약품과 그 밖에 행정안전부령으로 정하는 것을 말한다. 이하 같다)의 영향과 그 밖의 사유로 정상적으로 운전하지 못할 우려가 있는 상태에서 자동차등 또는 노면전차를 운전하여서는 아니 된다. 〈개정 2020. 6.9〉

2. 주요 내용

(1) 위태범

본죄는 약물의 영향으로 인하여 '정상적으로 운전하지 못할 우려가 있는 상태'에서 운전을 하면 바로 성립하고, 현실적으로 '정상적으로 운전하지 못할 상태'에 이르러야만 하는 것은 아니다(판례).

(2) 주의할 점

제148조의2 제4항은 약물로 인한 경우로 제한된다는 점을 주의하여야 한다. 과로·질병으로 인하여 정상적으로 운전하지 못할 우려가 있는 상태에서 운전한 경우에는 제154조 제3호에 의하여 처벌된다.

3. 관련 판례

〈약물운전죄가 성립하기 위해서는 필로폰 투약 후 운전한 것만으로는 바로 처벌할 수 없지만, 그로 인하여 정상적으로 운전하지 못할 우려가 있으면 족하지 정상적으로 운전하지 못할 상태에 있을 필요는 없다는 판례〉 구 도로교통법(2010. 7. 23. 법률 제10382호로 개정되기 전의 것) 제150조 제1호에 "제45조의 규정을 위반하여 약물로 인하여 정상적으로 운전하지 못할 우려가 있는 상태에서 자동차 등을 운전한 사람"을 처벌하도록 규정하고 있고, 같은 법 제45조에 "자동차 등의 운전자는 제44조의 규정에 의한 술에 취한 상태 외에 과로·질병 또는 약물(마약·대마 및 향정신성의약품과 그 밖에 행정안전부령이 정하는 것을 말한다)의 영향과 그 밖의 사유로 인하여 정상적으로 운전하지 못할 우려가 있는 상태에서 자동차 등을 운전하여서는 아니된다."고 규정하고 있다. <u>위 규정의 법문상 필로폰을 투약한 상태에서 운전하였다고 하여 바로 처벌할 수 있는 것은 아니고 그로 인하여 정상적으로 운전하지 못할 우려가 있는 상태에서 자동차 등을 운전한 경우에만 처벌할 수 있다고 보아야 하나, 위 법 위반죄는 이른바 위태범으로서 약물 등의 영향으로 인하여 '정상적으로 운전하지 못할 우려가 있는 상태'에서 운전을 하면 바로 성립하고, 현실적으로 '정상적으로 운전하지 못할 상태'에 이르러야만 하는 것은 아니다</u>(대판 2010.12.23. 2010도11272). [COMMENT] 판례에서의 제150조 제1호는 현행법 제148조의2 제4항이 된다.

Ⅳ. 과로·질병운전죄

1. 관련 조문

제154조 (벌칙)
다음 각 호의 어느 하나에 해당하는 사람은 30만원 이하의 벌금이나 구류에 처한다.
   3. 제45조를 위반하여 과로·질병으로 인하여 정상적으로 운전하지 못할 우려가 있는 상태에서 자동차등 또는 노면전차를 운전한 사람

〈참조 조문〉
도로교통법 제45조 (과로한 때 등의 운전 금지)
자동차등(개인형 이동장치는 제외한다) 또는 노면전차의 운전자는 제44조에 따른 술에 취한 상태 외에 과로, 질병 또는 약물(마약, 대마 및 향정신성의약품과 그 밖에 행정안전부령으로 정하는 것을 말한다. 이하 같다)의 영향과 그 밖의 사유로 정상적으로 운전하지 못할 우려가 있는 상태에서 자동차등 또는 노면전차를 운전하여서는 아니 된다. 〈개정 2020.6.9〉

2. 주요 내용

본죄는 과로나 질병으로 정상적으로 운전하지 못할 우려가 있는 상태에서 운전을 한 경우에만 적용된다. 따라서 ① 음주운전과 ② 약물운전은 포함되지 않는다.

제4절 | 음주측정거부

1. 관련 조문

> **제148조의2 (벌칙)**
> ② 술에 취한 상태에 있다고 인정할 만한 상당한 이유가 있는 사람으로서 제44조제2항에 따른 경찰공무원의 측정에 응하지 아니하는 사람(자동차등 또는 노면전차를 운전한 사람으로 한정한다)은 1년 이상 5년 이하의 징역이나 500만원 이상 2천만원 이하의 벌금에 처한다.
>
> **〈참조 조문〉**
> **도로교통법 제44조 (술에 취한 상태에서의 운전 금지)**
> ② 경찰공무원은 교통의 안전과 위험방지를 위하여 필요하다고 인정하거나 제1항을 위반하여 술에 취한 상태에서 자동차등, 노면전차 또는 자전거를 운전하였다고 인정할 만한 상당한 이유가 있는 경우에는 운전자가 술에 취하였는지를 호흡조사로 측정할 수 있다. 이 경우 운전자는 경찰공무원의 측정에 응하여야 한다. 〈개정 2014.12.30, 2018.3.27〉
> ③ 제2항에 따른 측정 결과에 불복하는 운전자에 대하여는 그 운전자의 동의를 받아 혈액 채취 등의 방법으로 다시 측정할 수 있다.
> ⑤ 제2항 및 제3항에 따른 측정의 방법, 절차 등 필요한 사항은 행정안전부령으로 정한다. 〈신설 2023.1.3〉
>
> **도로교통법 제156조 (벌칙)**
> 다음 각 호의 어느 하나에 해당하는 사람은 20만원 이하의 벌금이나 구류 또는 과료에 처한다.
>   12. 술에 취한 상태에 있다고 인정할 만한 상당한 이유가 있는 사람으로서 제44조제2항에 따른 경찰공무원의 측정에 응하지 아니한 사람(자전거 등을 운전한 사람으로 한정한다)

2. 주요 내용

(1) 주 체

1) 술에 취한 상태에서의 운전자 : 본죄의 주체는 술에 취한 상태에서 자동차등 또는 노면전차 및 자전거를 운전하였다고 인정할 만한 상당한 이유가 있는 사람을 말한다. 여기서 술에 취한 상태란 음주운전죄로 처벌될 수 있는 혈중알콜농도 0.03%이상의 음주상태를 말한다. 본서에서는 자동차등 운전을 전제로 설명한다.[12]

---

12) 참고로 술에 취한 상태에서 자전거를 운전하였다고 인정할 만한 상당한 이유가 있는 사람은 도로교통법 제156조 제12호에 의하여 20만원 이하의 벌금이나 구류 또는 과료에 처해진다.

2) 상당한 이유 : 상당한 이유는 ① 술에 취한 상태에 있다고 인정할만한 상당한 이유 뿐만 아니라 ② 술에 취한 상태에서 자동차등을 운전하였다고 인정할만한 상당한 이유를 포함한다.

(2) 행 위

본죄의 행위는 제44조 제2항의 규정에 의한 경찰공무원의 음주측정요구에 불응하는 것이다.

1) **적법한 음주측정** : 경찰공무원의 음주측정요구는 적법하여야 한다. 위법한 공무집행에 대하여 국민은 복종할 필요는 없기 때문이다.

2) **호흡측정기에 의한 측정** : 경찰공무원의 측정은 같은 법 제44조 제2항 소정의 호흡조사에 의한 측정만을 의미하는 것으로서 같은 법 제44조 제3항 소정의 혈액채취에 의한 측정을 포함하는 것으로 볼 수 없음은 법문상 명백하다. 따라서, 신체 이상 등의 사유로 인하여 호흡조사에 의한 측정에 응할 수 없는 운전자가 혈액채취에 의한 측정을 거부하거나 이를 불가능하게 하였다고 하더라도 이를 들어 음주측정에 불응한 것으로 볼 수는 없다(판례).

3) **보충적으로 혈액채취에 의한 방법** : 운전자의 신체 이상 등의 사유로 호흡측정기에 의한 측정이 불가능 내지 심히 곤란하거나 운전자가 처음부터 호흡측정기에 의한 측정의 방법을 불신하면서 혈액채취에 의한 측정을 요구하는 경우 등에는 호흡측정기에 의한 측정의 절차를 생략하고 바로 혈액채취에 의한 측정으로 나아가야 할 것이고, 이와 같은 경우라면 호흡측정기에 의한 측정에 불응한 행위를 음주측정불응으로 볼 수 없다(판례).

4) **불응** : 경찰공무원의 측정요구를 받은 운전자가 측정에 응할 수 있음에도 불구하고 합리적인 이유없이 이에 응하지 아니하고 부작위하는 것을 말한다.

(3) 고 의

본죄는 고의범으로서 경찰공무원의 음주측정요구가 있다는 사실을 인식하고 이에 불응한다는 의사가 있어야 한다.

3. 관련 판례 [13]

(1) 주체와 관련된 판례

1) 기본 법리 판례

〈음주측정요구 당시 운전자가 적어도 혈중알콜농도 0.05% 이상의 상태에 있다고 인정할 만한 상당한 이유가 있어야 하는데, 음주감지기는 혈중알콜농도 0.02%에서부터 반응하므로 여러사정을 종합해 판단하여야 한다는 판례〉 [1] 도로교통법 제107조의2 제2호의 음주측정불응죄는 술에 취한 상태에 있다고 인정할 만한 상당한 이유가 있는 사람이 같은 법 제41조 제2항의 규정에 의한 경찰공무원의 측정에 응하지 아니한 경우에 성립하는 것인바, 여기서 '술에 취한 상태'라 함은 음주운전죄로 처벌되는 음주수치인 혈중알콜농도 0.05% 이상의 음주상태를 말한다고 보아야 할 것이므로, 음주측정불응죄가 성립하기 위하여서는 음주측정요구 당시 운전자가 반드시 혈중알콜농도 0.05% 이상의 상태에 있어야 하는 것은 아니지만 적어도 혈중알콜농도 0.05% 이상의 상태에 있다고 인정할 만한 상당한 이유가 있어야 하는 것이고, 나아가 술에 취한 상태에 있다고 인정할 만한 상당한 이유가 있는지 여부는 음주측정 요구 당시 개별 운전자마다 그의 외관·태도·운전 행태 등 객관적 사정을 종합하여 판단하여야 한다. [2] 호흡측정기에 의한 음주측정을 요구하기 전에 사용되는 음주감지기 시험에서 음주반응이 나왔다고 할지라도 현재 사용되는 음주감지기가 혈중알콜농도 0.02%인 상태에서부터 반응하게 되어 있는 점을 감안하면 그것만으로 바로 운전자가 혈중알콜농도 0.05% 이상의 술에 취한 상태에 있다고 인정할 만한 상당한 이유가 있다고 볼 수는 없고, 거기에다가 운전자의 외관·태도·운전 행태 등의 객관적 사정을 종합하여 술에 취한 상태에 있다고 인정할 만한 상당한 이유가 있는지 여부를 판단하여야 한다(대판 2002.6.14. 2001도5987). [판결이유 중 일부 인용] 기록에 의하면, 피고인은 이 사건 당일 22 : 48경 음주운전 일제단속과정의 음주감지기에 의한 시험에서 음주반응이 나타났음에도 경찰관의 호흡측정기에 의한 음주측정 요구에 불응한 사실이 인정되나, 피고인은 당일 14시에서 15시 사이에 소주 2잔 정도를 마셨다고 주장하였고, 단속경찰관도 피고인이 별로 취해 보이지 않았으며 음주측정기를 불더라도 낮은 수치가 나올 것으로 생각되어 음주측정거부스티커를 발부하면서 안타까운 마음이 들었다고 진술하고 있는 점, 피고인에 대한 주취운전자 정황진술보고서에는 음주측정요구 당시 피고인의 언행상태, 보행상태, 혈색이 모두 정상이었다고 기재되어 있는 점 등을 종합하여 볼 때, 이 사건에서 음주감지기 시험에서 음주반응이 나왔다고 하여 피고인이 음주측정을 요구받을 당시 술에 취한 상태에 있다고 인정할 만한 상당한 이유가 있었다고 보기는 어려우므로, 원심이 같은 취지에서 음주측정불응죄가 성립하지 않는다고 판단한 것은 정당하고, 거기에 상고이유로 주장하는 바와 같은 음주측정불응죄에 대한 법리오해 등의 위법이 있다고 할 수 없다. [COMMENT] 판례에서의 제107조의2 제2호는 현행법에 따르면 제148조의2 제2항이 된다.

---

13) 관련 판례를 ① 주체 ② 행위 ③ 죄수관련 판례의 순서로 정리한다.

2) 음주측정거부죄를 긍정한 판례

〈음주측정불응죄 이후 처벌할 수 없는 수치가 나왔더라도 음주측정거부죄는 성립한다는
판례〉음주측정요구를 받을 당시에 술에 취한 상태에 있었다고 인정할 만한 상당한 이유
가 있다고 보아 음주측정불응죄가 인정되는 이상, 그 후 스스로 경찰공무원에게 혈액채
취의 방법에 의한 음주측정을 요구하고 그 결과 음주운전으로 처벌할 수 없는 혈중알콜농
도 수치가 나왔다고 하더라도 음주측정불응죄의 성립에 영향이 없다고 한 사례(대판
2004.10.15. 2004도4789).

〈피고인의 음주와 음주운전을 목격한 참고인이 있는 상황에서 경찰관이 음주 및 음주운전
종료로부터 약 5시간 후 집에서 자고 있는 피고인을 연행하여 음주측정을 요구한 데에 대하여
피고인이 불응한 경우, 도로교통법상의 음주측정불응죄가 성립한다고 본 사례〉 [1] 도로교통
법 제107조의2 제2호의 음주측정불응죄는 술에 취한 상태에 있다고 인정할 만한 상당한
이유가 있는 사람이 같은 법 제41조 제2항의 규정에 의한 경찰공무원의 측정에 응하지
아니한 경우에 성립하는 것인바, 같은 법 제41조 제2항의 규정에 비추어 보면 음주측정
요구 당시의 객관적 사정을 종합하여 볼 때 운전자가 술에 취한 상태에서 자동차 등을 운전
하였다고 인정할 만한 상당한 이유가 있고 운전자의 음주운전 여부를 확인하기 위하여 필
요한 경우에는 사후의 음주측정에 의하여 음주운전 여부를 확인할 수 없음이 명백하지 않
는 한 경찰공무원은 당해 운전자에 대하여 음주측정을 요구할 수 있고, 당해 운전자가 이에
불응한 경우에는 같은 법 제107조의2 제2호 소정의 음주측정불응죄가 성립한다. [2] 운전
자가 술에 취한 상태에서 자동차 등을 운전하였다고 인정할 만한 상당한 이유가 있는지
의 여부는 음주측정 요구 당시 개별 운전자마다 그의 외관·태도·운전 행태 등 객관적
사정을 종합하여 판단하여야 할 것이고, 특히 운전자의 운전이 종료한 후에는 운전자의
외관·태도 및 기왕의 운전 행태, 운전자가 마신 술의 종류 및 양, 음주운전의 종료로부
터 음주측정의 요구까지의 시간적·장소적 근접성 등 객관적 사정을 종합하여 판단하여
야 한다. [3] 피고인의 음주와 음주운전을 목격한 참고인이 있는 상황에서 경찰관이 음주
및 음주운전 종료로부터 약 5시간 후 집에서 자고 있는 피고인을 연행하여 음주측정을 요구
한 데에 대하여 피고인이 불응한 경우, 도로교통법상의 음주측정불응죄가 성립한다고 본
사례(대판 2001.8.24. 2000도6026). [COMMENT] 판례에서의 제107조의2 제2호는 현행법에 따
르면 제148조의2 제2항이 된다.

(2) 행위 관련 판례

1) 음주측정의 요구의 적법성

〈위법한 체포상태에서의 음주측정은 위법하므로 음주측정불응죄로 처벌할 수 없다는 판례〉
수사관이 수사과정에서 당사자의 동의를 받는 형식으로 피의자를 수사관서 등에 동행하
는 것은 오로지 피의자의 자발적인 의사에 의하여 동행이 이루어졌음이 객관적인 사정
에 의하여 명백하게 입증된 경우에 한하여 그 적법성이 인정된다고 봄이 타당하다. 한편
위법한 체포 상태에서 음주측정요구가 이루어진 경우 그 음주측정요구 역시 위법한 것
으로 볼 수밖에 없고, 그러한 위법한 음주측정요구에 대해서까지 운전자가 응할 의무가

있다고 보아 이를 강제하는 것은 부당하므로, 그에 불응하였다고 하여 도로교통법 제148조의2 제1항 제2호의 음주측정불응죄로 처벌할 수는 없다(대판 2015.12.24. 2013도8481).

2) 측정요구에 불응

〈운전자가 호흡측정기에 숨을 제대로 불어넣지 않았다면 실질적으로 음주측정에 불응한 것과 다를 바가 없다는 판례〉 도로교통법 제41조 제2항에서 말하는 '측정'이란, 측정결과에 불복하는 운전자에 대하여 그의 동의를 얻어 혈액채취 등의 방법으로 다시 측정할 수 있음을 규정하고 있는 같은 조 제3항과의 체계적 해석상, 호흡을 채취하여 그로부터 주취의 정도를 객관적으로 환산하는 측정방법, 즉 호흡측정기에 의한 측정이라고 이해하여야 할 것이고, 한편 호흡측정기에 의한 음주측정은 운전자가 호흡측정기에 숨을 세게 불어넣는 방식으로 행하여지는 것으로서 여기에는 운전자의 자발적인 협조가 필수적이라 할 것이므로, 운전자가 경찰공무원으로부터 음주측정을 요구받고 호흡측정기에 숨을 내쉬는 시늉만 하는 등 형식적으로 음주측정에 응하였을 뿐 경찰공무원의 거듭된 요구에도 불구하고 호흡측정기에 음주측정수치가 나타날 정도로 숨을 제대로 불어넣지 아니하였다면 이는 실질적으로 음주측정에 불응한 것과 다를 바 없다 할 것이고, 운전자가 정당한 사유 없이 호흡측정기에 의한 음주측정에 불응한 이상 그로써 음주측정불응의 죄는 성립하는 것이며, 그 후 경찰공무원이 혈액채취 등의 방법으로 음주여부를 조사하지 아니하였다고 하여 달리 볼 것은 아니다(대판 2000.4.21. 99도5210). [COMMENT] 본 판례에서의 제41조 제2항은 현행 제44조 제2항을 의미한다.

〈음주측정거부가 일시적인 것에 불과한 경우는 측정에 응하지 아니한 경우가 아니라는 판례〉 [1] 도로교통법 제148조의2 제1항 제2호(이하 '처벌조항'이라 한다)의 주된 목적은 음주측정을 간접적으로 강제함으로써 교통의 안전을 도모함과 동시에 음주운전에 대한 입증과 처벌을 용이하게 하려는 데 있는 것이지, 측정불응행위 자체의 불법성을 처벌하려는 데 있는 것은 아닌 점, 한편 처벌조항의 음주측정불응죄는 주취운전죄 중에서도 불법성이 가장 큰 유형인 3회 이상 또는 혈중알코올농도 0.2% 이상의 주취운전죄와 동일한 법정형으로 규율되고 있는 점, 경찰청의 교통단속처리지침 제38조 제11항은 처벌조항의 입법 취지 등을 참작하여 "음주측정 요구에 불응하는 운전자에 대하여는 음주측정 불응에 따른 불이익을 10분 간격으로 3회 이상 명확히 고지하고, 고지에도 불구하고 측정을 거부한 때(최초 측정 요구 시로부터 30분 경과)에는 측정결과란에 본문내 삽입된 이미지로 기재하여 주취운전자 적발보고서를 작성한다."고 규정하고 있는 점 등을 고려해 볼 때, 처벌조항에서 말하는 '경찰공무원의 측정에 응하지 아니한 경우'란 전체적인 사건의 경과에 비추어 술에 취한 상태에 있다고 인정할 만한 상당한 이유가 있는 운전자가 음주측정에 응할 의사가 없음이 객관적으로 명백하다고 인정되는 때를 의미하고, 운전자가 경찰공무원의 1차 측정에만 불응하였을 뿐 곧이어 이어진 2차 측정에 응한 경우와 같이 측정거부가 일시적인 것에 불과한 경우까지 측정불응행위가 있었다고 보아 처벌조항의 음주측정불응죄가 성립한다고 볼 것은 아니다. [2] 따라서 술에 취한 상태에 있다고 인정할 만한 상당한 이유가 있는 운전자가 호흡측정기에 숨을 내쉬는 시늉만 하는 등으로 음주측정을 소극적으로 거부한 경우라면, 소극적 거부행위가 일정 시간 계속적으로 반복되어 운전자의 측정불응의사가 객관적으로 명백하다고 인정되는 때에 비로소 음주측정불응죄가 성립하고, 반면 운전자가 명시적이고도 적극적으로 음주측정을 거부하겠다는 의사를 표명한 것이라면 즉시 음주측정불응죄가 성립할 수 있으나, 그 경우 운전자의 측정불응의사가 객관적으로 명백하였는지는 음주측정을 요구받을 당시의 운전자의 언행이나 태도 등을 비롯하여 경찰공무원이 음주측정을 요구하게 된 경위 및 측정요구의 방법과 정도, 주취운전자 적발보고서 등 측정불응에 따른 관련 서류의 작성 여부 및 운전자가 음주측정을 거부한 사유와 태양 및 거부시간 등 전체적 경과를 종합적으로 고려하여 신중하게 판단하여야 한다(대판 2015.12.24. 2013도8481).

〈척추장애로 지체장애 3급 장애인으로서 호흡조사에 의한 음주측정에 응할 수 없는 운전자는 음주측정에 불응한 것으로 볼 수 없다는 판례〉 [1] 자동차 등 운전자가 신체 이상 등의 사유로 '호흡에 의한 음주측정'에 응하지 못한 경우, 음주측정불응죄가 성립하지 못한다. [2] 신체 이상 등의 사유로 호흡조사에 의한 음주측정에 응할 수 없는 운전자가 '혈액채취에 의한 측정'을 거부하거나 이를 불가능하게 한 경우, 음주측정에 불응한 것으로 볼 수 없다. [3] 척추장애로 지체장애 3급 장애인으로 등록된 피고인이 경찰공무원의 음주측정 요구에 불응하였다는 구 도로교통법 위반의 공소사실에 대하여, 피고인의 폐활량은 정상인의 약 26.9%, 1초간 노력성 호기량은 약 33.5%에 불과하고, 호흡측정기가 작동하기 위하여는 최소 1.25ℓ 의 호흡유량이 필요하나 피고인의 폐활량은 0.7ℓ 에 불과한 점 등에 비추어 음주측정에 불응한 것으로 볼 수 없다고 하여, 이를 무죄로 인정한 원심판단을 수긍한 사례(대판 2010.7.15. 2010도2935).

〈교통사고로 상해를 입은 피고인의 골절부위와 정도에 비추어 음주측정 당시 통증으로 인하여 깊은 호흡을 하기 어려웠고 그 결과 음주측정이 제대로 되지 아니하였던 것으로 보인다면 피고인이 음주측정에 불응한 것이라고 볼 수 없다는 판례〉 [1] 도로교통법(2005. 5. 31. 법률 제7545호로 전문 개정되기 전의 것) 제41조 제2항, 제3항의 해석상, 술에 취한 상태에서 자동차 등을 운전하였다고 인정할 만한 상당한 이유가 있는 경우에 경찰공무원은 운전자가 술에 취하였는지 여부를 호흡측정기에 의하여 측정할 수 있고 운전자는 그 측정에 응할 의무가 있으나, 운전자의 신체 이상 등의 사유로 호흡측정기에 의한 측정이 불가능 내지 심히 곤란한 경우에까지 그와 같은 방식의 측정을 요구할 수는 없으며(이와 같은 상황이라면 경찰공무원으로서는 호흡측정기에 의한 측정의 절차를 생략하고 운전자의 동의를 얻거나 판사로부터 영장을 발부받아 혈액채취에 의한 측정으로 나아가야 할 것이다), 이와 같은 경우 경찰공무원이 운전자의 신체 이상에도 불구하고 호흡측정기에 의한 음주측정을 요구하여 운전자가 음주측정수치가 나타날 정도로 숨을 불어넣지 못한 결과 호흡측정기에 의한 음주측정이 제대로 되지 아니하였다고 하더라도 음주측정에 불응한 것으로 볼 수는 없다. [2] 교통사고로 상해를 입은 피고인의 골절부위와 정도에 비추어 음주측정 당시 통증으로 인하여 깊은 호흡을 하기 어려웠고 그 결과 음주측정이 제대로 되지 아니하였던 것으로 보이므로 피고인이 음주측정에 불응한 것이라고 볼 수는 없다고 한 원심의 판단을 수긍한 사례(대판 2006.1.13. 2005도7125). [COMMENT] 본 판례에서의 제41조 제2항 제3항은 현행 제44조 제2항 제3항을 의미한다.

〈특별한 이유 없이 호흡측정기에 의한 측정에 불응하는 운전자에게 경찰공무원이 혈액채취에 의한 측정방법이 있음을 고지하고 그 선택 여부를 물어야 할 의무가 있다고는 할 수 없다는 판례〉 [1] 도로교통법 제41조 제2항, 제3항의 해석상, 운전자의 신체 이상 등의 사유로 호흡측정기에 의한 측정이 불가능 내지 심히 곤란하거나 운전자가 처음부터 호흡측정기에 의한 측정의 방법을 불신하면서 혈액채취에 의한 측정을 요구하는 경우 등에는 호흡측정기에 의한 측정의 절차를 생략하고 바로 혈액채취에 의한 측정으로 나아가야 할 것이고, 이와 같은 경우라면 호흡측정기에 의한 측정에 불응한 행위를 음주측정불응으로 볼 수 없다. [2] 특별한 이유 없이 호흡측정기에 의한 측정에 불응하는 운전자에게 경찰공무원이 혈액채취에 의한 측정방법이 있음을 고지하고 그 선택 여부를 물어야 할 의무가 있다고는 할 수 없다(대판 2002.10.25. 2002도4220). [COMMENT] 본 판례에서의 제41조 제2항 제3항은 현행 제44조 제2항 제3항을 의미한다.

〈운전자가 경찰공무원에 대하여 호흡측정기에 의한 측정결과에 불복하고 혈액채취의 방법에 의한 측정을 요구할 수 있는 것은 경찰공무원이 운전자에게 호흡측정의 결과를 제시하여 확인을 구하는 때로부터 상당한 정도로 근접한 시점(약 30분 정도)에 한정된다는 판례〉 [1] 도로교통법 제41조 제2항에 의하여 경찰공무원이 운전자가 술에 취하였는지의 여부를 알아보기 위하여 실시하는 측정은 호흡을 채취하여 그로부터 주취의 정도를 객관적으로 환산하는 측정방법 즉, 호흡측정기에 의한 측정으로 이해하여야 한다. [2] 운전자가 경찰공무원에 대하여 호흡측정기에 의한 측정결과에 불복하고 혈액채취의 방법에 의한 측정을 요구할 수 있는 것은 경찰공무원이 운전자에게 호흡측정의 결과를 제시하여 확인을 구하는 때로부터 상당한 정도로 근접한 시점에 한정된다 할 것이고(경찰청의 교통단속처리지침에 의하면, 운전자가 호흡측정 결과에 불복하는 경우에 2차, 3차 호흡측정을 실시하고 그 재측정결과에도 불복하면 운전자의 동의를 얻어 혈액을 채취하고 감정을 의뢰하도록 되어 있고, 한편 음주측정 요구에 불응하는 운전자에 대하여는 음주측정 불응에 따른 불이익을 10분 간격으로 3회 이상 명확히 고지하고 이러한 고지에도 불구하고 측정을 거부하는 때 즉, 최초 측정요구시로부터 30분이 경과한 때에 측정거부로 처리하도록 되어 있는바, 이와 같은 처리지침에 비추어 보면 위 측정결과의 확인을 구하는 때로부터 30분이 경과하기까지를 일응 상당한 시간 내의 기준으로 삼을 수 있을 것이다), 운전자가 정당한 이유 없이 그 확인을 거부하면서 시간을 보내다가 위 시점으로부터 상당한 시간이 경과한 후에야 호흡측정 결과에 이의를 제기하면서 혈액채취의 방법에 의한 측정을 요구하는 경우에는 이를 정당한 요구라고 할 수 없으므로, 이와 같은 경우에는 경찰공무원이 혈액채취의 방법에 의한 측정을 실시하지 않았다고 하더라도 호흡측정기에 의한 측정의 결과만으로 음주운전 사실을 증명할 수 있다(대판 2002.3.15. 2001도7121). [COMMENT] 본 판례에서의 제41조 제2항은 현행 제44조 제2항을 의미한다.

〈운전자가 경찰공무원의 1차 측정에만 불응하였을 뿐 곧이어 이어진 2차 측정에 응한 경우와 같이 측정거부가 일시적인 것에 불과한 경우까지 측정불응행위가 있었다고 보아 처벌조항의 음주측정불응죄가 성립한다고 볼 것은 아니라는 판례〉 도로교통법 제148조의2 제1항 제2호(이하 '처벌조항'이라 한다)의 주된 목적은 음주측정을 간접적으로 강제함으로써 교통의 안전을 도모함과 동시에 음주운전에 대한 입증과 처벌을 용이하게 하려는 데 있는 것이지, 측정불응행위 자체의 불법성을 처벌하려는 데 있는 것은 아닌 점, 한편 처벌조항의 음주측정불응죄는 주취운전죄 중에서도 불법성이 가장 큰 유형인 3회 이상 또는 혈중알코올농도 0.2% 이상의 주취운전죄와 동일한 법정형으로 규율되고 있는 점, 경찰청의 교통단속처리지침 제38조 제11항은 처벌조항의 입법 취지 등을 참작하여 "음주측정 요구에 불응하는 운전자에 대하여는 음주측정 불응에 따른 불이익을 10분 간격으로 3회 이상 명확히 고지하고, 고지에도 불구하고 측정을 거부한 때(최초 측정 요구 시로부터 30분 경과)에는 측정결과란에 본문내 삽입된 이미지로 기재하여 주취운전자 적발보고서를 작성한다."고 규정하고 있는 점 등을 고려해 볼 때, 처벌조항에서 말하는 '경찰공무원의 측정에 응하지 아니한 경우'란 전체적인 사건의 경과에 비추어 술에 취한 상태에 있다고 인정할 만한 상당한 이유가 있는 운전자가 음주측정에 응할 의사가 없음이 객관적으로 명백하다고 인정되는 때를 의미하고, 운전자가 경찰공무원의 1차 측정에만 불응하였을 뿐 곧이어 이어진 2차 측정에 응한 경우와 같이 측정거부가 일시적인 것에 불과한 경우까지 측정불응행위가 있었다고 보아 처벌조항의 음주측정불응죄가 성립한다고 볼 것은 아니다. 따라서 술에 취한 상태에 있다고 인정할 만한 상당한 이유가 있는 운전자가 호흡측정기에 숨을 내쉬는 시늉만 하는 등으로 음주측정을 소극적으로 거부한 경우라면, 소극적 거부행위가 일정 시간 계속적으로 반복되어 운전자의 측정불응의사가 객관적으로 명백하다고 인정되는 때에 비로소 음주측정불응죄가 성립하고, 반면 운전자가 명시적이고도 적극적으로 음주측정을 거부하겠다는 의사를 표명한 것이라면 즉시 음주측정불응죄가 성립할 수 있으나, 그 경우 운전자의 측정불응의사가 객관적으로 명백하였는지는 음주측정을 요구받을 당시의 운전자의 언행이나 태도 등을 비롯하여 경찰공무원이 음주측정을 요구하게 된 경위 및 측정요구의 방법과 정도, 주취운전자 적발보고서 등 측정불응에 따른 관련 서류의 작성 여부 및 운전자가 음주측정을 거부한 사유와 태양 및 거부시간 등 전체적 경과를 종합적으로 고려하여 신중하게 판단하여야 한다(대판 2015.12.24. 2013도8481).

〈음주감지기에 의한 시험을 거부한 것도 음주측정거부가 될 수 있다는 판례〉 [1] 구 도로교통법(2014. 12. 30. 법률 제12917호로 개정되기 전의 것, 이하 '도로교통법'이라 한다) 제44조 제2항에 의하여 경찰공무원이 운전자가 술에 취하였는지를 알아보기 위하여 실시하는 측정은 호흡을 채취하여 그로부터 주취의 정도를 객관적으로 환산하는 측정 방법, 즉 음주측정기에 의한 측정으로 이해하여야 한다. 그리고 경찰공무원이 음주 여부나 주취 정도를 측정하는 경우 합리적으로 필요한 한도 내에서 측정 방법이나 측정 횟수에 관하여 어느 정도 재량을 갖는다. 따라서 경찰공무원은 운전자의 음주 여부나 주취 정도를 확인하기 위하여 운전자에게 음주측정기를 면전에 제시하면서 호흡을 불어넣을 것을 요구하는 것 이외에도 그 사전절차로서 음주측정기에 의한 측정과 밀접한 관련이 있는 검사 방법인 음주감지기에 의한 시험도 요구할 수 있다. [2] 한편 도로교통법 제148조의2 제1항 제2호에서 말하는 '경찰공무원의 측정에 응하지 아니한 경우'란 전체적인 사건의 경과에 비추어 술에 취한 상태에 있다고 인정할 만한 상당한 이유가 있는 운전자가 음주측정에 응할 의사가 없음이 객관적으로 명백하다고 인정되는 때를 의미한다. 운전자의 측정불응의사가 객관적으로 명백하였는지는 음주측정을 요구받을 당시의 운전자의 언행이나 태도 등을 비롯하여 경찰공무원이 음주측정을 요구하게 된 경위, 측정 요구의 방법과 정도, 주취운전자 적발보고서 등 측정불응에 따른 관련 서류의 작성 여부, 운전자가 음주측정을 거부한 사유와 태양 및 거부시간 등 전체적 경과를 종합적으로 고려하여 신중하게 판단하여야 한다. [3] 그리고 경찰공무원이 운전자에게 음주 여부를 확인하기 위하여 음주측정기에 의한 측정의 전 단계에 실시되는 음주감지기에 의한 시험을 요구하는 경우 그 시험 결과에 따라 음주측정기에 의한 측정이 예정되어 있고, 운전자가 그러한 사정을 인식하였음에도 음주감지기에 의한 시험에 불응함으로써 음주측정을 거부하겠다는 의사를 표명한 것으로 볼 수 있다면, 음주감지기에 의한 시험을 거부한 행위도 음주측정기에 의한 측정에 응할 의사가 없음을 객관적으로 명백하게 나타낸 것으로 볼 수 있다(대판 2017.6.8. 2016도16121).

(3) 죄수관련 판례

〈주취운전과 음주측정거부의 각 도로교통법위반죄의 죄수관계는 실체적 경합관계에 있다는 판례〉 도로교통법 제107조의2 제2호 음주측정불응죄의 규정 취지 및 입법 연혁 등을 종합하여 보면, 주취운전은 이미 이루어진 도로교통안전침해만을 문제삼는 것인 반면 음주측정거부는 기왕의 도로교통안전침해는 물론 향후의 도로교통안전 확보와 위험 예방을 함께 문제삼는 것이고, 나아가 주취운전은 도로교통법시행령이 정한 기준 이상으로 술에 '취한' 자가 행위의 주체인 반면, 음주측정거부는 술에 취한 상태에서 자동차 등을 운전하였다고 인정할 만한 상당한 이유가 있는 자가 행위의 주체인 것이어서, 결국 양자가 반드시 동일한 법익을 침해하는 것이라거나 주취운전의 불법과 책임내용이 일반적으로 음주측정거부의 그것에 포섭되는 것이라고는 단정할 수 없으므로, 결국 주취운전과 음주측정거부의 각 도로교통법위반죄는 실체적 경합관계에 있는 것으로 보아야 한다(대판 2004.11.12. 2004도5257). [COMMENT] 판례에서의 제107조의2 제2호는 현행법에 따르면 제148조의2 제2항이 된다.

제5절 | 업무상과실·중과실 재물손괴

1. 관련 조문

> ### 제151조 (벌칙)
> 차 또는 노면전차의 운전자가 <u>업무상 필요한 주의를 게을리하거나 중대한 과실로 다른 사</u><u>람의 건조물이나 그 밖의 재물을 손괴한 경우에는 2년 이하의 금고나 500만원 이하의 벌금</u><u>에 처한다.</u> 〈개정 2018.3.27〉

2. 주요 내용

(1) 의 의

본죄는 차 또는 노면전차의 운전자가 업무상 필요한 주의를 게을리하거나 중대한 과실로 다른 사람의 건조물이나 그 밖의 재물을 손괴한 경우에 성립하는 범죄이다. 형법상 과실재물손괴는 처벌하지 않지만, 도로교통법에서는 업무상 또는 중과실재물손괴죄를 처벌하는 조문이 있음을 주의하여야 한다.

(2) 주의할 내용

본죄는 도로에서의 운전으로 인한 손괴로 제한된다. 그리고 다른 사람이 아닌 자신의 차량 등이 손괴된 경우에는 본죄에 해당하지 않는다. 따라서 '그 밖의 재물' 중에는 범행의 수단 또는 도구로 제공된 차량 자체는 포함되지 아니한다(판례).

3. 관련 판례

〈제151조의 '그 밖의 재물' 중에는 제3자의 재물이 아닌 범행의 수단 또는 도구로 제공된 차량 자체는 포함되지 아니한다는 판례〉 구 도로교통법(2005. 5. 31. 법률 제7545호로 전문 개정되기 전의 것, 이하 같다) 제108조는 "차의 운전자가 업무상 필요한 주의를 게을리 하거나 중대한 과실로 다른 사람의 건조물이나 그 밖의 재물을 손괴한 때에는 2년 이하의 금고나 500만 원 이하의 벌금의 형으로 벌한다."고 규정하고 있는바, <u>원래 형법에서는 고의가 아닌 과실로 재물을 손괴한 경우를 처벌하지 않고 있으나 도로운송에 즈음하여 차량운행과 관련 없는 제3자의 재물을 보호하려는 입법 취지에서 도로교통법에 특별히 위와 같은 처벌규정을 둔 것이므로, 위 법조의 '그 밖의 재물' 중에는 범행의 수단 또는 도구로 제공된 차량 자체는 포함되지 아니한다고 해석함이 당원의 판례로서</u>), 현 상황에서 특별히 이를 재검토하여야 할 이유가 있다고 보이지 아니한다(대판 2007.3.15. 2007도291). [COMMENT] 본 판례에서의 제108조는 현행 제151조를 의미한다.

제6절 | 무면허운전

☑ GUIDE |

무면허운전죄는 아래와 같이 두 가지로 나누어 정리한다.

Ⅰ. 자동차 무면허운전죄 (제152조 제1호)

Ⅱ. 원동기장치자전거 무면허운전죄 (제154조 제2호)

Ⅰ. 자동차 무면허운전죄

1. 관련 조문

> **제152조 (벌칙) - 제1호**
> 다음 각 호의 어느 하나에 해당하는 사람은 1년 이하의 징역이나 300만원 이하의 벌금에 처한다.
>
> 　1. 제43조를 위반하여 제80조에 따른 운전면허(원동기장치자전거면허는 제외한다. 이하 이 조에서 같다)를 받지 아니하거나(운전면허의 효력이 정지된 경우를 포함한다) 또는 제96조에 따른 국제운전면허증을 받지 아니하고(운전이 금지된 경우와 유효기간이 지난 경우를 포함한다) 자동차를 운전한 사람
>
> **〈참조 조문〉**
> **도로교통법 제43조 (무면허운전 등의 금지)**
> 누구든지 제80조에 따라 시·도경찰청장으로부터 운전면허를 받지 아니하거나 운전면허의 효력이 정지된 경우에는 자동차등을 운전하여서는 아니 된다.〈개정 2020.6.9, 2020.12.22, 2021.1.12〉

2. 주요 내용

(1) 주 체

본죄의 주체는 법령에 의하여 당해 차량을 운전할 수 있는 운전면허(연습운전면허 포함) 또는 국제운전면허를 받지 아니한 자이다. 이에는 운전면허의 효력이 정지된 경우나 운전면허의 범위를 넘어 차량을 운전한 자를 포함한다.

(2) 운전면허의 효력

운전면허의 효력발생시기는 운전면허증을 발급받은 때부터이며(제85조 제5항 참조)[14], 면허의 효력소멸시기는 원칙적으로 취소통지시이다(제93조 참조).

(3) 행 위

1) **일반론** : 무면허인 상태로 도로교통법상의 도로에서 자동차등을 운전하는 것이다. 본죄는 도로에서의 운전만으로 제한된다는 점을 주의하여야 한다.

2) **주차장의 도로성** : 도로교통법 제2조 제1호는 "도로"라 함은 도로법에 의한 도로, 유료도로법에 의한 도로 그 밖의 일반교통에 사용되는 모든 곳을 말한다고 도로의 정의에 관하여 규정하고 있는바, 여기서 말하는 "일반교통에 사용되는 곳"이라 함은 현실적으로 불특정다수의 사람 또는 차량의 통행을 위하여 공개된 장소로서 교통질서유지 등을 목적으로 하는 일반교통경찰권이 미치는 공공성이 있는 곳을 의미하는 것이고, 특정인들 또는 그들과 관련된 특정한 용건이 있는 자들만이 사용할 수 있고 자주적으로 관리되는 장소는 이에 포함된다고 볼수 없다(판례). 따라서 주차장은 원칙적으로 도로에 해당되지 아니하나, 예외적으로 불특정다수의 사람과 차량이 통행하는 곳이며 그 곳을 통행하는 차량 등에 대하여 충분한 통제가 이루어지지 않는다면 도로가 될 수 있다(판례).

(4) 고 의

본죄는 면허가 없음을 알면서 자동차등을 운전하는 경우에 성립하는 고의범이다. 따라서 고의가 없는 경우에는 본죄는 성립하지 않는다.

3. 관련 판례[15]

(1) 무면허 관련 판례

1) 무면허운전을 긍정한 판례

〈적성검사기간 5년이 경과하여 취소사실이 통지되지 아니하고 공고되었더라도 무면허운전죄가 성립한다는 판례〉 [1] 적성검사를 받지 아니하여 운전면허가 취소되고 그 취소 사실의 통지에 갈음하여 적법한 공고가 이루어졌다면 운전면허를 받은 사람이 면허가 취소된 사실을 모르고 자동차를 운전하였다고 하더라도 그 운전행위는 무면허운전에 해당한다. [2] 면허증에 그 유효기간과 적성검사를 받지 아니하면 면허가 취소된다는 사실이 기재되어 있고, 이미 적성검사 미필로 면허가 취소된 전력이 있는데도 면허증에 기재된 유효기간이 5년 이상 지나도록 적성검사를 받지 아니한 채 자동차를 운전하였다면 비록 적성검사 미필로 인한 운전면허 취소사실이 통지되지 아니하고 공고되었다 하더라도 면허취소사실을 알고 있었다고 보아야 하므로 무면허운전죄가 성립한다고 한 사례(대판 2002.10.22. 2002도4203).

---

14) 제85조 ⑤ 운전면허의 효력은 본인 또는 대리인이 제2항부터 제4항까지에 따른 운전면허증을 발급받은 때부터 발생한다. 이 경우 제3항 또는 제4항에 따라 운전면허의 범위를 확대하거나 축소하는 경우에도 제93조에 따라 받게 되거나 받은 운전면허 취소·정지처분의 효력과 벌점은 그대로 승계된다.

15) 관련 판례를 ① 무면허 관련 판례 ② 도로 관련 판례 ③죄수 관련 판례의 순서로 정리한다.

〈'국내에 입국한 날부터 1년 동안만' 국제운전면허증으로 운전할 수 있도록 규정한 도로교통법 제96조 제1항의 '입국'에 출입국관리법이 정한 정상적인 입국심사절차를 거치지 아니하고 불법으로 입국한 경우는 포함되지 않는다는 판례〉 피고인이 비록 출입국관리법이 정한 정상적인 입국심사절차를 밟지 않고 불법입국 하였다고 하더라도, 국제운전면허증을 소지하여 불법입국일로부터 1년 이내에 자동차를 운전한 이상 도로교통법위반(무면허운전)죄에 해당하지 않는다고 판단한 원심에 대하여, 도로교통법의 입법취지와 목적, 운전면허 제도, 무면허운전 처벌규정의 체계와 내용 등에 비추어 볼 때 도로교통법이 국제운전면허증에 의한 운전을 인정하는 것은 적법하게 입국한 사람을 전제한 것으로 봄이 상당하다는 이유로, '국내에 입국한 날부터 1년 동안만' 국제운전면허증으로 운전할 수 있도록 규정한 도로교통법 제96조 제1항의 '국내에 입국한 날'은 출입국관리법에 따라 적법한 입국심사절차를 거쳐 입국한 날을 의미하고, 그러한 적법한 입국심사절차를 거치지 아니하고 불법으로 입국한 경우에는 국제운전면허증을 소지하고 있는 경우라고 하더라도 도로교통법 제96조 제1항이 예외적으로 허용하는 국제운전면허증에 의한 운전을 한 경우에 해당한다고 볼 수 없다고 판단하여, 원심판결을 파기환송 한 사안임(대판 2017.10.31. 2017도9230).

2) 무면허운전을 부정한 판례

〈연령미달의 결격자가 교부받은 운전면허는 당연무효가 아니므로 취소되지 않는 한 무면허운전은 아니라는 판례〉 연령미달의 결격자인 피고인이 소외인의 이름으로 운전면허시험에 응시, 합격하여 교부받은 운전면허는 당연무효가 아니고 도로교통법 제65조 제3호의 사유에 해당함에 불과하여 취소되지 않는 한 유효하므로 피고인의 운전행위는 무면허운전에 해당하지 아니한다(대판 1982.6.8. 80도2646). [COMMENT] 참고로 현행법에 의하면 제82조 제1항 1호에 따라 18세미만의 사람은 자동차운전면허를 받을 수 없다.

〈연습운전면허를 발급받았다면 무면허운전에는 해당하지 않는다는 판례〉 운전을 할 수 있는 차의 종류를 기준으로 운전면허의 범위가 정해지게 되고, 해당 차종을 운전할 수 있는 운전면허를 받지 아니하고 운전한 경우가 무면허운전에 해당된다고 할 것이므로 실제 운전의 목적을 기준으로 운전면허의 유효범위나 무면허운전 여부가 결정된다고 볼 수는 없다. 따라서 연습운전면허를 받은 사람이 운전을 함에 있어 주행연습 외의 목적으로 운전하여서는 아니된다는 준수사항을 지키지 않았다고 하더라도 준수사항을 지키지 않은 것에 대하여 연습운전면허의 취소 등 제재를 가할 수 있음은 별론으로 하고 그 운전을 무면허운전이라고 보아 처벌할 수는 없다(대판 2015.6.24. 2013도15031).

〈적성검사기간이 도과하였지만, 면허가 취소되었다는 사실을 미필적으로나마 인식할 수 없었다고 본 판례〉 [1] 도로교통법 제109조 제1호, 제40조 제1항 위반의 죄는 유효한 운전면허가 없음을 알면서도 자동차를 운전하는 경우에만 성립하는, 이른바 고의범이므로, 기존의 운전면허가 취소된 상태에서 자동차를 운전하였더라도 운전자가 면허취소사실을 인식하지 못한 이상 도로교통법위반(무면허운전)죄에 해당한다고 볼 수 없고, 관할 경찰당국이 운전면허취소처분의 통지에 갈음하는 적법한 공고를 거쳤다 하더라도, 그것만으로 운전자가 면허가 취소된 사실을 알게 되었다고 단정할 수는 없으며, 이 경우 운전자가 그러한 사정을 알았는지는 각각의 사안에서 면허취소의 사유와 취소사유가 된 위법행위의 경중, 같은 사유로 면허취소를 당한 전력의 유무, 면허취소처분 통지를 받지 못한 이유, 면허취소 후 문제된 운전행위까지의 기간의 장단, 운전자가 면허를 보유하는 동안 관련 법령이나 제도가 어떻게 변동하였는지 등을 두루 참작하여 구체적·개별적으로 판단하여야 한다. [2] 운전면허증 앞면에 적성검사기간이 기재되어 있고, 뒷면 하단에 경고 문구가 있다는 점만으로 피고인이 정기적성검사 미필로 면허가 취소된 사실을 미필적으로나마 인식하였다고 추단하기 어렵다고 한 사례(대판 2004.12.10. 2004도6480).

〈피고인의 주소변경이 없었음에도 취소통지서가 반송되자 운전면허 취소처분의 공고를 한 것은 부적법하므로 운전면허취소처분은 효력이 발생하지 아니한다는 판례〉 [1] 자동차운전면허를 받은 사람이 정기적성검사를 받지 아니한 사유로 운전면허가 취소되려면 정기적성검사기간의 경과라는 사실의 발생만으로는 아직 부족하고 도로교통법 제78조 제2호에 의한 면허관청의 운전면허 취소처분이 별도로 필요하고, 또 면허관청이 운전면허를 취소하였다 하더라도 같은 법 시행령 제53조 소정의 적법한 통지 또는 공고가 없으면 그 효력을 발생할 수 없으므로 운전면허 취소처분 이후 위 적법한 통지 또는 공고가 없는 동안의 자동차운전은 무면허운전이라고 할 수 없다. [2] 자동차운전면허관청이 피고인이 정기적성검사 기간만료일까지 정기적성검사를 받지 아니하였다는 사유를 들어 자동차운전면허를 취소하고, 그 통지서를 피고인의 주소로 발송하였다가 반송되어 왔다는 이유로 위 주소지의 관할경찰서 게시판에 10일간 위 취소사실을 공고하였지만 피고인은 위 주소지에 계속 거주하여 왔다면, 피고인의 주소변경이 없었으니 위 공고는 도로교통법시행령 제53조 제2항 소정의 절차를 거치지 아니한 것이 되어 부적법하므로 면허관청의 위 운전면허 취소처분은 아직 그 효력이 발생하지 아니한 것이다(대판 1991.3.22. 91도223).

〈운전면허취소처분이 철회되었다면 무면허운전에 해당되지 않는다는 판례〉 특정범죄 가중처벌 등에 관한 법률 위반(도주차량)으로 운전면허취소처분을 받은 자가 자동차를 운전하였다고 하더라도 그 후 피의사실에 대하여 무혐의 처분을 받고 이를 근거로 행정청이 운전면허 취소처분을 철회하였다면, 위 운전행위는 무면허운전에 해당하지 않는다고 한 사례(대판 2008.1.31. 2007도9220). [COMMENT] 본 판례에서의 철회는 실질적으로 취소의 의미라고 볼 수 있다.

〈자동차 운전면허 취소처분을 받은 사람이 자동차를 운전하였으나 운전면허 취소처분의 원인이 된 교통사고 또는 법규 위반에 대하여 범죄사실의 증명이 없는 때에 해당한다는 이유로 무죄판결이 확정된 경우, 취소처분이 취소되지 않았더라도 도로교통법에 규정된 무면허운전죄로 처벌할 수 없다는 판례〉 [1] 구 도로교통법(2020. 6. 9. 법률 제17371호로 개정되기 전의 것) 제93조 제1항 제1호에 의하면, 지방경찰청장은 운전면허를 받은 사람이 같은 법 제44조 제1항을 위반하여 술에 취한 상태에서 자동차를 운전한 경우 행정안전부령으로 정하는 기준에 따라 운전면허를 취소하거나 1년 이내의 범위에서 운전면허의 효력을 정지시킬 수 있다. 그러나 자동차 운전면허가 취소된 사람이 그 처분의 원인이 된 교통사고 또는 법규 위반에 대하여 혐의없음 등으로 불기소처분을 받거나 무죄의 확정판결을 받은 경우 지방경찰청장은 구 도로교통법 시행규칙(2020. 12. 10. 행정안전부령 제217호로 개정되기 전의 것) 제91조 제1항 [별표 28] 1. 마.항 본문에 따라 즉시 그 취소처분을 취소하고, 같은 규칙 제93조 제6항에 따라 도로교통공단에 그 내용을 통보하여야 하며, 도로교통공단도 즉시 취소당시의 정기적성검사기간, 운전면허증 갱신기간을 유효기간으로 하는 운전면허증을 새로이 발급하여야 한다. [2] 그리고 행정청의 자동차운전면허 취소처분이 직권으로 또는 행정쟁송절차에 의하여 취소되면, 운전면허 취소처분은 그 처분 시에 소급하여 효력을 잃고 운전면허 취소처분에 복종할 의무가 원래부터 없었음이 확정되므로, 운전면허 취소처분을 받은 사람이 운전면허 취소처분이 취소되기 전에 자동차를 운전한 행위는 도로교통법에 규정된 무면허운전의 죄에 해당하지 아니한다. [3] 위와 같은 관련 규정 및 법리, 헌법 제12조가 정한 적법절차의 원리, 형벌의 보충성 원칙을 고려하면, 자동차 운전면허 취소처분을 받은 사람이 자동차를 운전하였으나 운전면허 취소처분의 원인이 된 교통사고 또는 법규 위반에 대하여 범죄사실의 증명이 없는 때에 해당한다는 이유로 무죄판결이 확정된 경우에는 그 취소처분이 취소되지 않았더라도 도로교통법에 규정된 무면허운전의 죄로 처벌할 수는 없다고 보아야 한다(대판 2021.9.16. 2019도11826).

(2) 도로에서의 운전 관련 판례

1) 기본 법리 판례

〈도로교통법상 도로에서 운전한 경우에만 무면허운전에 해당한다는 판례〉 [1] 운전면허 없이 자동차등을 운전한 곳이 위와 같이 일반교통경찰권이 미치는 공공성이 있는 장소가 아니라 특정인이나 그와 관련된 용건이 있는 사람만 사용할 수 있고 자체적으로 관리되는 곳이라면 도로교통법에서 정한 '도로에서 운전'한 것이 아니므로 무면허운전으로 처벌할 수 없다. [2] 아파트 단지 내 지하주차장은 아파트 단지와 주차장의 규모와 형태, 아파트 단지나 주차장에 차단 시설이 설치되어 있는지 여부, 경비원 등에 의한 출입 통제 여부, 아파트 단지 주민이 아닌 외부인이 주차장을 이용할 수 있는지 여부 등에 따라서 도로교통법 제2조 제1호에서 정한 도로에 해당하는지가 달라질 수 있다. [3] 피고인이 자동차운전면허를 받지 않고 2017. 5. 14. 07 : 00경 아파트 단지 내 지하주차장 약 50m 구간에서 승용차를 운전한 사안에서, 도로에 해당하는지 여부가 불분명한데도 이 사건 주차장의 진출입에 관한 구체적인 관리 · 이용 상황 등에 관해서 별다른 심리 없이 무면허운전을 유죄로 판단한 원심을 파기한 사례(대판 2017.12.28. 2017도17762).

2) 도로를 긍정한 판례

〈지역 일대의 주차난 해소 등의 공익적 목적을 가지고 설치된 공영주차장이 불특정 다수의 사람 또는 차량의 통행을 위하여 공개된 장소로서 도로교통법 제2조 제1호에서 말하는 도로에 해당한다고 한 판례〉 지역 일대의 주차난 해소 등의 공익적 목적을 가지고 설치된 공영주차장이 불특정 다수의 사람 또는 차량의 통행을 위하여 공개된 장소로서 도로교통법 제2조 제1호에서 말하는 도로에 해당한다고 한 사례(대판 2005.9.15. 2005도3781).

〈춘천시청 내 광장주차장은 충분한 통제가 이루어지지 않았으므로 도로라는 판례〉 춘천시청 내 광장주차장이 시청관리자의 용인 아래 불특정다수의 사람과 차량이 통행하는 곳이며 그 곳을 통행하는 차량 등에 대하여 충분한 통제가 이루어지지 않았다면, 위 주차장은 도로교통법 제2조 제1호에서 말하는 "그밖의 일반교통에 사용되는 곳"으로서의 도로라 할 것이고, 위 장소가 도로인 이상 그 곳에서 운전한 것은 위 법 제2조 제19호의 "도로에서 차를 그 본래의 사용방법에 따라 사용하는 것(조종을 포함한다)"에 해당된다(대판 1992.9.22. 92도1777).

〈아파트단지와 대학구내 통행로가 충분한 통제가 이루어지지 않았다면 도로라는 판례〉 피고인이 운전을 한 것으로 특정된 장소인 아파트단지와 대학구내 통행로의 관리 및 이용 상황에 비추어 피고인이 운전한 도로가 불특정 다수의 사람이나 차량의 통행을 위하여 공개된 장소로서 일반교통에 사용되는 곳으로 볼 여지가 있음에도, 위 장소가 도로교통법상의 도로에 해당하지 않는다고 보아 무면허운전의 점에 대하여 무죄를 선고한 원심판결을 파기한 사례(대판 2006.1.13. 2005도6986).

〈아파트 단지가 상당히 넓은 구역이고 스티커 발부해 왔지만, 자주적으로 관리되는 장소라고 볼 수 없다면 도로라는 판례〉 [1] 아파트 단지가 상당히 넓은 구역으로서 비록 여러 곳에 경비실이 설치되어 있고 경비원들이 아파트 주민 이외의 차량에 스티커를 발부해 왔다 하더라도 이는 주민들의 차량으로 하여금 우선 주차할 수 있도록 하기 위한 주차공간확보 차원에서 이루어진 것으로 보일 뿐이고, 그것만으로 아파트 단지 내의 통행로가 특정인들 또는 그들과 관련된 특별한 용건이 있는 자들만이 사용할 수 있는 장소로서 자주적으로 관리되는 장소라고 볼 수는 없고, 현실적으로 볼 때 불특정 다수의 사람이나 차량의 통행을 위하여 공개된 장소라면 교통질서유지 등을 목적으로 하는 일반교통경찰권이 미치는 공공성이 있는 곳으로 도로교통법 제2조 제1호 소정의 '도로'에 해당한다고 한 사례. [2] 교통사고를 당한 3세 남짓의 어린이가 땅에 넘어져 울고 있으며 무릎에 상처가 난 것을 보았음에도 아무런 보호조치 없이 현장을 이탈하였다면 특정범죄가중처벌등에관한법률 제5조의3 제1항 제2호 소정의 도주에 해당한다고 한 원심판결을 수긍한 사례(대판 2002.9.24. 2002도3190).

3) 도로를 부정한 판례

〈대형건물 부설주차장은 불특정다수의 사람이나 차량 등의 통행을 위하여 공개된 장소라고 인정되지 않는다면 도로교통법 소정의 "도로"로 볼 수 없다는 판례〉 [1] 도로교통법 제2조 제1호는 "도로"라 함은 도로법에 의한 도로, 유료도로법에 의한 도로 그 밖의 일반교통에 사용되는 모든 곳을 말한다고 도로의 정의에 관하여 규정하고 있는바, 여기서 말하는 "일반교통에 사용되는 곳"이라 함은 현실적으로 불특정다수의 사람 또는 차량의 통행을 위하여 공개된 장소로서 교통질서유지 등을 목적으로 하는 일반교통경찰권이 미치는 공공성이 있는 곳을 의미하는 것이고, 특정인들 또는 그들과 관련된 특정한 용건이 있는 자들만이 사용할 수 있고 자주적으로 관리되는 장소는 이에 포함된다고 볼수 없다. [2] 대형건물 부설주차장은 불특정다수의 사람이나 차량 등의 통행을 위하여 공개된 장소라고 인정되지 않는다면 도로교통법 소정의 "도로"로 볼 수 없다(대판 1992.10.9. 92도1662).

〈빌딩 주차장은 도로가 아니라는 판례〉 빌딩 주차장은 도로법이나 유료도로법상의 도로가 아닐 뿐 아니라 일반교통에 사용되는 곳도 아니어서 도로교통법상 도로라고 볼 수 없다 (대판 1993.7.13. 92누18047).

(3) 죄수관련 판례

〈무면허운전은 운전한 날마다 1개의 무면허운전죄가 성립한다는 판례〉 무면허운전으로 인한 도로교통법위반죄에 있어서는 어느 날에 운전을 시작하여 다음날까지 동일한 기회에 일련의 과정에서 계속 운전을 한 경우 등 특별한 경우를 제외하고는 사회통념상 운전한 날을 기준으로 운전한 날마다 1개의 운전행위가 있다고 보는 것이 상당하므로 운전한 날마다 무면허운전으로 인한 도로교통법위반의 1죄가 성립한다고 보아야 할 것이고, 비록 계속적으로 무면허운전을 할 의사를 가지고 여러 날에 걸쳐 무면허운전행위를 반복하였다 하더라도 이를 포괄하여 일죄로 볼 수는 없다(대판 2002.7.23. 2001도6281).

〈무면허운전의 죄수관계〉 [사실관계] 피고인이 저녁 시간에 회사에서 퇴근하면서 무면허인 상태로 차량을 운전하여 인근 식당까지 이동하고, 약 3시간이 경과 후 식당 인근에서 술이 취한 상태에서 다시 운전을 하였다면 피고인의 무면허운전죄의 죄수는 어떠한가? [판결요지] [1] 무면허운전으로 인한 도로교통법 위반죄에 관해서는 어느 날에 운전을 시작하여 다음 날까지 동일한 기회에 일련의 과정에서 계속 운전을 한 경우 등 특별한 경우를 제외하고는 사회통념상 운전한 날을 기준으로 운전한 날마다 1개의 운전행위가 있다고 보는 것이 상당하므로 운전한 날마다 무면허운전으로 인한 도로교통법 위반의 1죄가 성립한다고 보아야 한다. [2] 한편 같은 날 무면허운전 행위를 여러 차례 반복한 경우라도 그 범의의 단일성 내지 계속성이 인정되지 않거나 범행 방법 등이 동일하지 않은 경우 각 무면허운전 범행은 실체적 경합 관계에 있다고 볼 수 있으나, 그와 같은 특별한 사정이 없다면 각 무면허운전 행위는 동일 죄명에 해당하는 수 개의 동종 행위가 동일한 의사에 의하여 반복되거나 접속·연속하여 행하여진 것으로 봄이 상당하고 그로 인한 피해법익도 동일한 이상, 각 무면허운전 행위를 통틀어 포괄일죄로 처단하여야 한다(대판 2022.10.27. 2022도8806).

〈무면허인데다가 술이 취한 상태에서 오토바이를 운전하였다면 무면허운전죄와 음주운전죄는 상상적 경합이라는 판례〉 형법 제40조에서 말하는 1개의 행위란 법적 평가를 떠나 사회관념상 행위가 사물자연의 상태로서 1개로 평가되는 것을 말하는 바, 무면허인데다가 술이 취한 상태에서 오토바이를 운전하였다는 것은 위의 관점에서 분명히 1개의 운전행위라 할 것이고 이 행위에 의하여 도로교통법 제111조 제2호, 제40조와 제109조 제2호, 제41조 제1항의 각 죄에 동시에 해당하는 것이니 두 죄는 형법 제40조의 상상적 경합관계에 있다고 할 것이다(대판 1987.2.24. 86도2731).

(4) 운전행위와 관련된 죄수판례 정리

〈무면허운전과 음주운전은 상상적 경합이라는 판례〉 형법 제40조에서 말하는 1개의 행위란 법적 평가를 떠나 사회관념상 행위가 사물자연의 상태로서 1개로 평가되는 것을 말하는 바, 무면허인데다가 술이 취한 상태에서 오토바이를 운전하였다는 것은 위의 관점에서 분명히 1개의 운전행위라 할 것이고 이 행위에 의하여 도로교통법 제111조 제2호, 제40조와 제109조 제2호, 제41조 제1항의 각 죄에 동시에 해당하는 것이니 두 죄는 형법 제40조의 상상적 경합관계에 있다고 할 것이다(대판 1987.2.24. 86도2731).

〈무면허운전과 과실치사상죄는 실체적 경합이라는 판례〉 운전면허 없이 운전을 하다가 두 사람을 한꺼번에 치어 사상케 한 경우에 이 업무상 과실치사상의 소위는 상상적 경합죄에 해당하고 이와 무면허운전에 대한 본법위반죄와는 실체적 경합관계에 있다(대판 1972.10.31. 72도2001).

〈음주운전과 위험운전치사상죄는 실체적 경합이라는 판례〉 특정범죄 가중처벌 등에 관한 법률 위반(위험운전치사상)죄와 도로교통법위반(음주운전)죄는 입법취지와 보호법익 및 적용영역을 달리하는 별개의 범죄로서 양 죄가 모두 성립하는 경우 두 죄는 실체적 경합관계에 있는 것으로 보아야 한다(대판 2008.11.13. 2008도7143).

〈위험운전치사상죄가 성립하면 교통사고처리특례법위반죄는 이에 흡수된다는 판례〉 음주로 인한 특정범죄가중처벌 등에 관한 법률 위반(위험운전치사상)죄는 그 입법 취지와 문언에 비추어 볼 때, 주취상태의 자동차 운전으로 인한 교통사고가 빈발하고 그로 인한 피해자의 생명·신체에 대한 피해가 중대할 뿐만 아니라, 사고발생 전 상태로의 회복이 불가능하거나 쉽지 않은 점 등의 사정을 고려하여, 형법 제268조에서 규정하고 있는 업무상과실치사상죄의 특례를 규정하여 가중처벌함으로써 피해자의 생명·신체의 안전이라는 개인적 법익을 보호하기 위한 것이다. 따라서 그 죄가 성립하는 때에는 차의 운전자가 형법 제268조의 죄를 범한 것을 내용으로 하는 교통사고처리특례법 위반죄는 그 죄에 흡수되어 별죄를 구성하지 아니한다(대판 2008.12.11. 2008도9182).

〈음주 후 무면허 운전하여 사람 상해입히고 재물손괴하면, 음주운전죄와 무면허운전죄는 상상적 경합이며, 위험운전치사상죄와 업무상과실재물손괴죄는 상상적 경합이며, 두 상상적 경합범들 사이는 실체적 경합관계에 있다는 판례〉 [1] 음주 또는 약물의 영향으로 정상적인 운전이 곤란한 상태에서 자동차를 운전하여 사람을 상해에 이르게 함과 동시에 다른 사람의 재물을 손괴한 때에는 특정범죄가중처벌 등에 관한 법률 위반(위험운전치사상)죄 외에 업무상과실 재물손괴로 인한 도로교통법 위반죄가 성립하고, 위 두 죄는 1개의 운전행위로 인한 것으로서 상상적 경합관계에 있다. [2] 자동차 운전면허 없이 술에 취하여 정상적인 운전이 곤란한 상태에서 차량을 운전하던 중 전방에 신호대기로 정차해 있던 화물차의 뒷부분을 들이받아 그 화물차가 밀리면서 그 앞에 정차해 있던 다른 화물차를 들이받도록 함으로써, 피해자에게 상해를 입게 함과 동시에 위 각 화물차를 손괴하였다는 공소사실에 대하여, 유죄로 인정되는 각 범죄 중 도로교통법 위반(음주운전)죄와 도로교통법 위반(무면허운전)죄 상호간만 상상적 경합관계에 있고 특정범죄가중처벌 등에 관한 법률 위반(위험운전치사상)죄와 각 업무상과실 재물손괴로 인한 도로교통법 위반죄는 실체적 경합관계라고 본 원심판결에 죄수관계에 관한 법리를 오해한 위법이 있다고 한 사례(대판 2010.1.14. 2009도10845).

〈사람을 상해함과 동시에 물건을 손괴하고 도주한 사안에서 특가법 제5조의3의 도주차량죄와 손괴후미조치죄의 죄수관계를 상상적경합으로 본 판례〉 차의 운전자가 업무상 주의의무를 게을리하여 사람을 상해에 이르게 함과 아울러 물건을 손괴하고도 피해자를 구호하는 등 도로교통법 제50조 제1항의 규정에 의한 조치를 취하지 아니한 채 도주한 때에는, 같은 법 제113조 제1호 소정의 제44조 위반죄와 같은 법 제106조 소정의 죄 및 특정범죄가중처벌등에관한법률위반죄가 모두 성립하고, 이 경우 특정범죄가중처벌등에관한법률위반죄와 물건손괴 후 필요한 조치를 취하지 아니함으로 인한 도로교통법 제106조 소정의 죄는 1개의 행위가 수개의 죄에 해당하는 상상적 경합범의 관계에 있다(대판 1993.5.11. 93도49).

Ⅱ. 원동기장치자전거 무면허운전죄

1. 관련 조문

제154조(벌칙) – 2호
다음 각 호의 어느 하나에 해당하는 사람은 30만원 이하의 벌금이나 구류에 처한다. 〈개정 2018.3.27, 2019.12.24.〉

　　2. 제43조를 위반하여 제80조에 따른 원동기장치자전거를 운전할 수 있는 운전면허를 받지 아니하거나(원동기장치자전거를 운전할 수 있는 운전면허의 효력이 정지된 경우를 포함한다) 국제운전면허증 중 원동기장치자전거를 운전할 수 있는 것으로 기재된 국제운전면허증을 발급받지 아니하고(운전이 금지된 경우와 유효기간이 지난 경우를 포함한다) 원동기장치자전거를 운전한 사람

〈참조 조문〉
도로교통법 제43조 (무면허운전 등의 금지)
누구든지 제80조에 따라 시·도경찰청장으로부터 운전면허를 받지 아니하거나 운전면허의 효력이 정지된 경우에는 자동차등을 운전하여서는 아니 된다. 〈개정 2020.6.9, 2020.12.22, 2021.1.12〉

2. 주요 내용

종래 도로교통법 제154조 제2호는 '제43조를 위반하여 제80조에 따른 원동기장치자전거면허를 받지 아니하고 원동기장치자전거를 운전한 사람'이라고 되어 있어 원동기장치자전거면허가 정지된 사람은 주체가 될 수 없었다.

즉 원동기장치자전거의 경우에는 운전면허를 받지 아니하고 운전한 사람에 대해서만 처벌 규정이 있고, 운전면허의 효력이 정지된 상태에서 운전한 사람에 대해서는 처벌 규정이 없는 등 입법 흠결이 있는 상황이므로 이에 대한 입법의 흠결을 치유하기 위하여 2019.12.24. 제154조 제2호를 개정하였다.

따라서 개정법에 따르면 <u>원동기장치자전거를 운전할 수 있는 운전면허의 효력이 정지된 경우에도 무면허운전죄가 성립하게 된다.</u>

제7절 | 교통사고발생시 신고의무 불이행죄 (미신고죄)

1. 관련 조문

> **제154조(벌칙) – 제4호**
> 다음 각 호의 어느 하나에 해당하는 사람은 30만원 이하의 벌금이나 구류에 처한다.
>   4. 제54조제2항에 따른 사고발생 시 조치상황 등의 신고를 하지 아니한 사람
>
> 〈참조 조문〉
> **도로교통법 제54조(사고발생 시의 조치)**
> ② 제1항의 경우 그 차 또는 노면전차의 운전자등은 경찰공무원이 현장에 있을 때에는 그 경찰공무원에게, 경찰공무원이 현장에 없을 때에는 가장 가까운 국가경찰관서(지구대, 파출소 및 출장소를 포함한다. 이하 같다)에 다음 각 호의 사항을 지체 없이 신고하여야 한다. 다만, 차 또는 노면전차만 손괴된 것이 분명하고 도로에서의 위험방지와 원활한 소통을 위하여 필요한 조치를 한 경우에는 그러하지 아니하다.〈개정 2016.12.2, 2018.3.27〉
>   1. 사고가 일어난 곳
>   2. 사상자 수 및 부상 정도
>   3. 손괴한 물건 및 손괴 정도
>   4. 그 밖의 조치사항 등

2. 주요 내용

(1) 주 체

차 또는 노면전차의 운전 등 교통으로 인하여 사람을 사상하거나 물건을 손괴한 교통사고의 운전자나 그 밖의 승무원이다.

(2) 행위상황

1) **도로로 제한** : 장소는 도로교통법상의 도로로 제한된다(제2조 제26호 참조). 미조치죄와는 의무의 근거 등은 동일하지만 장소적 제한에서 차이가 있다.

2) **신고의무의 발생** : 교통사고를 일으킨 모든 경우에 항상 요구되는 것이 아니라, 사고의 규모나 당시의 구체적인 상황에 따라 피해자의 구호 및 교통질서의 회복을 위하여 당사자의 개인적인 조치를 넘어 경찰관의 조직적 조치가 필요한 상황에서만 있는 것이라고 해석하여야 할 것이다(판례). 단 운행 중인 차 또는 노면전차만 손괴된 것이 분명하고 도로에서의 위험방지와 원활한 소통을 위하여 필요한 조치를 한 경우에는 그러하지 아니하다(제54조 제2항 단서).

(3) 행 위

사고발생 시 조치상황 등의 신고를 하지 않는 것이다. 신고의무의 범위는 제54조 제2항에 따르면 ① 사고가 일어난 곳 ② 사상자 수 및 부상 정도 ③ 손괴한 물건 및 손괴정도 ④ 그 밖의 조치사항 등이다.

(4) 주의할 점

제54조 제1항의 사고후 미조치와 제54조 제2항의 미신고는 별개의 죄라는 점을 주의하여야 한다.

3. 관련 판례

(1) 기본 법리 판례

〈도교법 제54조 제2항의 신고의무는 사고의 규모나 당시의 구체적인 상황에 따라 피해자의 구호 및 교통질서의 회복을 위하여 당사자의 개인적인 조치를 넘어 경찰관의 조직적 조치가 필요하다고 인정되는 경우에만 있는 것이라는 판례〉 도로교통법 제54조 제2항 본문에 규정된 신고의무는, 교통사고가 발생한 때에 이를 지체 없이 경찰공무원 또는 경찰관서에 알려서 피해자의 구호, 교통질서의 회복 등에 관한 적절한 조치를 취하게 함으로써 도로상의 소통장해를 제거하고 피해의 확대를 방지하여 교통질서의 유지 및 안전을 도모하는 데 입법취지가 있다. 이와 같은 도로교통법상 신고의무 규정의 입법취지와 헌법상 보장된 진술거부권 및 평등원칙에 비추어 볼 때, 교통사고를 낸 차의 운전자 등의 신고의무는 사고의 규모나 당시의 구체적인 상황에 따라 피해자의 구호 및 교통질서의 회복을 위하여 당사자의 개인적인 조치를 넘어 경찰관의 조직적 조치가 필요하다고 인정되는 경우에만 있는 것이라고 해석하여야 한다. 그리고 이는 도로교통법 제54조 제2항 단서에서 '운행 중인 차만 손괴된 것이 분명하고 도로에서의 위험방지와 원활한 소통을 위하여 필요한 조치를 한 경우에는 그러하지 아니하다'고 규정하고 있어도 마찬가지이다(대판 2014.2.27. 2013도15500).

(2) 미신고죄를 부정한 판례

〈편도 5차선 도로이고 밤1시경이라 교통량이 많지 않고, 사고 직후 피고인이 그의 차량에 피해자들을 태워 즉시 병원으로 데려갔다면 신고의무는 인정되지 않는다는 판례〉 [1] 도로교통법 제50조 제2항에 규정된 신고의무의 취지는 차의 교통으로 인하여 사람을 사상하거나 물건을 손괴한 때에 운전자 등으로 하여금 속히 경찰관에게 교통사고의 발생을 알려서 피해자의 구조, 교통질서의 회복 등에 관하여 적절한 조치를 취하게 함으로써 도로상의 소통장해를 제거하고 피해자가 늘어나는 것을 방지하여 교통질서의 유지 및 안전을 도모하는 데 있는 것이다. [2] 교통사고 지점이 상가지대로서 도로 폭이 35.5미터인 편도 5차선 도로이고, 사고시각이 밤 1시경이어서 교통량이 많지 않았으며, 사고 직후 피고인이 그의 차량에 피해자들을 태워 즉시 병원으로 데려간 경우, 피고인에게 도로교통법상의 신고의무가 있는 경우에 해당하지 않는다고 본 사례(대판 1991.10.11. 91도1153). [COMMENT] 판례에서의 제50조 제2항은 현행법에 따르면 제54조 제2항이 된다.

〈야간에 교통량이 많지 않을 때 2명에게 중상을 입혔으나 사고 직후 피해자들을 병원으로 데려갔다면 신고의무는 인정되지 않는다는 판례〉 승용차를 운전하다가 상가지대로서 도로 폭이 30미터인 편도 2차선 도로에서 야간인 23 : 30경이어서 교통량이 많지 않을 때 횡단보도를 건너던 피해자 2명을 치어 중상을 입히는 교통사고를 일으켰으나, 사고 직후 피해자들을 병원으로 데려간 피고인에게 도로교통법 제50조 제2항에서 규정한 신고의무 가 있다고 할 수 없다고 한 사례(대판 1991.6.25. 91도1013). [COMMENT] 판례에서의 제50조 제2항은 현행법에 따르면 제54조 제2항이 된다.

(3) 죄수 관련 판례

〈특가법 제5조의3 제1항 위반(도주차량)죄와 도로교통법 제54조 제2항 위반(미신고)죄는 실체 적 경합관계에 있다는 판례〉 특정범죄가중처벌등에관한법률 제5조의3 제1항 위반(도주차 량)죄와 도로교통법 제50조 제2항 위반(미신고)죄는 모두 교통사고 이후의 작위의무위반 에 대한 것으로서 각 구성요건에서 본 행위의 태양, 시간적, 장소적인 연관성 등을 종합하 여 보면 양죄는 실체적 경합관계에 있음이 분명하고, 또한 양범죄사실의 기초가 되는 사 회적 사실관계도 상이하므로 위 도로교통법위반죄에 대하여 약식명령이 확정되었다 하 여도 그 기판력이 위 특정범죄가중처벌등에관한법률위반죄에 미친다고 할 수 없다(대판 1992.11.13. 92도1749). [COMMENT] 판례에서의 제50조 제2항은 현행법에 따르면 제54조 제2 항이 된다. 그리고 본 판례는 미조치죄와 미신고죄를 실체적 경합으로 본 판례로 언급되 고 있다.

제8절 | 난폭운전죄

1. 관련 조문

> **제151조의2 (벌칙)**
> 다음 각 호의 어느 하나에 해당하는 사람은 1년 이하의 징역이나 500만원 이하의 벌금에 처한다. 〈개정 2020.6.9〉
> 1. 제46조의3을 위반하여 자동차등을 난폭운전한 사람
> 2. 제17조제3항을 위반하여 제17조제1항 및 제2항에 따른 최고속도보다 시속 100킬로미터를 초과한 속도로 3회 이상 자동차등을 운전한 사람
>
> **〈참조 조문〉**
> **도로교통법 제46조의3 (난폭운전 금지)**
> 자동차등(개인형 이동장치는 제외한다)의 운전자는 다음 각 호 중 둘 이상의 행위를 연달아 하거나, 하나의 행위를 지속 또는 반복하여 다른 사람에게 위협 또는 위해를 가하거나 교통상의 위험을 발생하게 하여서는 아니 된다. 〈개정 2020.6.9〉
> 1. 제5조에 따른 신호 또는 지시 위반
> 2. 제13조제3항에 따른 중앙선 침범
> 3. 제17조제3항에 따른 속도의 위반
> 4. 제18조제1항에 따른 횡단 · 유턴 · 후진 금지 위반
> 5. 제19조에 따른 안전거리 미확보, 진로변경 금지 위반, 급제동 금지 위반
> 6. 제21조제1항 · 제3항 및 제4항에 따른 앞지르기 방법 또는 앞지르기의 방해금지 위반
> 7. 제49조제1항제8호에 따른 정당한 사유 없는 소음 발생
> 8. 제60조제2항에 따른 고속도로에서의 앞지르기 방법 위반
> 9. 제62조에 따른 고속도로등에서의 횡단 · 유턴 · 후진 금지 위반

2. 주요 내용

자동차등의 운전자가 다음의 9개 행위(① 신호 또는 지시위반 ② 중앙선 침범 ③ 속도위반 ④ 횡단 · 유턴 · 후진 금지 위반 ⑤ 안전거리 미확보, 진로변경 금지 위반, 급제동 금지 위반 ⑥ 앞지르기 방법 위반, 앞지르기 방해 금지 위반 ⑦ 정당한 사유없는 소음 발생 ⑧ 고속도로에서의 앞지르기 방법 위반 ⑨ 고속도로 등에서의 횡단 · 유턴 · 후진금지 위반 등) 중 둘 이상의 행위를 연달아 하거나, 하나의 행위를 지속 또는 반복하거나, 최고속도보다 시속 100킬로미터를 초과한 속도로 3회 이상 자동차등을 운전하여 교통상의 위험을 발생하게 하는 범죄이다.

제9절 | 주·정차 차량 손괴 후 미조치죄

1. 관련 조문

제156조 (벌칙)

다음 각 호의 어느 하나에 해당하는 사람은 20만원 이하의 벌금이나 구류 또는 과료(科料)에 처한다. [개정 2016.12.2] [시행일 2017.6.3]

　　10. 주·정차된 차만 손괴한 것이 분명한 경우에 제54조제1항제2호에 따라 피해자에게 인적 사항을 제공하지 아니한 사람

〈참조 조문〉

제54조 (사고발생 시의 조치)

① 차 또는 노면전차의 운전 등 교통으로 인하여 사람을 사상하거나 물건을 손괴(이하 "교통사고"라 한다)한 경우에는 그 차 또는 노면전차의 운전자나 그 밖의 승무원(이하 "운전자등"이라 한다)은 즉시 정차하여 다음 각 호의 조치를 하여야 한다. 〈개정 2014.1.28, 2016.12.2, 2018.3.27〉

　　1. 사상자를 구호하는 등 필요한 조치

　　2. 피해자에게 인적 사항(성명·전화번호·주소 등을 말한다. 이하 제148조 및 제156조 제10호에서 같다) 제공

2. 주요 내용

종래 주·정차된 차량을 손괴하고 도주한 경우에는 이에 적절한 처벌규정이 없어 문제점이 있었다. 이에 2016.12.2. 개정으로 도로교통법 제156조 제10호를 신설하여 이를 처벌하는 규정을 두었고, 2017.10.24.의 개정으로 도로교통법 제2조 제26호에서 도로외의 곳에도 이를 확대 적용하도록 개정되었다.

甲은 친구들과 어울려 늦은 시간까지 술을 마시고는 혈중알콜농도 0.1%의 주취상태에서 대리운전기사를 불러 집 근처에 도착하였다. 그러나 아파트 주차장에 주차공간이 없자 대리운전기사를 보내고는 스스로 아파트 밖 길가에 평행주차(일렬주차)하기 위해 운행하다가 통행량이 많은 편의점 앞에서 비상등을 켜고 정차해있던 A의 자동차를 뒤에서 충격하여 뒷범퍼 및 후미등이 심하게 파손되어 그 파편들이 도로바닥에 여기저기 흩어졌다. 놀란 甲은 그대로 큰 도로로 나가서 도로 갓길에 주차를 하였다. 甲의 죄책은? (10점) [2020 3차]

제2장 | 교통사고처리특례법

GUIDE |

교통사고처리특례법은 제3조에서는 교통사고와 관련하여 형법상의 특칙을 인정하고 있으며, 제4조에서는 보험 또는 공제에 가입된 경우에는 공소를 제기할 수 없도록 특례를 규정하고 있다. 이러한 교통사고처리 특례법의 내용을 다음과 같이 분류하여 정리한다.

제1절 교통사고처리특례법 서론

제2절 제3조 제2항의 원칙과 예외사유

제3절 제4조에 의한 특례

제4절 기타 교특법 관련 조문

제1절 | 교통사고처리특례법 서론

I. 목 적

1. 관련 조문

> 제1조 (목적)
> 이 법은 업무상과실 또는 중대한 과실로 교통사고를 일으킨 운전자에 관한 형사처벌 등의 특례를 정함으로써 교통사고로 인한 피해의 신속한 회복을 촉진하고 국민생활의 편익을 증진함을 목적으로 한다.

2. 교통사고처리특례법의 주요 내용

교통사고처리특례법은 형법 제268조의 죄와 도로교통법 제151조의 죄에 대하여 특례를 인정하고 있다. 그 내용은 교통사고로 인하여 업무상 또는 중과실에 의하여 치상 또는 재물손괴의 결과가 발생한 경우에는 반의사불벌죄로 두고 있으며(제3조 제2항 본문), 종합보험에 가입된 경우에는 처벌불원의 의사표시가 있는 것으로 의제된다(제4조 제1항).

II. 정 의

1. 관련 조문

> 제2조 (정의)
> 이 법에서 사용하는 용어의 뜻은 다음과 같다.
> 1. "차"란 도로교통법 제2조제17호가목에 따른 차와 건설기계관리법 제2조제1항제1호
>   에 따른 건설기계를 말한다.
> 2. "교통사고"란 차의 교통으로 인하여 사람을 사상하거나 물건을 손괴하는 것을 말한다.

2. 주요 내용

(1) **교특법의 인적 적용대상**

차의 운전자이다. 따라서 운전자가 아닌 운전보조자(조수와 안내양 등)나 그 밖의 사람(승객, 보행자 등)은 운전자가 아니므로 교특법의 적용대상이 아니다.

(2) **교특법의 물적 적용대상**

교통사고의 경우이다.

1) **교통** : 교통이란 ① 운전은 물론 ② 운전과 동일하게 평가할 수 있는 유사운전행위(오토바이를 끌고 가는 행위, 고장난 차를 밀고 가는 행위 등) ③ 차의 이동과 밀접한 관련이 있는 운전밀접행위(주차 행위, 주차 후 문을 여는 행위 등)를 포함한다.

2) **교통사고** : 교통에 의한 사망 또는 상해의 결과뿐만 아니라 재물손괴의 경우를 포함한다.

(3) **교특법상의 장소적 적용대상**

교특법상의 장소적 적용대상에 대하여는 ① 도로한정설과 ② 비한정설이 대립하고 있으나, 판례는 '교통사고처리특례법 소정의 교통사고는 도로교통법에서 정하는 도로에서 발생한 교통사고의 경우에만 적용되는 것이 아니고, 차의 교통으로 인하여 발생한 모든 경우에 적용되는 것으로 보아야 한다'라고 하여 비한정설을 따르고 있다.

3. 관련 판례

〈교통사고처리 특례법 제2조 제2호에서 정한 '교통사고'의 정의 중 '차의 교통'의 의미에 관한 판례〉 교통사고처리 특례법 제2조 제2호는 '교통사고'란 차의 교통으로 인하여 사람을 사상하거나 물건을 손괴하는 것을 말한다고 규정하고 있는데, 여기서 '차의 교통'은 차량을 운전하는 행위 및 그와 동일하게 평가할 수 있을 정도로 밀접하게 관련된 행위를 모두 포함한다(대판 2017.5.31. 2016도21034).

〈교특법상의 교통사고는 도로 이외에서의 교통사고를 포함한다는 비한정설을 따른 판례〉교통사고처리특례법 소정의 교통사고는 도로교통법에서 정하는 도로에서 발생한 교통사고의 경우에만 적용되는 것이 아니고, 차의 교통으로 인하여 발생한 모든 경우에 적용되는 것으로 보아야 한다(대판 1996.10.25. 96도1848).

Ⅲ. 제3조 제1항의 특례

1. 관련 조문

> 제3조 (처벌의 특례)
> ① 차의 운전자가 교통사고로 인하여 형법 제268조의 죄를 범한 경우에는 5년 이하의 금고 또는 2천만원 이하의 벌금에 처한다.
>
> 〈참조 조문〉
> 형법 제268조 (업무상과실 · 중과실 치사상)
> 업무상 과실 또는 중대한 과실로 인하여 사람을 사상에 이르게 한 자는 5년 이하의 금고 또는 2천만원 이하의 벌금에 처한다.

2. 주요 내용

형법 제268조는 업무상 과실 또는 중대한 과실로 인하여 사람을 사상에 이르게하는 범죄를 말한다. 이러한 제268조의 죄가 교통사고로 발생한 경우에는 교특법 제3조 제1항이 형법 제268조의 특별규정으로서 우선 적용된다. 교특법 제정당시에는 형량에 차이가 있었으나 현재에는 형량이 동일하여 실질적인 차이는 없으므로, 교특법상의 특례를 인정하기 위한 전제로서의 의미만 있다.

3. 관련 판례

〈자동차전용도로에서는 특별한 사정이 없는 한 무단횡단하는 보행자가 나타날 경우를 예상하여 감속할 주의의무가 없다는 판례〉 도로교통법상 자동차전용도로는 자동차만이 다닐 수 있도록 설치된 도로로서 보행자 또는 자동차 외의 차마는 통행하거나 횡단하여서는 안되도록 되어 있으므로 자동차전용도로를 운행하는 자동차의 운전자로서는 특별한 사정이 없는 한 무단횡단하는 보행자가 나타날 경우를 미리 예상하여 감속서행할 주의의무는 없다(대판 1989.2.28. 88도1689).

〈조수석에 동승하여 차량운전을 교정하여 준 자는 차량운행에 관해 모든 지시를 하는 경우가 아닌 한 과실범의 공동정범이 성립할 수 없다는 판례〉 피고인이 운전자의 부탁으로 차량의 조수석에 동승한 후, 운전자의 차량운전행위를 살펴보고 잘못된 점이 있으면 이를 지적

하여 교정해 주려 했던 것에 그치고 <u>전문적인 운전교습자가 피교습자에 대하여 차량운행</u>
<u>에 관해 모든 지시를 하는 경우와 같이 주도적 지위에서 동 차량을 운행할 의도가 있었다거</u>
<u>나 실제로 그같은 운행을 하였다고 보기 어렵다면 그같은 운행중에 야기된 사고에 대하여</u>
<u>과실범의 공동정범의 책임을 물을 수 없다</u>(대판 1984.3.13. 82도3136).

제2절 | 제3조 제2항의 원칙과 예외

☑ GUIDE l

교통사고처리특례법은 제3조 제2항 본문에서 교통사고로 인한 업무상과실치상죄또는 중과
실치상죄(형법 제268조의 일부) 및 업무상과실 또는 중과실재물손괴죄(도로교통법 제151
조)를 원칙적으로 반의사불벌죄로 규정하고 있지만, 단서에서 교통사고로 인한 업무상과실
치상죄또는 중과실치상죄의 경우에는 ① 특가법상의 도주차량죄와 ② 음주측정불응죄
및 ③ 12개의 예외사유를 규정하고 있다. 본 절에서는 제3조 제2항의 본문과 단서의 내용을
정리하고 12개의 예외사유 중요한 내용을 정리한다.

1. 제3조 제2항 본문과 단서

2. 신호위반과 안전표지위반 예외 (제3조 제2항 단서 제1호)

3. 중앙선 침범의 예외 (제3조 제2항 단서 제2호)

4. 보행자 보호의무위반 예외 (제3조 제2항 단서 제6호)

5. 무면허운전의 예외 (제3조 제2항 단서 제7호)

6. 보도침범의 예외 (제3조 제2항 단서 제9호)

7. 승객추락방지의무위반의 예외 (제3조 제2항 단서 제10호)

8. 어린이 보호의무위반의 예외 (제3조 제2항 단서 제11호)

9. 화물 낙하방지 의무위반 예외 (제3조 제2항 단서 제12호)

10. 죄수 및 타죄와의 관계

Ⅰ. 제3조 제2항의 본문과 단서

1. 관련 조문

제3조 (처벌의 특례) - 제2항

② 차의 교통으로 제1항의 죄 중 업무상과실치상죄 또는 중과실치상죄16)와 도로교통법
제151조의 죄17)를 범한 운전자에 대하여는 피해자의 명시적인 의사에 반하여 공소를 제기
할 수 없다. 다만, 차의 운전자가 제1항의 죄 중 업무상과실치상죄 또는 중과실치상죄를

범하고도 피해자를 구호하는 등 도로교통법 제54조제1항에 따른 조치를 하지 아니하고 도주하거나 피해자를 사고 장소로부터 옮겨 유기하고 도주한 경우,[18] 같은 죄를 범하고 도로교통법 제44조제2항을 위반하여 음주측정 요구에 따르지 아니한 경우(운전자가 채혈 측정을 요청하거나 동의한 경우는 제외한다)[19]와 다음 각 호의 어느 하나에 해당하는 행위로 인하여 같은 죄를 범한 경우에는 그러하지 아니하다.

1. 도로교통법 제5조에 따른 신호기가 표시하는 신호 또는 교통정리를 하는 경찰공무원등의 신호를 위반하거나 통행금지 또는 일시정지를 내용으로 하는 안전표지가 표시하는 지시를 위반하여 운전한 경우
2. 도로교통법 제13조제3항을 위반하여 중앙선을 침범하거나 같은 법 제62조를 위반하여 횡단, 유턴 또는 후진한 경우
3. 도로교통법 제17조제1항 또는 제2항에 따른 제한속도를 시속 20킬로미터 초과하여 운전한 경우
4. 도로교통법 제21조제1항, 제22조, 제23조에 따른 앞지르기의 방법·금지시기·금지장소 또는 끼어들기의 금지를 위반하거나 같은 법 제60조제2항에 따른 고속도로에서의 앞지르기 방법을 위반하여 운전한 경우
5. 도로교통법 제24조에 따른 철길건널목 통과방법을 위반하여 운전한 경우
6. 도로교통법 제27조제1항에 따른 횡단보도에서의 보행자 보호의무를 위반하여 운전한 경우
7. 도로교통법 제43조, 건설기계관리법 제26조 또는 도로교통법 제96조를 위반하여 운전면허 또는 건설기계조종사면허를 받지 아니하거나 국제운전면허증을 소지하지 아니하고 운전한 경우. 이 경우 운전면허 또는 건설기계조종사면허의 효력이 정지 중이거나 운전의 금지 중인 때에는 운전면허 또는 건설기계조종사면허를 받지 아니하거나 국제운전면허증을 소지하지 아니한 것으로 본다.
8. 도로교통법 제44조제1항을 위반하여 술에 취한 상태에서 운전을 하거나 같은 법 제45조를 위반하여 약물의 영향으로 정상적으로 운전하지 못할 우려가 있는 상태에서 운전한 경우
9. 도로교통법 제13조제1항을 위반하여 보도(步道)가 설치된 도로의 보도를 침범하거나 같은 법 제13조제2항에 따른 보도 횡단방법을 위반하여 운전한 경우
10. 도로교통법 제39조제3항에 따른 승객의 추락 방지의무를 위반하여 운전한 경우
11. 도로교통법 제12조제3항에 따른 어린이 보호구역에서 같은 조 제1항에 따른 조치를 준수하고 어린이의 안전에 유의하면서 운전하여야 할 의무를 위반하여 어린이의 신체를 상해(傷害)에 이르게 한 경우
12. 도로교통법 제39조제4항을 위반하여 자동차의 화물이 떨어지지 아니하도록 필요한 조치를 하지 아니하고 운전한 경우

---

16) 형법 제268조의 죄에서 사망의 결과를 발생시킨 경우를 제외한다.

2. 주요 내용

(1) 반의사불벌죄의 원칙

1) 대상범죄 : 교특법 제3조 제2항 본문에서는 업무상과실치상와 중과실치상죄(형법 제268조의 일부) 및 업무상 또는 중과실재물손괴죄(도로교통법 제151조)를 반의사불벌죄로 규정하고 있다. 특히 사망의 결과를 포함시키고 있지 않음을 주의하여야 한다.

2) 처벌불원의 의사표시의 시기와 효과 : 처벌불원의 의사표시는 원칙적으로 피해자가 제1심판결선고전까지 하여야 한다(형사소송법 제232조 제3항). 따라서 ① 처벌불원의 의사표시가 공소제기 전에 있는 경우에 이를 간과하고 공소제기 하였다면 형사소송법 제327조 제2호에 따른 공소기각 판결을 하여야 하고 ② 처벌불원의 의사표시가 공소제기 이후 제1심판결 전에 있는 경우에는 법원은 형사소송법 제327조 제6호에 따라 공소기각의 판결을 하여야 한다.

(2) 반의사불벌죄에 대한 예외

1) 예외의 대상범죄와 예외 사유 : 교특법 제3조 제2항 단서에서는 업무상과실치상과 중과실치상죄를 반의사불벌죄로 규정하고 있는 것에 대한 예외사유를 규정하고 있으며, 예외사유는 크게 ① 특가법상의 도주차량죄 ② 음주측정불응죄 ③ 12개의 예외사유가 있다. 주의할 것은 도로교통법 제151조의 업무상과실 또는 중과실에 의한 재물손괴죄의 경우에는 항상 교특법상의 특례인 반의사불벌죄가 적용된다는 점이다.

2) 반의사불벌죄에 대한 예외 사유의 법적 성격 : 반의사불벌죄에 대한 예외 사유의 법적 성격에 대하여는 ① 구성요건요소설과 ② 공소제기조건설이 대립하고 있으나, 판례는 공소제기조건설의 입장이다.

3. 관련 판례[20]

(1) 처벌불원의 의사표시 관련 판례

〈교통사고합의 후 처벌불원의 의사표시를 하였으면 치료비 전액을 지급하지 않았더라도 민사상 치료비에 관한 합의금지급채무가 남는 것은 별론으로 하고 처벌불원의 의사는 철회할 수 없다는 판례〉 피해자가 피고인과 사이에 피고인이 교통사고로 인한 피해자의 치료비 전액을 부담하는 조건으로 민·형사상 문제삼지 아니하기로 합의하고 피고인으로부터 합

---

17) 업무상 또는 중과실로 인한 재물손괴죄를 말한다. 제151조(벌칙) 차의 운전자가 업무상 필요한 주의를 게을리하거나 중대한 과실로 다른 사람의 건조물이나 그 밖의 재물을 손괴한 경우에는 2년 이하의 금고나 500만원 이하의 벌금에 처한다.
18) 즉 특가법 제5조의3의 도주차량이 적용되는 경우이다.
19) 즉 도로교통법 제148조의2 제1항 제2호의 음주측정거부죄가 적용되는 경우이다.
20) 관련 판례를 ① 처벌불원의사표시 관련 판례 ② 반의사불벌죄에 대한 예외관련 판례의 순서로 설시한다.

의금 일부를 수령하면서 피고인에게 합의서를 작성·교부하고, 피고인이 그 합의서를 수사기관에 제출한 경우, 피해자는 그 합의서를 작성·교부함으로써 피고인에게 자신을 대리하여 자신의 처벌불원의사를 수사기관에 표시할 수 있는 권한을 수여하였고, 이에 따라 피고인이 그 합의서를 수사기관에 제출한 이상 피해자의 처벌불원의사가 수사기관에 적법하게 표시되었으며, 이후 피고인이 피해자에게 약속한 치료비 전액을 지급하지 아니한 경우에도 민사상 치료비에 관한 합의금지급채무가 남는 것은 별론으로 하고 처벌불원의사를 철회할 수 없다고 한 사례(대판 2001.12.14. 2001도4283).

〈제1심판결선고 후의 처벌희망의 의사표시 철회는 효력이 없다는 판례〉교통사고처리특례법 제3조 제2항 본문 소정의 죄를 범한 자에 대하여 피해자가 수사단계에서 피고인의 처벌을 희망하는 의사표시를 하였다가 제1심 판결선고 후에 이르러 피고인과 화해를 하고 처벌희망의 의사를 철회하였다면 형사소송법 제232조 제3항, 제1항에 의하여 그 철회는 효력이 없다(대판 1983.5.24. 83도893).

(2) 반의사불벌죄에 대한 예외 관련 판례

〈교통사고처리특례법 제3조 제2항 단서의 각 호에서 규정한 신호위반 등의 예외사유는 같은 법 제3조 제1항 위반죄의 구성요건 요소가 아니라 그 공소제기의 조건에 관한 사유라는 판례〉 교통사고로 인하여 업무상과실치상죄 또는 중과실치상죄를 범한 운전자에 대하여 피해자의 명시한 의사에 반하여 공소를 제기할 수 있도록 하고 있는 교통사고처리특례법 제3조 제2항 단서의 각 호에서 규정한 신호위반 등의 예외사유는 같은 법 제3조 제1항 위반죄의 구성요건 요소가 아니라 그 공소제기의 조건에 관한 사유이다(대판 2007.4.12. 2006도4322).

〈교통사고처리특례법 제3조 제2항 단서에서 규정한 예외사유에 해당하는 범죄행위와 같은 법 제3조 제1항 위반죄는 별개의 범죄행위라는 판례〉교통사고처리특례법 제3조 제2항 단서 각 호에서 규정한 예외사유에 해당하는 신호위반 등의 범칙행위와 같은 법 제3조 제1항 위반죄는 그 행위의 성격 및 내용이나 죄질, 피해법익 등에 현저한 차이가 있어 동일성이 인정되지 않는 별개의 범죄행위라고 보아야 할 것이므로, 교통사고처리특례법 제3조 제2항 단서 각 호의 예외사유에 해당하는 신호위반 등의 범칙행위로 교통사고를 일으킨 사람이 통고처분을 받아 범칙금을 납부하였다고 하더라도, 업무상과실치상죄 또는 중과실치상죄에 대하여 같은 법 제3조 제1항 위반죄로 처벌하는 것이 도로교통법 제119조 제3항에서 금지하는 이중처벌에 해당한다고 볼 수 없다(대판 2007.4.12. 2006도4322).

〈단서 사유가 없음이 밝혀진 경우에는 피고인에게 아무런 업무상 주의의무위반이 없다는 점이 증명되었다 하더라도 바로 무죄를 선고할 것이 아니라 법원은 공소기각의 판결을 선고하여야 한다는 판례〉피고인이 신호를 위반하여 차량을 운행함으로써 사람을 상해에 이르게 한 교통사고로서 교통사고처리특례법 제3조 제1항, 제2항 단서 제1호의 사유가 있다고 하여 공소가 제기된 사안에 대하여, 공판절차에서의 심리 결과 피고인이 신호를 위반하여 차량을 운행한 사실이 없다는 점이 밝혀지게 되고, 한편 위 교통사고 당시 피고인이 운행하던 차량은 교통사고처리특례법 제4조 제1항 본문 소정의 자동차종합보험에 가입되어 있었으므로, 결국 교통사고처리특례법 제4조 제1항 본문에 따라 공소를 제기할 수 없음에도 불구하고 이에 위반하여 공소를 제기한 경우에 해당하고, 따라서 위 공소제기는 형사소송법 제327조 제2호 소정의 공소제기 절차가 법률의 규정에 위반하여 무효인 때에 해당하는바, 이러한 경우 법원으로서는 위 교통사고에 대하여 피고인에게 아무런 업무상 주의의무위반이 없다는 점이 증명되었다 하더라도 바로 무죄를 선고할 것이 아니라, 형사소송법 제327조의 규정에 의하여 소송조건의 흠결을 이유로 공소기각의 판결을 선고하여야 한다(대판 2004.11.26. 2004도4693).

〈공소기각사유가 있으면 공소기각판결을 하는 것이 원칙이나, 실체의 심리가 완료되어 교특법 제3조 제1항의 죄를 범하였다고 인정되지 않는 경우에는 피고인의 이익을 위하여 무죄판결을 할 수 있다는 판례〉 교통사고처리특례법 제3조 제1항, 제2항 단서, 형법 제268조를 적용하여 공소가 제기된 사건에서, 심리 결과 교통사고처리특례법 제3조 제2항 단서에서 정한 사유가 없고 같은 법 제3조 제2항 본문이나 제4조 제1항 본문의 사유로 공소를 제기할 수 없는 경우에 해당하면 공소기각의 판결을 하는 것이 원칙이다. 그런데 사건의 실체에 관한 심리가 이미 완료되어 교통사고처리특례법 제3조 제2항 단서에서 정한 사유가 없는 것으로 판명되고 달리 피고인이 같은 법 제3조 제1항의 죄를 범하였다고 인정되지 않는 경우, 설령 같은 법 제3조 제2항 본문이나 제4조 제1항 본문의 사유가 있더라도, 사실심법원이 피고인의 이익을 위하여 교통사고처리특례법 위반의 공소사실에 대하여 무죄의 실체판결을 선고하였다면, 이를 위법이라고 볼 수는 없다고 할 것이다(대판 2015.5.28. 2013도10958).

Ⅱ. 신호위반과 안전표지위반 예외

1. 관련 조문

> **제3조 제2항 단서 제1호**
>   1. 도로교통법 제5조에 따른 신호기가 표시하는 신호 또는 교통정리를 하는 경찰공무원등의 신호를 위반하거나 통행금지 또는 일시정지를 내용으로 하는 안전표지가 표시하는 지시를 위반하여 운전한 경우
>
> **〈참조 조문〉**
> **도로교통법 제5조 (신호 또는 지시에 따를 의무)**
> ① 도로를 통행하는 보행자, 차마 또는 노면전차의 운전자는 교통안전시설이 표시하는 신호 또는 지시와 다음 각 호의 어느 하나에 해당하는 사람이 하는 신호 또는 지시를 따라야 한다. 〈개정 2015.7.24, 2018.3.27, 2020.12.22〉
>   1. 교통정리를 하는 경찰공무원(의무경찰을 포함한다. 이하 같다) 및 제주특별자치도의 자치경찰공무원(이하 "자치경찰공무원"이라 한다)

2. 주요 내용

(1) 신호기

신호기란 도로교통에서 문자 · 기호 또는 등화(燈火)를 사용하여 진행 · 정지 · 방향전환 · 주의 등의 신호를 표시하기 위하여 사람이나 전기의 힘으로 조작하는 장치를 말한다(제2조 제15호).

(2) 안전표지

안전표지란 교통안전에 필요한 주의 · 규제 · 지시 등을 표시하는 표지판이나 도로의 바닥에 표시하는 기호 · 문자 또는 선 등을 말한다(제2조 제16호).

3. 관련 판례

(1) 신호위반 관련 판례

1) 신호위반을 긍정한 판례

〈우회전 직전의 횡단보도의 보행등이 녹색인 경우에 우회전하다 교통사고를 내었다면 신호위반이라는 판례〉 [1] 교차로와 횡단보도가 연접하여 설치되어 있고 차량용 신호기는 교차로에만 설치된 경우에 있어서는, 그 차량용 신호기는 차량에 대하여 교차로의 통행은 물론 교차로 직전의 횡단보도에 대한 통행까지도 아울러 지시하는 것이라고 보아야 할 것이고, 횡단보도의 보행등 측면에 차량보조등이 설치되어 있지 아니하다고 하여 횡단보도에 대한 차량용 신호등이 없는 상태라고는 볼 수 없다. 위와 같은 경우에 그러한 교차로의 차량용 적색등화는 교차로 및 횡단보도 앞에서의 정지의무를 아울러 명하고 있는 것으로 보아야 하므로, 그와 아울러 횡단보도의 보행등이 녹색인 경우에는 모든 차량이 횡단보도 정지선에서 정지하여야 하고, 나아가 우회전하여서는 아니되며, 다만 횡단보도의 보행등이 적색으로 바뀌어 횡단보도로서의 성격을 상실한 때에는 우회전 차량은 횡단보도를 통과하여 신호에 따라 진행하는 다른 차마의 교통을 방해하지 아니하고 우회전할 수 있다. 따라서 교차로의 차량신호등이 적색이고 교차로에 연접한 횡단보도 보행등이 녹색인 경우에 차량 운전자가 위 횡단보도 앞에서 정지하지 아니하고 횡단보도를 지나 우회전하던 중 업무상과실치상의 결과가 발생하면 교통사고처리 특례법 제3조 제1항, 제2항 단서 제1호의 '신호위반'에 해당하고, 이때 위 신호위반 행위가 교통사고 발생의 직접적인 원인이 된 이상 사고장소가 횡단보도를 벗어난 곳이라 하여도 위 신호위반으로 인한 업무상 과실치상죄가 성립함에는 지장이 없다. [2] 자동차 운전자인 피고인이, 삼거리 교차로에 연접한 횡단보도에 차량보조등은 설치되지 않았으나 그 보행등이 녹색이고, 교차로의 차량신호등은 적색인데도, 횡단보도를 통과하여 교차로에 진입·우회전을 하다가 당시 신호에 따라 교차로를 지나 같은 방향으로 직진하던 자전거를 들이받아 그 운전자에게 상해를 입힌 사안에서, 위와 같은 경우 피고인은 횡단보도 정지선에서 정지하여야 하고 교차로에 진입하여 우회전하여서는 아니되는데도 교차로의 차량용 적색등화를 위반하여 우회 전하다가 사고가 발생하였고, 또한 신호위반의 우회전행위와 사고발생 사이에는 직접적인 원인관계가 존재한다고 보는 것이 타당하므로, 위 사고는 교통사고처리 특례법 제3조 제1항, 제2항 단서 제1호의 신호위반으로 인한 업무상과실치상죄에 해당한다는 이유로, 이와 달리 피고인에게 신호위반의 책임이 없다고 보아 공소를 기각한 원심판결에 도로교통법상 신호 또는 지시에 따를 의무에 관한 법리오해의 위법이 있다고 한 사례 (대판 2011.7.28. 2009도8222).

〈교차로에서 차량 신호등이 적색 등화임에도 횡단보도 앞 정지선 직전에 정지하지 않고 진행하다 녹색 등화로 바뀐 후 미처 교차로를 벗어나지 못한 차량과 교통사고를 내었다면 신호위반이라는 판례〉 [1] 교통사고처리 특례법 제3조 제2항 제1호, 제4조 제1항 제1호의 규정에 의하면, 신호기에 의한 신호에 위반하여 운전한 경우에는 같은 법 제4조 제1항에서 정한 보험 또는 공제에 가입한 경우에도 공소를 제기할 수 있으나, 여기서 '신호기에 의한 신호에 위반하여 운전한 경우'란 신호위반행위가 교통사고 발생의 직접적인 원인이 된 경우를 말한다. [2] 택시 운전자인 피고인이 교통신호를 위반하여 4거리 교차로를 진행한 과실로 교차로 내에서 갑이 운전하는 승용차와 충돌하여 갑 등으로 하여금 상해를 입게 하였다고 하여 교통사고처리 특례법 위반으로 기소된 사안에서, 피고인의 택시가 차량 신호등이 적색 등화임에도 횡단보도 앞 정지선 직전에 정지하지 않고 상당한 속도로 정지선을 넘어 횡단보도에 진입하였고, 횡단보도에 들어선 이후 차량 신호등이 녹색 등화로 바뀌자 교차로로 계속 직진하여 교차로에 진입하자마자 교차로를 거의 통과하였던 갑의 승용차 오른쪽 뒤 문짝 부분을 피고인 택시 앞 범퍼 부분으로 충돌한 점 등을 종합할 때, 피고인이 적색 등화에 따라 정지선 직전에 정지하였더라면 교통사고는 발생하지 않았을 것임이 분명하여 피고인의 신호위반행위가 교통사고 발생의 직접적인 원인이 되었다고 보아야 하는데도, 이와 달리 보아 공소를 기각한 원심판결에 신호위반과 교통사고의 인과관계에 관한 법리오해의 위법이 있다고 한 사례(대판 2012.3.15. 2011도17117).

〈정지선이나 횡단보도가 설치되지 않은 교차로에 진입 전 신호등에서 '황색의 등화'가 있을 때, 운전자가 교차로의 직전에 정지하지 않으면 신호 위반이 된다는 판례〉 도로교통법 시행규칙 제6조 제2항 [별표 2]는 "황색의 등화"의 뜻을 '1. 차마는 정지선이 있거나 횡단보도가 있을 때에는 그 직전이나 교차로의 직전에 정지하여야 하며, 이미 교차로에 차마의 일부라도 진입한 경우에는 신속히 교차로 밖으로 진행하여야 한다'라고 규정하고 있다. 위 규정에 의하면 차량이 교차로에 진입하기 전에 황색의 등화로 바뀐 경우에는 차량은 정지선이나 '교차로의 직전'에 정지하여야 하며, 차량의 운전자가 정지할 것인지 또는 진행할 것인지 여부를 선택할 수 없다. 교차로 진입 전 정지선과 횡단보도가 설치되어 있지 않았다 하더라도 피고인이 황색의 등화를 보고서도 교차로 직전에 정지하지 않았다면 신호를 위반하였다고 봄이 타당하다(대판 2018.12.27. 2018도14262).

2) 신호위반을 부정한 판례

〈비보호좌회전 표시가 있는 곳에서 좌회전하다 같은 진행방향 후방차량에 방해가 된 때에는 신호위반은 아니라는 판례〉 비보호좌회전 표시가 있는 곳에서 녹색의 등화가 있는 경우 좌회전하면서 반대 방면에서 신호에 따라 마주 진행하여 오는 다른 차량에 방해가 된 때에는 신호위반의 책임을 지지만 같은 진행방향에서 진행신호에 따르는 후방차량에 방해가 된 때에는 차선변경시 주의의무위반 등 다른 의무위반은 별론으로 하고 신호위반의 책임은 지지 아니한다(이 사건은 편도 2차선 도로의 2차선을 진행하던 피고인 운전의 택시가 좌회전하다가 같은 방향 1차선을 직진신호에 따라 진행하던 피해자 운전의 오토바이와 충돌한 사안임)(대판 1996.5.28. 96도690).

(2) 안전표지 관련 판례

1) 안전표지위반을 긍정한 판례

〈도로의 바닥에 있는 삼각형 모양의 황색사선도 안전표지라는 판례〉 도로의 바닥에 진입금지를 내용으로 하는 삼각형 모양의 황색사선이 그어져 있다면, 교통사고처리특례법 제3조 제2항 단서 제1호 소정의 '안전표지'에 해당하고 노면상의 표시 이외에 따로 표지판이 세워져 있어야 비로소 위 법조항에서 말하는 '안전표지'에 해당하는 것은 아니다(대판 1996.2.13. 95도2716).

〈일방통행 도로를 역행하여 차를 운전한 것은 안전표지위반이라는 판례〉 특별한 다른 사정이 없는 한 일방통행 도로를 역행하여 차를 운전한 것은 교통사고처리특례법 제3조 제2항 단서 제1호 소정의 "통행의 금지를 내용으로 하는 안전표지가 표시하는 지시에 위반하여 운전한 경우"에 해당한다(대판 1993.11.9. 93도2562).

2) 안전표지위반을 부정한 판례

〈건설회사가 임의로 설치한 황색 점선은 중앙선도 안전표지도 아니라는 판례〉 건설회사가 고속도로 건설공사와 관련하여 지방도의 확장공사를 위하여 우회도로를 개설하면서 기존의 도로와 우회도로가 연결되는 부분에 설치한 황색 점선이 도로교통법상 설치권한이 있는 자나 그 위임을 받은 자가 설치한 것이 아니라면 이것을 가리켜 교통사고처리특례법 제3조 제2항 단서 제2호에서 규정하는 중앙선이라고 할 수 없을 뿐만 아니라, 건설회사가 임의로 설치한 것에 불과할 뿐 도로교통법 제64조의 규정에 따라 관할경찰서장의 지시에 따라 설치된 것도 아니고 황색 점선의 설치 후 관할경찰서장의 승인을 얻었다고 인정할 자료도 없다면, 결국 위 황색 점선은 교통사고처리특례법 제3조 제2항 단서 제1호 소정의 안전표지라고 할 수 없다(대판 2003.6.27. 2003도1895).

〈정지선 표시만 되어 있는 횡단보도에서 일시 정지하지 않았더라도 안전표지위반은 아니라는 판례〉 도로교통법상의 안전표지의 종류, 만드는 방식, 표시하는 뜻, 설치기준 및 설치장소를 규정하고 있는 동법시행규칙 제3조 제2항의 별표 1에 의하면 일련번호 706번의 표지는 종류란에 정지선표시, 표시하는 뜻란에 운행중 정지를 해야 할 경우 정지해야 할 지점을 표시하는 것, 설치기준 및 설치장소란에 정지해야 할 필요가 있는 경우 정지하여야 할 지점에 설치라고 규정되어 있어 위 706번의 정지선 표시는 그 자체가 일시정지의무 있음을 표시하는 것은 아니고 운행중 정지를 해야 할 경우에 정지하여야 할 지점이라는 것을 표시하는 안전표지라고 새겨져 자동차운전자가 위 시행규칙 706번의 정지선 표시만 되어 있는 횡단보도에서 일시 정지함이 없이 자동차를 운행하였다 하더라도 교통사고처리특례법 제3조 제2항 단서 제1호에서 말하는 "일시정지를 내용으로 하는 안전표지가 표시하는 지시에 위반하여 운전한 경우"에 해당하지 아니한다(대판 1986.12.9. 86도1868 전합).

Ⅲ. 중앙선 침범의 예외

1. 관련 조문

> **제3조 제2항 단서 제2호**
>   2. 도로교통법 제13조제3항을 위반하여 중앙선을 침범하거나 같은 법 제62조를 위반하여 횡단, 유턴 또는 후진한 경우
>
> 〈참조 조문〉
> **도로교통법 제13조 (차마의 통행)**
> ③ 차마의 운전자는 도로(보도와 차도가 구분된 도로에서는 차도를 말한다)의 중앙(중앙선이 설치되어 있는 경우에는 그 중앙선을 말한다. 이하 같다) 우측 부분을 통행하여야 한다.
>
> **도로교통법 제62조 (횡단 등의 금지)**
> 자동차의 운전자는 그 차를 운전하여 고속도로 등을 횡단하거나 유턴 또는 후진하여서는 아니 된다. 다만, 긴급자동차 또는 도로의 보수·유지 등의 작업을 하는 자동차 가운데 고속도로등에서의 위험을 방지·제거하거나 교통사고에 대한 응급조치작업을 위한 자동차로서 그 목적을 위하여 반드시 필요한 경우에는 그러하지 아니하다.

2. 주의할 내용

(1) 도로교통법 제13조 제3항 위반

1) 중앙선 침범의 요건 : 중앙선 침범사고가 성립하기 위해서는 ① 도로교통법 제13조 제3항의 규정에 위반하여 중앙선을 침범할 것 ② 중앙선 침범에 부득이한 사유가

없을 것(고의 또는 과실의 존재) ③ 중앙선 침범이 사고의 직접적인 원인이라는 세 가지 요건이 필요하다.

2) **적법한 권한에 의한 중앙선** : 중앙선은 중앙선 설치권한자인 지방경찰청장에 의하여 설치된 것이어야 한다. 따라서 무권한자가 설치한 중앙선은 본호의 중앙선이라 할 수 없다.

3) **부득이한 사유가 없을 것** : 중앙선을 침범하였을 때라 함은 교통사고의 발생지점이 중앙선을 넘어선 모든 경우를 가리키는 것이 아니라 부득이한 사유가 없이 중앙선을 침범하여 교통사고를 발생케 한 경우를 뜻한다.

4) **중앙선 침범이 사고의 직접적인 원인이 되었을 것** : 중앙선 침범행위가 교통사고 발생의 직접적인 원인이 되어야 하므로, 중앙선 침범행위가 교통사고 발생의 직접적인 원인이 아니라면 교통사고가 중앙선 침범운행중에 일어났다고 하여 모두 이에 포함되는 것은 아니다.

(2) 도로교통법 제62조 위반

1) **원칙** : 고속도로 또는 자동차전용도로에서 횡단, 유턴 또는 후진한 경우에는 본호 위반이 된다.

2) **예외** : 다만, 긴급자동차 또는 도로의 보수·유지 등의 작업을 하는 자동차 가운데 고속도로 또는 자동차전용도로에서의 위험을 방지·제거하거나 교통사고에 대한 응급조치작업을 위한 자동차로서 그 목적을 위하여 반드시 필요한 경우에는 그러하지 아니하다(제62조 단서).

3. 관련 판례

(1) 도로교통법 제13조 제3항 위반 관련 판례

1) 중앙선 관련 판례

〈황색 실선이나 황색 점선으로 된 중앙선이 설치된 도로의 어느 구역에서 좌회전이나 유턴이 허용되어 중앙선이 백색 점선으로 표시되어 있는 경우, 그 지점에서 안전표지에 따라 좌회전이나 유턴을 하기 위하여 중앙선을 넘어 운행하다가 반대편 차로를 운행하는 차량과 충돌하는 교통사고를 낸 것이 교통사고처리 특례법에서 규정한 중앙선 침범 사고에 해당하지 않는다는 판례〉 [1] 도로교통법 제2조 제5호 본문은 '중앙선이란 차마의 통행 방향을 명확하게 구분하기 위하여 도로에 황색 실선이나 황색 점선 등의 안전표지로 표시한 선 또는 중앙분리대나 울타리 등으로 설치한 시설물을 말한다'고 규정하고, 제13조 제3항은 '차마의 운전자는 도로(보도와 차도가 구분된 도로에서는 차도를 말한다)의 중앙(중앙선이 설치되어 있는 경우에는 그 중앙선을 말한다) 우측 부분을 통행하여야 한다'고 규정하고, 교통사고처리 특례법 제3조 제1항, 제2항 제2호 전단은 '도로교통법 제13조 제3항을 위반하여 중앙선을 침범'한 교통사고로 인하여 형법 제268조의 죄를 범한 경우는 피해자의 명시한 의사와 상관없이 처벌 대상이 되는 것으로 규정하고 있다. [2] 이와 같이 도로교통법이 도로의 중앙선 내지 중앙의 우측 부분을 통행하도록 하고 중앙선을 침범하여 발생한 교통사고를 처벌 대상으로 한 것은, 각자의 진행방향 차로를 준수하여 서로 반대방향으로 운행하는 차마의 안전한 운행과 원활한 교통을 확보하기 위한 것이므로, 황색 실선이나 황색 점선으로 된 중앙선이 설치된 도로의 어느 구역에서 좌회전이나 유턴이 허용되어 중앙선이 백색 점선으로 표시되어 있는 경우, 그 지점에서 좌회전이나 유턴이 허용되는 신호 상황 등 안전표지에 따라 좌회전이나 유턴을 하기 위하여 중앙선을 넘어 운행하다가 반대편 차로를 운행하는 차량과 충돌하는 교통사고를 내었더라도 이를 교통사고처리 특례법에서 규정한 중앙선 침범 사고라고 할 것은 아니다(대판 2017.1.25. 2016도18941).

2) 부득이한 사유를 긍정한 판례

〈피고인 운전차량에게 들이받힌 차량이 중앙선을 넘으면서 마주오던 차량들과 충돌한 사고는 중앙선침범사고로 볼 수 없다는 판례〉 [1] 교통사고처리특례법 제3조 제2항 단서 제2호 전단이 규정하는 '도로교통법 제12조 제3항의 규정에 위반하여 차선이 설치된 도로의 중앙선을 침범하였을 때'라 함은 교통사고의 발생지점이 중앙선을 넘어선 모든 경우를 가리키는 것이 아니라 부득이한 사유가 없이 중앙선을 침범하여 교통사고를 발생케 한 경우를 뜻하며, 여기서 '부득이한 사유'라 함은 진행차로에 나타난 장애물을 피하기 위하여 다른 적절한 조치를 취할 겨를이 없었다거나 자기 차로를 지켜 운행하려고 하였으나 운전자가 지배할 수 없는 외부적 여건으로 말미암아 어쩔 수 없이 중앙선을 침범하게 되었다는 등 중앙선 침범 자체에는 운전자를 비난할 수 없는 객관적 사정이 있는 경우를 말하는 것이며, 중앙선 침범행위가 교통사고 발생의 직접적인 원인이 된 이상 사고장소가 중앙선을 넘어선 반대차선이어야 할 필요는 없으나, 중앙선 침범행위가 교통사고 발생의 직접적인 원인이 아니라면 교통사고가 중앙선 침범운행중에 일어났다고 하여 모두 이에 포함되는 것은 아니다. [2] 피고인 운전차량에게 들이받힌 차량이 중앙선을 넘으면서 마주오던 차량들과 충격하여 일어난 사고가 중앙선침범사고로 볼 수 없다고 한 사례(대판 1998.7.28. 98도832).

〈대형사고를 피하기 위하여 부득이 중앙선을 침범한 것은 중앙선 침범이 아니라는 판례〉 차선이 설치된 도로를 운행하던 차량이 중앙선을 침범하지 아니하고 차선대로 운행을 계속하게 되면 많은 인명피해를 가져올 교통사고가 발생될 것이 예견되는 경우 그 운전자가 그 교통사고를 피하기 위하여 반대차선에 차량의 통행이 없는 틈을 이용하여 중앙선을 침범하여 운행한 경우는 구 교통사고처리특례법(1981.12.31 법률 제3490호) 제3조 제2항 단서 제2호 전단의 "도로교통법 제11조의2 제2항의 규정에 위반하여 차선이 설치된 도로의 중앙선을 침범하는" 경우에 해당하지 아니한다(대판 1985.4.23. 85도329). [판결이유 중 일부 인용] 같은 취지에서 원심이 이 사건 교통사고는 피고인 이 1983.9.1.10:50경 경성여객소속 시내버스를 시속 약 40킬로미터의 속도로 운전하고 서울 동대문구 중량교 방면에서 시조사방면을 향하여 2차선상으로 진행하던중 같은구 휘경동 34 앞노상에 이르러 버스정류장으로 진입하고자 브레이크를 밟았으나 제동장치에 이상이 생겨 제동이 되지 않는 것을 발견하게 되었는데 때마침 사고버스 진행방향의 전방에는 신호등이 있는 횡단보도가 설치되어 있어 많은 사람들이 보행인 진행신호를 받고 위 횡단보도를 건너고 있었기 때문에 그대로 진행한다면 위 보행인들에게 위해를 입게 할 염려가 있으므로 보다 큰 인명피해를 막기 위하여 반대편에서 차량이 오지 않는 것을 확인하고 부득이 위 사고버스의 방향을 돌려 중앙선을 침범한 후 감속하려고 노력하면서 약 100여 미터 이상을 진행하다가 이 사건 교통사고를 일으키게 된 사실을 인정하고 피고인의 소위는 위 특례법 제3조 제2항 단서 제2호에서 말하는 차선이 설치된 도로의 중앙선을 침범한 경우에는 해당하지 아니한다고 판시한 것은 정당하고 거기에 소론과 같은 법리오해의 위법이 없으므로 논지는 이유없다.

〈중앙선을 침범하여 운전하였어도 운전자를 비난할 수 없는 객관적 사정이 있다면 중앙선 침범이 아니라는 판례〉 [1] 진행차선에 나타난 장애물을 피하기 위하여 다른 적절한 조치를 취할 겨를이 없었다거나 자기차선을 지켜 운행하려고 하였으나 운전자가 지배할 수 없는 외부적 여건으로 말미암아 어쩔 수 없이 중앙선을 침범하게 되었다는 등 중앙선 침범 자체에 대하여 운전자를 비난할 수 없는 객관적인 사정이 있는 경우에는 운전자가 중앙선을 침범하여 운행하였다 하더라도 그 중앙선 침범 자체만으로는 그 운전자에게 어떠한 과실이 있다고 볼 수 없다. [2] 황색실선의 중앙선 침범 자체에 대하여 피고인을 비난할 수 없는 객관적 사정이 있다고 볼 여지가 있음에도, 피고인 차량이 중앙선을 침범하여 반대차선에서 다른 차량과 충돌하였다는 사정만으로 피고인에게 과실이 있다고 판단한 원심판결을 심리미진, 채증법칙 위배를 이유로 파기한 사례(대판 1994.9.27. 94도1629).

〈중앙선을 침범한 사고이나 부득이한 사유로 인한 경우에는 중앙선 침범이 아니라는 판례〉 차량충돌 사고장소가 편도 1차선의 아스팔트 포장도로이고, 피고인 운전차량이 제한속도(시속 60킬로미터)의 범위 안에서 운행하였으며(시속 40 내지 50킬로미터), 비가 내려 노면이 미끄러운 상태였고, 피고인이 우회전을 하다가 전방에 정차하고 있는 버스를 발견하고 급제동조치를 취하였으나 빗길 때문에 미끄러져 미치지 못하고 중앙선을 침범하기에 이른 것이라면, 피고인이 버스를 피하기 위하여 다른 적절한 조치를 취할 방도가 없는 상황에서 부득히 앙선을 침범하게 된 것이어서 교통사고처리특례법 제3조 제2항 단서 제2호에 해당되지 않는다는 원심의 판단은 수긍이 간다(대판 1990.5.8. 90도606).

〈장애물을 피하기 위해 중앙선을 침범한 것은 중앙선 침범이 아니라는 판례〉 구 교통사고처리특례법(1984.8.4 법률 제3744호로 개정되기 전의 것) 제3조 제2항 단서 제2호 전단의 차선이 설치된 도로의 중앙선을 침범하였을 때라 함은 고의로 중앙선을 침범하여 차량을 운전하는 경우를 말하는 것이고 장애물을 피행하기 위하여 부득이 중앙선을 침범하였을 때나 사고장소가 중앙선을 넘어선 지점인 경우까지를 포함하는 것이 아니다(대판 1986.3.11. 86도56).

〈갑자기 자기차선으로 들어선 타 차량과의 충돌을 피하려고 중앙선을 넘어선 것은 중앙선 침범이 아니라는 판례〉 편도 2차선도로의 1차선을 운행하던 차량이 같은 방향 2차선으로 진행하던 다른 차량이 갑자기 차선을 변경하여 자기차선으로 들어오는 것을 보고 충돌을 피하려고 급정차하였으나 바로 정차하지 못하고 차체가 왼쪽으로 돌면서 중앙선을 넘어선 경우라면 이는 구 교통사고처리특례법(1984.8.4 법률 제3744호로 개정되기 전의 것) 제3조 제2항 단서 제2호에서 말하는 차선이 설치된 도로의 중앙선을 침범한 경우에 해당하지 아니한다(대판 1986.3.11. 86도50).

3) 부득이한 사유를 부정한 판례

〈부득이한 사유가 없음에도 고의로 중앙선을 넘어가면 중앙선 침범이 되므로 좌회전 또는 유턴(U-turn)을 하기 위하여 중앙선을 넘어 반대차선으로 들어갔어도 중앙선 침범이 된다는 판례〉 도로교통법 제12조 제3항에 의하여 차마는 차도의 중앙선으로부터 우측 부분을 통행하도록 의무 지워져 있으며, 차선이 설치된 도로상에 차량의 통행이 방향별로 명확하게 구분되게 하기 위하여 도로상에 황색실선으로 표시된 중앙선은 그 선을 경계로 서로 반대방향으로 운행하는 차선이 접하게 되는 것이어서 각 차선을 운행하는 운전자로서는 특단의 사정이 없는 한 반대차선 내에 있는 차량이 그 경계선을 넘어 들어 오지 않을 것으로 신뢰하여 운행하는 것이므로 부득이한 사유가 없음에도 고의로 경계인 그 중앙선을 넘어 들어가 침범당하는 차선의 차량운행자의 신뢰에 어긋난 운행을 하였다면 그러한 침범운행의 동기가 무엇인가에 따라 책임의 유무가 달라질 수 없는 것이므로 좌회전 또는 유턴(U-turn)을 하려고 하였다 하더라도 중앙선 침범의 죄책을 면할 수 없다(대판 2000.7.7. 2000도2116).

4) 직접적인 원인 관련 기본 법리 판례

〈교통사고처리특례법상의 중앙선 침범사고는 중앙선 침범행위가 교통사고 발생의 직접적인 원인이 된 경우를 말한다는 판례〉 교통사고처리특례법이 규정하는 중앙선 침범사고는 교통사고가 도로의 중앙선을 침범하여 운전한 행위로 인해 일어난 경우, 즉 중앙선 침범행위가 교통사고 발생의 직접적인 원인이 된 경우를 말하며, 중앙선 침범행위가 교통사고 발생의 직접적인 원인이 아니라면 교통사고가 중앙선 침범운행중에 일어났다고 하여 이에 포함되는 것은 아니다(이 사건은 결국 피고인이 좌회전 허용 지점에서 좌회전을 함에 있어서 지켜야 할 업무상 주의의무를 게을리 한 과실로 인하여 발생한 것으로 보여질 뿐 중앙선 침범이라는 운행상의 과실을 직접적인 원인으로 하여 발생한 것으로 볼 수 없다고 할 것이다)(대판 1994.6.28. 94도1200).

5) 직접적인 원인을 긍정한 판례

〈신호등이 설치되어 있지 아니한 횡단보도 부분을 통해서 반대차선으로 넘어 들어가려다 충돌사고가 발생했다면 중앙선 침범이라는 판례〉 [1] 차선이 설치된 도로의 중앙선은 서로 반대방향으로 운행하는 차선이 접속하는 경계선에 다름 아니어서 차선을 운행하는 운전자로서는 특단의 사정이 없는 한 반대차선 내에 있는 차량은 이 경계선을 넘어 들어오지 않을 것으로 신뢰하여 운행하는 것이므로, 부득이한 사유가 없는데도 고의로 이러한 경계선인 중앙선을 넘어 들어가 침범당한 차선의 차량운행자의 신뢰에 어긋난 운행을 함으로써 사고를 일으켰다면 교통사고처리특례법 제3조 제2항 단서 제2호가 정한 처벌특례의 예외 규정인 중앙선침범사고에 해당한다. [2] 피고인이 운전하던 차량이 신호등이 설치되어 있지 아니한 횡단보도를 통로로 하여 반대차선으로 넘어 들어가다 충돌사고가 발생한 경우, 그 횡단보도에 황색실선의 중앙선이 곧바로 이어져 좌회전이 금지된 장소인 점 등 사고경위에 비추어 피고인 차량이 넘어간 부분이 횡단보도로서 실제로 중앙선이 그어 져 있지 아니하더라도 반대차선에서 오토바이를 운행하던 피해자의 신뢰에 크게 어긋남과 아울러 교통사고의 위험성이 큰 운전행위로서 사고발생의 직접적인 원인이 되었다고 보아 교통사고처리특례법 제3조 제2항 단서 제2호 소정의 중앙선침범사고에 해당한다고 한 사 례(대판 1995.5.12. 95도512).

6) 직접적인 원인을 부정한 판례

〈급브레이크를 밟자 자동차가 미끄러져 중앙선을 넘어 전복된 사고는 중앙선 침범행위가 사 고발생의 직접적 원인이 되었다고는 할 수 없어 중앙선침범이 아니라는 판례〉 교통사고처리 특례법 제3조 제2항 단서 제2호의 규정에 의하면 도로교통법 제13조 제2항의 규정에 위반하여 차선이 설치된 도로의 중앙선을 침범한 경우에는 피해자의 명시한 의사에 반 하여도 공소를 제기할 수 있다 할 것이나 여기서 중앙선을 침범한 경우라 함은 사고차량 의 중앙선침범행위가 교통사고 발생의 직접적 원인이 된 경우를 말하고 교통사고 발생장소 가 중앙선을 넘어선 지점에 있는 모든 경우를 가리키는 것은 아니라 할 것이므로 급브레이 크를 밟은 과실로 자동차가 미끄러져 중앙선을 넘어 도로 언덕 아래에 굴러 떨어져 전복되 게 하여 그 충격으로 치상케 한 경우에는 위 중앙선 침범행위가 위 사고발생의 직접적 원인 이 되었다고는 할 수 없어 비록 위 사고장소가 중앙선을 넘어선 지점이라 하여도 위 특례법 제3조 제2항 단서 제2호를 적용할 수 없다(대판 1985.5.14. 85도384).

〈자전거를 추월하기 위해 중앙선을 침범하였으나 자전거의 좌회전으로 사고를 내었다면 중앙 선 침범이 아니라는 판례〉 피고인이 승합차량을 운전하고 황색점선으로 중앙선이 표시되 어 있는 편도 1차선 직선도로의 바깥쪽으로부터 3분의1 정도의 지점에서 같은 방향으로 앞서 진행하던 피해자 운전의 자전거를 안전하게 앞지르기 위하여 대향차선에 진행중인 차량이 없음을 확인한 후 중앙선을 넘어 대향차선에 진입하였는데, 이어서 피해자도 도로를 횡단하기 위하여 중앙선을 넘어 대향차선으로 들어와 충돌하게 되었다면, 피고 인이 황색점선의 중앙선을 넘어 반대차선으로 들어간 행위는, 도로교통법에 규정된 통 행방법에 따른 것으로서, 교통사고처리특례법 제3조 제2항 단서 제2호 전단 소정의 "도로 교통법 제13조 제2항의 규정에 위반하여 차선이 설치된 도로의 중앙선을 침범한 경우"에 해당하지 아니할 뿐만 아니라, 피고인의 위 중앙선을 침범한 행위가 위 교통사고의 직접적 인 원인이 되었다고 볼 수도 없으므로, 위 교통사고가 교통사고처리특례법 제3조 제2항 단서 제2호 전단 소정의 중앙선침범사고에 해당하지 아니한다고 할 것이다(대판 1991.6.11. 91도821).

〈정차 중인 버스를 앞지르기 하면서 중앙선을 침범한 화물자동차가 버스 앞쪽에서 나타난 사람을 친 것은 중앙선 침범이 아니라는 판례〉 피고인이 화물자동차를 운전하던 중, 도로 오른쪽에 정차하고 있던 시내 버스를 앞지르기위하여 화물자동차의 왼쪽 일부가 중앙선을 침범한 상태로 진행하다가, 화물자동차의 진행차선 내에서 화물자동차의 차체 오른쪽 부분으로, 시내버스의 앞쪽으로 나와 오른쪽에서 왼쪽으로 도로를 횡단하던 피해자를 부딪쳐 상해를 입게 한 경우 <u>피고인의 중앙선침범행위로 인하여 위 교통사고가 발생하였다고 볼 수 없으므로 위 사고는 교통사고처리특례법 제3조 제2항 단서 제2호 소정의 중앙선침범사고에 해당하지 아니한다</u>(대판 1991.2.12. 90도2420).

(2) 도로교통법 제62조 위반 관련 판례

〈일반도로에서 후진하다 도로횡단하던 사람을 상해 입힌 것은 횡단·유턴 또는 후진한 경우에 해당하지 않는다는 판례〉 [1] 구 교통사고처리 특례법(2010. 1. 25. 법률 제9941호로 개정되기 전의 것, 이하 '교특법'이라 한다) 제3조 제2항 단서 제2호에 의하면, 교통사고로 인하여 업무상과실치상죄 등을 범한 운전자가 "도로교통법 제13조 제3항의 규정을 위반하여 중앙선을 침범하거나 동법 제62조의 규정을 위반하여 횡단·유턴 또는 후진한 경우"에 해당하는 행위로 위 죄를 범한 때에는 피해자의 명시한 의사에 반하여도 공소를 제기할 수 있다. 그런데 구 도로교통법(2011. 6. 8. 법률 제10790호로 개정되기 전의 것) 제62조는 "자동차의 운전자는 차를 운전하여 고속도로등을 횡단하거나 유턴 또는 후진하여서는 아니된다."고 규정하고, <u>같은 법 제57조에 의하면 위 '고속도로등'은 고속도로 또는 자동차전용도로만을 의미하므로, 일반도로에서 후진하는 행위는 '동법 제62조의 규정을 위반하여 횡단·유턴 또는 후진한 경우'에 포함되지 않는다. 또한 교특법 제3조 제2항 단서 제2호가 고속도로등에서 후진한 경우를 중앙선침범과 별도로 열거하고 있는 취지에 비추어 볼 때, 중앙선의 우측 차로 내에서 후진하는 행위는 같은 호 전단의 '도로교통법 제13조 제3항의 규정을 위반하여 중앙선을 침범한 경우'에 포함되지 않는다고 해석하여야 한다.</u> [2] 자동차 운전자인 피고인이 고속도로 또는 자동차전용도로가 아닌 일반도로를 후진하여 역주행한 과실로 도로를 횡단하던 피해자에게 상해를 입게 하였다고 하여 구 교통사고처리 특례법(2010. 1. 25. 법률 제9941호로 개정되기 전의 것, 이하 '교특법'이라 한다) 위반으로 기소된 사안에서, 일반도로에서 후진하다가 교통사고를 낸 것은 교특법 제3조 제2항 단서 제2호 후단의 '도로교통법 제62조의 규정에 위반하여 후진한 경우'에 해당하지 아니하고, 같은 호 전단의 중앙선침범 사고에도 해당하지 않는다고 보아 교특법 제3조 제2항 본문에 의하여 피해자의 명시한 의사에 반하여 공소를 제기할 수 없는 죄라고 판단한 다음, 피해자가 공소제기 전에 피고인에 대한 처벌을 희망하는 의사를 철회하였다는 이유로 공소를 기각한 원심의 판단 및 조치가 정당하다고 한 사례(대판 2012.3.15. 2010도3436; 동지 대판 2014.8.28. 2014도3235).

Ⅳ. 보행자 보호의무위반 예외

1. 관련 조문

제3조 제2항 단서 제6호
> 6. 도로교통법 제27조제1항에 따른 횡단보도에서의 보행자 보호의무를 위반하여 운전한 경우

〈참조 조문〉
도로교통법 제27조 (보행자의 보호)
① 모든 차 또는 노면전차의 운전자는 보행자(제13조의2제6항에 따라 자전거등에서 내려서 자전거등을 끌거나 들고 통행하는 자전거등의 운전자를 포함한다)가 횡단보도를 통행하고 있거나 통행하려고 하는 때에는 보행자의 횡단을 방해하거나 위험을 주지 아니하도록 그 횡단보도 앞(정지선이 설치되어 있는 곳에서는 그 정지선을 말한다)에서 일시정지하여야 한다. 〈개정 2018.3.27, 2020.6.9, 2022.1.11〉

2. 주요 내용

(1) 보행자

도로교통법상 보행자의 개념을 정의한 규정은 없으므로 해석론에 맡겨져 있다. 보행자란 일반적으로 걸어다니는 사람을 의미하며 제27조 제1항에 따라 자전거등을 타고 횡단하는 사람은 보행자에 해당하지 않으므로 반대해석상 자전거등을 내려서 끌고 횡단하는 사람은 보행자에 해당한다(제27조 제1항 참조).

(2) 횡단보도

횡단보도는 사람이 차도를 횡단하기 위하여 지정된 곳을 의미한다.

1) 보행자용 신호기가 없는 횡단보도 : 보행자용 신호기가 없는 횡단보도라도 도로바닥에 횡단보도표시가 있으면 횡단보도에 해당한다.

2) 보행자용 신호기가 있는 횡단보도 : 보행자용신호기가 있는 횡단보도라면 신호기가 녹색이거나 녹색점멸일 때는 횡단보도로서의 성격을 지니지만, 적색신호인 경우에는 횡단보도로서의 성격을 상실한다.

(3) 횡단보도를 통행하고 있는 보행자

본호의 보행자는 횡단보도를 통행하고 있는 보행자를 의미한다.

1) 보행자가 횡단보도를 통행하고 있는 때 : 보행자가 횡단보도를 통행하고 있는 때란 도로를 횡단할 의사로 횡단보도를 통행하고 있는 경우를 말한다. 따라서 횡단할 의사가 없이 도로에서 누워있다거나, 택시를 잡기 위하여 횡단보도에 서 있는 사람 등은

이에 해당하지 않는다.

2) 도로중앙선에서 통행을 중단하고 차량의 통과를 기다리고 있는 경우 : 신호기의 보행신호에 따라 횡단보도를 통행하던 중 보행정지 및 차량진행 신호로 바뀌자 도로중앙선 부분에서 횡단보도 통행을 중단하고 차량의 통과를 기다리며 멈춰 서있던 상황이라면 위 피해자를 횡단보도를 통행중인 보행자라고 보기는 어렵다(판례).

3. 관련 판례

(1) 기본 법리 판례

〈자동차 운전자의 횡단보도에서의 보행자 보호의무의 내용〉 교통사고처리 특례법 제3조 제2항 본문, 단서 제6호, 제4조 제1항 본문, 단서 제1호, 도로교통법 제27조 제1항의 내용 및 도로교통법 제27조 제1항의 입법 취지가 차를 운전하여 횡단보도를 지나는 운전자의 보행자에 대한 주의의무를 강화하여 횡단보도를 통행하는 보행자의 생명·신체의 안전을 두텁게 보호하려는 데 있음을 감안하면, 모든 차의 운전자는 신호기의 지시에 따라 횡단보도를 횡단하는 보행자가 있을 때에는 횡단보도에의 진입 선후를 불문하고 일시정지하는 등의 조치를 취함으로써 보행자의 통행이 방해되지 아니하도록 하여야 한다. 다만 자동차가 횡단보도에 먼저 진입한 경우로서 그대로 진행하더라도 보행자의 횡단을 방해하거나 통행에 아무런 위험을 초래하지 아니할 상황이라면 그대로 진행할 수 있다(대판 2017.3.15. 2016도17442).

〈횡단보도 보행자 보호의무의 범위〉 [1] 횡단보행자용 신호기가 설치되지 않은 횡단보도를 횡단하는 보행자가 있을 경우에, 모든 차 또는 노면전차(이하 구별하지 않고 '차'라고만 한다)의 운전자는, 그대로 진행하더라도 보행자의 횡단을 방해하지 않거나 통행에 위험을 초래하지 않을 경우를 제외하고는, 횡단보도에 차가 먼저 진입하였는지 여부와 관계없이 차를 일시정지하는 등의 조치를 취함으로써 보행자의 통행이 방해되지 않도록 할 의무가 있다. 만일 이를 위반하여 형법 제268조의 죄를 범한 때에는 교통사고처리특례법 제3조 제2항 단서 제6호의 '횡단보도에서의 보행자 보호의무를 위반하여 운전한 경우'에 해당하여 보험 또는 공제 가입 여부나 처벌에 관한 피해자의 의사를 묻지 않고 같은 법 제3조 제1항에 의한 처벌의 대상이 된다고 보아야 한다. [2] 도로교통법 제27조 제1항은 "모든 차 또는 노면전차(이하 구별하지 않고 '차'라고만 한다)의 운전자는 보행자(제13조의2 제6항에 따라 자전거에서 내려서 자전거를 끌고 통행하는 자전거 운전자를 포함한다)가 횡단보도를 통행하고 있을 때에는 보행자의 횡단을 방해하거나 위험을 주지 아니하도록 그 횡단보도 앞(정지선이 설치되어 있는 곳에서는 그 정지선을 말한다)에서 일시정지하여야 한다."라고 규정하고 있다. 그 입법 취지는 차를 운전하여 횡단보도를 지나는 운전자의 보행자에 대한 주의의무를 강화하여 횡단보도를 통행하는 보행자의 생명·신체의 안전을 두텁게 보호하려는 데에 있다. 교통사고처리 특례법 제3조 제2항 단서 제6호, 제4조 제1항 단서 제1호가 '도로교통법 제27조 제1항에 따른 횡단보도에서의 보행자 보호의무를 위반하여 운전한 경우'에는 교통사고처리 특례법 제3조 제2항 본문, 제4조 제1항 본문의 각 규정에 의한 처벌의 특례가 적용되지 않도록 규정한 취지도 마찬가지로 해석된다. 위 각 규정의 내용과 취지를 종합하면, <u>자동차의 운전자는 횡단보행자용 신호기의 지시에 따라 횡단보도를 횡단하는 보행자가 있을 때에는 횡단보도에의 진입 선후를 불문하고 일시정지하는 등의 조치를 취함으로써 보행자의 통행이 방해되지 않도록 하여야 하고, 다만 자동차가 횡단보도에 먼저 진입한 경우로서 그대로 진행하더라도 보행자의 횡단을 방해하지 않거나 통행에 위험을 초래하지 않을 상황이라면 그대로 진행할 수 있는 것으로 해석된다.</u> 이러한 법리는 그 보호의 정도를 달리 볼 이유가 없는 횡단보행자용 신호기가 설치되지 않은 횡단보도를 횡단하는 보행자에 대하여도 마찬가지로 적용된다고 보아야 한다. 따라서 <u>모든 차의 운전자는 보행자보다 먼저 횡단보행자용 신호기가 설치되지 않은 횡단보도에 진입한 경우에도, 보행자의 횡단을 방해하지 않거나 통행에 위험을 초래하지 않을 상황이 아니고서는, 차를 일시정지하는 등으로 보행자의 통행이 방해되지 않도록 할 의무가 있다</u>(대판 2020.12.24. 2020도8675).

(2) 보행자 보호의무위반을 긍정한 판례

〈손수레를 끌고 횡단보도를 건너는 사람은 '보행자'에 해당한다는 판례〉 손수레가 도로교통법 제2조 제13호에서 규정한 사람의 힘에 의하여 도로에서 운전되는 것으로서 '차'에 해당하고 이를 끌고 가는 행위를 차의 운전행위로 볼 수 있다 하더라도 <u>손수레를 끌고가는 사람이 횡단보도를 통행할 때에는 걸어서 횡단보도를 통행하는 일반인과 마찬가지로 보행자로서의 보호조치를 받아야 할 것이므로 손수레를 끌고 횡단보도를 건너는 사람은 교통사고처리특례법 제3조 제2항 제6호 및 도로교통법 제48조 제3호에서 규정한 '보행자'에 해당한다</u>고 해석함이 상당하다(대판 1990.10.16. 90도761). [COMMENT] 본 판례에서의 도로교통법 제48조 제3호는 현행 도로교통법 제27조 제1항과 유사하다.

〈녹색등화가 점멸하고 있는 동안에 횡단보도를 통행하는 모든 보행자는 횡단보도에서의 보행자보호의무의 대상이 된다는 판례〉 교통사고처리 특례법 제3조 제2항 제6호, 도로교통법 제5조 제1항, 제27조 제1항 및 도로교통법 시행규칙 제6조 제2항 [별표 2] 등의 규정들을 종합하면, 보행신호등의 녹색등화 점멸신호는 보행자가 준수하여야 할 횡단보도의 통행에 관한 신호일 뿐이어서, 보행신호등의 수범자가 아닌 차의 운전자가 부담하는 보행자보호의무의 존부에 관하여 어떠한 영향을 미칠 수 없다. 이에 더하여 보행자보호의무에 관한 법률규정의 입법 취지가 차를 운전하여 횡단보도를 지나는 운전자의 보행자에 대한 주의의무를 강화하여 횡단보도를 통행하는 보행자의 생명 · 신체의 안전을 두텁게 보호하려는 데 있는 것임을 감안하면, <u>보행신호등의 녹색등화의 점멸신호 전에 횡단을 시작하였는지 여부를 가리지 아니하고 보행신호등의 녹색등화가 점멸하고 있는 동안에 횡단보도를 통행하는 모든 보행자는 도로교통법 제27조 제1항에서 정한 횡단보도에서의 보행자보호의무의 대상이 된다</u>(대판 2009.5.14. 2007도9598). [판결이유 중 일부 인용] 이와 달리 원심은 피해자가 보행신호등의 녹색등화 점멸신호 중에 횡단보도를 횡단하기 시작한 경우에는 녹색등화의 점멸신호에 위반한 것이므로 횡단보도를 통행중인 보행자라고 볼 수 없다는 전제하에 녹색등화의 점멸신호 중에 횡단보도를 통행하던 피해자를 운전차량으로 충격하여 상해를 입힌 피고인에게 도로교통법 제27조 제1항 소정의 보행자보호의무를 위반한 잘못이 없고, 이 사건 교통사고가 교통사고처리 특례법 제3조 제2항 제6호 해당하지 않고 피해자가 피고인의 처벌을 원하지 않는다는 이유로 이 사건 공소를 기각하였는바, 이러한 원심의 판단에는 도로교통법 제27조 제1항에 관한 법리를 오해하여 판결에 영향을 미친 위법이 있다. 원심이 원용하는 대법원 2001. 10. 9. 선고 2001도2939 판결은 피해자가 보행신호등의 녹색등화가 점멸되고 있는 상태에서 횡단보도를 횡단하기 시작하였지만 횡단을 완료하기 전에 보행신호등이 적색등화로 변경된 후 차량신호등의 녹색등화에 따라서 직진하던 운전차량에 충격된 사안에 대한 것으로서 이 사건에 원용하기에 적절하지 아니하다.

〈횡단보도에 보행등이 설치되어 있지 않다고 하더라도 횡단보도표시가 되어 있는 이상 그 횡단보도는 도로교통법에서 말하는 횡단보도에 해당하므로 이를 횡단중인 보행자는 횡단보도를 통행 중인 보행자라는 판례〉 횡단보도에 보행자를 위한 보행등이 설치되어 있지 않다고 하더라도 횡단보도표시가 되어 있는 이상 그 횡단보도는 도로교통법에서 말하는 횡단보도에 해당하므로, 이러한 횡단보도를 진행하는 차량의 운전자가 도로교통법 제24조 제1항의 규정에 의한 횡단보도에서의 보행자보호의무를 위반하여 교통사고를 낸 경우에는 교통사고처리특례법 제3조 제2항 단서 제6호 소정의 횡단보도에서의 보행자보호의무 위반의 책임을 지게 되는 것이며, 비록 그 횡단보도가 교차로에 인접하여 설치되어 있고 그 교차로의 차량신호등이 차량진행신호였다고 하더라도 이러한 경우 그 차량신호등은 교차로를 진행할 수 있다는 것에 불과하지, 보행등이 설치되어 있지 아니한 횡단보도를 통행하는 보행자에 대한 보행자보호의무를 다하지 아니하여도 된다는 것을 의미하는 것은 아니므로 달리 볼 것은 아니다(대판 2003.10.23. 2003도3529). [COMMENT] 본 판례에서의 도로교통법 제24조 제1항은 현행 도로교통법 제27조 제1항과 유사하다.

〈자동차를 운전하다 횡단보도를 걷던 보행자 갑을 들이받아 그 충격으로 횡단보도 밖에서 갑과 동행하던 피해자 을이 밀려 넘어져 상해를 입었다면 횡단보도 보행자 보호의무의 위반행위에 해당한다고 한 판례〉 [1] 교통사고처리 특례법(이하 '특례법'이라고 한다) 제3조 제2항 단서 제6호, 제4조 제1항 단서 제1호는 '도로교통법 제27조 제1항의 규정에 의한 횡단보도에서의 보행자 보호의무를 위반하여 운전하는 행위로 인하여 업무상과실치상의 죄를 범한 때'를 특례법 제3조 제2항, 제4조 제1항 각 본문의 처벌 특례 조항이 적용되지 않는 경우로 규정하고, 도로교통법 제27조 제1항은 모든 차의 운전자는 "보행자가 횡단보도를 통행하고 있는 때에는 그 횡단보도 앞에서 일시 정지하여 보행자의 횡단을 방해하거나 위험을 주어서는 아니된다."라고 규정하고 있다. 따라서 차의 운전자가 도로교통법 제27조 제1항에 따른 횡단보도에서의 보행자에 대한 보호의무를 위반하고 이로 인하여 상해의 결과가 발생하면 그 운전자의 행위는 특례법 제3조 제2항 단서 제6호에 해당하게 되는데, 이때 횡단보도 보행자에 대한 운전자의 업무상 주의의무 위반행위와 상해의 결과 사이에 직접적인 원인관계가 존재하는 한 위 상해가 횡단보도 보행자 아닌 제3자에게 발생한 경우라도 위 단서 제6호에 해당하는 데에는 지장이 없다. [2] 피고인이 자동차를 운전하다 횡단보도를 걷던 보행자 갑을 들이받아 그 충격으로 횡단보도 밖에서 갑과 동행하던 피해자 을이 밀려 넘어져 상해를 입은 사안에서, 위 사고는, 피고인이 횡단보도 보행자 갑에 대하여 구 도로교통법(2009. 12. 29. 법률 제9845호로 개정되기 전의 것) 제27조 제1항에 따른 주의의무를 위반하여 운전한 업무상 과실로 야기되었고, 을의 상해는 이를 직접적인 원인으로 하여 발생하였다는 이유로, 피고인의 행위가 구 교통사고처리 특례법(2010. 1. 25. 법률 제9941호로 개정되기 전의 것) 제3조 제2항 단서 제6호에서 정한 횡단보도 보행자 보호의무의 위반행위에 해당한다고 한 사례(대판 2011.4.28. 2009도 12671).

(3) 보행자 보호의무위반을 부정한 판례

〈횡단보도에 엎드려 있던 사람은 보행자가 아니라는 판례〉 도로교통법 제48조 제3호의 보행자가 횡단보도를 통행하고 있는 때라고 함은 사람이 횡단보도에 있는 모든 경우를 의미하는 것이 아니라 도로를 횡단할 의사로 횡단보도를 통행하고 있는 경우에 한한다 할 것이므로 피해자가 사고 당시 횡단보도상에 엎드려 있었다면 횡단보도를 통행하고 있었다고 할 수 없음이 명백하여 그러한 피해자에 대한 관계에 있어서는 횡단보도상의 보행자 보호의무가 있다고 할 수 없다(대판 1993.8.13. 93도1118). [COMMENT] 본 판례에서의 도로교통법 제48조 제3호는 현행 도로교통법 제27조 제1항과 유사하다.

〈도로중앙선 부분에서 멈춰있던 사람은 보행자가 아니라는 판례〉 피해자가 신호기의 보행신호에 따라 횡단보도를 통행하던 중 보행정지 및 차량진행 신호로 바뀌자 도로중앙선 부분에서 횡단보도 통행을 중단하고 차량의 통과를 기다리며 멈춰 서있던 상황이라면 위 피해자를 횡단보도를 통행중인 보행자라고 보기는 어렵다고 할 것이므로 차량정지신호가 진행신호로 바뀌는 것을 보고 운행하던 피고인 운전차량이 위 피해자를 충돌하였다 하더라도 사고발생 방지에 관한 업무상 주의의무 위반의 과실이 있음은 별론으로 하고 피고인에게 도로교통법 제44조 제3호 소정의 보행자 보호의무를 위반한 잘못이 있다고는 할 수 없다(대판 1983.12.13. 83도2676). [COMMENT] 본 판례에서의 도로교통법 제44조 제3호는 현행 도로교통법 제27조 제1항과 유사하다.

〈피해자가 보행신호등의 녹색등화가 점멸되고 있는 상태에서 횡단보도를 횡단하기 시작하여 횡단을 완료하기 전에 보행신호등이 적색등화로 변경되었다면 횡단보도를 통행중인 보행자라고 보기 어렵다는 판례〉 도로를 통행하는 보행자나 차마는 신호기 또는 안전표지가 표시하는 신호 또는 지시 등을 따라야 하는 것이고(도로교통법 제5조), '보행등의 녹색등화의 점멸신호'의 뜻은, 보행자는 횡단을 시작하여서는 아니되고 횡단하고 있는 보행자는 신속하게 횡단을 완료하거나 그 횡단을 중지하고 보도로 되돌아와야 한다는 것인바(도로교통법시행규칙 제5조 제2항 [별표 3]), 피해자가 보행신호등의 녹색등화가 점멸되고 있는 상태에서 횡단보도를 횡단하기 시작하여 횡단을 완료하기 전에 보행신호등이 적색등화로 변경된 후 차량신호등의 녹색등화에 따라서 직진하던 피고인 운전차량에 충격된 경우에, 피해자는 신호기가 설치된 횡단보도에서 녹색등화의 점멸신호에 위반하여 횡단보도를 통행하고 있었던 것이어서 횡단보도를 통행중인 보행자라고 보기는 어렵다고 할 것이므로, 피고인에게 운전자로서 사고발생방지에 관한 업무상 주의의무위반의 과실이 있음은 별론으로 하고 도로교통법 제24조 제1항 소정의 보행자보호의무를 위반한 잘못이 있다고는 할 수 없다(대판 2001.10.9. 2001도2939). [COMMENT] 본 판례에서의 도로교통법 제24조 제1항은 현행 도로교통법 제27조 제1항과 유사하다.

V. 무면허운전의 예외

1. 관련 조문

제3조 제2항 단서 제7호

7. 도로교통법 제43조, 건설기계관리법 제26조 또는 도로교통법 제96조를 위반하여 운전면허 또는 건설기계조종사면허를 받지 아니하거나 국제운전면허증을 소지하지 아니하고 운전한 경우. 이 경우 운전면허 또는 건설기계조종사면허의 효력이 정지 중이거나 운전의 금지 중인 때에는 운전면허 또는 건설기계조종사면허를 받지 아니하거나 국제운전면허증을 소지하지 아니한 것으로 본다.

〈참조 조문〉
도로교통법 제43조 (무면허운전 등의 금지)
누구든지 제80조에 따라 시·도경찰청장으로부터 운전면허를 받지 아니하거나 운전면허의 효력이 정지된 경우에는 자동차등을 운전하여서는 아니 된다. 〈개정 2020.6.9, 2020.12.22, 2021.1.12〉

2. 주요 내용

(1) 대상차량

본호는 도로교통법상의 무면허운전을 전제로 하므로 '자동차등'(일부 건설기계 포함)으로 제한된다.

(2) 대상 사고장소

1) 도로에서의 교통사고 : 본호의 사고장소의 범위는 도로교통법상의 무면허운전죄와 그 범위가 같으므로 도로에 한한다. 따라서 도로에서의 무면허운전으로 교통사고가 발생한 경우에는 무면허운전죄가 성립하고, 교통사고에 대하여는 제3조 제2항 단서의 예외에 해당하여 반의사불벌의 원칙이 적용되지 않는다.

2) 도로이외의 장소에서의 교통사고 : 도로이외의 장소에서 무면허운전으로 교통사고가 발생한 경우에는 무면허운전죄가 성립하지 않고, 본호의 장소적 적용범위는 도로에서의 교통사고의 경우에만 적용되므로 도로이외의 장소에서의 교통사고는 본호가 적용되지 않아 반의사불벌의 원칙이 그대로 적용된다.

3. 관련 판례

〈도로가 아닌 연탄제조공장내 작업장에서 발생한 교통사고도 교특법의 대상이 되지만, 무면허운전죄는 아니라는 판례〉 [1] 교통사고처리특례법 제1조, 제2조 제2호에 비추어 볼 때 동법상의 교통사고를 도로교통법이 정하는 도로에서의 교통사고의 경우로 제한하여 새겨야 할 아무런 근거가 없으므로 연탄제조공장내의 한 작업장에서 발생한 교통사고행위에 대하여 교통사고처리특례법이 아닌 형법상의 업무상과실치사상죄로 처단할 수는 없다. [2] 도로교통법 제1조, 제2조 제1호 및 제19호와 동법의 입법취지에 비추어 보면 같은 법 제109조 제1호의 "면허없이 자동차를 운전하는 행위"의 처벌규정은 같은법 제2조제1호에서 말하는 도로에서 면허없이 운전하는 때에 한하여 적용된다고 해석된다(대판 1988.5.24. 88도255).

〈운전면허 취소사실을 알지 못하고 사다리차를 운전하던 중, 전방주시의무를 위반한 과실로 교통사고를 일으켜 피해차량 탑승자들에게 상해를 입힌 사건〉 도로교통법 위반(무면허운전)죄는 도로교통법 제43조를 위반하여 운전면허를 받지 아니하고 자동차를 운전하는 경우에 성립하는 범죄로, 유효한 운전면허가 없음을 알면서도 자동차를 운전하는 경우에만 성립하는 고의범이다. 교통사고처리 특례법 제3조 제2항 단서 제7호는 도로교통법 위반(무면허운전)죄와 동일하게 도로교통법 제43조를 위반하여 운전면허를 받지 아니하고 자동차를 운전하는 행위를 대상으로 교통사고 처벌 특례를 적용하지 않도록 하고 있다. 따라서 위 단서 제7호에서 말하는 '도로교통법 제43조를 위반'한 행위는 도로교통법 위반(무면허운전)죄와 마찬가지로 유효한 운전면허가 없음을 알면서도 자동차를 운전하는 경우만을 의미한다고 보아야 한다(대판 2023.6.29. 2021도17733).

VI. 보도침범의 예외

1. 관련 조문

> **제3조 제2항 단서 제9호**
> 9. 도로교통법 제13조제1항을 위반하여 보도가 설치된 도로의 보도를 침범하거나 같은 법 제13조제2항에 따른 보도 횡단방법을 위반하여 운전한 경우
> 〈참조 조문〉
> **도로교통법 제13조 (차마의 통행)**
> ① 차마의 운전자는 보도와 차도가 구분된 도로에서는 차도로 통행하여야 한다. 다만, 도로 외의 곳으로 출입할 때에는 보도를 횡단하여 통행할 수 있다.
> ② 제1항 단서의 경우 차마의 운전자는 보도를 횡단하기 직전에 일시정지하여 좌측과 우측 부분 등을 살핀 후 보행자의 통행을 방해하지 아니하도록 횡단하여야 한다.

2. 주요 내용

(1) 보 도

보도란 차와 사람의 통행을 분리시켜 보행자의 안전을 확보하고자 설치된 도로의 일부분을 말하며, 차도에 대응하는 개념이다. 도로교통법상 보도란 연석선, 안전표지나 그와 비슷한 인공구조물로 경계를 표시하여 보행자(유모차와 안전행정부령으로 정하는 보행보조용 의자차를 포함한다. 이하 같다)가 통행할 수 있도록 한 도로의 부분을 말한다(제2조 10호).

(2) 보도침범 또는 횡단방법위반 교통사고

1) 보도침범 또는 횡단방법위반 교통사고 : 본호의 교통사고는 ① 보도에 침범하여 야기된 교통사고와 ② 보도를 횡단하기 전에 일시정지하여 보행자의 통행을 방해하지 아니할 의무를 위반하여 야기된 교통사고를 의미한다.

2) 사고장소와 보행자의 범위 : 사고장소는 보도안이어야 하며, 사고피해자는 보행자이어야 한다. 따라서 원동기장치자전거 또는 자전거를 타고 가는 자는 보행자에 포함되지 않는다.

3. 관련 판례

〈중앙선 및 보도 침범으로 인한 사고는 부득이한 사유로 인한 것이 아니어야 한다는 판례〉
[1] 구 교통사고처리특례법(1995. 1. 5. 법률 제4872호로 개정되기 전의 것) 제3조 제2항 단서 제2호 전단 소정의 '도로교통법 제13조 제2항의 규정에 위반하여 차선이 설치된 도로의 중앙선을 침범하였을 때'라 함은 교통사고의 발생지점이 중앙선을 넘어선 모든 경우를 가리키는 것이 아니라 부득이한 사유가 없이 중앙선을 침범하여 교통사고를 발생케 한 경우를 뜻하며, 여기서 '부득이한 사유'라 함은 진행차로에 나타난 장애물을 피하기 위하여 다른 적절한 조치를 취할 겨를이 없었다거나 자기 차로를 지켜 운행하려고 하였으나 운전자가 지배할 수 없는 외부적 여건으로 말미암아 어쩔 수 없이 중앙선을 침범하게 되었다는 등 중앙선 침범 자체에는 운전자를 비난할 수 없는 객관적 사정이 있는 경우를 말하는 것이고, 이와 같은 법리는 같은 법 제3조 제2항 단서 제9호 소정의 보도 침범의 경우에도 그대로 적용된다. [2] 중앙선 및 보도 침범이 운전자가 지배할 수 없는 외부적 여건으로 말미암아 어쩔 수 없었던 것이라고 볼 수 없다는 이유로 원심판결을 파기한 사례(대판 1997.5.23. 95도1232).

Ⅶ. 승객추락방지의무위반 예외

1. 관련 조문

> **제3조 제2항 단서 제10호**
>   10. 도로교통법 제39조제3항에 따른 승객의 추락 방지의무를 위반하여 운전한 경우
>
> 〈참조 조문〉
> **도로교통법 제39조 (승차 또는 적재의 방법과 제한)**
> ③ 모든 차 또는 노면전차의 운전자는 운전 중 타고 있는 사람 또는 타고 내리는 사람이 떨어지지 아니하도록 하기 위하여 문을 정확히 여닫는 등 필요한 조치를 하여야 한다. 〈개정 2014.12.30, 2018.3.27〉

2. 주요 내용

(1) 승 객

승객이란 운전 중 타고 있는 사람 또는 타고 내리는 사람을 말한다. 따라서 승객이었던 자라도 일단 차에서 내려 도로상에 발을 딛고 선 뒤에는 승객에 해당하지 않는다. 그리고 화물차 적재함에서 작업하던 자도 승객에 포함되지 않는다(판례).

(2) 추락방지 의무

본호의 의무 내용은 승객이 떨어지지 아니하도록 즉 추락하지 아니하게 할 의무를 말한다. 따라서 승객이 차내에서 넘어진 경우에는 이에 해당하지 않는다.

(3) 문을 여닫는 등 필요한 조치

본호의 필요한 조치는 문을 정확히 여닫는 등 필요한 조치를 말한다. 따라서 논의의 여지는 있지만, 문의 개념이 없는 원동기장치자전거나 자전거 등은 본호에 해당하지 않는다.

3. 관련 판례

〈승객이 도로상에 발을 딛고 선 뒤에 일어난 사고는 승객의 추락방지의무를 위반하여 운전함으로써 일어난 사고에 해당하지 아니한다는 판례〉 교통사고처리특례법 제3조 제2항 단서 제10호에서 말하는 '도로교통법 제35조 제2항의 규정에 의한 승객의 추락방지의무를 위반하여 운전한 경우'라 함은 도로교통법 제35조 제2항에서 규정하고 있는 대로 '차의 운전자가 타고 있는 사람 또는 타고 내리는 사람이 떨어지지 아니하도록 하기 위하여 필요한 조치를 하여야 할 의무'를 위반하여 운전한 경우를 말하는 것이 분명하고, 차의 운전자가 문을 여닫는 과정에서 발생한 일체의 주의의무를 위반한 경우를 의미하는 것은

아니므로, 승객이 차에서 내려 도로상에 발을 딛고 선 뒤에 일어난 사고는 승객의 추락방지의무를 위반하여 운전함으로써 일어난 사고에 해당하지 아니한다(대판 1997.6.13. 96도3266).

〈화물차 적재함에서 작업하던 피해자가 차에서 내린 것을 확인하지 않은 채 출발함으로써 피해자가 추락하여 상해를 입게 된 사고는 승객의 추락방지의무를 위반하여 운전함으로써 일어난 사고에 해당하지 아니한다는 판례〉[1] 교통사고처리특례법 제3조 제2항 단서 제10호는 "도로교통법 제35조 제2항의 규정에 의한 승객의 추락방지의무를 위반하여 운전한 경우"라고 규정함으로써 그 대상을 "승객"이라고 명시하고 있고, 도로교통법 제35조 제2항 역시 "모든 차의 운전자는 '운전중' 타고 있는 사람 또는 타고 내리는 사람이 떨어지지 아니하도록 하기 위하여 문을 정확히 여닫는 등 필요한 조치를 취하여야 한다."고 규정하고 있는 점에 비추어 보면, 위 특례법 제3조 제2항 단서 제10호 소정의 의무는 그것이 주된 것이든 부수적인 것이든 사람의 운송에 공하는 차의 운전자가 그 승객에 대하여 부담하는 의무라고 보는 것이 상당하다. [2] 화물차 적재함에서 작업하던 피해자가 차에서 내린 것을 확인하지 않은 채 출발함으로써 피해자가 추락하여 상해를 입게 된 경우, 교통사고처리특례법 제3조 제2항 단서 제10호 소정의 의무를 위반하여 운전한 경우에 해당하지 않는다고 한 사례(대판 2000.2.22. 99도3716).

VIII. 어린이 보호의무위반 예외

1. 관련 조문

제3조 제2항 단서 제11호

11. 도로교통법 제12조제3항에 따른 어린이 보호구역에서 같은 조 제1항에 따른 조치를 준수하고 어린이의 안전에 유의하면서 운전하여야 할 의무를 위반하여 어린이의 신체를 상해에 이르게 한 경우

〈참조 조문〉

도로교통법 제12조 (어린이 보호구역의 지정 및 관리)

① 시장등은 교통사고의 위험으로부터 어린이를 보호하기 위하여 필요하다고 인정하는 경우에는 다음 각 호의 어느 하나에 해당하는 시설의 주변도로 가운데 일정 구간을 어린이 보호구역으로 지정하여 자동차등과 노면전차의 통행속도를 시속 30킬로미터 이내로 제한할 수 있다. 〈개정 2013.3.23, 2014.1.28, 2014.11.19, 2015.7.24, 2017.7.26, 2018.3.27, 2021.10.19〉

1. 「유아교육법」 제2조에 따른 유치원, 「초·중등교육법」 제38조 및 제55조에 따른 초등학교 또는 특수학교
2. 「영유아보육법」 제10조에 따른 어린이집 가운데 행정안전부령으로 정하는 어린이집
3. 「학원의 설립·운영 및 과외교습에 관한 법률」 제2조에 따른 학원 가운데 행정안전부령으로 정하는 학원
4. 「초·중등교육법」 제60조의2 또는 제60조의3에 따른 외국인학교 또는 대안학교, 「제주특별자치도 설치 및 국제자유도시 조성을 위한 특별법」 제223조에 따른 국제학교 및 「경제자유구역 및 제주국제자유도시의 외국교육기관 설립·운영에 관한 특별법」 제2조제2호에 따른 외국교육기관 중 유치원·초등학교 교과과정이 있는 학교
5. 그 밖에 어린이가 자주 왕래하는 곳으로서 조례로 정하는 시설 또는 장소

② 제1항에 따른 어린이 보호구역의 지정절차 및 기준 등에 관하여 필요한 사항은 교육부, 행정안전부 및 국토교통부의 공동부령으로 정한다. 〈개정 2013.3.23, 2014.11.19, 2017.7.26〉

③ 차마 또는 노면전차의 운전자는 어린이 보호구역에서 제1항에 따른 조치를 준수하고 어린이의 안전에 유의하면서 운행하여야 한다. 〈개정 2018.3.27〉

2. 주요 내용

(1) 어린이

어린이는 도로교통법 제2조 제23호에 의하면 13세 미만의 사람을 말한다. 따라서 어린이보호구역에서 어른을 상해한 경우에는 본 호에 해당하지 않는다.

(2) 공휴일 또는 방학의 경우 포함

어린이 보호구역 사고라면 공휴일 또는 방학 등을 불문한다.

IX. 화물 낙하방지의무위반 예외

1. 관련 조문

> 제3조 제2항 단서 제12호
>
> 　12. 도로교통법 제39조제4항을 위반하여 자동차의 화물이 떨어지지 아니하도록 필요
> 　　　한 조치를 하지 아니하고 운전한 경우
>
> 〈참조 조문〉
> 도로교통법 제39조 (승차 또는 적재의 방법과 제한)
> ④ 모든 차의 운전자는 운전 중 실은 화물이 떨어지지 아니하도록 덮개를 씌우거나 묶는
> 등 확실하게 고정될 수 있도록 필요한 조치를 하여야 한다.

2. 주요 내용

2016. 12. 02.에 추가된 내용으로 자동차의 화물이 떨어지지 아니하도록 필요한 조치를 하지 아니하고 운전하여 업무상과실치상죄 또는 중과실치상죄를 범한 경우에는 피해자의 의사에 상관없이 공소를 제기할 수 있도록 하여 가해자에 대한 처벌을 강화하고 있다.

X. 죄수 및 타죄와의 관계

〈교특법 제3조 제2항 단서의 각 호에서 규정한 예외 사유가 경합해도 하나의 교특법위반죄만 성립한다는 판례〉 교통사고로 인하여 업무상과실치상죄 또는 중과실치상죄를 범한 운전자에 대하여 피해자의 명시한 의사에 반하여 공소를 제기할 수 있는 교통사고처리특례법 제3조 제2항 단서 각 호의 사유는 같은 법 제3조 제1항 위반죄의 구성요건 요소가 아니라 그 공소제기의 조건에 관한 사유이다. 따라서 위 단서 각 호의 사유가 경합한다 하더라도 하나의 교통사고처리특례법 위반죄가 성립할 뿐, 그 각 호마다 별개의 죄가 성립하는 것은 아니다(대판 2008.12.11. 2008도9182).

〈위험운전치사상죄가 성립하면 교통사고처리특례법위반죄는 이에 흡수된다는 판례〉음주로 인한 특정범죄가중처벌 등에 관한 법률 위반(위험운전치사상)죄는 그 입법 취지와 문언에 비추어 볼 때, 주취상태의 자동차 운전으로 인한 교통사고가 빈발하고 그로 인한 피해자의 생명·신체에 대한 피해가 중대할 뿐만 아니라, 사고발생 전 상태로의 회복이 불가능하거나 쉽지 않은 점 등의 사정을 고려하여, 형법 제268조에서 규정하고 있는 업무상과실치사상죄의 특례를 규정하여 가중처벌함으로써 피해자의 생명·신체의 안전이라는 개인적 법익을 보호하기 위한 것이다. 따라서 그 죄가 성립하는 때에는 차의 운전자가 형법 제268조의 죄를 범한 것을 내용으로 하는 교통사고처리특례법 위반죄는 그 죄에 흡수되어 별죄를 구성하지 아니한다(대판 2008.12.11. 2008도9182).

〈교통사고처리특례법 제3조 제2항 단서에서 규정한 예외사유에 해당하는 범죄행위와 같은 법 제3조 제1항 위반죄는 별개의 범죄행위라는 판례〉[1] 도로교통법(2005. 5. 31. 법률 제7545호로 전문 개정되기 전의 것) 제119조 제3항에 의하면, 범칙금 납부 통고를 받고 범칙금을 납부한 사람은 그 범칙행위에 대하여 다시 벌받지 아니한다고 규정하고 있는바, 범칙금의 통고 및 납부 등에 관한 같은 법의 규정들의 내용과 취지에 비추어 볼 때 범칙자가 경찰서장으로부터 범칙행위를 하였음을 이유로 범칙금 통고를 받고 그 범칙금을 납부한 경우 다시 벌받지 아니하게 되는 행위는 범칙금 통고의 이유에 기재된 당해 범칙행위 자체 및 그 범칙행위와 동일성이 인정되는 범칙행위에 한정된다고 해석함이 상당하므로, 범칙행위와 같은 때, 같은 곳에서 이루어진 행위라 하더라도 범칙행위와 별개의 형사범죄행위에 대하여는 범칙금의 납부로 인한 불처벌의 효력이 미치지 아니한다. [2] 교통사고로 인하여 업무상과실치상죄 또는 중과실치상죄를 범한 운전자에 대하여 피해자의 명시한 의사에 반하여 공소를 제기할 수 있도록 하고 있는 교통사고처리특례법 제3조 제2항 단서의 각 호에서 규정한 신호위반 등의 예외사유는 같은 법 제3조 제1항 위반죄의 구성요건 요소가 아니라 그 공소제기의 조건에 관한 사유이다. [3] 교통사고처리특례법 제3조 제2항 단서 각 호에서 규정한 예외사유에 해당하는 신호위반 등의 범칙행위와 같은 법 제3조 제1항 위반죄는 그 행위의 성격 및 내용이나 죄질, 피해법익 등에 현저한 차이가 있어 동일성이 인정되지 않는 별개의 범죄행위라고 보아야 할 것이므로, 교통사고처리특례법 제3조 제2항 단서 각 호의 예외사유에 해당하는 신호위반 등의 범칙행위로 교통사고를 일으킨 사람이 통고처분을 받아 범칙금을 납부하였다고 하더라도, 업무상과실치상죄 또는 중과실치상죄에 대하여 같은 법 제3조 제1항 위반죄로 처벌하는 것이 도로교통법 제119조 제3항에서 금지하는 이중처벌에 해당한다고 볼 수 없다(대판 2007.4.12. 2006도4322).

제3절 | 제4조에 의한 특례

1. 관련 조문

> ### 제4조 (보험 등에 가입된 경우의 특례)
> ① 교통사고를 일으킨 차가 보험업법 제4조, 제126조, 제127조 및 제128조, 여객자동차 운수사업법 제60조, 제61조 또는 화물자동차 운수사업법 제51조에 따른 보험 또는 공제에 가입된 경우에는 제3조제2항 본문에 규정된 죄[21]를 범한 차의 운전자에 대하여 공소를 제기할 수 없다. 다만, 다음 각 호의 어느 하나에 해당하는 경우에는 그러하지 아니하다.
> 　1. 제3조제2항 단서에 해당하는 경우
> 　2. 피해자가 신체의 상해로 인하여 생명에 대한 위험이 발생하거나 불구가 되거나 불치 또는 난치의 질병이 생긴 경우
> 　3. 보험계약 또는 공제계약이 무효로 되거나 해지되거나 계약상의 면책 규정 등으로 인하여 보험회사, 공제조합 또는 공제사업자의 보험금 또는 공제금 지급의무가 없어진 경우
> ② 제1항에서 "보험 또는 공제"란 교통사고의 경우 보험업법에 따른 보험회사나 여객자동차 운수사업법 또는 화물자동차 운수사업법에 따른 공제조합 또는 공제사업자가 인가된 보험약관 또는 승인된 공제약관에 따라 피보험자와 피해자 간 또는 공제조합원과 피해자 간의 손해배상에 관한 합의 여부와 상관없이 피보험자나 공제조합원을 갈음하여 피해자의 치료비에 관하여는 통상비용의 전액을, 그 밖의 손해에 관하여는 보험약관이나 공제약관으로 정한 지급기준금액을 대통령령으로 정하는 바에 따라 우선 지급하되, 종국적으로는 확정판결이나 그 밖에 이에 준하는 집행권원상 피보험자 또는 공제조합원의 교통사고로 인한 손해배상금 전액을 보상하는 보험 또는 공제를 말한다.
> ③ 제1항의 보험 또는 공제에 가입된 사실은 보험회사, 공제조합 또는 공제사업자가 제2항의 취지를 적은 서면에 의하여 증명되어야 한다.

2. 주요 내용

(1) 처벌불원의사의 의제와 예외

1) 원칙 : 교특법 제4조 제1항은 운전자가 교특법 제3조 제1항 위반죄(업무상 또는 중과실치상죄)와 도로교통법 제151조 위반죄(업무상 또는 중과실 재물손괴죄)를 범한 경우에 보험 또는 공제에 가입한 경우에는 처벌불원의 의사가 있는 것으로 의제하여 공소를 제기할 수 없도록 하고 있다. 따라서 가해차량이 이러한 사유가 있음에도 공소제기가 이루어진 경우에는 법원은 제327조 제2호에 따라 공소기각의 판결을 하여야 한다.

---

21) 업무상 또는 중과실치상죄 그리고 업무상 또는 중과실손괴죄를 말한다.

2) 예외 : ① 교특법 제3조 제1항 위반죄 중에서 <u>치사의 결과가 발생한 경우</u>에는 적용이 없으며 ② 교특법 제3조 제2항의 단서에 해당되는 경우에도 적용이 없으며 ③ 치사가 아니더라도 피해자가 신체의 상해로 인하여 생명에 대한 위험이 발생하거나 불구가 되거나 불치 또는 난치의 질병이 생긴 경우에도 적용이 없으며²²⁾ ④ 보험계약 또는 공제계약이 무효로 되거나 해지되거나 계약상의 면책 규정 등으로 인하여 보험회사, 공제조합 또는 공제사업자의 <u>보험금 또는 공제금 지급의무가 없어진</u> 경우에는 적용되지 아니한다.

(2) 종합보험(공제)의 가입

1) 보험 또는 공제 : 종국적으로는 확정판결이나 그 밖에 이에 준하는 집행권원상 피보험자 또는 공제조합원의 교통사고로 인한 손해배상금 전액을 보상하는 보험 또는 공제를 말한다.

2) 가입사실의 증명 : 이러한 보험 또는 공제의 증명은 <u>종합보험가입사실증명서, 공제가입사실증명서</u> 등의 서면에 의하여 증명되어야 한다. 따라서 보험료영수증(납입증명서)은 보험계약을 통하여 특정약관의 보험에 가입된 사실을 증명하는 보험가입사실증명서와 그 성질을 달리하므로 이에 해당하지 않는다(판례).

3. 관련 판례

〈교통사고처리 특례법 제4조 제1항 본문은 차의 운전자에 대한 공소제기의 조건을 정한 것이라는 판례〉 교통사고처리 특례법(이하 '특례법'이라 한다) 제1조는 업무상과실 또는 중대한 과실로 교통사고를 일으킨 운전자에 관한 형사처벌 등의 특례를 정함으로써 교통사고로 인한 피해의 신속한 회복을 촉진하고 국민생활의 편익을 증진함을 목적으로 한다고 규정하고 있고, 제4조 제1항 본문은 차의 교통으로 업무상과실치상죄 등을 범하였을 때 교통사고를 일으킨 차가 특례법 제4조 제1항에서 정한 보험 또는 공제에 가입된 경우에는 그 차의 운전자에 대하여 공소를 제기할 수 없다고 규정하고 있다. 따라서 <u>특례법 제4조 제1항 본문은 차의 운전자에 대한 공소제기의 조건을 정한 것이다</u>(대판 2017.5.31. 2016도21034).

〈한정운전 특약 대상이 아닌 사람은 교통사고처리특례법 제4조 제1항에 정하여진 '당해 차의 운전자'에 해당하지 아니한다는 판례〉 교통사고처리특례법 제4조 제1항은 교통사고를 일으킨 차가 보험업법 제4조 및 제126조 내지 제128조, 육운진흥법 제8조 또는 화물자동차운수사업법 제36조의 규정에 의하여 보험 또는 공제에 가입된 경우에는 제3조 제2항 본문에 규정된 죄를 범한 당해 차의 운전자에 대하여 공소를 제기할 수 없다고 규정하고, 제3항은 제1항의 보험 또는 공제에 가입된 사실은 보험사업자 또는 공제사업자가 제2항의 취지를 기재한 서면에 의하여 증명되어야 한다고 규정하고 있는바, <u>이와 같은 규정의 내용에 비추어 보면, 26세 이상 가족운전자 한정운전 특약이 붙은 자동차종합보험</u>

---

22) 이 요건은 형법 제258조의 중상해의 요건과 동일하다.

에 가입된 피보험자동차의 경우에 같은 법 제4조 제1항에 정하여진 '당해 차의 운전자'라고 함은 보험증권에 기재된 피보험자와 그 가족인 26세 이상인 사람으로서 그들의 배상책임을 보험의 대상으로 하는 경우를 말하고, 피보험자의 명시적이거나 묵시적인 의사에 기하지 아니한 채 26세 미만의 가족이나 제3자가 피보험자동차를 운전한 때에는 26세 이상 한정운전 특별약관에 정하여진 '피보험자동차를 도난당하였을 경우'에 해당하여 보험회사가 보험금을 지급할 책임을 부담한다고 하더라도 이는 기명피보험자의 배상책임을 보험의 대상으로 하여 피해자와 피보험자를 보호함으로써 보험제도의 실효성을 거두기 위한 것에 불과할 뿐, 당해 운전자의 피해자에 대한 배상책임을 보험의 대상으로 하는 것은 아니므로 그와 같은 운전자는 교통사고처리특례법 제4조 제1항에 정하여진 '당해 차의 운전자'에 해당하지 아니한다고 해석함이 상당하다(대판 2004.7.9. 2004도2551).

〈'일상생활 중 우연한 사고로 타인의 신체장애 및 재물 손해에 대해 부담하는 법률상 배상책임액을 1억 원 한도 내에서 전액 배상'하는 내용의 종합보험은 교특법 제4조의 보험 또는 공제가 아니라는 판례〉 [1] 교통사고처리 특례법(이하 '특례법'이라고 한다)의 목적 및 취지와 아울러 특례법 제4조 제2항에서 제1항의 '보험 또는 공제'의 정의에 관하여 '보험업법에 따른 보험회사나 여객자동차 운수사업법 또는 화물자동차 운수사업법에 따른 공제조합 또는 공제사업자가 인가된 보험약관 또는 승인된 공제약관에 따라 피보험자와 피해자 간 또는 공제조합원과 피해자 간의 손해배상에 관한 합의 여부와 상관없이 피보험자나 공제조합원을 갈음하여 피해자의 치료비에 관하여는 통상비용의 전액을, 그 밖의 손해에 관하여는 보험약관이나 공제약관으로 정한 지급기준금액을 대통령령으로 정하는 바에 따라 우선 지급하되, 종국적으로는 확정판결이나 그 밖에 이에 준하는 집행권원상 피보험자 또는 공제조합원의 교통사고로 인한 손해배상금 전액을 보상하는 보험 또는 공제'라고 명시하고 있음에 비추어 볼 때, 위 특례법상 형사처벌 등 특례의 적용대상이 되는 '보험 또는 공제에 가입된 경우'란 '교통사고를 일으킨 차'가 위 보험 등에 가입되거나 '그 차의 운전자'가 차의 운행과 관련한 보험 등에 가입한 경우에 그 가입한 보험에 의하여 특례법 제4조 제2항에서 정하고 있는 교통사고 손해배상금 전액의 신속·확실한 보상의 권리가 피해자에게 주어지는 경우를 가리킨다. [2] 피고인이 자전거를 운전하고 가다가 전방 주시를 게을리한 과실로 피해자 갑을 들이받아 상해를 입게 하여 교통사고처리 특례법(이하 '특례법'이라고 한다) 위반으로 기소되었는데, 자전거는 보험에 가입되지 않았으나 피고인이 별도로 '일상생활 중 우연한 사고로 타인의 신체장애 및 재물 손해에 대해 부담하는 법률상 배상책임액을 1억 원 한도 내에서 전액 배상'하는 내용의 종합보험에 가입한 사안에서, 피고인이 가입한 보험은 보상한도금액이 1억 원에 불과하여 1억 원을 초과하는 손해가 발생한 경우 갑은 위 보험에 의하여 보상을 받을 수 없으므로, 이러한 형태의 보험은 피보험자의 교통사고로 인한 손해배상금의 전액보상을 요건으로 하는 특례법 제4조 제1항, 제2항에서 의미하는 보험 등에 해당한다고 볼 수 없는데도, 피고인과 갑의 합의금 등 손해액을 위 보험에 기하여 지급하였다는 이유만으로 공소를 기각한 원심판결에 특례법 제4조 제1항, 제2항의 '보험' 등에 관한 법리를 오해한 잘못이 있다고 한 사례(대판 2012.10.25. 2011도6273).

〈'다른 자동차 운전담보 특별약관' 형태의 보험은 교특법 제4조 제1항에서 말하는 보험 등에 해당하지 않는다는 판례〉 [1] 교통사고처리 특례법 제4조 제2항 규정과 그 입법 목적 및 취지에 비추어, 같은 법 제4조 제1항에 정한 형사처벌 등 특례의 적용대상이 되는 '보험 또는 공제에 가입된 경우'에는, '교통사고를 일으킨 차'가 위 보험 등에 가입된 경우는 물론 '그 차의 운전자'가 차의 운행과 관련한 보험 등에 가입한 경우에도 그 보험에 의하여 같은 법 제4조 제2항에서 정하고 있는 교통사고 손해배상금 전액의 신속·확실한 보상의 권리가 피해자에게 주어진다면 이에 포함된다. [2] 피고인이 무보험 차량을 운전하다가 업무상 과실로 사고를 내자 별도의 차량을 피보험차량으로 한 자동차보험에 들면서 가입해 두었던 '다른 자동차 운전담보 특별약관'에 따라 피해자에게 피해액을 배상한 사안에서, 위 특별약관 형태의 보험은 피보험자의 교통사고로 인한 손해배상금의 전액 보상을 요건으로 하는 교통사고처리 특례법 제4조 제1항에서 의미하는 보험 등에 해당하지 않는다고 한 사례(대판 2008.6.12. 2008도2092).

〈보험료영수증은 교특법 제4조 제3항의 보험에 가입된 사실을 증명하는 서면이라고 인정할 수 없다는 판례〉 보험료지급사실을 증명하는 보험료영수증(납입증명서)은 보험계약을 통하여 특정약관의 보험에 가입된 사실을 증명하는 보험가입사실증명서와 그 성질을 달리할 뿐만 아니라 그 내용에 있어서도 교통사고처리특례법 제4조 제2항 소정의 취지가 기재되어 있지 않으므로 위 영수증만으로는 교통사고로 인하여 사람을 살상한 차량이 위 법 소정의 보험에 가입된 여부를 확단할 수 있는 서면이라고 할 수 없어 위 영수증을 위 법 제4조 제3항의 보험에 가입된 사실을 증명하는 서면이라고 인정할 수는 없다(대판 1985.6.11. 84도2012).

제4절 | 기타 교특법 관련 조문

1. 제5조

제5조 (벌칙)

① 보험회사, 공제조합 또는 공제사업자의 사무를 처리하는 사람이 제4조제3항의 서면을 거짓으로 작성한 경우에는 3년 이하의 징역 또는 1천만원 이하의 벌금에 처한다.

② 제1항의 거짓으로 작성된 문서를 그 정황을 알고 행사한 사람도 제1항의 형과 같은 형에 처한다.

③ 보험회사, 공제조합 또는 공제사업자가 정당한 사유 없이 제4조제3항의 서면을 발급하지 아니한 경우에는 1년 이하의 징역 또는 300만원 이하의 벌금에 처한다.

2. 제6조

제6조 (양벌규정)

법인의 대표자, 대리인, 사용인, 그 밖의 종업원이 그 법인의 업무에 관하여 제5조의 위반행위를 하면 그 행위자를 벌하는 외에 그 법인에도 해당 조문의 벌금형을 과한다. 다만, 법인이 그 위반행위를 방지하기 위하여 해당 업무에 관하여 상당한 주의와 감독을 게을리하지 아니한 경우에는 그러하지 아니하다.

제3장 │특정범죄 가중처벌 등에 관한 법률

☑ GUIDE │

본 장에서는 특정범죄 가중처벌 등에 관한 법률 중에서 교통사고와 관련된 규정들의 내용을 정리한다.

제1절 도주차량 운전자의 가중처벌 (제5조의3)

제2절 위험운전치사상 (제5조의11)

제3절 민식이법 (제5조의13)

제1절 │ 도주차량 운전자의 가중처벌 (제5조의3)

1. 관련 조문

제5조의3 (도주차량 운전자의 가중처벌)

① 도로교통법 제2조에 규정된 자동차·원동기장치자전거의 교통으로 인하여 형법 제268조의 죄를 범한 해당 차량의 운전자(이하 "사고운전자"라 한다)가 피해자를 구호(구호)하는 등 도로교통법 제54조 제1항에 따른 조치를 하지 아니하고 도주한 경우에는 다음 각 호의 구분에 따라 가중처벌한다.

  1. 피해자를 사망에 이르게 하고 도주하거나, 도주 후에 피해자가 사망한 경우에는 무기 또는 5년 이상의 징역에 처한다.

  2. 피해자를 상해에 이르게 한 경우에는 1년 이상의 유기징역 또는 500만원 이상 3천만원 이하의 벌금에 처한다.

② 사고운전자가 피해자를 사고 장소로부터 옮겨 유기하고 도주한 경우에는 다음 각 호의 구분에 따라 가중처벌한다.

  1. 피해자를 사망에 이르게 하고 도주하거나, 도주 후에 피해자가 사망한 경우에는 사형, 무기 또는 5년 이상의 징역에 처한다.

  2. 피해자를 상해에 이르게 한 경우에는 3년 이상의 유기징역에 처한다.

2. 주요 내용

(1) 입법취지와 보호법익

특가법 제5조의3 제1항에서 정하는 도주차량 운전자에 대한 가중처벌 규정은 자신의 과실로 교통사고를 야기한 운전자가 그 사고로 사상을 당한 피해자를 구호하는 등의 조치를 취하지 아니하고 도주하는 행위에 강한 윤리적 비난가능성이 있음을 감안하여 이를 가중처벌 함으로써 교통의 안전이라는 공공의 이익의 보호뿐만 아니라 교통사고로 사상을 당한 피해자의 생명·신체의 안전이라는 개인적 법익을 보호하고자 함에도 그 입법 취지와 보호법익이 있다.

(2) 주 체

1) 운전자 : 본죄의 주체는 도로교통법 제2조에 규정된 자동차·원동기장치자전거의 교통으로 인하여 형법 제268조의 죄를 범한 해당 차량의 운전자이다.

2) 동승자 : 원칙적으로 운전자이외의 동승자는 본죄의 주체가 될 수 없다. 그러나 예외적으로 운전자가 아닌 동승자에게 해당 사고에 대한 과실범의 공동정범의 책임을 물을 수 있는 특별한 경우에 교통사고 후 운전자와 공모하여 운전자의 도주행위에 가담하였다면 본죄의 공동정범이 성립할 수 있다(판례).

(3) 행위상황

1) 교통 : 도주차량의 주체는 교통으로 사고의 운전자이다. 여기에서 교통이란 반드시 운전행위만을 말하는 것이 아니라 운전행위는 물론 운전과 동일하게 평가할 수 있거나 운전행위와 밀접불가분의 관계에 있는 일체의 행위를 포함한다. 따라서 도로변에 자동차를 주차한 후 운전석 문을 열다가 후방에서 진행하여 오던 자전거의 핸들 부분을 충격한 경우에도 본죄의 교통사고에 해당한다.

2) 장소적 범위 : 본죄의 장소적 범위는 도로에서의 교통사고로 제한되지 않는다(도로교통법 제2조 제26호 참조).[23]

3) 형법 제268조의 죄 : 교통사고로 인하여 형법 제268조의 죄인 업무상과실 또는 중과실치사상죄를 범하여야 한다. 본죄가 성립하려면 피해자에게 사상의 결과가 발생하여야 하므로, 생명·신체에 대한 단순한 위험에 그치거나 형법 제257조 제1항에 규정된 상해로 평가될 수 없을 정도의 극히 하찮은 상처로서 굳이 치료할 필요가 없는 것이어서 그로 인하여 건강상태를 침해하였다고 보기 어려운 경우에는 본죄는 성립하지 않는다.

---

23) 도로교통법 제2조 26. "운전"이란 도로(제44조·제45조·제54조제1항·제148조·제148조의2 및 제156조제10호의 경우에는 도로 외의 곳을 포함한다)에서 차마를 그 본래의 사용방법에 따라 사용하는 것(조종을 포함한다)을 말한다.

4) **구호조치의 필요성** : 본죄가 성립하기 위하여는 사고의 경위와 내용, 피해자의 상해의 부위와 정도, 사고 운전자의 과실 정도, 사고 운전자와 피해자의 나이와 성별, 사고 후의 정황 등을 종합적으로 고려하여 <u>사고 운전자가 실제로 피해자를 구호하는 등 도로교통법 제54조 제1항에 의한 조치를 취할 필요가 있었다고 인정되지 아니하는 경우에는</u> 사고 운전자가 피해자를 구호하는 등 도로교통법 제54조 제1항에 규정된 의무를 이행하기 이전에 사고현장을 이탈하였더라도 특정범죄가중처벌등에관한법률 제5조의3 제1항 위반죄로 처벌할 수 없다.

(4) 행 위

필요한 조치 없이 도주하는 것이다.

1) **필요한 조치의 내용** : 조치가 필요한 경우에는 ① 사고가 발생한 즉시 정차하거나 부수적으로 교통의 위험이 초래되는 등의 사정이 없는 한 즉시 가까운 곳에 정차하여(즉시정차의무) ② 피해자를 구출하거나 응급조치를 하거나 구급차의 출동을 요구하거나 피해자를 병원까지 후송하는 등 피해자를 구호하고(구호의무) ③ 피해자나 경찰관 등 교통사고와 관련있는 사람에게 사고운전자의 신원을 밝혀야 한다(신원확인의무).

2) **필요한 조치의 정도** : 도로교통법 제54조 제1항의 취지는 도로에서 일어나는 교통상의 위험과 장해를 방지·제거하여 안전하고 원활한 교통을 확보하기 위한 것이므로, 이 경우 운전자가 취하여야 할 조치는 사고의 내용과 피해의 정도 등 <u>구체적 상황에 따라 적절히 강구되어야 하고 그 정도는 건전한 양식에 비추어 통상 요구되는 정도의 것이어야 한다.</u>

3) **도주** : 도주란 사고운전자가 사고로 인하여 피해자가 사상을 당한 사실을 인식하였음에도 피해자를 구호하는 등 도로교통법 제54조 제1항에 규정된 의무를 이행하기 이전에 사고현장을 이탈하여 사고를 낸 자가 누구인지 확정될 수 없는 상태를 초래하는 경우를 말한다.

(5) 죄 수

본 죄는 전속적 법익을 기준으로 죄수를 판단한다. 따라서 피해자별로 범죄가 성립한다.

(6) 타죄와의 관계

1) **치사상 후 도주** : 도주차량죄와 교특법위반죄(제3조 제1항) 및 미조치죄는 흡수관계에 있어 도주차량죄만 성립한다.

2) **치사상과 업무상과실 재물손괴 후 도주** : 이론적으로 도주차량죄와 업무상과실 재물손괴죄 및 업무상과실 재물손괴 후 미조치죄가 성립할 수 있다. ① 도주차량죄와 업무상과실 재물손괴죄의 죄수판단에 대하여는 논의가 있지만, 상상적 경합으로 보는 것이 타당해 보인다(일부 교재에서는 실체적 경합으로 본 판례가 있다는 설

시가 있지만 의문의 여지가 있다). 그런데 주의할 것은 업무상과실 재물손괴죄 부분에 대하여는 항상 교특법상의 특례가 적용되므로 상대적으로 논할 실익은 크지 않을 것이다. ② 도주차량죄와 업무상과실 손괴후 미조치죄에 대하여는 학설과 판례가 모두 상상적 경합설을 따르고 있다(다만 일부 판례에서는 실체적 경합으로 볼 수 있는 듯한 판시를 한 경우도 있다).

3) 도주차량죄와 음주운전, 무면허운전, 미신고죄, 안전의무위반죄와의 관계 : 판례에 의하면 이는 모두 실체적 경합관계에 있다.

3. 관련 판례[24]

(1) 형법 제268조의 업무상과실치사상죄의 주체와 관련된 판례

〈과실이 없는 사고 운전자는 도주차량죄의 주체가 될 수 없다는 판례〉 특정범죄가중처벌등에관한법률 제5조의3 제1항 소정의 "차의 교통으로 인하여 형법 제268조의 죄를 범한 당해차량의 운전자"란 차의 교통으로 인한 업무상과실 또는 중대한 과실로 인하여 사람을 사상에 이르게 한 자를 가리키는 것이지 과실이 없는 사고 운전자까지 포함하는 것은 아니다(대판 1991.5.28. 91도711).

〈좌회전 금지구역에서 좌회전하였으나 후행 차량의 과실인 경우에는 도주차량죄가 성립할 수 없다는 판례〉 피고인이 좌회전 금지구역에서 좌회전한 것은 잘못이나 이러한 경우에도 피고인으로서는 50여 미터 후방에서 따라오던 후행차량이 중앙선을 넘어 피고인 운전차량의 좌측으로 돌진하는 등 극히 비정상적인 방법으로 진행할 것까지를 예상하여 사고발생 방지조치를 취하여야 할 업무상 주의의무가 있다고 할 수는 없고, 따라서 좌회전 금지구역에서 좌회전한 행위와 사고발생 사이에 상당인과관계가 인정되지 아니한다는 이유로 피고인의 과실로 사고가 발생하였음을 전제로 하는 특정범죄가중처벌등에관한법률위반(도주차량)의 점에 관하여 무죄를 선고한 원심판결을 수긍한 사례(대판 1996.5.28. 95도1200).

〈동승자에게 과실범의 공동정범의 책임을 물을 수 있는 특별한 경우가 아닌 한 동승자가 교통사고 후 운전자와 공모하여 도주행위에 가담하더라도 도주차량죄의 공동정범으로 처벌할 수 없다는 판례〉 운전자가 아닌 동승자가 교통사고 후 운전자와 공모하여 운전자의 도주행위에 가담하였다 하더라도, 동승자에게 과실범의 공동정범의 책임을 물을 수 있는 특별한 경우가 아닌 한, 특정범죄가중처벌등에관한법률위반(도주차량)죄의 공동정범으로 처벌할 수는 없다. 원심이 그 설시 증거를 종합하여 판시와 같은 사실관계를 인정한 다음, 그 사실관계에 비추어 피고인이 교통사고에 관한 과실범의 공동정범이 될 수 없고 따라서 특정범죄가중처벌등에관한법률위반(도주차량)죄의 공동정범으로 처벌할 수 없다고 판단하였는바, 원심의 그와 같은 사실인정 및 판단은 위에 본 법리와 사실심 법관의

---

24) 관련 판례를 ① 형법 제268조의 업무상과실치사상죄의 주체와 관련된 판례 ② 교통관련 판례 ③ 장소관련 판례 ④ 구호조치의 필요성 관련 판례 ⑤ 도주와 관련된 판례 ⑥ 죄수 및 타죄와의 관련 판례 ⑦ 기타 판례의 순서로 정리한다.

합리적인 자유심증에 따른 것으로서 기록에 비추어 정당하고, 거기에 상고이유의 주장과 같은 사실오인이나 법리오해 등의 위법이 없다(대판 2007.7.26. 2007도2919).

〈피고인이 트럭을 운전하여 횡단보행자용 신호기가 설치되어 있지 않은 횡단보도를 통과한 직후 그 부근에서 도로를 횡단하는 피해자를 뒤늦게 발견하고 급정거하는 바람에 교통사고가 발생한 경우 피고인에게 업무상 주의의무 위반이 인정된다는 판례(신뢰의 원칙은 상대방 교통관여자가 도로교통 관련 제반 법규를 지켜 자동차의 운행 또는 보행에 임하리라고 신뢰할 수 없는 특별한 사정이 있는 경우에는 적용이 배제된다는 판례)〉 [1] 모든 차의 운전자는 횡단보도 표시구역을 통과하면서 보행자가 횡단보도 노면표시가 없는 곳에서 갑자기 건너오지 않을 것이라고 신뢰하는 것이 당연하고 그렇지 아니할 이례적인 사태의 발생까지 예상하여 그에 대한 주의의무를 다하여야 한다고는 할 수 없다. 다만 <u>이러한 신뢰의 원칙은 상대방 교통관여자가 도로교통 관련 제반 법규를 지켜 자동차의 운행 또는 보행에 임하리라고 신뢰할 수 없는 특별한 사정이 있는 경우에는 적용이 배제된다.</u> [2] 자동차의 운전자가 통상 예견되는 상황에 대비하여 결과를 회피할 수 있는 정도의 주의의무를 다하지 못한 것이 교통사고 발생의 직접적인 원인이 되었다면, 비록 자동차가 보행자를 직접 충격한 것이 아니고 보행자가 자동차의 급정거에 놀라 도로에 넘어져 상해를 입은 경우라고 할지라도, 업무상 주의의무 위반과 교통사고 발생 사이에 상당인과관계를 인정할 수 있다. [3] 피고인이 맑은 날씨의 오후에 트럭을 운전하여 횡단보행자용 신호기가 설치되어 있지 않은 횡단보도를 통과한 직후 그 부근에서 도로를 횡단하려는 피해자(만 9세, 여)를 뒤늦게 발견하고 급제동 조치를 취하였으나, 차량 앞 범퍼 부분으로 피해자의 무릎을 충격하여 약 2주간의 치료를 요하는 상해를 입히고도 현장을 이탈하여 「특정범죄 가중처벌 등에 관한 법률」위반(도주치상)으로 기소된 사안에서, 피고인으로서는 횡단보도 부근에서 도로를 횡단하려는 보행자가 흔히 있을 수 있음을 충분히 예상할 수 있었으므로, 보행자를 발견한 즉시 안전하게 정차할 수 있도록 제한속도 아래로 속도를 더욱 줄여 서행하고 전방과 좌우를 면밀히 주시하여 안전하게 운전함으로써 사고를 미연에 방지할 업무상 주의의무가 있었음에도 이를 위반하였고, 횡단보도 부근에서 안전하게 서행하였더라면 사고 발생을 충분히 피할 수 있었을 것이므로, 피고인의 업무상 주의의무 위반과 사고 발생 사이의 상당인과관계가 인정된다고 보아, 피고인에게 「특정범죄 가중처벌 등에 관한 법률」위반(도주치상)죄에서의 업무상 주의의무 위반을 인정하기 어렵다는 이유로 공소사실을 무죄로 판단한 원심판결을 파기한 사례(대판 2022.6.16. 2022도1401).

〈**횡단보도 앞 주의의무**〉 자동차의 운전자는 횡단보행자용 신호기의 지시에 따라 횡단보도를 횡단하는 보행자가 있을 때에는 횡단보도에의 진입 선후를 불문하고 일시정지하는 등의 조치를 취함으로써 보행자의 통행이 방해되지 않도록 하여야 하고, 다만 자동차가 횡단보도에 먼저 진입한 경우로서 그대로 진행하더라도 보행자의 횡단을 방해하지 않거나 통행에 위험을 초래하지 않을 상황이라면 그대로 진행할 수 있는 것으로 해석되고, 이러한 법리는 그 보호의 정도를 달리 볼 이유가 없는 횡단보행자용 신호기가 설치되지 않은 횡단보도를 횡단하는 보행자에 대하여도 마찬가지로 적용된다. 따라서 모든 차의 운전자는 보행자보다 먼저 횡단보행자용 신호기가 설치되지 않은 횡단보도에 진입한 경우에도, 보행자의 횡단을 방해하지 않거나 통행에 위험을 초래하지 않을 상황이 아니고서는, 차를 일시정지하는 등으로 보행자의 통행이 방해되지 않도록 할 의무가 있다(대판 2022.4.14. 2020도17724).

(2) 교통 관련 판례

〈주차한 후 운전석 문을 열다가 후방에서 진행하여 오던 자전거의 핸들 부분을 충격하여 운전자에게 상해를 입히고도 아무런 구호조치 없이 현장에서 이탈하면 도주차량죄가 성립한다는 판례〉 도로변에 자동차를 주차한 후 운전석 문을 열다가 후방에서 진행하여 오던 자전거의 핸들 부분을 충격하여 운전자에게 상해를 입히고도 아무런 구호조치 없이 현장에서 이탈한 경우, 구 특정범죄가중처벌 등에 관한 법률(2010. 3. 31. 법률 제10210호로 개정되기 전의 것) 제5조의3 제1항의 '도주차량 운전자'에 해당한다고 본 사례(대판 2010.4.29. 2010도1920).

(3) 장소 관련 판례

〈도로가 아닌 교회 주차장에서 사고차량 운전자가 사고차량의 운행 중 피해자에게 상해를 입히고도 구호조치 없이 도주하였다면 도주차량죄가 성립한다는 판례〉 [1] 특정범죄가중처벌등에관한법률 제5조의3 소정의 도주차량운전자에 대한 가중처벌규정은 자신의 과실로 교통사고를 야기한 운전자가 그 사고로 사상을 당한 피해자를 구호하는 등의 조치를 취하지 아니하고 도주하는 행위에 강한 윤리적 비난가능성이 있음을 감안하여 이를 가중처벌함으로써 교통의 안전이라는 공공의 이익의 보호뿐만 아니라 교통사고로 사상을 당한 피해자의 생명·신체의 안전이라는 개인적 법익을 보호하고자 함에도 그 입법 취지와 보호법익이 있다고 보아야 할 것인바, 위와 같은 규정의 입법취지에 비추어 볼 때 여기에서 말하는 차의 교통으로 인한 업무상과실치사상의 사고를 도로교통법이 정하는 도로에서의 교통사고의 경우로 제한하여 새겨야 할 아무런 근거가 없다. [2] 교회 주차장에서 사고차량 운전자가 사고차량의 운행 중 피해자에게 상해를 입히고도 구호조치 없이 도주한 행위에 대하여 특정범죄가중처벌등에관한법률 제5조의3 제1항을 적용한 조치를 정당하다고 한 사례(대판 2004.8.30. 2004도3600).

(4) 구호조치의 필요성 관련 판례

1) 구호조치 필요성을 긍정한 판례

〈2주간의 치료를 요하는 경추부 염좌 등의 상해를 입은 사안에서 조치의 필요성을 인정한 판례〉 이 사건 사고로 인하여 피해자들 3명은 모두 각 2주간의 치료를 요하는 경추부 염좌 등의 상해를 입어 물리치료를 받은 후 주사를 맞고 1~3일간 약을 복용하는 등 치료를 받았다는 것이니, 그 피해자들의 부상이 심하지 아니하여 직장에서 일과를 마친 다음에 병원으로 갔다거나 피해자들이 그다지 많은 치료를 받지 아니하였다는 등 원심이 인정한 사정만으로는 이 사건 사고 당시 구호의 필요가 없었다고 단정할 수 없고, 이러한 상황에서 피고인이 차에서 내리지도 않고 피해자들의 상태를 확인하지도 않은 채 인적사항을 알려주는 등의 조치도 취하지 않고 그냥 차량을 운전하여 갔다면 피고인의 행위는 위에서 본 치상 후 도주죄의 구성요건에 해당하는 것으로 보아야 할 것이다(대판 2008.7.10. 2008도 1339).

〈사고 경위와 상해 · 손괴 등 피해의 정도 및 사고 후 잠깐 동안 피해차량 쪽을 응시하였다가 그대로 운전하여 가면서 '마음대로 해라, 어쩔 거냐'고 말한 점 등에 비추어 피고인은 미필적으로라도 위 사고의 발생 사실을 인식하였다고 보아야 하므로 조치의 필요성을 인정한 판례〉 사고 경위와 상해 · 손괴 등 피해의 정도 및 사고 후 잠깐 동안 피해차량 쪽을 응시하였다가 그대로 운전하여 가면서 '마음대로 해라, 어쩔 거냐'고 말한 점 등에 비추어 피고인은 미필적으로라도 위 사고의 발생 사실을 인식하였다고 보아야 하므로, 구 특정범죄 가중처벌 등에 관한 법률 제5조의3 제1항 위반죄 또는 도로교통법 제148조 위반죄에서 피해자 구호 등의 조치를 취할 필요가 있었다고 한 사례(대판 2010.10.14. 2010도1330). [판결이유 중 일부 인용] 원심이 인정한 사실과 기록에 의하면, 피고인은 맞은편에서 직진하다가 피고인 운전의 승용차가 진행하는 것을 보고 멈춰 서 있던 피해자 공소외 1이 운전하던 승용차의 운전석 뒷부분을 피고인 차량의 왼쪽 앞부분으로 들이받았고, 위 사고로 피해자 공소외 1 및 피해차량에 동승하고 있던 피해자 공소외 2가 각 2주간의 치료를 요하는 경추부 염좌 등의 상해를 입고, 피해차량의 뒷범퍼 등이 수리비 719,200원 상당이 들 정도로 손괴된 점, 피해자들은 당시 쿵소리가 나고 차체가 흔들렸다고 진술하고 있는 점, 피고인은 이 사건 사고 후에 차에서 내리지도 아니한 채 잠깐 동안 피해차량 쪽을 응시한 후 피고인 차량을 후진하였다가 그대로 운전하여 간 점, 이에 피해자 공소외 1이 피고인 차량을 쫓아가 피고인에게 '사고를 내고 왜 그냥 가냐'고 말하자 피고인이 '니 마음대로 해라, 어쩔 거냐'고 말한 점을 알 수 있는바, 그렇다면 피고인으로서는 미필적으로라도 이 사건 사고의 발생 사실을 인식하였다고 봄이 상당하고, 앞서 본 법리에 비추어 피고인이 사고 후에 피해자를 구호하는 등의 조치를 취할 필요가 있었다고 봄이 상당하다.

2) 구호조치의 필요성을 부정한 판례

〈사고운전자인 피고인 자신이 부상을 입고 경찰관의 조치에 따라 병원으로 후송되던 도중 경찰에 신고나 연락을 취하지 아니한 채 집으로 가버렸다고 하더라도, 그 당시에 이미 경찰이나 구급차량 등에 의하여 피해자에 대한 구호조치가 이루어진 후였다면 도주에는 해당되지 않는다는 판례〉 사고운전자인 피고인 자신이 부상을 입고 경찰관의 조치에 따라 병원으로 후송되던 도중 경찰에 신고나 연락을 취하지 아니한 채 집으로 가버렸다고 하더라도, 그 당시에 이미 경찰이나 구급차량 등에 의하여 피해자에 대한 구호조치가 이루어진 후였다면 특정범죄가중처벌등에관한법률 제5조의3 제1항에 규정된 '피해자를 구호하는 등 필요한 조치를 취하지 아니하고 도주한 때'에 해당하지 않는다고 한 사례(대판 2002.11.26. 2002도4986).

〈신호대기를 위하여 정차하고 있다가 브레이크 페달에서 발이 떨어져 차가 서행하면서 앞차의 범퍼를 경미하게 충격하자 사고차량 운전자와 동승자가 피해자에게 사과를 한 후 피해자가 양해를 한 것으로 오인하고 현장을 떠났고, 피해자의 상해와 피해차량의 손괴가 외견상 쉽게 알 수 있는 것이 아닌 경우, 도로교통법 제54조 제1항 소정의 필요한 조치를 취하지 않고 도주한 것으로 볼 수 없다고 한 판례〉 신호대기를 위하여 정차하고 있다가 브레이크 페달에서 발이 떨어져 차가 서행하면서 앞차의 범퍼를 경미하게 충격하자 사고차량 운전자와 동승자가 피해자에게 사과를 한 후 피해자가 양해를 한 것으로 오인하고 현장을 떠났고, 피해자의 상해와 피해차량의 손괴가 외견상 쉽게 알 수 있는 것이 아닌 경우, 도로교통법 제50조 제1항 소정의 필요한 조치를 취하지 않고 도주한 것으로 볼 수 없다고 한 사례(대판 1999.11.12. 99도3140). [COMMENT] 본 판례에서의 도로교통법 제50조 제1항은 현행 도로교통법 제54조 제1항이 된다.

〈상해죄에서의 '상해'로 평가될 수 없을 정도의 경미한 부상을 입은 데 지나지 아니하여 구호조치 등이 필요하였다고 보기 어려우며 사고 후의 여러 정황상 피고인이 교통상의 위험과 장해를 방지·제거하여 안전하고 원활한 교통을 확보하기 위한 조치를 취하여야 할 필요가 있었다고 보기도 어렵다면 도주차량죄는 성립할 수 없다는 판례〉 [1] 특정범죄 가중처벌 등에 관한 법률 제5조의3 제1항이 정하는 '피해자를 구호하는 등 도로교통법 제50조 제1항에 의한 조치를 취하지 아니하고 도주한 때'라고 함은 사고운전자가 사고로 인하여 피해자가 사상을 당한 사실을 인식하였음에도 불구하고, 피해자를 구호하는 등 도로교통법 제50조 제1항에 규정된 의무를 이행하기 이전에 사고현장을 이탈하여 사고를 낸 자가 누구인지 확정할 수 없는 상태를 초래하는 경우를 말하는 것이므로, <u>위 도주운전죄가 성립하려면 피해자에게 사상의 결과가 발생하여야 하고, 생명·신체에 대한 단순한 위험에 그치거나 형법 제257조 제1항에 규정된 '상해'로 평가될 수 없을 정도의 극히 하찮은 상처로서 굳이 치료할 필요가 없는 것이어서 그로 인하여 건강상태를 침해하였다고 보기 어려운 경우에는 위 죄가 성립하지 않는다고 할 것이다.</u> [2] 또한, <u>구 도로교통법(2005. 5. 31. 법률 제7545호로 전문 개정되기 전의 것, 이하 같다) 제50조 제1항을 위반하였을 때에 성립하는 같은 법 제106조 소정의 죄도 그 행위의 주체가 차의 교통으로 인하여 사람을 사상하거나 물건을 손괴한 운전자 및 그 밖의 승무원으로서 위 특정범죄 가중처벌 등에 관한 법률 위반죄와 마찬가지로 사람을 사상하거나 물건을 손괴한 사실을 인식할 것을 필요로 하는 고의범에 해당하는바,</u> 구 도로교통법 제50조 제1항의 취지는 도로에서 일어나는 교통상의 위험과 장해를 방지·제거하여 안전하고 원활한 교통을 확보함을 그 목적으로 하는 것이지 피해자의 물적 피해를 회복시켜 주기 위한 규정은 아니며, 이 경우 운전자가 현장에서 취하여야 할 조치는 사고의 내용, 피해의 태양과 정도 등 사고현장의 상황에 따라 적절히 강구되어야 할 것이고, 그 정도는 건전한 양식에 비추어 통상 요구되는 정도의 조치를 말한다고 할 것이다. [3] 이러한 법리와 기록에 의하여 살펴보면, 원심이 그 판시와 같은 사실들을 인정한 다음, 이 사건 사고로 피해자 공소외인 등이 <u>상해죄에서의 '상해'로 평가될 수 없을 정도의 경미한 부상을 입은 데 지나지 아니하여 구호조치 등이 필요하였다고 보기 어려우며 사고 후의 여러 정황상 피고인이 교통상의 위험과 장해를 방지·제거하여 안전하고 원활한 교통을 확보하기 위한 조치를 취하여야 할 필요가 있었다고 보기도 어렵다</u>고 판단하여 이 사건 공소사실에 대하여 피고인을 무죄로 판단한 것은 정당한 것으로 수긍이 가고, 거기에 상고이유의 주장과 같은 채증법칙 위반으로 인한 사실오인이나 심리미진 또는 법리오해 등의 위법이 있다고 할 수 없다(대판 2007.4.13. 2007

도1405). [COMMENT] 본 판례에서의 도로교통법 제50조 제1항과 제106조는 현행 도로교통법 제54조 제1항과 제148조를 의미한다.

〈피해자가 2주간의 치료를 요하는 급성경추염좌의 상해를 입었을 뿐인 경우에는 조치를 취할 필요성이 없다는 판례〉 사고 운전자가 교통사고를 낸 후 피해자가 목을 주무르고 있는 것을 보고도 별다른 조치 없이 차량을 사고 현장에 두고 다른 사람에게 사고처리를 부탁하기 위하여 사고현장을 이탈하였으나 피해자가 2주간의 치료를 요하는 급성경추염좌의 상해를 입었을 뿐인 경우, 사고 운전자가 실제로 피해자를 구호하는 등의 조치를 취하여야 할 필요가 있었다고 보기 어렵다고 한 사례(대판 2002.1.11. 2001도2869).

〈사고 직후 피해자들과 피해변상액을 합의하다가 모욕적인 언사로 인해 현장을 이탈한 사건에서 조치의 필요성을 부정한 판례〉 피고인이 사고 직후 피해자들과 함께 차량을 인근의 성당 앞으로 이동시킨 뒤 피해자들과 피해 변상액을 협의하다가 다소 모욕적인 언사를 주고받으면서 상호 기분이 상하여 합의에 이르지 못하게 되자 경찰에 신고하는 피해자의 태도에 화가 나서 마음대로 하라면서 사고현장을 이탈한 점 등 이 사건 사고의 경위와 그 뒤의 정황, 사고 당시 충격의 태양과 그 정도, 피해차량의 파손 정도, 피해자들의 상해의 부위와 정도 및 사고 이후의 피해자들에 대한 치료 내용과 경과 등에 비추어 보면, 이 사건 사고에서 피고인이 실제로 피해자를 구호하는 등의 조치를 취하여야 할 필요가 있었다고 보기 어렵고, 따라서 피고인이 구 도로교통법 제50조 제1항의 규정에 따른 조치를 취하지 아니하고 사고 장소를 이탈하였다고 하여 피고인을 구 특정범죄 가중처벌 등에 관한 법률 제5조의3 제1항 제2호 위반죄로 처벌할 수 없다(대판 2007.3.29. 2006도7656).

〈0.181%의 술에 취한 상태에서 차량정체로 후진하던 중 사고 낸 사안에서 여러사정을 종합해 조치의 필요성을 부정한 판례〉 [1] 피고인은, 혈중알콜농도 0.181%의 술에 취한 상태에서 위 쏘나타 승용차를 운전하고 집으로 돌아가다가 골목길에서 차량 정체로 길이 막혀 후진하던 중 뒤에서 진행하여 오던 최필효 운전의 엘란트라 승용차를 충돌하자 차에서 내려 피해자들과 함께 차량 충돌 부위를 확인한 뒤 다시 위 쏘나타 승용차를 운전하여 사고장소에서 약 200m 떨어진 자신의 집 앞까지 시속 약 20㎞의 속도로 진행하여 왔고, 피고인의 집 앞에 차량을 주차시킨 다음 뒤따라온 피해자들에게 차량 수리비는 모두 책임지겠다고 하는 등 사고처리절차를 협의하던 중, 이효숙이 피고인의 음주운전사실을 경찰에 신고하는 것을 보고 집 안으로 들어가 있다가 경찰관이 그 곳에 출동하자 밖으로 나와 음주측정요구에 응하였다. 피해자들은 위 사고로 외상을 입지 아니하였고 사고 뒤 아프다는 말도 하지 아니하였는데, 경찰에서 조사받게 되자 사고장소에서 상당히 떨어져 있는 대구 달서구 본동 소재 영남정형외과의원에서 최필효는 경추염좌 및 요부염좌로, 이효숙은 경추염좌로 각 2주간의 가료가 필요할 것으로 추정된다는 진단서를 발급받아 제출하였다. 그런데 원심의 영남정형외과의원장에 대한 사실조회 결과에 따르면, 피해자들에 대한 진단결과 경부동통, 경부압통, 운동제한이 확인되었을 뿐이다. [2] 이와 같이 피고인이 사고 직후 차량의 충돌 부위를 피해자들과 함께 살펴보고 차량 정체로 길이 막혀 있던 사고장소에서 가까운 자신의 집까지 서행하여 차량을 이동시킨 뒤 피해자들과 피해 변상 방법 등을 협의한 점 등 이 사건 사고의 경위와 그 뒤의 정황 등에 비추어 볼 때 피고인에게 도주의 의사가 있었다고 단정하기 어렵고, 또 피해자들의 상해의 부위와 정도, 피해 차량의 손괴 정도, 사고장소의 상황, 사고 뒤 피해자들의 태도 등에 비추어 보더라도 위 사고로 피고인이 피해자들을 구호하거나 교통상의 위험과 장해를 방지·제거하여 안전하고 원활한 교통을 확보하기 위한 조치를 취하여야 할 필요가 있었다고 보기도 어려우므로, 피고인이 사고 장소에서 도로교통법 제50조 제1항의 규정에 따른 조치를 취하지 아니하고 그 곳을 벗어났다고 하여 피고인을 특정범죄가중처벌등에관한법률 제5조의3 제1항 제2호 위반죄와 도로교통법 제106조 위반죄로 처벌할 수 없다(대판 2002.10.22. 2002도4452).

(5) 도주와 관련된 판례

1) 기본 법리 판례

〈특가법 제5조의3 해당여부의 판단기준〉특정범죄 가중처벌 등에 관한 법률(이하 '특가법'이라 한다) 제5조의3 제1항에서 정한 '피해자를 구호하는 등 도로교통법 제54조 제1항에 따른 조치를 하지 아니하고 도주한 경우'라 함은 사고 운전자가 사고로 인하여 피해자가 사상을 당한 사실을 인식하였음에도 피해자를 구호하는 등 도로교통법 제54조 제1항에 규정된 의무를 이행하기 이전에 사고현장을 이탈하여 사고를 낸 자가 누구인지 확정될 수 없는 상태를 초래하는 경우를 말한다. 그런데 도로교통법 제54조 제1항의 취지는 도로에서 일어나는 교통상의 위험과 장해를 방지·제거하여 안전하고 원활한 교통을 확보하기 위한 것이므로, 이 경우 운전자가 취하여야 할 조치는 사고의 내용과 피해의 정도 등 구체적 상황에 따라 적절히 강구되어야 하고 그 정도는 건전한 양식에 비추어 통상 요구되는 정도의 것으로서, 여기에는 피해자나 경찰관 등 교통사고와 관계있는 사람에게 사고 운전자의 신원을 밝히는 것도 포함된다 할 것이다. 다만 위 특가법 제5조의3 제1항은 자동차와 교통사고의 급증에 상응하는 건전하고 합리적인 교통질서가 확립되지 못한 현실에서 교통사고를 야기한 운전자가 그 사고로 사상을 당한 피해자를 구호하는 등의 조치를 취하지 않고 도주하는 행위에 강한 윤리적 비난가능성이 있음을 감안하여 이를 가중처벌함으로써 교통의 안전이라는 공공의 이익을 보호함과 아울러 교통사고로 사상을 당한 피해자의 생명과 신체의 안전이라는 개인적 법익을 보호하기 위하여 제정된 것이라는 그 입법취지와 보호법익에 비추어 볼 때, 사고 운전자가 피해자를 구호하는 등 도로교통법 제54조 제1항에 정한 의무를 이행하기 전에 도주의 범의로써 사고현장을 이탈한 것인지 여부를 판정함에 있어서는 그 사고의 경위와 내용, 피해자의 상해 부위와 정도, 사고 운전자의 과실 정도, 사고 운전자와 피해자의 나이와 성별, 사고 후의 정황 등을 종합적으로 고려하여 합리적으로 판단하여야 한다(대판 2015.5.28. 2012도9697).

2) 도주를 긍정한 판례

〈상해여부 확인하지 않은 채 자동차등록원부만을 교부하고 현장을 이탈한 사안에서 도주의 고의를 인정한 판례〉 피해자의 상해 여부를 확인하지도 않은 채 자동차등록원부만을 교부하고 임의로 사고현장을 이탈한 사고운전자에게 도주의 의사를 인정한 원심판결을 수긍한 사례(대판 1996.8.20. 96도1415).

〈교통사고 직후 취중에 수십 미터 혼자 걸어가다 수색자에 의해 현장으로 잡혀왔다면 도주의 고의가 있다고 본 판례〉 만취 운전자가 교통사고 직후 취중상태에서 사고현장으로부터 수십 미터까지 혼자 걸어가다 수색자에 의해 현장으로 붙잡혀 온 사안에서, 제반 사정상 적어도 위 운전자가 사고발생 사실과 그 현장을 이탈한다는 점을 인식하고 있었다고 보이므로 만취 등 사유만으로 도주의 범의를 부인할 수 없다고 한 사례(대판 2007.9.6. 2005도4459).

〈사고 운전자가 사고로 인하여 피해자가 사상을 당한 사실을 인식하였음에도 불구하고 피해자를 구호하는 등 조치를 취하기 이전에 사고현장을 이탈하였다면, 사고 운전자가 사고현장을 이탈하기 전에 피해자에 대하여 자신의 신원을 확인할 수 있는 자료를 제공하여 주었다고 하더라도 도주에 해당한다는 판례〉 [1] 사고 운전자가 사고로 인하여 피해자가 사상을 당한 사실을 인식하였음에도 불구하고 피해자를 구호하는 등 도로교통법 제50조 제1항에 규정된 의무를 이행하기 이전에 사고현장을 이탈하였다면, 사고 운전자가 사고현장을 이탈하기 전에 피해자에 대하여 자신의 신원을 확인할 수 있는 자료를 제공하여 주었다고 하더라도, '피해자를 구호하는 등 도로교통법 제50조 제1항의 규정에 의한 조치를 취하지 아니하고 도주한 때'에 해당한다. [2] 특정범죄가중처벌등에관한법률 제5조의3 제1항 소정의 피해자 구호조치는 반드시 본인이 직접 할 필요는 없고, 자신의 지배하에 있는 자를 통하여 하거나, 현장을 이탈하기 전에 타인이 먼저 구호조치를 하여도 무방하다. [3] 사고 운전자가 그가 일으킨 교통사고로 상해를 입은 피해자에 대한 구호조치의 필요성을 인식하고 부근의 택시 기사에게 피해자를 병원으로 이송하여 줄 것을 요청하였으나 경찰관이 온 후 병원으로 가겠다는 피해자의 거부로 피해자가 병원으로 이송되지 아니한 사이에 피해자의 신고를 받은 경찰관이 사고현장에 도착하였고, 피해자의 병원이송 및 경찰관의 사고현장 도착 이전에 사고 운전자가 사고현장을 이탈하였다면, 비록 그 후 피해자가 택시를 타고 병원에 이송되어 치료를 받았다고 하더라도 운전자는 피해자에 대한 적절한 구호조치를 취하지 않은 채 사고현장을 이탈하였다고 할 것이어서, 설령 운전자가 사고현장을 이탈하기 전에 피해자의 동승자에게 자신의 신원을 알 수 있는 자료를 제공하였다고 하더라도, 피고인의 이러한 행위는 '피해자를 구호하는 등 조치를 취하지 아니하고 도주한 때'에 해당한다고 한 사례(대판 2004.3.12. 2004도250). [COMMENT] 본 판례에서의 도로교통법 제50조 제1항은 현행 도로교통법 제54조 제1항을 의미한다.

〈사고직후 피해자의 병원 이송과 경찰관의 사고현장 도착 전에 견인차량 기사를 통해 피해자에게 신분증을 교부한 후 피해자의 동의 없이 일방적으로 현장을 이탈하였다가 약 20분 후 되돌아 왔어도 도주죄가 성립한다는 판례〉 혈중 알코올 농도 0.197%의 음주상태에서 차량을 운전하다가 교통사고를 일으켜 피해자에게 상해를 입힌 운전자가, 피해자 병원 이송과 경찰관 사고현장 도착 전에 견인차량 기사를 통해 피해자에게 신분증을 교부한 후 피해자의 동의 없이 일방적으로 현장을 이탈하였다가 약 20분 후 되돌아온 사안에서, 위 운전자의 행위가 구 특정범죄 가중처벌 등에 관한 법률 제5조의3 제1항의 '피해자를 구호하는 등 조치를 취하지 아니하고 도주한 때'에 해당한다고 한 사례(대판 2011.3.10. 2010도16027).

〈2세 남짓한 피해자는 사고를 야기한 사람이 피고인이라는 것을 기억할 수 없고, 어린 피해자에게 집으로 혼자 돌아갈 수 있느냐고 질문하여 "예"라고 대답하였다는 이유로 아무런 보호조치도 없는 상태에서 피해자를 길가에 하차시켰다면 사고의 야기자가 누구인지를 쉽게 알 수 없도록 하였다 할 것이므로 도주에 해당한다는 판례〉 피고인이 과실로 교통사고를 일으켜 2세 남짓한 피해자에게 약 2주간 치료를 요하는 상해를 입힌 사건에서, 피고인 스스로도 처음에는 병원에 데리고 가려 하였으나 피해자가 울음을 그치는 바람에 별일이 없을 것이라고 생각하여 약국에서 소독약과 우황청심환을 사서 치료하였다고 진술하고 있다면, 피해자가 전혀 사리분별을 할 수 없는 어린아이로서 이 사고로 인하여 땅에 넘어져 피고인 스스로 소독약을 사서 상처부위를 소독하여야 할 정도로 다친 이상 의학에 전문지식이 없는 피고인으로서는 의당 피해자를 병원으로 데려가서 있을지도 모르는 다른 상처 등에 대한 치료를 받게 하여야 할 것이며, 또 사고를 야기한 사람이 피고인이라는 것을 기억할 수 없는 어린 피해자에게 집으로 혼자 돌아갈 수 있느냐고 질문하여 "예"라고 대답하였다는 이유로 아무런 보호조치도 없는 상태에서 피해자를 길가에 하차시켰다면 사고의 야기자가 누구인지를 쉽게 알 수 없도록 하였다 할 것이므로, 피고인의 이와 같은 소위는 특정범죄가중처벌등에관한법률 제5조의3 제1항 제2호에 해당한다고 한 사례(대판 1994.10.14. 94도1651).

〈운전자가 운전 중 사람을 사상한 때에는 즉시 정차하여 사상자를 구호하는 등 필요한 조치를 스스로 취할 의무가 있으므로 이러한 조치를 취함이 없이 부모에게 사고발생을 알리려고 현장을 떠났어도 도주에 해당한다는 판례〉 운전자가 운전 중 사람을 사상한 때에는 즉시 정차하여 사상자를 구호하는 등 필요한 조치를 스스로 취할 의무가 있으므로 이러한 조치를 취함이 없이 사고현장을 떠난 이상 비록 피고인이 부모에게 사고발생을 알려 사후조치를 취하려고 사고현장을 떠난 것이며 도주한 것이 아니라 하더라도 구호 등 조치위반의 죄책을 면할 수 없다(대판 1984.7.24. 84도1144). [판결이유 중 일부 인용] 피고인이 원심판시와 같이 자동차운전면허도 없이 화물자동차를 운전하다가 운전상 과실로 피해자를 충격하여 두개골 골절등 상해를 가하고도 구호하는등 필요한 조치를 취함이 없이 도주하여 위 피해자로 하여금 현장에서 사망케 한 사실이 넉넉히 인정되고 그 증거취사 과정에 아무런 잘못도 없다.

〈피해자가 버스에 충격되어 땅바닥에 넘어졌다가 일어나 걸어가는 것을 보고는 그대로 갔다면 도주에 해당한다는 판례〉 운전사가 교통사고 당시 자기의 버스에 피해자가 충격되어 땅바닥에 넘어졌다가 일어난 것을 본 이상 피해자가 위 충격으로 인하여 상해를 입을 수도 있을 것이라는 예견을 할 수 있었다 할 것이므로 이러한 경우 피해자가 상해를 입었는지의 여부를 확인한 후 피해자를 구호할지 여부에 대한 조치를 취해야 함에도 불구하고 이러한 조치를 취함이 없이 피해자가 걸어가는 것을 보고는 그대로 위 버스를 운행해 가버렸다면 이는 특정범죄가중처벌등에관한법률 제5조의3 제1항 소정의 도주의 경우에 해당한다(대판 1987.8.25. 87도1118).

〈구호조치 후 자신의 신원을 밝히지 아니한 채 병원을 이탈하였다면 도주에 해당한다는 판례〉
사고 운전자가 피해자를 병원에 후송하여 치료를 받게 하는 등의 구호조치는 취하였다
고 하더라도, 피해자 등이 사고 운전자의 신원을 쉽게 확인할 수 없는 상태에서 피해자
등에게 자신의 신원을 밝히지 아니한 채 병원을 이탈하였다면 '도로교통법 제50조 제1항
의 규정에 의한 조치'를 모두 취하였다고 볼 수 없다고 한 사례(대판 2006.1.26. 2005도8264).
[판결이유 중 일부 인용] '특정범죄 가중처벌 등에 관한 법률' 제5조의3 제1항에 정하여진
'피해자를 구호하는 등 도로교통법 제50조 제1항의 규정에 의한 조치를 취하지 아니하고
도주한 때'라고 함은 사고운전자가 사고로 인하여 피해자가 사상을 당한 사실을 인식하
였음에도 불구하고 '도로교통법 제50조 제1항의 규정에 의한 조치'를 취하지 아니하고
사고장소를 이탈하여 사고를 낸 사람이 누구인지 확정될 수 없는 상태를 초래하는 경우
를 말하므로, 위 '도로교통법 제50조 제1항의 규정에 의한 조치'에는 피해자나 경찰관 등
교통사고와 관계있는 사람에게 사고운전자의 신원을 밝히는 것도 포함된다(대법원 2003.
3. 25. 선고 2002도5748 판결 등 참조).

〈병원에 데려다 준 후 인적사항을 알리지 않고 병원을 떠났다면 도주에 해당한다는 판례〉
교통사고 야기자가 피해자를 병원에 데려다 준 다음 피해자나 병원 측에 아무런 인적사
항을 알리지 않고 병원을 떠났다가 경찰이 피해자가 적어 놓은 차량번호를 조회하여
신원을 확인하고 연락을 취하자 2시간쯤 후에 파출소에 출석한 경우, 특정범죄가중처벌
등에관한법률 제5조의3 제1항 소정의 '도주'에 해당한다고 한 사례(대판 1999.12.7. 99도
2869).

〈구호조치 후 자신을 목격자라고 하고 참고인조사를 받고 귀가하였다면 도주에 해당한다는
판례〉 교통사고 야기자가 피해자를 병원에 후송하기는 하였으나 조사 경찰관에게 사고사
실을 부인하고 자신을 목격자라고 하면서 참고인 조사를 받고 귀가한 경우, 특정범죄가중
처벌등에관한법률 제5조의3 제1항 소정의 '도주'에 해당한다고 한 사례(대판 2003.3.25.
2002도5748).

〈음주발각이 두려워 피해자가 경찰서에 들어가자 그냥 돌아갔다면 도주에 해당한다는 판례〉
교통사고를 일으킨 후 피해자와 경찰서에 신고하러 가다가 음주운전이 발각될 것이 두
려워 피해자가 경찰서에 들어간 후 그냥 돌아간 경우 피해자에게 피고인의 직업과 이름
을 알려 주었다는 등의 여러 사정이 있었다 하더라도 피해자의 구호의무를 이행하지
아니하고 사고현장을 이탈하여 도주한 것으로 본 원심판결을 긍인한 사례(대판 1996.4.9.
96도252).

3) 도주를 부정한 판례

〈사고당시 눈이 내려 노면이 미끄러웠으므로 즉시 정차할 수 없었고 이에 150미터 내지 200
미터쯤 전진하여 정차한 후 사고현장으로 되돌아와 피해자를 차에 싣고 병원에 가 응급조치
를 취했다면 도주하였다고 볼 수 없다는 판례〉 자동차운전자가 교통사고 당시 눈이 내려

노면이 미끄러웠으므로 운행속력 때문에 즉시 정차할 수 없었고, 또한 도로공사 중이어서 사고현장에서 정차할 마땅한 장소가 없어 사고지점에서 150미터 내지 200미터쯤 전진하여 정차한 뒤 사고현장 쪽으로 50미터 정도 되돌아 오다가 뒤쫓아 온 공소외인과 마주쳐서 동인과 같이 사고현장에 이르러 피해자를 차에 싣고 병원으로 가 응급조치를 취했다면 도주하였다고 볼 수 없다(대판 1981.10.13. 81도2175).

〈사고현장에서 불가항력으로 400m 이동하여 정차하였다면 도주하였다고 볼 수 없다는 판례〉 교통사고로 인하여 피고인이 받았을 충격의 정도, 사고 후 불가항력적으로 반대차선으로 밀려 역주행하다가 2차 사고까지 일으키게 된 정황, 정주행 차선으로 돌아온 후에도 후발사고의 위험이 없는 마땅한 주차 공간을 찾기 어려운 도로여건, 피고인이 스스로 정차한 후 개인택시조합 직원에게 사고처리를 부탁하는 전화를 마칠 무렵 경찰관이 도착한 사정 등에 비추어, 피고인이 교통사고 후 비록 가해차량을 운전하여 사고 현장으로부터 약 400m 이동하여 정차한 사실은 인정되나 이는 불가피한 것으로 볼 여지가 있고, 이로 인하여 피고인이 구 도로교통법(2005. 5. 31. 법률 제7545호로 전문 개정되기 전의 것) 제50조 제1항의 규정에 의한 조치를 제대로 이행하지 못하였다고 하더라도 피고인에게 도주의 범의가 있었다고 보기는 어렵다고 한 사례(대판 2006.9.28. 2006도3441). [COMMENT] 본 판례에서의 도로교통법 제50조 제1항은 현행 도로교통법 제54조 제1항이 된다.

〈피해자를 구급차에 싣고 병원으로 후송하여 진료받게 한 후 피해자가 보이지 않고 간호사도 다른 곳에 후송하였다고만 하자 자신의 사무실로 돌아온 사안에서 도주를 부정한 판례〉 피고인이 교통사고 야기 후 사고 현장에서 다른 사람들과 같이 피해자들을 구급차에 나눠 싣고 자신도 구급차에 동승하여 피해자를 병원 응급실로 후송한 후 간호사가 혈압을 재는 것을 보고 응급실 밖에서 담배를 피우고 있던 중 피고인 자신과 위 피해자가 타고 온 구급차가 다른 곳으로 가는 것을 보고 응급실에 다시 가 본 결과 위 피해자가 보이지 않자 간호사에게 피해자의 행방을 문의하였으나 그녀가 다른 곳으로 후송하였다고만 이야기하여 하는 수 없이 자신의 사무실로 돌아 간 경우, 피고인이 비록 사고 현장에서나 그 직후 경찰관서 등에 사고 신고를 하지 않았거나 또는 타인에게 자신이 사고 야기자라고 적극적으로 고지하지 아니하였다고 하더라도 피고인의 행위는 특정범죄가중처벌등에관한법률 제5조의3 제1항 소정의 도주차량에는 해당되지 아니한다고 본 사례(대판 1996.4.12. 96도358).

〈사고 택시의 운전자가 피해자를 구호하여 병원에 후송한 후 경찰관에게 주민등록번호 중 한 자리의 숫자를 사실과 달리 불러 주었으나 그후 스스로 연락하였다면 도주에 해당하지 않는다는 판례〉 사고 택시의 운전자가 피해자를 구호하여 병원에 후송한 후 피해자에게 직접 자신의 신원사항을 밝히지 않고 경찰관에게 주민등록번호 중 한 자리의 숫자를 사실과 달리 불러 주고 병원을 떠났으나, 그 후 스스로 병원에 연락하여 사고 택시의 자동차등록번호와 택시공제조합에서 치료비를 부담할 것임을 통지한 경우, 피해자를 구호하는 등의 조치를 취하지 아니하고 도주한 때에 해당하지 않는다고 한 사례(대판 2006.1.26. 2005도7325).

〈사고 직후 차에서 내려 피해자를 지나가던 택시에 태워 병원으로 후송한 후 자신의 소유차량 번호를 담당간호사에게 알려주었다면 도주에 해당되지 않는다는 판례〉 피고인은 이 사건 사고 직후 차에서 내려 피해자를 지나가던 택시에 태워 병원으로 후송한 후 피해자가 치료를 위해 엑스레이 촬영을 하러 진료실로 들어가는 것을 보고 병원접수창구로 가서 피해자의 인적사항과 사고 일시, 장소 및 피고인 차량번호를 알려주면서 접수를 마친 다음에 비로소 병원을 떠난 점, 피고인이 비록 경찰에 사고 신고를 하지 아니하였고 피해자나 병원측에 자신의 인적사항을 알려준 사실은 없으나, 자신이 소유주로 되어 있는 이 사건 차량의 차량번호를 담당 간호사에게 알려 주었고 이로 인해 비교적 쉽게 피고인의 신원이 확인된 점 등 제반 사정을 종합하여 보면, 피고인이 피해자를 구호하는 등 도로교통법 제50조 제1항에 규정된 의무를 이행하기 이전에 사고현장을 이탈하여 사고를 낸 자가 누구인지 확정할 수 없는 상태를 초래하였다고 볼 수는 없으므로, 피고인이 특정범죄가중처벌등에 관한법률 제5조의3 제1항에서 규정하는 바와 같이 도로교통법 제50조 제1항의 규정에 의한 피해자를 구호하는 등의 조치를 취하지 아니하고 도주한 때에 해당한다고 볼 수는 없다(대판 2004.10.28. 2004도5227).

〈동승했던 아내에게 사고처리를 위임하고 현장을 이탈한 사안에서 도주를 인정하지 않은 판례〉 교통사고시 피고인이 피해자와 사고 여부에 관하여 언쟁하다가 동승했던 아내에게 "네가 알아서 처리해라"며 현장을 이탈하고 그의 아내가 사후처리를 한 경우, 피고인이 피해자를 구호하지 아니하고 사고현장을 이탈하여 사고야기자로서 확정될 수 없는 상태를 초래한 경우에 해당하지 않는다고 본 사례(대판 1997.1.21. 96도2843).

〈피고인이 직접 119에 신고하였고 119 구급차가 피해자를 후송한 후 출동한 경찰관에게 현장 설명을 하고 인적사항 등을 알려주었다면 사고현장이나 조사과정에서 목격자 행세를 하였더라도 도주의 범의를 인정하지 않은 판례〉 피고인이 자동차를 후진하여 운전하다가 갑을 역과하여 사망에 이르게 하고도 구호조치 등을 하지 아니하고 도주하였다고 하여 특정범죄 가중처벌 등에 관한 법률 위반(도주차량)으로 기소된 사안에서, 피고인이 사고 직후 직접 119 신고를 하였을 뿐만 아니라, 119 구급차가 갑을 후송한 후 출동한 경찰관들에게 현장 설명을 하고 인적사항과 연락처를 알려 준 다음 사고 현장을 떠난 점 등 제반 사전을 종합할 때, 피고인이 사고현장이나 경찰조사과정에서 목격자 행세를 하고 갑의 발견 경위에 관하여 사실과 다르게 진술하였다는 사정만으로는 도주의 범의로써 사고현장을 이탈한 것으로 보기 어렵다고 한 사례(대판 2013.12.26. 2013도9124).

〈동승자가 사고차량의 운전자라고 허위진술하였지만, 사고 직후 피해자가 병원으로 후송될 때까지 사고장소를 이탈하지 아니한 채 경찰관에게 위 차량이 가해차량임을 밝히고 경찰관의 요구에 따라 동승자와 함께 조사를 받기 위해 경찰 지구대로 동행하였다면 도주에 해당되지 않는다는 판례〉 [1] 사고 운전자가 교통사고 현장에서 경찰관에게 동승자가 사고차량의 운전자라고 진술하거나 그에게 같은 내용의 허위신고를 하도록 하였더라도, 사고 직후 피해자가 병원으로 후송될 때까지 사고장소를 이탈하지 아니한 채 경찰관에게 위 차량이 가해차량임을 밝히고 경찰관의 요구에 따라 동승자와 함께 조사를 받기 위해 경찰 지구대로 동행한 경우, 구 특정범죄 가중처벌 등에 관한 법률(2005. 5. 31. 법률 제7545호로 개정되기 전의 것) 제5조의3의 '도주'에 해당하지 않는다고 한 사례. [2] 사고 운전자가 사고로 손괴된 피해자의 오토바이에 대한 조치를 직접 취하지 않았더라도 사고현장을 떠나기 전에 이미 구조대원 등 다른 사람이 위 오토바이를 치워 교통상 위해가 될 만한 다른 사정이 없었던 경우, 구 도로교통법(2005. 5. 31. 법률 제7545호로 전문 개정되기 전의 것) 제106조 위반죄로 처벌할 수 없다고 한 사례(대판 2007.10.11. 2007도1738).

〈사고운전자가 교통사고 후 피해자를 병원으로 후송하여 치료를 받게 하고 병원에서 피해자의 가족들에게 자신의 인적사항을 알려주었다면 경찰에서 동료운전기사를 사고운전자로 신고하게 하였더라도 도주에 해당되지 않는다는 판례〉 사고운전자가 교통사고 후 피해자를 병원으로 후송하여 치료를 받게 하고 병원에서 피해자의 가족들에게 자신의 인적사항을 알려주었다면, 비록 경찰관서에 자신이 사고운전자임을 신고하지 아니하고 동료 운전기사로 하여금 그가 사고운전자인 것으로 신고하게 하였다 하더라도, 피해자를 구호하는 등 도로교통법 제50조 제1항에 규정된 의무를 이행하기 이전에 사고현장을 이탈하여 사고를 낸 자가 누구인지 확정될 수 없는 상태를 초래하였다고 볼 수는 없으므로, 사고운전자가 특정범죄가중처벌등에관한법률 제5조의3 제1항 소정의 피해자를 구호하는 등 도로교통법 제50조 제1항의 규정에 의한 조치를 취하지 아니하고 도주하였다고 볼 수 없다(대판 2002.2.8. 2001도4771).

〈동승자에게 사고차량의 운전자라고 허위신고하도록 하였더라도 도주에 해당하지 않는다는 판례〉 사고 운전자가 교통사고 현장에서 동승자로 하여금 사고차량의 운전자라고 허위 신고하도록 하였더라도 사고 직후 사고 장소를 이탈하지 아니한 채 보험회사에 사고접수를 하고, 경찰관에게 위 차량이 가해차량임을 밝히며 경찰관의 요구에 따라 동승자와 함께 조사를 받은 후 이틀 후 자진하여 경찰에 출두하여 자수한 경우, 특정범죄 가중처벌 등에 관한 법률 제5조의3 제1항에 정한 도주한 때에 해당하지 않는다고 한 사례(대판 2009.6.11. 2008도8627).

(6) 기타 판례

〈다른 가해로 치사 내지는 사망에 이르게 되었다면 특가법 제5조의3 제1항 제1호 소정의 치사라고는 할 수 없다는 판례〉 특정범죄가중처벌등에 관한 법률 제5조의3 제1항 제1호 소정의 치사라고 함은 교통사고를 직접적 원인으로 하여 사망한 경우를 말하고 또 도주 후 피해자의 사망이라 함은 교통사고로 인한 피해자를 구호조치를 취하지 아니하고 그대로 방치한 결과 교통사고의 충격 내지는 상해상태가 타력의 개입없이 자연적인 경과로 악화되어 사망한 경우를 가리키며 다른 가해로 인한 치사 내지는 사망의 경우는 여기에 해당되지 아니하며 도주라 함은 치사 내지는 상해 등 사실을 인식하고(미필적으로도) 사고 후 구호조치를 함이 없이 현장을 이탈하는 경우라고 할 것이다(대판 1985.9.10. 85도1462).

〈특정범죄가중처벌등에관한법률 제5조의3 제1항 위반죄로 공소제기되었으나 도주사실은 인정되지 아니하고 업무상과실치사상죄만 인정되는 경우에는 유죄판결을 선고하거나, 공소권

이 없으면 공소기각의 판결을 하여야 한다는 판례〉특정범죄가중처벌등에관한법률 제5조
의3(도주차량운전자의 가중처벌) 제1항 소정의 죄는 형법 제268조의 죄(업무상과실치사
상죄)를 범한 당해 차량의 운전자가 피해자를 구호하는 등 도로교통법 제50조 제1항의
규정에 의한 조치를 취하지 아니하고 도주한 때에 성립하는 것으로서 업무상과실치사상
죄는 위의 죄에 포함되어 있는 것이므로 위의 죄로 공소가 제기된 경우에 심리 결과 도주사
실이 인정되지 아니한다고 하더라도 업무상과실치사상의 죄가 인정되면 유죄의 판결을 하
고 공소권이 없으면 공소기각의 판결을 하여야 하는 것이지 무죄의 선고를 할 것은 아니다
(대판 1994.11.11. 94도2349).

甲은 자신의 승용차 조수석에 乙을 태우고 운전하여 가던 중 육교 밑에서 도로를
무단횡단하기 위해 갑자기 뛰어든 A를 발견하고 급제동을 하였으나 멈추지 못하고
앞범퍼로 A를 충격하였고, 이로 인해 A는 다리가 부러지는 상해를 입고 도로변에
쓰러졌다. 甲은 A의 상태를 살펴보기 위해 정차하려 하였으나 乙이 "그냥 가자!"라고
말하자 이에 동의하고 정차하지 아니한 채 그대로 운전하여 가버렸다. 다행히 A는
현장을 목격한 행인 W의 도움으로 병원에 후송되어 치료를 받았다. 甲과 乙의 죄책을
논하시오. (20점) [2016년 변시]

甲은 집에 있는 친구 乙을 불러내어 조수석에 태우고 제한속도 시속 80km인 자동차
전용도로에서 제한속도 이내로 운행하다가 100m 전방에서 무단횡단하고 있는 A를
발견하였다. 甲은 놀라서 속력을 줄이려고 하였으나 "A가 곧 길을 다 건너갈 것이니
그냥 진행하자"는 乙의 말을 듣고 그대로 운전해 가다가 미처 건너지 못한 A를 차량
으로 충격하였다. A가 약 8주간의 치료를 요하는 상처를 입고 쓰러지자, 乙은 여러
차례 병원에 데려가자고 하였으나, 甲은 乙의 말을 듣지 않고 차량을 계속 운전하여
사고현장을 벗어났다. 甲과 乙의 죄책을 논하시오. (20점) [2012 3차]

甲은 동생 乙을 태운 후 맥주를 마시면서 운전을 하던 중 혈중알코올농도 0.05%상태
에서 왕복 4차선인 자동차 전용도로상의 2차선을 시속 70km(제한속도 시속 80km)
로 운전하고 있었다. 甲은 100m 전방에서 보행자 A가 무단으로 도로를 횡단하고
있는 것을 발견하고 "저놈 봐라!"하면서 속도를 줄이려 하였다. 하지만 甲은 조수석에
앉아 있던 乙이 "알아서 피할 테니까 걱정 말고 그대로 달리자."라는 말을 하자 이에
동조하여 그대로 달리다가 도로 중간지점에서 멈칫거리는 A를 자신의 차량과 충돌하
면서 A를 옆 차선인 1차선으로 튕겨나가게 하였다. 甲이 乙을 쳐다보면서 A를 내버려
두고 도망갈 듯한 태도를 취하자 乙은 고개를 끄떡이며 이에 동의하여 현장에서 도주
하였다. 이 사고로 인해 A는 전치 6주의 상해를 입었다. 甲과 乙의 죄책을 논하시오.
(20점) [2013 3차]

甲은 야간에 ○○아파트에서 단지 내 도로에서 잘못 주차해둔 자신의 쏘나타 승용차를 다른 곳으로 옮겨 주차시키려고 자동차운전면허 없이, 주취상태(알콜농도 0.15%)에서 전방주시를 태만히 한 채 운전하다가 피해자 A의 무릎을 위 승용차의 앞 범퍼로 들이받아 A로 하여금 약 3주간의 치료를 요하는 슬관절좌상 등을 입게 하였다. 甲은 택시 기사에게 A를 병원으로 이송하여 줄 것을 요청하였으나 A가 경찰관이 온 후 가겠다면서 112신고를 하자, 음주운전 발각을 피하기 위해 A의 일행 B에게 ○○아파트 105동 105호에 사는 甲이라고 인적사항을 알려준 다음 그곳을 떠났고, 그 직후 경찰관 P가 도착하여 A를 00병원으로 이송하여 치료받게 하였다. ○○아파트는 차단기가 설치되고 외부 차량의 진출입이 엄격히 통제되어 출입증이 부여되거나 관리인에 의해 방문차량임이 확인되지 않는 경우에는 단지 내 도로로 진입할 수 없다. 甲의 죄책은? (25점) [2019 1차]

운전면허정지처분을 받은 甲은 야간에 승용차를 운전하여 서울 외곽도로를 주행하던 중 신호로 정지 중인 A가 운전하는 승용차를 뒤에서 들이받았다(甲의 자동차는 종합보험에 가입되어 있다). 이로 인해 A의 승용차 뒷범퍼 부분이 심하게 파손되었고 A도 경추부 및 요추부 염좌상을 입고 승용차 안에 그대로 머물러 있었는데, 甲은 아무런 조치 없이 그대로 달아났고 뒤따른 트럭의 운전자가 A의 자동차를 발견하지 못하고 추돌하여 A는 그 자리에서 사망하고 말았다. 甲의 죄책은? (15점) [2017 3차]

어느 날 저녁 甲은 乙을 태우고 자신의 차를 운전하여 귀가하던 중 횡단보도를 건너던 보행자 A를 제대로 보지 못하고 충돌하여 A에게 상해를 입혔다. 그 순간 차의 뒷좌석에서 자다가 충돌 소리에 놀라 깨어난 乙은 甲이 A를 구호하기 위하여 하차하려 하는 것을 보고 甲에게 "주변에 아무도 없고, CCTV도 없다. 내가 운전할테니 도망가자"고 말하였고, 이에 甲은 乙이 운전하는 차를 타고 도주하였다. 甲과 乙의 죄책은? (15점) [2021 3차]

제2절 | 위험운전치사상 (제5조의11)

1. 관련 조문

> **제5조의11(위험운전 등 치사상)**
> ① 음주 또는 약물의 영향으로 정상적인 운전이 곤란한 상태에서 자동차(원동기장치자전거를 포함한다)를 운전하여 사람을 상해에 이르게 한 사람은 1년 이상 15년 이하의 징역 또는 1천만원 이상 3천만원 이하의 벌금에 처하고, 사망에 이르게 한 사람은 무기 또는 3년 이상의 징역에 처한다.[25] 〈개정 2018.12.18, 2020.2.4〉
> ② 음주 또는 약물의 영향으로 정상적인 운항이 곤란한 상태에서 운항의 목적으로 「해사안전법」 제41조제1항에 따른 선박의 조타기를 조작, 조작 지시 또는 도선하여 사람을 상해에 이르게 한 사람은 1년 이상 15년 이하의 징역 또는 1천만원 이상 3천만원 이하의 벌금에 처하고, 사망에 이르게 한 사람은 무기 또는 3년 이상의 징역에 처한다. 〈신설 2020.2.4.〉[26]

2. 주요 내용

(1) 주 체

본죄의 주체는 음주 또는 약물의 영향으로 정상적인 운전이 곤란한 상태에서 자동차(원동기장치자전거를 포함한다)를 운전한 자이다. 따라서 본죄는 업무상과실치사상죄와는 다른 형태의 신분범이라고 할 수 있다.

(2) 음주 또는 약물의 영향

본죄는 음주나 약물의 영향을 받아야 한다. 따라서 음주나 약물 이외에 과로, 질병, 그 밖의 사유가 있는 경우에는 도로교통법 제45조에 해당될 수 있음은 별론으로 하고 본죄의 주체는 되지 않는다.

(3) 음주로 인하여 정상적인 운전이 곤란한 상태

본죄가 성립하려면 음주의 영향으로 정상적인 운전이 곤란한 상태에 있어야 한다. 따라서 음주는 적어도 혈중알콜농도가 0.03% 이상인 경우를 의미한다고 볼 수 있다. 이에 관련하여 판례는 '음주로 인한 특정범죄가중처벌 등에 관한 법률 위반(위험운전치사상)죄는 도로교통법 위반(음주운전)죄의 경우와는 달리 형식적으로 혈중 알

---

25) 본조의 '음주 또는 약물의 영향으로 정상적인 운전이 곤란한 상태'부분은 명확성의 원칙과 관련하여 위헌법률심판이 제기되었으나 이에 헌법재판소는 합헌결정을 하였다(헌재 2009.5.28, 2008헌가11).
26) 2020년에 신설된 제5조의11 제2항은 시험에 출제될 가능성이 많지 않으므로 구체적인 설명은 하지 않는다. 〈신설이유〉음주 또는 약물의 영향으로 정상적인 운항이 곤란한 상태에서 운항의 목적으로 선박의 조타기를 조작, 조작 지시 또는 도선하여 사람을 상해 또는 사망에 이르게 한 사람에 대하여 위험운전 치사상죄에 준하여 처벌함으로써 선박의 음주운항 등에 대한 경각심을 제고하려는 것임.

코올농도의 법정 최저기준치를 초과하였는지 여부와는 상관없이 운전자가 음주의 영향으로 실제 정상적인 운전이 곤란한 상태에 있어야만 한다'라고 보고 있으며, 종래 실무상 혈중알콜농도가 0.10% 이상인 경우에 본죄로 의율하고 있었다.

(4) 약물로 인하여 정상적인 운전이 곤란한 상태

약물은 도로교통법 제45조에서 규정된 약물을 말한다. 도로교통법상 약물은 마약·대마·향정신성의약품과 그 밖에 안전행정부령으로 정하는 것을 말한다. 음주와 마찬가지로 '정상적인 운전이 곤란한 상태'에 있어야 하므로 이는 '정상적으로 운전하지 못할 우려가 있는 상태'와는 구별된다.

(5) 치사상의 결과의 발생

본죄가 성립하기 위하여는 상해나 사망의 결과가 발생하여야 한다. 그리고 음주나 약물로 인한 위험운전과 결과발생 사이에 인과관계가 요구된다. 업무상과실을 요하는지에 대하여 논의는 있으나, 판례는 '음주로 인한 특정범죄가중처벌 등에 관한 법률 위반(위험운전치사상)죄는 업무상과실치사상죄의 일종으로 구성요건적 행위와 그 결과 발생 사이에 인과관계가 요구된다'라고 하여 위험운전치사상죄는 업무상과실치사상죄의 특칙으로 보고 있으므로 업무상과실을 요구하는 것으로 보인다.

(6) 죄수 및 타죄와의 관계

1) 죄수판단의 기준 : 전속적 법익에 관한 죄이므로 위험운전으로 수인을 사상케 한 경우에는 피해자별로 범죄가 성립한다.

2) 교특법 위반죄와의 관계 : 형법 제268조의 죄를 범한 것을 내용으로 하는 교특법 위반죄와는 특별관계에 있으므로 위험운전치사상죄만 성립한다.

3) 음주운전죄와의 관계 : 위험운전치사상죄 이외에 음주운전죄가 성립하며 판례에 의하면 실체적 경합범이 된다.

4) 도교법상 업무상과실 재물손괴죄와의 관계 : 위험운전치사상죄 이외에 업무상과실 재물손괴죄가 성립하며, 판례에 의하면 상상적 경합범이 된다.

3. 관련 판례

〈전동킥보드와 같은 개인형 이동장치가 구「특정범죄 가중처벌 등에 관한 법률」제5조의11 제1항의 '원동기장치자전거'에 해당하는지 여부가 문제된 사건〉[1] 구 특정범죄 가중처벌 등에 관한 법률(2022. 12. 27. 법률 제19104호로 개정되기 전의 것, 이하 '구 특정범죄가중법'이라 한다) 제5조의3 제1항, 제5조의11 제1항은 음주 또는 약물의 영향으로 정상적인 운전이 곤란한 상태에서 도로교통법 제2조에 규정된 자동차 또는 원동기장치자전거를 운전하여 사람을 상해에 이르게 한 사람을 처벌하도록 규정하고 있다. 구 도로교통법(2020. 6. 9. 법률 제17371호로 개정되기 전의 것, 이하 '구 도로교통법'이라 한다) 제2조 제19호 (나)목은 '배기량 50시시 미만(전기를 동력으로 하는 경우에는 정격출력 0.59킬로와트 미만)의 원동기를 단 차(자전거 이용 활성화에 관한 법률 제2조 제1호의2에 따른 전기자전거는 제외한다)'를 원동기장치자전거 중 일부로 규정하였고, 전동킥보드는 위 규정에 따라 원동기장치자전거에 해당하였다. 그런데 구 도로교통법이 2020. 6. 9. 법률 제17371호로 개정되어 2020. 12. 10. 개정 도로교통법이 시행되면서 제2조 제19호의 2 및 제21호의2에서 전동킥보드와 같은 "개인형 이동장치"와 이를 포함하는 "자전거 등"에 관한 정의규정을 신설하였다. 이에 따라 개인형 이동장치는 개정 도로교통법 제2조 제21호의 "자동차 등"이 아닌 같은 조 제21호의2의 "자전거 등"에 해당하게 되었다. [2] 그러나 개정 도로교통법 제2조 제19호의2는 "개인형 이동장치"란 제19호 (나)목의 원동기장치자전거 중 시속 25킬로미터 이상으로 운행할 경우 전동기가 작동하지 아니하고 차체 중량이 30킬로그램 미만인 것으로서 행정안전부령으로 정하는 것을 말한다고 규정함으로써 그 문언상 원동기장치자전거 내에 개인형 이동장치가 포함되어 있음을 알 수 있다. 또한 개정 도로교통법 제17조 제1항, 제50조 제3항 등 여러 규정을 보더라도 개인형 이동장치가 원동기장치자전거 내에 포함됨을 전제로 이를 위 각 규정의 적용 대상에서 제외하는 방식을 취하고 있고, 개정 도로교통법 제13조의2, 제15조의2 등 기존의 자전거의 통행방법 등에 관한 규정에 개인형 이동장치까지 포함하도록 정하고 있다. 이러한 점을 고려하면 전동킥보드와 같은 개인형 이동장치는 원동기장치자전거와는 다른 별개의 개념이 아니라 원동기장치자전거에 포함되고, 다만 개정 도로교통법은 통행방법 등에 관하여 개인형 이동장치를 자전거에 준하여 규율하면서 입법기술상의 편의를 위해 이를 "자전거 등"으로 분류하였다고 보는 것이 타당하다. [3] 이러한 개정 도로교통법의 문언·내용·체계에다가 도로교통법 및 특정범죄가중법의 입법 목적과 보호법익, 전동킥보드와 같은 개인형 이동장치에 대한 특정범죄가중법상의 규율 및 처벌의 필요성 등을 고려해 보면, 구 특정범죄가중법 제5조의11 제1항에서의 '원동기장치자전거'에는 전동킥보드와 같은 개인형 이동장치도 포함된다고 판단되고, 비록 개정 도로교통법이 전동킥보드와 같은 개인형 이동장치에 관한 규정을 신설하면서 이를 "자동차 등"이 아닌 "자전거 등"으로 분류하였다고 하여 이를 형법 제1조 제2항의 '범죄 후 법률이 변경되어 그 행위가 범죄를 구성하지 아니하게 된 경우'라고 볼 수는 없다(대판 2023.6.29. 2022도13430).

〈음주운전죄와 위험운전치사상죄는 실체적 경합관계라는 판례〉 [1] 도로교통법 위반(음주운전)죄는 술에 취한 상태에서 자동차 등을 운전하는 행위를 처벌하면서, 술에 취한 상태를 인정하는 기준을 운전자의 혈중 알코올농도 0.05% 이상이라는 획일적인 수치로 규정하여, 운전자가 혈중 알코올농도의 최저기준치를 초과한 주취상태에서 자동차 등을 운전한 경우에는 구체적으로 정상적인 운전이 곤란한지 여부와 상관없이 이를 처벌대상으로 삼고 있는 바, 이는 위와 같은 혈중 알코올농도의 주취상태에서의 운전행위로 인하여 추상적으로 도로교통상의 위험이 발생한 것으로 봄으로써 도로에서 주취상태에서의 운전으로 인한 교통상의 위험과 장해를 방지하고 제거하여 안전하고 원활한 교통을 확보하는데 그 목적이 있다. 반면, 음주로 인한 특정범죄가중처벌 등에 관한 법률 위반(위험운전치사상)죄는 도로교통법 위반(음주운전)죄의 경우와는 달리 형식적으로 혈중 알코올농도의 법정 최저기준치를 초과하였는지 여부와는 상관없이 운전자가 음주의 영향으로 실제 정상적인 운전이 곤란한 상태에 있어야만 하고, 그러한 상태에서 자동차를 운전하다가 사람을 상해 또는 사망에 이르게 한 행위를 처벌대상으로 하고 있는 바,

이는 음주로 인한 특정범죄가중처벌 등에 관한 법률 위반(위험운전치사상)죄는 업무상과
실치사상죄의 일종으로 구성요건적 행위와 그 결과 발생 사이에 인과관계가 요구되기 때문
이다. [2] 위와 같이 음주로 인한 특정범죄가중처벌 등에 관한 법률 위반(위험운전치사
상)죄와 도로교통법 위반(음주운전)죄는 입법 취지와 보호법익 및 적용 영역을 달리하는
별개의 범죄로서 양 죄가 모두 성립하는 경우 두 죄는 실체적 경합관계에 있는 것으로
보아야 할 것이다(대판 2008.11.13. 2008도7143).

〈위험운전치사상죄가 성립하면 형법 제268조의 죄를 범한 것을 내용으로 하는 교통사고처리
특례법 위반죄는 그 죄에 흡수된다는 판례〉 [1] 교통사고로 인하여 업무상과실치상죄 또는
중과실치상죄를 범한 운전자에 대하여 피해자의 명시한 의사에 반하여 공소를 제기할
수 있는 교통사고처리특례법 제3조 제2항 단서 각 호의 사유는 같은 법 제3조 제1항
위반죄의 구성요건 요소가 아니라 그 공소제기의 조건에 관한 사유이다. 따라서 위 단서
각 호의 사유가 경합한다 하더라도 하나의 교통사고처리특례법 위반죄가 성립할 뿐,
그 각 호마다 별개의 죄가 성립하는 것은 아니다. [2] 음주로 인한 특정범죄가중처벌
등에 관한 법률 위반(위험운전치사상)죄는 그 입법 취지와 문언에 비추어 볼 때, 주취상
태의 자동차 운전으로 인한 교통사고가 빈발하고 그로 인한 피해자의 생명·신체에 대
한 피해가 중대할 뿐만 아니라, 사고발생 전 상태로의 회복이 불가능하거나 쉽지 않은
점 등의 사정을 고려하여, 형법 제268조에서 규정하고 있는 업무상과실치사상죄의 특례
를 규정하여 가중처벌함으로써 피해자의 생명·신체의 안전이라는 개인적 법익을 보호
하기 위한 것이다. 따라서 그 죄가 성립하는 때에는 차의 운전자가 형법 제268조의 죄를
범한 것을 내용으로 하는 교통사고처리특례법 위반죄는 그 죄에 흡수되어 별죄를 구성하지
아니한다(대판 2008.12.11. 2008도9182).

〈면허없이 술먹고 운전하면 무면허운전죄와 음주운전죄의 상상적 경합이 성립하고, 이러한
상태에서 앞차를 들이 받아 사람과 재물을 손괴했으면 위험운전치사상죄와 과실재물손괴죄
는 상상적 경합관계에 있으며, 양 상상적 경합관계에 있는 범죄들은 실체적 경합관계에 있다
는 판례〉 [1] 음주 또는 약물의 영향으로 정상적인 운전이 곤란한 상태에서 자동차를 운전
하여 사람을 상해에 이르게 함과 동시에 다른 사람의 재물을 손괴한 때에는 특정범죄가중
처벌 등에 관한 법률 위반(위험운전치사상)죄 외에 업무상과실 재물손괴로 인한 도로교통
법 위반죄가 성립하고, 위 두 죄는 1개의 운전행위로 인한 것으로서 상상적 경합관계에 있
다. [2] 자동차 운전면허 없이 술에 취하여 정상적인 운전이 곤란한 상태에서 차량을
운전하던 중 전방에 신호대기로 정차해 있던 화물차의 뒷부분을 들이받아 그 화물차가
밀리면서 그 앞에 정차해 있던 다른 화물차를 들이받도록 함으로써, 피해자에게 상해를
입게 함과 동시에 위 각 화물차를 손괴하였다는 공소사실에 대하여, 유죄로 인정되는
각 범죄 중 도로교통법 위반(음주운전)죄와 도로교통법 위반(무면허운전)죄 상호간만 상상
적 경합관계에 있고 특정범죄가중처벌 등에 관한 법률 위반(위험운전치사상)죄와 각 업무
상과실 재물손괴로 인한 도로교통법 위반죄는 실체적 경합관계라고 본 원심판결에 죄수관
계에 관한 법리를 오해한 위법이 있다고 한 사례(대판 2010.1.14. 2009도10845).

甲은 술을 마시고 혈중알코올농도 0.25%의 만취상태에서 승용차를 운전하여 가다가 보행신호에 따라 횡단보도를 걸어가고 있는 A를 승용차로 치어 A가 중상을 입고 도로 위에 쓰러졌다. 甲은 사고 신고를 받고 긴급출동한 경찰관 P에 의해 사고현장에서 체포되었고, A는 사고 직후 구급차에 실려 병원으로 후송되던 중 구급차가 교차로에서 신호를 무시하고 지나가는 트럭과 부딪혀 전복되는 바람에 그 충격으로 사망하고 말았다. 甲의 죄책은? (10점) [2014 변시]

甲은 자신의 차에 乙을 태우고 운전하여 친구 F의 산 속 별장으로 놀러가 같이 술을 마시던 중 바람 쐬러 나간 F가 계곡에 떨어져 심한 출혈을 하여 급히 병원으로 이송하지 않으면 사망에 이르게 될 상황이 되었다. 甲과 乙은 이미 상당량의 술을 마신 상태여서 119에 출동을 요청하였으나 출동하여 별장까지 오는 데에는 2시간이 소요되고, 별장에서 다시 병원까지 가는 데에 1시간이 소요되는 상황이었다. 乙은 만취상태였음에도 甲(알콜농도 0.18%)에게 "네가 운전하여 병원으로 데려가자. F를 살리는 방법은 이것밖에 없다"고 호소하였다. 이에 甲도 어쩔 수 없다고 생각하고 乙과 함께 F를 차에 태우고 병원으로 가던 중 부주의로 행인 A를 충격하여 상해를 입혔다. 甲은 A도 차에 태우고 병원에 도착하여 F와 A를 병원에 인계한 후 그간의 긴장을 이기지 못하고 응급실에서 실신하였다. 甲과 乙의 죄책은? (30점) [2021 3차]

제3절 | 민식이법 (제5조의13)

1. 관련 조문

〈특가법 제5조의13(민식이법)〉

제5조의13(어린이 보호구역에서 어린이 치사상의 가중처벌) 자동차(원동기장치자전거를 포함한다)의 운전자가 「도로교통법」 제12조제3항에 따른 어린이 보호구역에서 같은 조 제1항에 따른 조치를 준수하고 어린이의 안전에 유의하면서 운전하여야 할 의무를 위반하여 어린이(13세 미만인 사람을 말한다. 이하 같다)에게 「교통사고처리 특례법」 제3조제1항의 죄를 범한 경우에는 다음 각 호의 구분에 따라 가중처벌한다.

1. 어린이를 사망에 이르게 한 경우에는 무기 또는 3년 이상의 징역에 처한다.
2. 어린이를 상해에 이르게 한 경우에는 1년 이상 15년 이하의 징역 또는 500만원 이상 3천만원 이하의 벌금에 처한다. [본조신설 2019.12.24]

〈도로교통법 제158조의2(형의 감면)〉

긴급자동차(제2조제22호가목부터 다목까지의 자동차와 대통령령으로 정하는 경찰용 자동차만 해당한다)의 운전자가 그 차를 본래의 긴급한 용도로 운행하는 중에 교통사고를 일으킨 경우에는 그 긴급활동의 시급성과 불가피성 등 정상을 참작하여 제151조, 「교통사고처리 특례법」 제3조제1항 또는 「특정범죄 가중처벌 등에 관한 법률」 제5조의13에 따른 형을 감경하거나 면제할 수 있다. 〈개정 2021.1.12, 시행 2021. 5. 13.〉

2. 주요 내용

자동차의 운전자가 어린이 보호구역에서 어린이 안전에 유의하면서 운전하도록 함으로써 교통사고의 위험으로부터 어린이를 보호하기 위하여 자동차의 운전자가 어린이 보호구역에서 「도로교통법」 제12조제3항을 위반하여 어린이에게 「교통사고처리 특례법」 제3조제1항의 죄를 범한 경우 가중처벌할 수 있는 근거를 마련하기 위하여 신설하였다.

그리고 2021.1.12.의 도로교통법의 개정으로 소방차, 구급차, 혈액 공급차량 및 경찰용 긴급자동차의 경우 어린이 보호구역 내에서의 사고와 관련해서도 형을 감경 또는 면제할 수 있도록 하였다.

제2편

교통 관련 이외의 특별법

제1장 | 폭력행위 등 처벌에 관한 법률

☑ GUIDE |

본 장에서는 폭력행위 등 처벌에 관한 법률에 관한 내용을 정리한다.

제1절 폭처법의 목적 (제1조)

제2절 공동 폭행 등 죄와 누범가중죄 (제2조 제2항, 제3항, 제4항, 제3조 제4항)

제3절 기타의 범죄 (제4조, 제5조, 제7조)

제1절 | 폭처법의 목적 (제1조)

제1조 (목적)

이 법은 집단적 또는 상습적으로 폭력행위 등을 범하거나 흉기 또는 그 밖의 위험한 물건을 휴대하여 폭력행위 등을 범한 사람 등을 처벌함을 목적으로 한다.

제2절 | 공동 폭행 등 죄와 누범가중죄 [27]

I. 공동 폭행 등 죄

1. 관련 조문

제2조 (폭행등)

② 2명 이상이 공동하여 다음 각 호의 죄를 범한 사람은 형법 각 해당 조항에서 정한 형의 2분의 1까지 가중한다. [개정 2016.1.6.]

　1. 형법 제260조제1항(폭행), 제283조제1항(협박), 제319조(주거침입, 퇴거불응) 또는 제366조(재물손괴 등)의 죄

　2. 형법 제260조제2항(존속폭행), 제276조제1항(체포, 감금), 제283조제2항(존속협박) 또는 제324조제1항(강요)의 죄

　3. 형법 제257조제1항(상해)·제2항(존속상해), 제276조제2항(존속체포, 존속감금) 또는 는 제350조(공갈)의 죄

---

27) 2016.1.6.의 개정으로 상습폭행 등 죄는 삭제되었다.

2. 주요내용

(1) 8개 유형의 범죄

본죄는 형법상의 ① 제257조 제1항(상해)·제2항(존속상해) ② 제260조 제1항(폭행)·제2항(존속폭행) ③ 제283조 제1항(협박)·제2항(존속협박) ④ 제276조 제1항(체포, 감금)·제2항(존속체포, 존속감금) ⑤ 제324조 제1항(강요) ⑥ 제319조(주거침입, 퇴거불응) ⑦ 제350조(공갈) ⑧ 제366조(재물손괴등)의 8가지 범죄유형의 죄를 2명 이상이 공동하여 범한 자를 가중처벌하는 규정이다.

(2) '2명 이상이 공동하여'의 의미

'공동하여'의 의미에 대하여는 논의가 있지만, 판례는 기본적으로 형법상 합동범의 일반논리에 따라 현장설에 입각하여 판단하고 있으며, 합동범의 공동정범의 긍정논리에 따라 현장에 없는 자에게도 공동정범을 인정하고 있다.

3. 관련 판례

〈'2인 이상이 공동하여'라고 함은 그 수인간에 소위 공범관계가 존재하고, 또 수인이 동일 장소에서 동일 기회에 상호 다른 자의 범행을 인식하고 이를 이용하여 범행을 한 경우임을 요한다는 의미라는 판례〉 [1] 폭력행위등처벌에관한법률 제2조 제2항의 '2인 이상이 공동하여'라고 함은 그 수인간에 소위 공범관계가 존재하는 것을 요건으로 하고, 또 수인이 동일 장소에서 동일 기회에 상호 다른 자의 범행을 인식하고 이를 이용하여 범행을 한 경우임을 요한다. [2] 피고인이 피해자에 대하여 채권이 있다고 하더라도 그 권리행사를 빙자하여 사회통념상 용인되기 어려운 정도를 넘는 협박을 수단으로 상대방을 외포케 하여 재물의 교부 또는 재산상의 이익을 받았다면 공갈죄가 되는 것이다(대판 2000.2.25. 99도4305).

〈여러사람이 공모한 다음 그 중 2인 이상이 범행장소에서 범죄를 실행한 경우에는 범행장소에 가지 아니한 자도 공모공동정범이 성립한다는 판례〉 여러 사람이 폭력행위등처벌에관한법률 제2조 제1항에 열거된 죄를 범하기로 공모한 다음 그 중 2인 이상이 범행장소에서 범죄를 실행한 경우에는 범행장소에 가지 아니한 자도 같은 법 제2조 제2항에 규정된 죄의 공모공동정범으로 처벌할 수 있다(대판 1996.12.10. 96도2529). [COMMENT] 본 판례는 일응 합동범의 공동정범을 인정하는 것과 동일한 논리이다.

〈수인이 합세하여 그 중 몇 사람이 피해자에게 폭행을 가했어도 이에 가세하지 아니하고 적극적으로 그 폭행을 만류한 자는 공범관계를 인정할 수 없다는 판례〉 폭력행위등처벌에관한법률 제2조 제2항 소정의 2인 이상이 공동하여 죄를 범한 때라고 함은 그 수인 사이에 그 범행에 관하여 공범관계가 있음을 요건으로 하는 것으로서 수인이 동일한 장소에서 동일한 기회에 서로 다른 자의 범행을 인식하고 이를 이용하여 피해자에게 범행을 한 경우를 말하는 것이므로 수인이 합세하여 피해자와 언쟁을 하다가 그중 몇 사람이 피해자에게 폭행을 가하였다고 하여도 그 일행 중에서 폭행행위를 조장하거나 또는 이에 가세하지 아니하고 적극적으로 그 폭행을 만류한 자에 대하여는 그 폭행에 대한 공범관계를 인정할 수 없다(대판 1990.10.23. 90도1925).

〈폭처법상 공동의 의미〉 폭력행위등처벌에관한법률 제2조 제2항의 "2인 이상이 공동하여 전항 게기의 죄를 범한 때"라고 함은 그 수인간에 소위 공범관계가 존재하는 것을 요건으로 하는 것이고 수인이 동일 장소에서 동일 기회에 상호 다른자의 범행을 인식하고 이를 이용하여 범행을 한 경우임을 요한다고 할 것이므로 폭행의 실행범과의 공모사실은 인정되나 그와 공동하여 범행에 가담하였거나 범행장소에 있었다고 인정되지 아니하는 경우에는 "공동하여" 죄를 범한 때에 해당하지 아니한다(대판 1990.10.30. 90도2022).

〈피고인들 중 1인이 피해자를 폭행하고 나머지는 이를 휴대전화로 촬영하거나 지켜본 것이 공동폭행에 해당하는지 문제된 사건〉 폭력행위 등 처벌에 관한 법률 제2조 제2항 제1호의 '2명 이상이 공동하여 폭행의 죄를 범한 때'란 수인 사이에 공범관계가 존재하고, 수인이 동일 장소에서 동일 기회에 상호 다른 자의 범행을 인식하고 이를 이용하여 폭행의 범행을 한 경우임을 요한다. 따라서 폭행 실행범과의 공모사실이 인정되더라도 그와 공동하여 범행에 가담하였거나 범행장소에 있었다고 인정되지 아니하는 경우에는 공동하여 죄를 범한 때에 해당하지 않고, 여러 사람이 공동하여 범행을 공모하였다면 그중 2인 이상이 범행장소에서 실제 범죄의 실행에 이르렀어야 나머지 공모자에게도 공모공동정범이 성립할 수 있을 뿐이다(대판 2023.8.31. 2023도6355).

甲은 자기의 여동생이 A에게 강간당한 사실을 알고 여동생의 남자친구 乙과 함께 새벽 4시경에 A의 오피스텔을 찾아갔으나, A의 오피스텔 호실을 잘못 알고 B의 오피스텔로 가서 문을 두드리고 B가 놀라 문을 열자마자 이들은 B를 A로 오인하고 복도로 끌어내 주먹질과 발길질을 해대며 마구 때렸다. 그러다가 甲과 乙은 B가 A가 아님을 알고 때리던 것을 중단하고 도주하였다. 甲과 乙의 구타 과정에서 B는 복도 벽에 부딪혀 뇌 손상을 입고 병원에 입원하여 수술을 받던 중 사망하였다. 甲과 乙의 죄책은? (10점) [2021 2차]

甲은 乙과 같이 B를 살해하기로 공모하고 살해에 필요한 제초제를 구입한 후 B가 식사하고 있는 X식당에 들어가 B가 잠시 화장실에 간 틈을 이용하여 甲은 망을 보고 乙은 준비한 제초제를 B의 맥주잔에 넣었다. 그러나 B는 그 맥주를 마시고도 그날 밤 경미한 복통을 앓았을 뿐이었다. 그 제초제는 신개발품으로 제초제병 라벨에 '사람에게 거의 무해하지만 복통 등의 경미한 부작용이 있을 수 있음'이라는 주의문자가 크게 쓰여 있었으나, 이를 읽지 않은 甲과 乙은 사람에게 치명적일 것이라고 생각하고 B에게 마시게 한 것이었다. 甲과 乙의 죄책은? (20점) [2022 1차]

Ⅱ. 8유형의 범죄에 대한 단순 누범 가중죄

1. 관련 조문

> **제2조 (폭행등)**
> ③ 이 법(형법 각 해당 조항 및 각 해당 조항의 상습범, 특수범, 상습특수범, 각 해당 조항의 상습범의 미수범, 특수범의 미수범, 상습특수범의 미수범을 포함한다)을 위반하여 2회 이상 징역형을 받은 사람이 다시 제2항 각 호에 규정된 죄를 범하여 누범(累犯)으로 처벌할 경우에는 다음 각 호의 구분에 따라 가중처벌한다. [개정 2016.1.6.]
> 　1. 제2항제1호에 규정된 죄를 범한 사람 : 7년 이하의 징역
> 　2. 제2항제2호에 규정된 죄를 범한 사람 : 1년 이상 12년 이하의 징역
> 　3. 제2항제3호에 규정된 죄를 범한 사람 : 2년 이상 20년 이하의 징역

2. 주요내용

(1) 취 지

폭처법위반이나 8가지 불법유형의 범죄로 2회 이상 징역형을 받은 자가 8가지 불법유형의 범죄를 다시 범하여 누범이 되는 경우에 가중처벌하려는데 그 입법취지가 있다. 주의할 점은 8가지 불법유형의 죄 중 특수범죄를 범한 경우에는 제3조 제4항의 누범으로 더 가중처벌된다.

(2) 처벌된 범죄의 유형의 범위

① 폭처법위반의 범죄를 범한 경우 ② 형법상의 8가지 불법유형의 범죄를 범한 경우 ③ 형법상의 8가지 불법유형의 상습범, 특수범, 상습특수범 및 각 미수범의 범죄를 범한 경우를 포함한다.

(3) 2회 이상 징역형을 받은 자

폭처법위반의 범죄 또는 8가지 불법유형의 범죄로 인하여 2회 이상 징역형을 받은 자이어야 한다.

(4) 8유형의 범죄와 누범

8유형의 범죄를 범하고, 형법 제35조의 누범의 요건을 구비하여야 한다.

(5) 처 벌

1) 형법 제260조 제1항(폭행), 제283조 제1항(협박), 제319조(주거침입, 퇴거불응) 또는 제366조(재물손괴 등)의 죄를 범한 자는 7년 이하의 징역에 처한다.

2) 형법 제260조 제2항(존속폭행), 제276조 제1항(체포, 감금), 제283조 제2항(존속협박) 또는 제324조 제1항(강요)의 죄를 범한 자는 1년 이상 12년 이하의 징역에 처한다.

3) 형법 제257조 제1항(상해)·제2항(존속상해), 제276조 제2항(존속체포, 존속감금) 또는 제350조(공갈)의 죄를 범한 자는 2년 이상 20년 이하의 징역에 처한다.

3. 관련 판례

〈형의 실효 등에 관한 법률에 따라 형이 실효된 경우, 그 전과를 폭력행위 등 처벌에 관한 법률 제2조 제3항의 '징역형을 받은 경우'라고 할 수 없다는 판례〉 폭력행위 등 처벌에 관한 법률(이하 '폭력행위처벌법'이라 한다) 제2조 제3항은 "이 법(형법 각 해당 조항 및 각 해당 조항의 상습범, 특수범, 상습특수범, 각 해당 조항의 상습범의 미수범, 특수범의 미수범, 상습특수범의 미수범을 포함한다)을 위반하여 2회 이상 징역형을 받은 사람이 다시 제2항 각 호에 규정된 죄를 범하여 누범으로 처벌할 경우에는 다음 각 호의 구분에 따라 가중처벌한다."라고 규정하고 있다. 그런데 형의 실효 등에 관한 법률에 따라 형이 실효된 경우에는 형의 선고에 의한 법적 효과가 장래를 향하여 소멸하므로 형이 실효된 후에는 그 전과를 폭력행위처벌법 제2조 제3항에서 말하는 '징역형을 받은 경우'라고 할 수 없다(대판 2016.6.23. 2016도5032).

〈형법 제65조에서 '형의 선고가 효력을 잃는다'는 의미 및 형법 제65조에 따라 형의 선고가 효력을 잃는 경우, 그 전과를 폭력행위 등 처벌에 관한 법률 제2조 제3항의 '징역형을 받은 경우'라고 할 수 없다는 판례〉 형법 제65조는 "집행유예의 선고를 받은 후 그 선고의 실효 또는 취소됨이 없이 유예기간을 경과한 때에는 형의 선고는 효력을 잃는다."라고 규정하고 있다. 여기서 '형의 선고가 효력을 잃는다'는 의미는 형의 실효와 마찬가지로 형의 선고에 의한 법적 효과가 장래를 향하여 소멸한다는 취지이다. 따라서 <u>형법 제65조에 따라 형의 선고가 효력을 잃는 경우에도 그 전과는 폭력행위 등 처벌에 관한 법률 제2조 제3항에서 말하는 '징역형을 받은 경우'라고 할 수 없다</u>(대판 2016.6.23. 2016도5032).

〈징역형의 실효기간이 경과하기 전에 별도의 집행유예 선고가 있었으나 집행유예가 실효 또는 취소됨이 없이 유예기간이 경과하였고 그 무렵 집행유예 전에 선고되었던 징역형도 자체의 실효기간이 경과한 경우, 그 징역형이 폭력행위 등 처벌에 관한 법률 제2조 제3항의 '징역형을 받은 경우'에 해당하지 않는다는 판례〉 어느 징역형의 실효기간이 경과하기 전에 별도의 집행유예 선고가 있었지만 집행유예가 실효 또는 취소됨이 없이 유예기간이 경과하였고 그 무렵 집행유예 전에 선고되었던 징역형도 자체의 실효기간이 경과하였다면 그 징역형 역시 실효되어 폭력행위 등 처벌에 관한 법률 제2조 제3항에서 말하는 '징역형을 받은 경우'에 해당한다고 할 수 없다(대판 2016.6.23. 2016도5032).

Ⅲ. 반의사불벌죄에 대한 특칙

1. 관련 조문

> 제2조 (폭행등)
> ④ 제2항 및 제3항의 경우에는 형법 제260조제3항 및 제283조제3항을 적용하지 아니한다.

2. 주요 내용

8가지 불법유형의 범죄 중 형법상 반의사불벌죄인 제260조 제1항(폭행)·제2항(존속폭행), 제283조 제1항(협박)·제2항(존속협박)의 죄를 2인 이상이 공동하여 범한 경우와 2회 이상의 징역형을 받고 누범을 범한 자에게는 반의사불벌죄 규정을 적용하지 아니한다. 따라서 폭처법상의 모든 죄는 반의사불벌죄가 아니다.

Ⅳ. 8유형의 범죄에 대한 특수 누범 가중죄

1. 관련 조문

> 제3조 (집단적 폭행 등)
> ④ 이 법(형법 각 해당 조항 및 각 해당 조항의 상습범, 특수범, 상습특수범, 각 해당 조항의 상습범의 미수범, 특수범의 미수범, 상습특수범의 미수범을 포함한다)을 위반하여 2회 이상 징역형을 받은 사람이 다시 다음 각 호의 죄를 범하여 누범으로 처벌할 경우에는 다음 각 호의 구분에 따라 가중처벌한다. [개정 2014.12.30, 2016.1.6.]
> 　1. 형법 제261조(특수폭행)(제260조제1항의 죄를 범한 경우에 한정한다), 제284조(특수협박)(제283조제1항의 죄를 범한 경우에 한정한다), 제320조(특수주거침입) 또는 제369조제1항(특수손괴)의 죄 : 1년 이상 12년 이하의 징역
> 　2. 형법 제261조(특수폭행)(제260조제2항의 죄를 범한 경우에 한정한다), 제278조(특수체포, 특수감금)(제276조제1항의 죄를 범한 경우에 한정한다), 제284조(특수협박)(제283조제2항의 죄를 범한 경우에 한정한다) 또는 제324조제2항(강요)의 죄 : 2년 이상 20년 이하의 징역
> 　3. 형법 제258조의2제1항(특수상해), 제278조(특수체포, 특수감금)(제276조제2항의 죄를 범한 경우에 한정한다) 또는 제350조의2(특수공갈)의 죄 : 3년 이상 25년 이하의 징역

2. 주요 내용

(1) 취 지

폭처법위반 범죄와 8가지 불법유형의 범죄로 2회 이상 징역형을 받은 자가 8가지 불법유형의 특수범죄를 다시 범하여 누범이 되는 경우에 가중처벌하려는데 그 입법취지가 있다.

(2) 처벌된 범죄의 유형의 범위

① 폭처법위반의 범죄를 범한 경우 ② 형법상의 8가지 불법유형의 범죄를 범한 경우 ③ 형법상의 8가지 불법유형의 상습범, 특수범, 상습특수범 및 각 미수범의 범죄를 범한 경우를 포함한다.

(3) 2회 이상 징역형을 받은 자

폭처법위반 범죄와 8가지 불법유형의 범죄로 인하여 2회 이상 징역형을 받은 자이어야 한다.

(4) 8유형의 특수범죄와 누범

8유형의 특수범죄를 범하고, 형법 제35조의 누범의 요건을 구비하여야 한다.

(5) 처 벌

1) 형법 제261조(특수폭행)(제260조 제1항의 죄를 범한 경우에 한정한다), 제284조 (특수협박)(제283조 제1항의 죄를 범한 경우에 한정한다), 제320조(특수주거침입) 또는 제369조 제1항(특수손괴)의 죄를 범한 자는 1년 이상 12년 이하의 징역에 처한다.

2) 형법 제261조(특수폭행)(제260조 제2항의 죄를 범한 경우에 한정한다), 제278조 (특수체포, 특수감금)(제276조 제1항의 죄를 범한 경우에 한정한다), 제284조(특수협박)(제283조 제2항의 죄를 범한 경우에 한정한다) 또는 제324조 제2항(강요)의 죄를 범한 자는 2년 이상 20년 이하의 징역에 처한다.

3) 형법 제258조의2 제1항(특수상해), 제278조(특수체포, 특수감금)(제276조 제2항의 죄를 범한 경우에 한정한다) 또는 제350조의2(특수공갈)의 죄를 범한 자는 3년 이상 25년 이하의 징역에 처한다.

제3절 | 기타의 범죄

I. 범죄단체 등의 구성·활동 (제4조)

제4조 (단체 등의 구성·활동)
① 이 법에 규정된 범죄를 목적으로 하는 단체 또는 집단을 구성하거나 그러한 단체 또는 집단에 가입하거나 그 구성원으로 활동한 사람은 다음 각 호의 구분에 따라 처벌한다.
  1. 수괴(首魁) : 사형, 무기 또는 10년 이상의 징역
  2. 간부 : 무기 또는 7년 이상의 징역
  3. 수괴·간부 외의 사람 : 2년 이상의 유기징역
② 제1항의 단체 또는 집단을 구성하거나 그러한 단체 또는 집단에 가입한 사람이 단체 또는 집단의 위력을 과시하거나 단체 또는 집단의 존속·유지를 위하여 다음 각 호의 어느 하나에 해당하는 죄를 범하였을 때에는 그 죄에 대한 형의 장기(長期) 및 단기(短期)의 2분의 1까지 가중한다. [개정 2016.1.6.]
  1. 형법에 따른 죄 중 다음 각 목의 죄
    가. 형법 제8장 공무방해에 관한 죄 중 제136조(공무집행방해), 제141조(공용서류 등의 무효, 공용물의 파괴)의 죄
    나. 형법 제24장 살인의 죄 중 제250조제1항(살인), 제252조(촉탁, 승낙에 의한 살인 등), 제253조(위계 등에 의한 촉탁살인 등), 제255조(예비, 음모)의 죄
    다. 형법 제34장 신용, 업무와 경매에 관한 죄 중 제314조(업무방해), 제315조(경매, 입찰의 방해)의 죄
    라. 형법 제38장 절도와 강도의 죄 중 제333조(강도), 제334조(특수강도), 제335조(준강도), 제336조(인질강도), 제337조(강도상해, 치상), 제339조(강도강간), 제340조제1항(해상강도)·제2항(해상강도상해 또는 치상), 제341조(상습범), 제343조(예비, 음모)의 죄
  2. 제2호 또는 제3호의 죄(형법 각 해당 조항의 상습범, 특수범, 상습특수범을 포함한다)
③ 타인에게 제1항의 단체 또는 집단에 가입할 것을 강요하거나 권유한 사람은 2년 이상의 유기징역에 처한다.
④ 제1항의 단체 또는 집단을 구성하거나 그러한 단체 또는 집단에 가입하여 그 단체 또는 집단의 존속·유지를 위하여 금품을 모집한 사람은 3년 이상의 유기징역에 처한다.

〈**폭력행위 등 처벌에 관한 법률 제4조 제1항 제1호, 제2호에서 말하는 '수괴' 및 '간부'의 의미에 관한 판례**〉 폭력행위 등 처벌에 관한 법률(이하 '폭력행위처벌법'이라 한다) 제4조 제1항 제1호에서 말하는 '수괴'란 범죄단체의 우두머리로 단체의 활동을 지휘·통솔하는 자를 가리키는 것으로서, '수괴'는 반드시 1인일 필요가 없고 2인 이상의 수괴가 역할을 분담하여 활동할 수도 있는 것이어서, 범죄단체의 배후에서 일체의 조직활동을 지휘하는 자와 전면에서 단체 구성원의 통솔을 담당하는 자로 역할을 분담하고 있는 경우 양인

을 모두 범죄단체의 수괴로 인정할 수 있다. 한편 폭력행위처벌법 제4조 제1항 제2호에서 말하는 '간부'란 수괴의 지휘 등을 받아 말단 조직원을 지휘·통솔하는 자를 일컫는다 (대판 2015.5.28. 2014도18006).

〈범죄단체를 구성하거나 이에 가입한 자가 더 나아가 구성원으로 활동하는 경우, 이는 포괄일죄의 관계에 있다는 판례〉 [1] 폭력행위 등 처벌에 관한 법률 제4조 제1항은 그 법에 규정된 범죄행위를 목적으로 하는 단체를 구성하거나 이에 가입하는 행위 또는 구성원으로 활동하는 행위를 처벌하도록 정하고 있는데, 이는 구체적인 범죄행위의 실행 여부를 불문하고 범죄행위에 대한 예비·음모의 성격이 있는 범죄단체의 생성 및 존속 자체를 막으려는 데 입법 취지가 있다. 또한 위 조항에서 말하는 범죄단체 구성원으로서의 활동이란 범죄단체의 내부 규율 및 통솔 체계에 따른 조직적·집단적 의사 결정에 기초하여 행하는 범죄단체의 존속·유지를 지향하는 적극적인 행위를 일컫는다. [2] 그런데 범죄단체의 구성이나 가입은 범죄행위의 실행 여부와 관계없이 범죄단체 구성원으로서의 활동을 예정하는 것이고, 범죄단체 구성원으로서의 활동은 범죄단체의 구성이나 가입을 당연히 전제로 하는 것이므로, 양자는 모두 범죄단체의 생성 및 존속·유지를 도모하는, 범죄행위에 대한 일련의 예비·음모 과정에 해당한다는 점에서 범의의 단일성과 계속성을 인정할 수 있을 뿐만 아니라 피해법익도 다르지 않다. 따라서 범죄단체를 구성하거나 이에 가입한 자가 더 나아가 구성원으로 활동하는 경우, 이는 포괄일죄의 관계에 있다(대판 2015.9.10. 2015도7081).

Ⅱ. 단체 등의 이용·지원 죄 (제5조)

제5조 (단체 등의 이용·지원)
① 제4조제1항의 단체 또는 집단을 이용하여 이 법이나 그 밖의 형벌 법규에 규정된 죄를 범하게 한 사람은 그 죄에 대한 형의 장기 및 단기의 2분의 1까지 가중한다.
② 제4조제1항의 단체 또는 집단을 구성하거나 그러한 단체 또는 집단에 가입하지 아니한 사람이 그러한 단체 또는 집단의 구성·유지를 위하여 자금을 제공하였을 때에는 3년 이상의 유기징역에 처한다.

Ⅲ. 미수범 (제6조)

제6조 (미수범)
제2조, 제3조, 제4조제2항[형법 제136조, 제255조, 제314조, 제315조, 제335조, 제337조(강도치상의 죄에 한정한다), 제340조제2항(해상강도치상의 죄에 한정한다) 또는 제343조의 죄를 범한 경우는 제외한다] 및 제5조의 미수범은 처벌한다.

Ⅳ. 우범자 (제7조)

1. 관련 조문

> **제7조 (우범자)**
> 정당한 이유 없이 이 법에 규정된 범죄에 공용(供用)될 우려가 있는 흉기나 그 밖의 위험한 물건을 휴대하거나 제공 또는 알선한 사람은 3년 이하의 징역 또는 300만원 이하의 벌금에 처한다.

2. 관련 판례

〈**폭력행위처벌법 제7조에서 말하는 '이 법에 규정된 범죄'란 '폭력행위처벌법에 규정된 범죄'만을 의미한다는 판례**〉 [1] 헌법재판소는 구 폭력행위 등 처벌에 관한 법률(2006. 3. 24. 법률 제7891호로 개정되고 2014. 12. 30. 법률 제12896호로 개정되기 전의 것) 제3조 제1항 중 "흉기 기타 위험한 물건을 휴대하여 형법 제260조 제1항(폭행), 제283조 제1항(협박), 제366조(재물손괴등)의 죄를 범한 자"에 관한 부분과 구 폭력행위 등 처벌에 관한 법률(2014. 12. 30. 법률 제12896호로 개정된 것) 제3조 제1항 중 "흉기 기타 위험한 물건을 휴대하여 형법 제260조 제1항(폭행), 제283조 제1항(협박), 제366조(재물손괴등)의 죄를 범한 자"에 관한 부분에 대해서 형법과 같은 구성요건을 정하면서도 법정형만 상향한 것은 형벌체계의 정당성과 균형을 잃어 헌법의 기본원리에 위배되고 평등의 원칙에 위반된다는 이유로 위헌으로 결정하였다. [2] 이러한 헌법재판소의 위헌결정에 따라 위헌결정 대상조항과 이와 유사한 가중처벌 규정을 둔 조항을 정비하기 위하여 2016. 1. 6. 법률 제13718호로 폭력행위 등 처벌에 관한 법률(이하 '폭력행위처벌법'이라 한다)이 일부 개정되어 같은 날 시행되었다. 이로써 형법상 폭력범죄는 폭력행위처벌법이 정한 별도의 구성요건을 충족하지 않으면 폭력행위처벌법에 따라 처벌할 수 없게 되었다. [3] 그리고 폭력행위처벌법 제7조는 "정당한 이유 없이 이 법에 규정된 범죄에 공용될 우려가 있는 흉기나 그 밖의 위험한 물건을 휴대하거나 제공 또는 알선한 사람은 3년 이하의 징역 또는 300만 원 이하의 벌금에 처한다."라고 정하고 있는데, 이러한 폭력행위처벌법위반(우범자)죄는 대상범죄인 '이 법에 규정된 범죄'의 예비죄로서의 성격을 지니고 있다. [4] 위와 같은 <u>형벌규정 해석에 관한 일반적 법리와 폭력행위처벌법의 개정경위와 내용, 폭력행위처벌법 제7조의 문언, 내용과 체계 등에 비추어 보면, 폭력행위처벌법 제7조에서 말하는 '이 법에 규정된 범죄'는 '폭력행위처벌법에 규정된 범죄'만을 말한다고 해석함이 타당하다</u>(대판 2018.1.24. 2017도15914).

〈**정당한 이유없이 폭력범죄에 공용될 우려가 있는 흉기를 휴대하였다면 구체적인 범죄행위가 없었어도 폭처법 제7조에 해당한다는 판례**〉 [1] 흉기를 휴대하고 다방에 모여 강도예비를 하였다는 공소사실을 정당한 이유없이 폭력범죄에 공용될 우려가 있는 흉기를 휴대하고 있었다는 폭력행위등처벌에관한법률 제7조 소정의 죄로 공소장 변경을 하였다면, 그 변경전의 공소사실과 변경후의 공소사실은 그 기본적 사실이 동일하므로 공소장변경은 적법하다. [2] 정당한 이유없이 폭력범죄에 공용될 우려가 있는 흉기를 휴대하고 있었다면 다른 구체적인 범죄행위가 없다 하더라도 그 휴대행위 자체에 의하여 폭력행위등처벌에관한법률 제7조에 규정한 죄의 구성요건을 충족한다(대판 1987.1.20. 86도2396).

제2장 | 성폭법과 아청법

☑ GUIDE |

본 장에서는 성폭력범죄와 관련된 법률인 성폭력범죄의 처벌 등에 관한 특례법과 아동·청소년의 성보호에 관한 법률을 정리한다.

제1절 | 성폭력범죄의 정의 (제2조)

제2조 (정의)

① 이 법에서 "성폭력범죄"란 다음 각 호의 어느 하나에 해당하는 죄를 말한다.

　1. 형법제2편제22장 성풍속에 관한 죄 중 제242조(음행매개), 제243조(음화반포등), 제244조(음화제조등) 및 제245조(공연음란)의 죄

　2. ── (범죄의 양이 너무 많아 생략함)

　3. 형법제2편제32장 강간과 추행의 죄 중 제297조(강간), 제297조의2(유사강간), 제298조(강제추행), 제299조(준강간, 준강제추행), 제300조(미수범), 제301조(강간등 상해·치상), 제301조의2(강간등 살인·치사), 제302조(미성년자등에 대한 간음), 제303조(업무상위력등에 의한 간음) 및 제305조(미성년자에 대한 간음, 추행)의 죄

　4. 형법 제339조(강도강간)의 죄 및 제342조(제339조의 미수범으로 한정한다)의 죄

　5. 이 법 제3조(특수강도강간 등)부터 제15조(미수범)까지의 죄

② 제1항 각 호의 범죄로서 다른 법률에 따라 가중처벌되는 죄는 성폭력범죄로 본다.

제2절 | 주거침입강간 등 죄 (제3조)

I. 제3조 제1항 (주거침입강간 등 죄)

1. 관련 조문

> **제3조 (특수강도강간 등)**
> ① 형법 제319조제1항(주거침입), 제330조(야간주거침입절도), 제331조(특수절도) 또는 제342조(미수범. 다만, 제330조 및 제331조의 미수범으로 한정한다)의 죄를 범한 사람이 같은 법 제297조(강간), 제297조의2(유사강간), 제298조(강제추행) 및 제299조(준강간, 준강제추행)의 죄를 범한 경우에는 무기징역 또는 7년 이상의 징역에 처한다.

2. 주요 내용

본죄는 주거침입(기수에 한한다), 야간주거침입절도(미수 포함), 특수절도(미수 포함)범이 강간, 유사강간, 강제추행, 준강간, 준강제추행을 한 경우에 행위태양의 불법이 가중되어 가중처벌하는 규정이다. 즉 5개의 주체 유형이 5개의 범죄를 범할 수 있도록 되어 있으므로 그 범죄유형은 모두 25개가 된다.

이와 관련하여 최근 헌법재판소는 주거침입강제추행죄 및 주거침입준강제추행죄에 대하여 무기징역 또는 7년 이상의 징역에 처하도록 한 성폭법 제3조 제1항이 헌법에 위반된다는 결정을 하였다.

3. 관련 판례

〈**주거침입강제추행죄 및 주거침입준강제추행죄에 대하여 무기징역 또는 7년 이상의 징역에 처하도록 한 성폭법 제3조 제1항이 헌법에 위반된다는 헌재 결정**〉 [1] 형법상 주거침입죄에 해당하는 경우는 일상적 숙식의 공간인 좁은 의미의 주거에 대한 침입에 한정되지 않으며, 행위자가 침입한 공간이 일반적으로는 개방되어 있는 건조물이지만 관리자의 묵시적 의사에 반하여 들어간 경우도 포함되는 등 그 행위 유형의 범위가 넓다. 주거침입강제추행·준강제추행죄에서 문제 되는 '추행행위'에는 '강간·준강간' 및 '유사강간·준유사강간'에 해당하는 행위는 포함되지 않으며, 유형력 행사의 대소강약이 문제되지 않는 '기습추행'이 포함되는 등 그 행위 유형이 다양하다. 이처럼 주거침입죄와 강제추행·준강제추행죄는 모두 행위 유형이 매우 다양한바, 이들이 결합된다고 하여 행위 태양의 다양성이 사라지는 것은 아니므로, 그 법정형의 폭은 개별적으로 각 행위의 불법성에 맞는 처벌을 할 수 있는 범위로 정할 필요가 있다. [2] 심판대상조항은 법정형의 하한을 '징역 5년'으로 정하였던 2020. 5. 19. 개정 이전의 구 성폭력처벌법 제3조 제1항과 달리 그 하한을 '징역 7년'으로 정함으로써, 주거침입의 기회에 행해진 강제추행 또는 준강제추행의 경우에는 다른 법률상 감경사유가 없는 한 법관이 정상참작감경을 하더라도 집행유예를 선고할 수 없도록 하였다. 이에 따라 주거침입의 기회에 행해진 강제추행 또는 준강제추행의 불법과 책임의 정도가 아무리 경미한 경우라고 하더라도, 다른 법률상 감경사유가 없으면 일률적으로 징역 3년 6월 이상의 중형에 처할 수밖에 없게 되어, 형벌개별화의 가능성이 극도로 제한된다. [3] 주거침입죄를 범한 사람이 그 기회에 성폭력범죄를 행하는 경우는 전반적으로 불법과 책임이 중하게 평가되고, 강제추행 또는 준강제추행의 행위 중에서도 강간이나 유사강간을 한 경우 못지않게 죄질이 나쁜 경우가 있을 수도 있다. <u>이에 심판대상조항은 법정형의 '상한'을 무기징역으로 높게 규정함으로써 불법과 책임이 중대한 경우에는 그에 상응하는 형을 선고할 수 있도록 하고 있다. 그럼에도 불구하고 법정형의 '하한'을 일률적으로 높게 책정하여 경미한 강제추행 또는 준강제추행의 경우까지 모두 엄하게 처벌하는 것은 책임주의에 반한다.</u> [4] 법관의 양형재량은 입법자가 정한 법정형의 범위 내에서 인정되는 것이지만, 법관에게 양형재량을 부여한 취지는 개별 사건에서 범죄행위자의 책임에 상응하는 형벌을 부과하도록 하여 형벌개별화를 실질적으로 구현하도록 하려는 것이다. 그런데 법정형이 과중한 나머지 선고형이 사실상 법정형의 하한에서 1회 감경한 수준의 형량으로 수렴된다면, 이는 실질적으로 형벌이 구체적인 책임에 맞게 개별화되는 것이 아니라 획일화되는 결과를 야기할 수 있고, 경우에 따라서는 법관의 양형을 전제로 하는 법정형의 기능이 상실될 수도 있다. [5] 법관의 양형과정을 통한 형벌개별화에 대한 제약이 지나치게 커지면, 법원의 재판뿐만 아니라 수사기관의 수사 등 형사사법절차 전반에 범죄의 성립 범위에 대한 자의적인 법해석과 적용을 유발할 위험이 커진다는 점도 고려할 필요가 있다. [6] 집행유예는 재범의 방지라는 특별예방의 측면에서 운용되는 대표적인 제도인데, 심판대상조항은 경미한 주거침입강제추행·준강제추행죄를 범한 경우에도 이러한 제도를 활용하여 특별예방효과를 제고할 수 있는 가능성을 극도로 제약하고 있다. 성폭력처벌법에서 규정한 주거침입강제추행·준강제추행죄의 경우 다양한 추행행위 중 그 불법과 책임의 정도가 경미한 사안에 대해서는, 형의 집행을 유예하더라도 재범 예방을 위한 적절한 조치를 취할 수 있는 장치가 마련되어 있다. 개별 사건에서 법관 양형은 재범 예방을 위한 다양한 제도까지 두루 고려하여 행위자의 책임에 걸맞게 이루어질 수 있어야 한다. <u>[7] 심판대상조항은 그 법정형이 형벌 본래의 목적과 기능을 달성함에 있어 필요한 정도를 일탈하였고, 각 행위의 개별성에 맞추어 그 책임에 알맞은 형을 선고할 수 없을 정도로 과중하므로 책임과 형벌 간의 비례원칙에 위배된다</u>(헌재결 2023.2.23. 2021헌가9).

〈엘리베이터 안에서 폭행하고 계단에서 강간하면 성폭법상의 주거침입강간죄가 성립한다는 판례(공동주택의 내부에 있는 엘리베이터, 공용 계단과 복도는 특별한 사정이 없는 한 주거침입죄의 객체인 '사람의 주거'에 해당한다는 판례)〉 [1] 주거침입죄에 있어서 주거란 단순히 가옥 자체만을 말하는 것이 아니라 그 정원 등 위요지를 포함한다. 따라서 다가구용 단독주택이나 다세대주택·연립주택·아파트 등 공동주택 안에서 공용으로 사용하는 엘리베이터, 계단과 복도는 주거로 사용하는 각 가구 또는 세대의 전용 부분에 필수적으로 부속하는 부분으로서 그 거주자들에 의하여 일상생활에서 감시·관리가 예정되어 있고 사실상의 주거의 평온을 보호할 필요성이 있는 부분이므로, 다가구용 단독주택이나 다세대주택·연립주택·아파트 등 공동주택의 내부에 있는 엘리베이터, 공용 계단과 복도는 특별한 사정이 없는 한 주거침입죄의 객체인 '사람의 주거'에 해당하고, 위 장소에 거주자의 명시적, 묵시적 의사에 반하여 침입하는 행위는 주거침입죄를 구성한다. [2] 피고인이 강간할 목적으로 피해자를 따라 피해자가 거주하는 아파트 내부의 엘리베이터에 탄 다음 그 안에서 폭행을 가하여 반항을 억압한 후 계단으로 끌고 가 피해자를 강간하고 상해를 입힌 사안에서, 피고인이 성폭력범죄의 처벌 및 피해자보호 등에 관한 법률 제5조 제1항에 정한 주거침입범의 신분을 가지게 되었다는 이유로, 주거침입을 인정하지 않고 강간상해죄만을 선고한 원심판결을 파기한 사례(대판 2009.9.10. 2009도4335). [COMMENT] 판례에서의 성폭력범죄의처벌및피해자보호등에관한법률 제5조 제1항은 현행 성폭력범죄의 처벌 등에 관한 특례법 제8조 제1항의 범죄가 된다.

〈피고인이 아파트의 1층 공동현관 내 계단과 엘리베이터 앞 및 상가 1층 엘리베이터 앞까지 피해자들을 뒤따라 들어가 피해자들을 각 강제추행한 사건〉 [1] 성폭력범죄의 처벌 등에 관한 특례법 위반(주거침입강제추행)죄는 형법 제319조 제1항의 주거침입죄 내지 건조물침입죄와 형법 제298조의 강제추행죄의 결합범이므로, 위 죄가 성립하려면 형법 제319조가 정한 주거침입죄 내지 건조물침입죄에 해당하여야 한다. 주거침입죄는 사실상 주거의 평온을 보호법익으로 한다. 주거침입죄의 구성요건적 행위인 침입은 주거침입죄의 보호법익과의 관계에서 해석하여야 하므로, 침입이란 주거의 사실상 평온상태를 해치는 행위태양으로 주거에 들어가는 것을 의미하고, 침입에 해당하는지는 출입 당시 객관적·외형적으로 드러난 행위태양을 기준으로 판단함이 원칙이다. 사실상의 평온상태를 해치는 행위태양으로 주거에 들어가는 것이라면 대체로 거주자의 의사에 반하겠지만, 단순히 주거에 들어가는 행위 자체가 거주자의 의사에 반한다는 주관적 사정만으로는 바로 침입에 해당한다고 볼 수 없다. 거주자의 의사에 반하는지는 사실상의 평온상태를 해치는 행위태양인지를 평가할 때 고려할 요소 중 하나이지만 주된 평가 요소가 될 수는 없다. 따라서 침입행위에 해당하는지는 거주자의 의사에 반하는지가 아니라 사실상의 평온상태를 해치는 행위태양인지에 따라 판단하여야 한다. [2] 다가구용 단독주택이나 다세대주택·연립주택·아파트와 같은 공동주택 내부의 엘리베이터, 공용 계단, 복도 등 공용 부분도 그 거주자들의 사실상 주거의 평온을 보호할 필요성이 있으므로 주거침입죄의 객체인 '사람의 주거'에 해당한다. 거주자가 아닌 외부인이 공동주택의 공용 부분에 출입한 것이 공동주택 거주자들에 대한 주거침입에 해당하는지 여부를 판단할 때에도 공용 부분이 일반 공중에 출입이 허용된 공간이 아니고 주거로 사용되는 각 가구 또는 세대의 전용 부분에 필수적으로 부속하는 부분으로서 거주자들 또는 관리자에 의하여 외부인의 출입에 대한 통제·관리가 예정되어 있어 거주자들의 사실상 주거의 평온을 보호할 필요성이 있는 부분인지, 공동주택의 거주자들이나 관리자가 평소 외부인이 그곳에 출입하는 것을 통제·관리하였는지 등의 사정과 외부인의 출입 목적 및 경위, 출입의 태양과 출입한 시간 등을 종합적으로 고려하여 '주거의 사실상 평온상태가 침해되었는지'의 관점에서 객관적·외형적으로 판단하여야 한다. 따라서 아파트 등 공동주택의 공동현관에 출입하는 경우에도, 그것이 주거로 사용하는 각 세대의 전용 부분에 필수적으로 부속하는 부분으로 거주자와 관리자에게만 부여된 비밀번호를 출입문에 입력하여야만 출입할 수 있거나, 외부인의 출입을 통제·관리하기 위한 취지의 표시나 경비원이 존재하는 등 외형적으로 외부인의 무단출입을 통제·관리하고 있는 사정이 존재하고, 외부인이 이를 인식하고서도 그 출입에 관한 거주자나 관리자의 승낙이 없음은 물론, 거주자와의 관계 기타 출입의 필요 등에 비추어 보더라도 정당한 이유 없이 비밀번호를 임의로 입력하거나 조작하는 등의 방법으로 거주자나 관리자 모르게 공동현관에 출입한 경우와 같이, 출입목적 및 경위, 출입의 태양과 출입한 시간 등을 종합적으로 고려할 때 공동주택 거주자의 사실상 주거의 평온상태를 해치는 행위태양으로 볼 수 있는 경우라면 공동주택 거주자들에 대한 주거침입에 해당할 것이다. [3] 일반인의 출입이 허용된 상가 등 영업장소에 영업주의 승낙을 받아 통상적인 출입방법으로 들어갔다면 특별한 사정이 없는 한 건조물침입죄에서 규정하는 침입행위에 해당하지 않는다. 설령 행위자가 범죄 등을 목적으로 영업장소에 출입하였거나 영업주가 행위자의 실제 출입 목적을 알았더라면 출입을 승낙하지 않았을 것이라는 사정이 인정되더라도 그러한 사정만으로는 출입 당시 객관적·외형적으로 드러난 행위태양에 비추어 사실상의 평온상태를 해치는 방법으로 영업장소에 들어갔다고 평가할 수 없으므로 침입행위에 해당하지 않는다(대판 2022.8.25. 2022도3801). [대법원의 판결 요지] 1. 대법원은 아파트의 공동현관 내 계단과 엘리베이터 앞 부분까지 들어간 부분에 대해서는 판시 법리에 따라 아파트에 대한 거주자들이나 관리자의 사실상 평온상태를 해치는 행위태양으로 주거에 침입한 것으로 볼 수 있다고 보아 이 부분 공소사실을 유죄로 인정한 원심 판단은 정당하다고 판단하였음. 2. 그러나 상가 1층의 공용부분 내 엘리베이터 앞 부분까지 들어간 부분에 대해서는 판시 법리에 따라 이 사건 상가 건물의 용도와 성질, 출입문 상태 및 피해자와 피고인의 출입 당시 모습 등 여러 사정을 종합하여 보더라도 그것이 범죄 등을 목적으로 한 출입으로서 침입에 해당한다는 점에 대한 증명이 충분하다고 볼 수 없다고 보아 이 부분 공소사실을 유죄로 인정한 원심 판단에 성폭력처벌법위반(주거침입강제추행)죄의 성립에 관한 법리를 오해하여 필요한 심리를 다하지 않은 잘못이 있다고 판단하였음.

〈유사강간죄의 실행행위에 착수한 이후 타인의 주거 또는 방실에 침입한 사건〉 [1] 주거침입강제추행죄 및 주거침입강간죄 등은 사람의 주거 등을 침입한 자가 피해자를 간음, 강제추행 등 성폭력을 행사한 경우에 성립하는 것으로서, 주거침입죄를 범한 후에 사람을 강간하는 등의 행위를 하여야 하는 일종의 신분범이고, 선후가 바뀌어 강간죄 등을 범한 자가 그 피해자의 주거에 침입한 경우에는 이에 해당하지 않고 강간죄 등과 주거침입죄 등의 실체적 경합범이 된다. 그 실행의 착수시기는 주거침입 행위 후 강간죄 등의 실행행위에 나아간 때이다. [2] 한편, 강간죄는 사람을 강간하기 위하여 피해자의 항거를 불능하게 하거나 현저히 곤란하게 할 정도의 폭행 또는 협박을 개시한 때에 그 실행의 착수가 있다고 보아야 할 것이지, 실제 간음행위가 시작되어야만 그 실행의 착수가 있다고 볼 것은 아니다. 유사강간죄의 경우도 이와 같다. [3] 피해자를 주점의 여자화장실로 끌고 가 여자화장실의 문을 잠근 후 강제로 입맞춤을 하고 유사강간하려고 하였으나 미수에 그친 사안에서 피고인은 여자화장실에 들어가기 전에 이미 유사강간죄의 실행행위에 착수하였으므로 구 「성폭력범죄의 처벌 등에 관한 특례법」 위반(주거침입유사강간)죄를 범할 수 있는 지위 즉, '주거침입죄를 범한 자'에 해당되지 아니한다는 이유로 이 부분을 유죄로 판단한 원심을 파기한 사례(대판 2021.8.12. 2020도17796).

Ⅱ. 제3조 제2항 (특수강도강간 등 죄)

1. 관련 조문

> **제3조 (특수강도강간 등)**
>
> ② 형법 제334조(특수강도) 또는 제342조(미수범. 다만, 제334조의 미수범으로 한정한다)
> 의 죄를 범한 사람이 같은 법 제297조(강간), 제297조의2(유사강간), 제298조(강제추행)
> 및 제299조(준강간, 준강제추행)의 죄를 범한 경우에는 사형, 무기징역 또는 10년 이상의
> 징역에 처한다.

2. 주요 내용

특수강도(미수 포함)범이 강간, 유사강간, 강제추행, 준강간, 준강제추행을 한 경우
에 행위태양의 불법이 가중되어 가중처벌하는 규정이다.

3. 관련 판례

〈강간범이 강간행위 후에 강도의 범의를 일으켜 그 부녀의 재물을 강취한 경우에는 성폭법상
의 특수강도강간죄로 의율할 수 없다는 판례〉 강간범이 강간행위 후에 강도의 범의를 일으
켜 그 부녀의 재물을 강취하는 경우에는 형법상 강도강간죄가 아니라 강간죄와 강도죄
의 경합범이 성립될 수 있을 뿐인바, 성폭력범죄의처벌및피해자보호등에관한법률 제5
조 제2항은 형법 제334조(특수강도) 등의 죄를 범한 자가 형법 제297조(강간) 등의 죄를
범한 경우에 이를 특수강도강간 등의 죄로 가중하여 처벌하고 있으므로, 다른 특별한
사정이 없는 한 강간범이 강간의 범행 후에 특수강도의 범의를 일으켜 그 부녀의 재물을
강취한 경우에는 이를 성폭력범죄의처벌및피해자보호등에관한법률 제5조 제2항 소정의
특수강도강간죄로 의율할 수 없다(대판 2002.2.8. 2001도6425). [COMMENT] 판례에서의 성폭력
범죄의처벌및피해자보호등에관한법률 제5조 제2항은 현행 성폭력범죄의 처벌 등에 관
한 특례법 제3조 제2항이 된다.

〈특수강간범이 강간의 실행행위 계속 중에 강도행위를 하고 이후에 다시 강간행위를 계속하
는 때에는 성폭법상의 특수강도강간죄가 성립한다는 판례〉 [1] 강간범이 강간행위 후에 강도
의 범의를 일으켜 그 부녀의 재물을 강취하는 경우에는 강도강간죄가 아니라 강간죄와
강도죄의 경합범이 성립될 수 있을 뿐이지만, 강간행위의 종료 전 즉 그 실행행위의 계속
중에 강도의 행위를 할 경우에는 이때에 바로 강도의 신분을 취득하는 것이므로 이후에
그 자리에서 강간행위를 계속하는 때에는 강도가 부녀를 강간한 때에 해당하여 형법
제339조에 정한 강도강간죄를 구성하고, 구 성폭력범죄의 처벌 및 피해자보호 등에 관
한 법률(2010. 4. 15. 법률 제10258호 성폭력범죄의 피해자보호 등에 관한 법률로 개정

되기 전의 것) 제5조 제2항은 형법 제334조(특수강도) 등의 죄를 범한 자가 형법 제297조(강간) 등의 죄를 범한 경우에 이를 특수강도강간 등의 죄로 가중하여 처벌하는 것이므로, 다른 특별한 사정이 없는 한 특수강간범이 강간행위 종료 전에 특수강도의 행위를 한 이후에 그 자리에서 강간행위를 계속하는 때에도 특수강도가 부녀를 강간한 때에 해당하여 구 성폭력범죄의 처벌 및 피해자보호 등에 관한 법률 제5조 제2항에 정한 특수강도강간죄로 의율할 수 있다. [2] 강도죄는 재물탈취의 방법으로 폭행, 협박을 사용하는 행위를 처벌하는 것이므로 폭행, 협박으로 타인의 재물을 탈취한 이상 피해자가 우연히 재물탈취 사실을 알지 못하였다고 하더라도 강도죄는 성립하고, 폭행, 협박당한 자가 탈취당한 재물의 소유자 또는 점유자일 것을 요하지도 아니하며, 강간범인이 부녀를 강간할 목적으로 폭행, 협박에 의하여 반항을 억압한 후 반항억압 상태가 계속 중임을 이용하여 재물을 탈취하는 경우에는 재물탈취를 위한 새로운 폭행, 협박이 없더라도 강도죄가 성립한다. [3] 야간에 갑의 주거에 침입하여 드라이버를 들이대며 협박하여 갑의 반항을 억압한 상태에서 강간행위의 실행 도중 범행현장에 있던 을 소유의 핸드백을 가져간 피고인의 행위를 포괄하여 구 성폭력범죄의 처벌 및 피해자보호 등에 관한 법률(2010. 4. 15. 법률 제10258호 성폭력범죄의 피해자보호 등에 관한 법률로 개정되기 전의 것) 위반(특수강도강간등)죄에 해당한다고 판단한 원심의 조치를 수긍한 사례(대판 2010.12.9. 2010도9630). [COMMENT] 판례에서의 성폭력범죄의처벌및피해자보호등에관한법률 제5조 제2항은 현행 성폭력범죄의 처벌 등에 관한 특례법 제3조 제2항이 된다.

〈준강도범 내지 준강도미수범은 성폭법상의 특수강도강간죄의 주체가 될 수 없다는 판례〉
성폭력범죄의 처벌 및 피해자보호 등에 관한 법률 제5조 제2항에 정하는 특수강도강제추행죄의 주체는 형법의 제334조 소정의 특수강도범 및 특수강도미수범의 신분을 가진 자에 한정되는 것으로 보아야 하고, 형법 제335조, 제342조에서 규정하고 있는 준강도범 내지 준강도미수범은 성폭력범죄의 처벌 및 피해자보호 등에 관한 법률 제5조 제2항의 행위주체가 될 수 없다(대판 2006.8.25. 2006도2621). [COMMENT] 판례에서의 성폭력범죄의처벌및피해자보호등에관한법률 제5조 제2항은 현행 성폭력범죄의 처벌 등에 관한 특례법 제3조 제2항이 된다.

乙은 2022. 4. 5. 00:40경에 Y아파트 인근에서 행인의 금품을 빼앗기로 마음먹고, 위 Y아파트 단지 부근을 서성이다가 주택가의 어두운 골목길로 들어가는 C녀를 뒤따라가, 흉기를 보이며 가진 것을 다 내놓으라고 겁을 주자 C가 반항하지 못하고 길바닥에 주저앉았다. 그 순간 乙은 C를 추행하기로 마음먹고 C에게 다가서려다가 누군가의 인기척을 듣고 뒤를 돌아보자 그간의 사정을 지켜보던 교도소 동기 甲이 서 있었다. 그때 甲은 乙과 눈짓을 주고받은 후 乙이 고개를 끄덕이자 C의 가슴과 음부를 만지다가 순찰중인 경찰관을 보고 황급히 도망하였다. [2023 2차]

제3절 | 특수강간 등 (제4조)

1. 관련 조문

> ### 제4조 (특수강간 등)
> ① 흉기나 그 밖의 위험한 물건을 지닌 채 또는 2명 이상이 합동하여 형법 제297조(강간)의 죄를 범한 사람은 무기징역 또는 7년 이상의 징역에 처한다.
> ② 제1항의 방법으로 형법 제298조(강제추행)의 죄를 범한 사람은 5년 이상의 유기징역에 처한다.
> ③ 제1항의 방법으로 형법 제299조(준강간, 준강제추행)의 죄를 범한 사람은 제1항 또는 제2항의 예에 따라 처벌한다.

2. 주요 내용

흉기나 그 밖의 위험한 물건을 지닌 채 또는 2명 이상이 합동하여 강간, 강제추행, 준강간, 준강제추행을 한 경우에 행위태양의 불법이 가중되어 가중처벌하는 규정이다.

3. 관련 판례

〈범행 현장에서 범행에 사용하려는 의도로 흉기 등 위험한 물건을 소지하거나 몸에 지녔다면 실제로 사용하지 않았더라도 성폭법상의 특수강간죄가 성립한다는 판례〉 [1] 성폭력범죄의 처벌및피해자보호등에관한법률의 목적과 같은 법 제6조의 규정 취지에 비추어 보면 같은 법 제6조 제1항 소정의 '흉기 기타 위험한 물건을 휴대하여 강간죄를 범한 자'란 범행 현장에서 그 범행에 사용하려는 의도 아래 흉기를 소지하거나 몸에 지니는 경우를 가리키는 것이고, 그 범행과는 전혀 무관하게 우연히 이를 소지하게 된 경우까지를 포함하는 것은 아니라 할 것이나, 범행 현장에서 범행에 사용하려는 의도 아래 흉기 등 위험한 물건을 소지하거나 몸에 지닌 이상 그 사실을 피해자가 인식하거나 실제로 범행에 사용하였을 것까지 요구되는 것은 아니다. [2] 피고인이 피해자를 강간하기 위하여 피해자의 주거 부엌에 있던 칼과 운동화 끈을 들고 피해자가 자고 있던 방안으로 들어가서, 소리치면 죽인다며 손으로 피해자의 입을 틀어막고 운동화 끈으로 피해자의 손목을 묶어 반항을 억압한 다음 간음을 하였고, 부엌칼은 굳이 사용할 필요가 없어 이를 범행에 사용하지 않은 사실을 알 수 있는바, 그렇다면 당시 피고인의 부엌칼 휴대 사실을 피해자가 알지 못하였다고 하더라도 피고인은 "흉기 기타 위험한 물건을 휴대하여" 피해자를 강간한 것이라고 본 사례(대판 2004.6.11. 2004도2018). [COMMENT] 판례에서의 성폭력범죄의처벌및피해자보호등에관한법률 제6조 제1항은 현행 성폭력범죄의 처벌 등에 관한 특례법 제4조 제1항이 된다.

〈사전의 모의에 따라 강간할 목적으로 심야에 인가에서 멀리 떨어져 있어 쉽게 도망할 수 없는 야산으로 피해자들을 유인한 다음 곧바로 암묵적인 합의에 따라 각자 마음에 드는 피해자들을 데리고 불과 100m 이내의 거리에 있는 곳으로 흩어져 동시 또는 순차적으로 피해자들을 각각 강간하였다면 성폭법상의 특수강간죄가 성립한다는 판례〉 [1] 성폭력범죄의처벌및피해자보호등에관한법률 제6조 제1항의 2인 이상이 합동하여 형법 제297조의 죄를 범함으로써 특수강간죄가 성립하기 위하여는 주관적 요건으로서의 공모와 객관적 요건으로서의 실행행위의 분담이 있어야 하고, 그 실행행위는 시간적으로나 장소적으로 협동관계에 있다고 볼 정도에 이르면 된다. [2] 피고인 등이 비록 특정한 1명씩의 피해자만 강간하거나 강간하려고 하였다 하더라도, 사전의 모의에 따라 강간할 목적으로 심야에 인가에서 멀리 떨어져 있어 쉽게 도망할 수 없는 야산으로 피해자들을 유인한 다음 곧바로 암묵적인 합의에 따라 각자 마음에 드는 피해자들을 데리고 불과 100m 이내의 거리에 있는 곳으로 흩어져 동시 또는 순차적으로 피해자들을 각각 강간하였다면, 그 각 강간의 실행행위도 시간적으로나 장소적으로 협동관계에 있었다고 보아야 할 것이므로, 피해자 3명 모두에 대한 특수강간죄 등이 성립된다고 한 사례(대판 2004.8.20. 2004도2870). [COMMENT] 판례에서의 성폭력범죄의처벌및피해자보호등에관한법률 제6조 제1항은 현행 성폭력범죄의 처벌 등에 관한 특례법 제4조 제1항이 된다.

〈성폭력범죄의 처벌 등에 관한 특례법 제4조 제3항, 제1항의 '2인 이상이 합동하여 형법 제299조의 죄를 범한 경우'에 해당하기 위한 요건〉 성폭력범죄의 처벌 등에 관한 특례법 제4조 제3항, 제1항의 '2인 이상이 합동하여 형법 제299조의 죄를 범한 경우'에 해당하려면, 피고인들이 공모하여 실행행위를 분담하였음이 인정되어야 하는데, 범죄의 공동가공의 사가 암묵리에 서로 상통하고 범의 내용에 대하여 포괄적 또는 개별적인 의사연락이나 인식이 있었다면 공모관계가 성립하고, 시간적으로나 장소적으로 협동관계에 있었다면 실행행위를 분담한 것으로 인정된다(대판 2016.6.9. 2016도4618). [판결이유 중 일부 인용] 원심은 그 판시와 같은 이유를 들어, 늦어도 피고인 1이 피해자를 간음하기 위해 화장실로 갈 무렵에는 피고인들이 술에 취해 반항할 수 없는 피해자를 간음하기로 공모하였고, 피고인 2가 피고인 1에게 간음하기에 편한 자세를 가르쳐 주고 피고인 1이 간음 행위를 하는 방식으로 실행행위를 분담하였으므로 피고인들은 시간적·장소적 협동관계에 있었다고 판단하였다. 원심의 위와 같은 판단은 앞서 본 법리에 따른 것으로서, 거기에 피고인들의 상고이유 주장과 같이 논리와 경험의 법칙을 위반하여 사실을 오인하거나, 합동범에 관한 법리를 오해한 잘못이 없다.

제4절 | 친족관계에 의한 강간 등 (제5조)

1. 관련 조문

> **제5조 (친족관계에 의한 강간 등)**
> ① 친족관계인 사람이 폭행 또는 협박으로 사람을 강간한 경우에는 7년 이상의 유기징역에 처한다.
> ② 친족관계인 사람이 폭행 또는 협박으로 사람을 강제추행한 경우에는 5년 이상의 유기징역에 처한다.
> ③ 친족관계인 사람이 사람에 대하여 형법 제299조(준강간, 준강제추행)의 죄를 범한 경우에는 제1항 또는 제2항의 예에 따라 처벌한다.
> ④ 제1항부터 제3항까지의 친족의 범위는 4촌 이내의 혈족 · 인척과 동거하는 친족으로 한다.
> ⑤ 제1항부터 제3항까지의 친족은 사실상의 관계에 의한 친족을 포함한다.

2. 주요 내용

4촌 이내의 혈족 · 인척과 동거하는 친족(사실상의 관계에 의한 친족 포함)이 강간, 강제추행, 준강간, 준강제추행을 한 경우에 가중처벌하는 규정이다.[28]

3. 관련 판례

〈의붓아버지와 의붓딸의 관계가 성폭력범죄의 처벌 등에 관한 특례법 제5조 제4항에서 규정한 '4촌 이내의 인척'으로서 친족관계에 해당한다는 판례〉 성폭력범죄의 처벌 등에 관한 특례법(이하 '성폭력처벌법'이라 한다) 제5조 제3항은 "친족관계인 사람이 사람에 대하여 형법 제299조(준강간, 준강제추행)의 죄를 범한 경우에는 제1항 또는 제2항의 예에 따라 처벌한다."라고 규정하고 있고, 같은 조 제1항은 "친족관계인 사람이 폭행 또는 협박으로 사람을 강간한 경우에는 7년 이상의 유기징역에 처한다."라고 규정하고 있으며, 같은 조 제4항은 "제1항부터 제3항까지의 친족의 범위는 4촌 이내의 혈족 · 인척과 동거하는 친족으로 한다."라고 규정하고 있다. 한편 민법 제767조는 "배우자, 혈족 및 인척을 친족으로 한다."라고 규정하고 있고, 같은 법 제769조는 "혈족의 배우자, 배우자의 혈족, 배우자의 혈족의 배우자를 인척으로 한다."라고 규정하고 있으며, 같은 법 제771조는 "인척은 배우자의 혈족에 대하여는 배우자의 그 혈족에 대한 촌수에 따르고, 혈족의 배우자에 대하여는 그 혈족에 대한 촌수에 따른다."라고 규정하고 있다. 따라서 의붓아버지와 의붓딸의 관계는 성폭력처벌법 제5조 제4항이 규정한 4촌 이내의 인척으로서 친족관계에 해당한다(대판 2020.11.5. 2020도10806).

---

28) 유사강간죄는 빠져있음을 주의하여야 한다.

〈이른바 사실혼으로 인하여 형성되는 인척도 같은 법 제5조 제5항이 규정한 사실상의 관계에 의한 친족에 해당한다는 판례〉 성폭력범죄의처벌및피해자보호등에관한법률 제7조 제1항은 친족관계에 있는 자가 형법 제297조(강간)의 죄를 범한 때에는 5년 이하의 유기징역에 처한다고 규정하고 있고, 같은 법 제7조 제4항은 제1항의 친족의 범위는 4촌 이내의 혈족과 2촌 이내의 인척으로 한다고 규정하고 있으며, 같은 법 제7조 제5항은 제1항의 친족은 사실상의 관계에 의한 친족을 포함한다고 규정하고 있는바, 법률이 정한 혼인의 실질관계는 모두 갖추었으나 법률이 정한 방식, 즉 혼인신고가 없기 때문에 법률상 혼인으로 인정되지 않는 이른바 사실혼으로 인하여 형성되는 인척도 같은 법 제7조 제5항이 규정한 사실상의 관계에 의한 친족에 해당한다(대판 2000.2.8. 99도5395). [COMMENT] 판례에서의 성폭력범죄의처벌및피해자보호등에관한법률 제7조 제5항은 현행 성폭력범죄의 처벌 등에 관한 특례법 제5조 제5항이 된다.

〈폭행·협박 선행형의 강제추행죄에서 '폭행 또는 협박'의 의미〉 [1] [다수의견] (가) 형법 및 성폭력범죄의 처벌 등에 관한 특례법(이하 '성폭력처벌법'이라 한다)은 강제추행죄의 구성요건으로 '폭행 또는 협박'을 규정하고 있는데, 대법원은 강제추행죄의 '폭행 또는 협박'의 의미에 관하여 이를 두 가지 유형으로 나누어, 폭행행위 자체가 곧바로 추행에 해당하는 경우(이른바 기습추행형)에는 상대방의 의사를 억압할 정도의 것임을 요하지 않고 상대방의 의사에 반하는 유형력의 행사가 있는 이상 그 힘의 대소강약을 불문한다고 판시하는 한편, 폭행 또는 협박이 추행보다 시간적으로 앞서 그 수단으로 행해진 경우(이른바 폭행·협박 선행형)에는 상대방의 항거를 곤란하게 하는 정도의 폭행 또는 협박이 요구된다고 판시하여 왔다(이하 폭행·협박 선행형 관련 판례 법리를 '종래의 판례 법리'라 한다). (나) 강제추행죄의 범죄구성요건과 보호법익, 종래의 판례 법리의 문제점, 성폭력범죄에 대한 사회적 인식, 판례 법리와 재판 실무의 변화에 따라 해석 기준을 명확히 할 필요성 등에 비추어 강제추행죄의 '폭행 또는 협박'의 의미는 다시 정의될 필요가 있다. 강제추행죄의 '폭행 또는 협박'은 상대방의 항거를 곤란하게 할 정도로 강력할 것이 요구되지 아니하고, 상대방의 신체에 대하여 불법한 유형력을 행사(폭행)하거나 일반적으로 보아 상대방으로 하여금 공포심을 일으킬 수 있는 정도의 해악을 고지(협박)하는 것이라고 보아야 한다. [2] 피고인이 자신의 주거지 방안에서 4촌 친족관계인 피해자 갑(여, 15세)의 학교 과제를 도와주던 중 갑을 양팔로 끌어안은 다음 침대에 쓰러뜨린 후 갑의 가슴을 만지는 등 강제로 추행하였다는 성폭력범죄의 처벌 등에 관한 특례법 위반(친족관계에의한강제추행)의 주위적 공소사실로 기소된 사안에서, 당시 피고인은 방안에서 갑의 숙제를 도와주던 중 갑의 왼손을 잡아 자신의 성기 쪽으로 끌어당겼고, 이를 거부하고 자리를 이탈하려는 갑의 의사에 반하여 갑을 끌어안은 다음 침대로 넘어져 갑의 위에 올라탄 후 갑의 가슴을 만졌으며, 방문을 나가려는 갑을 뒤따라가 끌어안았는바, 이러한 피고인의 행위는 갑의 신체에 대하여 불법한 유형력을 행사하여 갑을 강제추행한 것에 해당한다고 볼 여지가 충분하다는 이유로, 이와 달리 피고인의 행위가 갑의 항거를 곤란하게 할 정도의 폭행 또는 협박에 해당하지 않는다고 보아 위 공소사실을 무죄로 판단한 원심의 조치에 강제추행죄의 폭행에 관한 법리오해 등의 잘못이 있다고 한 사례(대판 2023.9.21. 2018도13877 전합).

제5절 | 장애인에 대한 강간 등 (제6조)

1. 관련 조문

> **제6조 (장애인에 대한 강간·강제추행 등)**
> ① 신체적인 또는 정신적인 장애가 있는 사람에 대하여 형법 제297조(강간)의 죄를 범한 사람은 무기징역 또는 7년 이상의 징역에 처한다.
> ② 신체적인 또는 정신적인 장애가 있는 사람에 대하여 폭행이나 협박으로 다음 각 호의 어느 하나에 해당하는 행위를 한 사람은 5년 이상의 유기징역에 처한다.
>   1. 구강·항문 등 신체(성기는 제외한다)의 내부에 성기를 넣는 행위
>   2. 성기·항문에 손가락 등 신체(성기는 제외한다)의 일부나 도구를 넣는 행위
> ③ 신체적인 또는 정신적인 장애가 있는 사람에 대하여 형법 제298조(강제추행)의 죄를 범한 사람은 3년 이상의 유기징역 또는 3천만원 이상 5천만원 이하의 벌금에 처한다.
> ④ 신체적인 또는 정신적인 장애로 항거불능 또는 항거곤란 상태에 있음을 이용하여 사람을 간음하거나 추행한 사람은 제1항부터 제3항까지의 예에 따라 처벌한다.
> ⑤ 위계(僞計) 또는 위력(威力)으로써 신체적인 또는 정신적인 장애가 있는 사람을 간음한 사람은 5년 이상의 유기징역에 처한다.
> ⑥ 위계 또는 위력으로써 신체적인 또는 정신적인 장애가 있는 사람을 추행한 사람은 1년 이상의 유기징역 또는 1천만원 이상 3천만원 이하의 벌금에 처한다.
> ⑦ 장애인의 보호, 교육 등을 목적으로 하는 시설의 장 또는 종사자가 보호, 감독의 대상인 장애인에 대하여 제1항부터 제6항까지의 죄를 범한 경우에는 그 죄에 정한 형의 2분의 1까지 가중한다.

2. 주요 내용

신체적인 또는 정신적인 장애가 있는 사람에 대하여 강간, 유사강간, 강제추행, 준강간, 준강제추행, 위계등에 의한 간음, 위계등에 의한 추행을 한 사람에 대하여 가중처벌하는 규정이다. 본 규정에서의 위계의 의미에 대하여 종래 판례는 '위계에 의한 간음죄에서 행위자가 간음의 목적으로 상대방에게 일으킨 오인, 착각, 부지는 간음행위 자체에 대한 오인, 착각, 부지를 말하는 것이지 간음행위와 불가분적 관련성이 인정되지 않는 다른 조건에 관한 오인, 착각, 부지를 가리키는 것은 아니다'라고 하였으나, 대법원은 2020.8.27. 2015도9436 전합 판례에서 '행위자가 간음의 목적으로 피해자에게 오인, 착각, 부지를 일으키고 피해자의 그러한 심적 상태를 이용하여 간음의 목적을 달성하였다면 위계와 간음행위 사이의 인과관계를 인정할 수 있고, 따라서 위계에 의한 간음죄가 성립한다'고 하여 위계의 의미를 변경하였다. [관련 판례는 아동·청소년의 성보호에 관한 법률 부분 참조]

3. 관련 판례

〈성폭력처벌법 제6조의 '정신적인 장애가 있는 사람'의 의미 – 피고인이 지능지수와 사회연령이 낮은 피해자(29세)를 폭행하거나 협박하여 4회 강간하고 피해자로부터 돈을 편취한 사건〉 [1] 「성폭력범죄의 처벌 등에 관한 특례법」제6조에서 정하는 '정신적인 장애가 있는 사람' 이란 '정신적인 기능이나 손상 등의 문제로 일상생활이나 사회생활에서 상당한 제약을 받는 사람'을 가리킨다. 장애인복지법에 따른 장애인 등록을 하지 않았다거나 그 등록기준을 충족하지 못하더라도 여기에 해당할 수 있다. [2] 피해자가 장애인등록을 하지 않았더라도, 여러 사정을 종합할 때 정신적 기능 등의 문제로 일상생활이나 사회생활에서 상당한 제약을 받는 자에 해당하므로, 성폭력처벌법 제6조에서 규정한 '정신적인 장애가 있는 사람'에 해당한다고 한 원심판결에 법리오해의 잘못이 없다고 한 사례(대판 2021.10.28. 2021 도9051).

〈「성폭력범죄의 처벌 등에 관한 특례법」제6조가 정한 '신체적 장애가 있는 사람'의 의미와 판단기준〉 [1] 「성폭력범죄의 처벌 등에 관한 특례법」(이하 '성폭력처벌법'이라고 한다) 제6조는 신체적인 장애가 있는 사람에 대하여 강간의 죄 또는 강제추행의 죄를 범하거나 위계 또는 위력으로써 그러한 사람을 간음한 사람을 처벌하고 있다. [2] 2010. 4. 15. 제정된 당초의 성폭력처벌법 제6조는 '신체적인 장애 등으로 항거불능인 상태에 있는 여자 내지 사람'을 객체로 하는 간음, 추행만을 처벌하였으나, 2011. 11. 17.자 개정 이후 '신체적인 장애가 있는 여자 내지 사람'을 객체로 하는 강간, 강제추행 등도 처벌대상으로 삼고 있다. 이러한 개정 취지는 성폭력에 대한 인지능력, 항거능력, 대처능력 등이 비장애인보다 낮은 장애인을 보호하기 위하여 장애인에 대한 성폭력범죄를 가중처벌하는 데 있다. [3] 장애인복지법 제2조는 장애인을 '신체적·정신적 장애로 오랫동안 일상생활이나 사회생활에서 상당한 제약을 받는 자'라고 규정하고 있고 성폭력처벌법과 유사하게 장애인에 대한 성폭력범행의 특칙을 두고 있는 「아동·청소년의 성보호에 관한 법률」제8조는 장애인복지법상 장애인 개념을 그대로 가져와 장애 아동·청소년의 의미를 밝히고 있다. 「장애인차별금지 및 권리구제 등에 관한 법률」제2조는 장애를 '신체적·정신적 손상 또는 기능상실이 장기간에 걸쳐 개인의 일상 또는 사회생활에 상당한 제약을 초래하는 상태'라고 규정하면서, 그러한 장애가 있는 사람을 장애인이라고 규정하고 있다. 이와 같은 관련 규정의 내용을 종합하면 성폭력처벌법 제6조에서 규정하는 '신체적인 장애가 있는 사람'이란 '신체적 기능이나 구조 등의 문제로 일상생활이나 사회생활에서 상당한 제약을 받는 사람'을 의미한다고 해석할 수 있다. [4] 한편 장애와 관련된 피해자의 상태는 개인별로 그 모습과 정도에 차이가 있는데 그러한 모습과 정도가 성폭력처벌법 제6조에서 정한 신체적인 장애를 판단하는 본질적인 요소가 되므로 신체적인 장애를 판단함에 있어서는 해당 피해자의 상태가 충분히 고려되어야 하고 비장애인의 시각과 기준에서 피해자의 상태를 판단하여 장애가 없다고 쉽게 단정해서는 안 된다. [5] 아울러 본 죄가 성립하려면 행위자도 범행 당시 피해자에게 이러한 신체적인 장애가 있음을 인식하여야 한다(대판 2021.2.25. 2016도4404).

⟨신체장애인에 대한 간음 사건에서 성폭력처벌법 제6조 소정의 위력 행사를 인정한 사건⟩
「성폭력범죄의 처벌 등에 관한 특례법」 제6조에서 정한 '위력'이란 피해자의 성적 자유의
사를 제압하기에 충분한 세력으로서 유형적이든 무형적이든 묻지 않으며, 폭행·협박뿐
아니라 행위자의 사회적·경제적·정치적인 지위나 권세를 이용하는 것도 가능하다. 위력
으로써 간음한 것인지 여부는 피해자에 대하여 이루어진 구체적인 행위의 경위 및 태양,
행사한 세력의 내용과 정도, 이용한 행위자의 지위나 권세의 종류, 피해자의 연령, 행위
자와 피해자의 이전부터의 관계, 피해자에게 주는 위압감 및 성적 자유의사에 대한 침해
의 정도, 범행 당시의 정황 등 여러 사정을 종합적으로 고려하여 판단하여야 한다(대판
2021.4.29. 2021도2778).

⟨성폭법상 장애인강간과 장애인강제추행의 공소사실에 대하여 공소장변경없이 성폭법상 장
애인위계등간음과 장애인위계등추행죄를 인정할 수 있다는 판례⟩ 피고인이 '자신의 승용차
안에서 뇌병변·지체장애 1급의 여성장애인 갑의 바지를 강제로 벗기고 욕설을 하며
갑을 1회 강간하였다'는 요지의 성폭력범죄의 처벌 등에 관한 특례법 위반(장애인강간)
및 '자신의 승용차 안으로 갑을 유인하여 강제로 갑의 손을 잡아당겨 자신의 성기를
만지도록 하는 등 갑을 강제추행하였다'는 요지의 성폭력범죄의 처벌 등에 관한 특례법
위반(장애인강제추행)으로 기소된 사안에서, 피고인이 갑의 항거를 현저히 곤란하게 할
정도의 폭행·협박을 한 것을 인정할 증거가 없고, 갑에게 위와 같이 유형력을 행사한
것은 성폭력범죄의 처벌 등에 관한 특례법 위반(장애인위계등간음)죄와 성폭력범죄의
처벌 등에 관한 특례법 위반(장애인위계등추행)죄의 '위력'에 해당하며, 피고인의 방어권
행사에 실질적인 불이익을 초래할 염려도 없다는 이유로 공소장변경절차 없이 각각 성폭력
범죄의 처벌 등에 관한 특례법 위반(장애인위계등간음)죄와 성폭력범죄의 처벌 등에 관한
특례법 위반(장애인위계등추행)죄로 인정한 원심의 조치가 정당하다고 한 사례(대판 2014.10.15.
2014도9315).

제6절 | 13세 미만의 미성년자에 대한 강간·강제추행 (제7조)

1. 관련 조문

> **제7조 (13세 미만의 미성년자에 대한 강간, 강제추행 등)**
> ① 13세 미만의 사람에 대하여 형법 제297조(강간)의 죄를 범한 사람은 무기징역 또는 10년 이상의 징역에 처한다.
> ② 13세 미만의 사람에 대하여 폭행이나 협박으로 다음 각 호의 어느 하나에 해당하는 행위를 한 사람은 7년 이상의 유기징역에 처한다.
>   1. 구강·항문 등 신체(성기는 제외한다)의 내부에 성기를 넣는 행위
>   2. 성기·항문에 손가락 등 신체(성기는 제외한다)의 일부나 도구를 넣는 행위
> ③ 13세 미만의 사람에 대하여 형법 제298조(강제추행)의 죄를 범한 사람은 5년 이상의 유기징역에 처한다.
> ④ 13세 미만의 사람에 대하여 형법 제299조(준강간, 준강제추행)의 죄를 범한 사람은 제1항부터 제3항까지의 예에 따라 처벌한다.
> ⑤ 위계 또는 위력으로써 13세 미만의 사람을 간음하거나 추행한 사람은 제1항부터 제3항까지의 예에 따라 처벌한다.

2. 주요 내용

13세 미만의 사람에 대하여 강간, 유사강간, 강제추행, 준강간, 준강제추행 및 위계 또는 위력으로 간음 또는 추행 등 7개의 범죄를 범한 사람에 대하여 가중처벌하는 규정이다.

3. 관련 판례

〈13세 미만자에 대한 강간 등 죄에 있어 피고인이 피해자가 13세 미만의 여자임을 알면서 그를 강간하였다는 사실이 검사에 의하여 입증되어야 한다는 판례〉 [1] 형사재판에서 공소가 제기된 범죄의 구성요건을 이루는 사실은 그것이 주관적 요건이든 객관적 요건이든 그 입증책임이 검사에게 있으므로, 구 성폭력범죄의 처벌 및 피해자보호 등에 관한 법률(2010. 4. 15. 법률 제10258호 성폭력범죄의 피해자보호 등에 관한 법률로 개정되기 전의 것) 제8조의2 제1항에서 정하는 범죄의 성립이 인정되려면, <u>피고인이 피해자가 13세 미만의 여자임을 알면서 그를 강간하였다는 사실이 검사에 의하여 입증되어야 한다.</u> 물론 피고인이 일정한 사정의 인식 여부와 같은 내심의 사실에 관하여 이를 부인하는 경우에는 이러한 주관적 요소로 되는 사실은 사물의 성질상 그 내심과 상당한 관련이 있는 간접사실 또는 정황사실을 증명하는 방법에 의하여 이를 입증할 수밖에 없고, 이 때 무엇이 상당한 관련성이 있는 간접사실에 해당할 것인가는 정상적인 경험칙에 바탕을 두고 사실의 연결상태를 합리적으로 분석·판단하는 방법에 의하여야 한다. 그러나 피

해자가 13세 미만의 여자라는 객관적 사실로부터 피고인이 그 사실을 알고 있었다는 점이 추단된다고 볼 만한 경험칙 기타 사실상 또는 법적 근거는 이를 어디서도 찾을 수 없다. [2] 피고인이 13세 미만 미성년자인 피해자(여, 12세)를 강간하였다고 하여 구 성폭력 범죄의 처벌 및 피해자보호 등에 관한 법률(2010. 4. 15. 법률 제10258호 성폭력범죄의 피해자보호 등에 관한 법률로 개정되기 전의 것) 위반으로 기소된 사안에서, 13세 미만의 여자에 대한 강간죄에서 피해자가 13세 미만이라고 하더라도 피고인이 피해자가 13세 미만인 사실을 몰랐다고 범의를 부인하는 경우에는 다른 범죄와 마찬가지로 상당한 관련성이 있는 간접사실 또는 정황사실에 의하여 증명 여부가 판단되어야 하는데, 제반 사정에 비추어 피고인이 범행 당시 이를 미필적으로라도 인식하고 있었다는 것이 합리적 의심의 여지없이 증명되었다고 단정할 수 없는데도, "피해자가 13세 미만의 여자인 이상 그 당시의 객관적인 정황에 비추어 피고인이 피해자가 13세 미만의 여자라는 사실을 인식하였더라면 강간행위로 나아가지 아니하였으리라고 인정할 만한 합리적인 근거를 찾을 수 없다면" 같은 법 제8조의2 제1항에서 정하는 강간죄에 관한 미필적 고의가 인정될 수 있다는 법리에 따라 유죄를 인정한 원심판결에 형사재판의 증명책임에 관한 법리를 오해하는 등의 위법이 있다고 한 사례(대판 2012.8.30. 2012도7377). [COMMENT] 판례에서의 성폭력범죄의 처벌 및 피해자보호 등에 관한 법률 제8조의2 제1항은 현행 성폭력범죄의 처벌 등에 관한 특례법 제7조 제1항이 된다.

〈13세 미만자에 대한 강간 등 죄에 있어 그 성립에 필요한 주관적 구성요건으로 성욕을 자극 · 흥분 · 만족시키려는 주관적 동기나 목적이 있어야 하는 것은 아니라는 판례(초등학교 기간제 교사가 다른 학생들이 지켜보는 가운데 건강검진을 받으러 온 학생의 옷 속으로 손을 넣어 배와 가슴 등의 신체 부위를 만진 행위가 13세 미만자에 대한 추행죄가 성립한다는 판례)〉
[1] 성폭력범죄의 처벌 및 피해자보호 등에 관한 법률 제8조의2 제5항에서 규정한 13세 미만의 미성년자에 대한 추행죄는 '13세 미만의 아동이 외부로부터의 부적절한 성적 자극이나 물리력의 행사가 없는 상태에서 심리적 장애 없이 성적 정체성 및 가치관을 형성할 권익'을 보호법익으로 하는 것으로서, 그 성립에 필요한 주관적 구성요건으로 성욕을 자극 · 흥분 · 만족시키려는 주관적 동기나 목적이 있어야 하는 것은 아니다. 위 죄에 있어서 '추행'이라 함은 객관적으로 상대방과 같은 처지에 있는 일반적 · 평균적인 사람으로 하여금 성적 수치심이나 혐오감을 일으키게 하고 선량한 성적 도덕관념에 반하는 행위로서 피해자의 성적 자유를 침해하는 것이라고 할 것인데, 이에 해당하는지 여부는 피해자의 의사, 성별, 연령, 행위자와 피해자의 이전부터의 관계, 그 행위에 이르게 된 경위, 구체적 행위태양, 주위의 객관적 상황과 그 시대의 성적 도덕관념 등을 종합적으로 고려하여 신중히 결정하여야 한다. [2] 초등학교 기간제 교사가 다른 학생들이 지켜보는 가운데 건강검진을 받으러 온 학생의 옷 속으로 손을 넣어 배와 가슴 등의 신체 부위를 만진 행위는, 설사 성욕을 자극 · 흥분 · 만족시키려는 주관적 동기나 목적이 없었더라도 객관적으로 일반인에게 성적 수치심이나 혐오감을 불러일으키고 선량한 성적 도덕관념에 반하는 행위라고 평가할 수 있고 그로 인하여 피해 학생의 심리적 성장 및 성적 정체성의 형성에 부정적 영향을 미쳤다고 판단되므로, 성폭력범죄의 처벌 및 피해자보호 등에 관한 법률 제8조의2

제5항에서 말하는 '추행'에 해당한다고 한 사례(대판 2009.9.24. 2009도2576). [COMMENT] 판례에서의 성폭력범죄의 처벌 및 피해자보호 등에 관한 법률 제8조의2 제5항은 현행 성폭력범죄의 처벌 등에 관한 특례법 제7조 제5항이 된다.

제7절 | 강간 등 상해·치상 및 강간 등 살인·치사

I. 강간 등 상해·치상죄 (제8조)

1. 관련 조문

> **제8조 (강간 등 상해·치상)**
> ① 제3조제1항, 제4조, 제6조, 제7조 또는 제15조(제3조제1항, 제4조, 제6조 또는 제7조의 미수범으로 한정한다)의 죄를 범한 사람이 다른 사람을 상해하거나 상해에 이르게 한 때에는 무기징역 또는 10년 이상의 징역에 처한다.
> ② 제5조 또는 제15조(제5조의 미수범으로 한정한다)의 죄를 범한 사람이 다른 사람을 상해하거나 상해에 이르게 한 때에는 무기징역 또는 7년 이상의 징역에 처한다.

2. 주요 내용

성폭력범죄의 처벌 등에 관한 특례법 위반죄에서 제3조 제2항의 죄를 제외한 나머지 범죄를 범하려다 사람을 상해하거나 상해에 이르게 한 경우에 가중처벌하는 규정이다.[29]

3. 관련 판례

〈강간행위에 수반하여 생긴 상해가 극히 경미한 것으로서 굳이 치료할 필요가 없어서 자연적으로 치유되며 일상생활을 하는 데 아무런 지장이 없는 경우에는 강간치상죄의 상해에 해당되지 아니한다고 할 수 있다는 판례〉 [1] 강간행위에 수반하여 생긴 상해가 극히 경미한 것으로서 굳이 치료할 필요가 없어서 자연적으로 치유되며 일상생활을 하는 데 아무런 지장이 없는 경우에는 강간치상죄의 상해에 해당되지 아니한다고 할 수 있을 터이나, 그러한 논거는 피해자의 반항을 억압할 만한 폭행 또는 협박이 없어도 일상생활 중 발생할 수 있는 것이거나 합의에 따른 성교행위에서도 통상 발생할 수 있는 상해와 같은 정도임을 전제로 하는 것이므로 그러한 정도를 넘는 상해가 그 폭행 또는 협박에 의하여 생긴 경우라면 상해에 해당된다고 할 것이며, 피해자의 건강상태가 나쁘게 변경되고 생활기능에 장애가 초래된

---

29) 본 조에서 제3조 제2항(특수강도강간등)이 빠져있는 이유는 제3조 제2항의 법정형이 사형, 무기 또는 10년이상의 징역이므로 그 가중의 필요성이 없기 때문이다.

것인지는 객관적, 일률적으로 판단될 것이 아니라 피해자의 연령, 성별, 체격 등 신체, 정신상의 구체적 상태를 기준으로 판단되어야 한다. [2] 정식의 상해진단서는 제출되어 있지 아니하나 피해자가 입은 상처의 부위와 내용, 그 상해의 정도나 치유기간 등에 비추어 보아 그러한 정도의 상처로 인하여 피해자의 신체의 건강상태가 불량하게 변경되고 생활기능에 장애가 초래된 것이 아니라고 단정할 수 없음에도 불구하고 피해자에게 발생한 상처가 강간치상죄에서 정한 상해에 해당하지 않는다고 판단한 원심판결을 파기한 사례(대판 2003.9.26. 2003도4606).

〈성폭법상 상해는 피해자의 신체의 완전성을 훼손하거나 생리적 기능에 장애를 초래하는 것으로, 반드시 외부적인 상처가 있어야만 하는 것이 아니고, 여기서의 생리적 기능에는 육체적 기능뿐만 아니라 정신적 기능도 포함된다는 판례〉 [1] 성폭력범죄의처벌및피해자보호등에관한법률 제9조 제1항의 상해는 피해자의 신체의 완전성을 훼손하거나 생리적 기능에 장애를 초래하는 것으로, 반드시 외부적인 상처가 있어야만 하는 것이 아니고, 여기서의 생리적 기능에는 육체적 기능뿐만 아니라 정신적 기능도 포함된다. [2] 정신과적 증상인 외상 후 스트레스 장애가 성폭력범죄의처벌및피해자보호등에관한법률 제9조 제1항 소정의 상해에 해당한다고 본 사례(대판 1999.1.26. 98도3732). [COMMENT] 판례에서의 성폭력범죄의 처벌 및 피해자보호 등에 관한 법률 제9조 제1항은 현행 성폭력범죄의 처벌 등에 관한 특례법 제8조의 제1항이 된다.

〈강간상해로 기소되었으나 강간의 점이 인정되지 않고 상해의 점은 인정되는 경우에는 공소장변경없으면 무죄를 선고할 수도 있다는 판례(판결편의주의를 적용한 판례)〉 성폭력범죄의처벌및피해자보호등에관한법률위반죄를 심리한 결과 강간의 점은 인정되지 아니하나 상해의 점은 인정되는 경우라고 하여도 공소장 변경이 없는 이상 이를 상해의 죄로 처벌하지 않는 것이 현저히 정의와 형평에 반하는 것이라고 볼 수는 없다(대판 1997.8.26. 97도1452).

〈흉기를 휴대하고 주거에 침입하여 피해자를 강간하고 상해를 입혔다면 성폭법상의 강간상해죄 이외에 주거침입죄는 별도로 성립하지 않는다는 판례〉 성폭력범죄의처벌및피해자보호등에관한법률 제5조 제1항은 형법 제319조 제1항의 죄를 범한 자가 강간의 죄를 범한 경우를 규정하고 있고, 성폭력범죄의처벌및피해자보호등에관한법률 제9조 제1항은 같은 법 제5조 제1항의 죄와 같은 법 제6조의 죄에 대한 결과적 가중범을 동일한 구성요건에 규정하고 있으므로, 피해자의 방안에 침입하여 식칼로 위협하여 반항을 억압한 다음 피해자를 강간하여 상해를 입히게 한 피고인의 행위는 그 전체가 포괄하여 같은 법 제9조 제1항의 죄를 구성할 뿐이지, 그 중 주거침입의 행위가 나머지 행위와 별도로 주거침입죄를 구성한다고는 볼 수 없다(대판 1999.4.23. 99도354). [COMMENT] 판례에서의 성폭력범죄의 처벌 및 피해자보호 등에 관한 법률 제9조 제1항, 제5조 제1항, 제6조는 현행 성폭력범죄의 처벌 등에 관한 특례법 제8조 제1항, 제3조 제1항, 제4조가 된다.

〈엘리베이터 안에서 폭행하고 계단에서 강간하고 상해를 입혔다면 성폭법상의 강간치상죄가 성립한다는 판례〉 [1] 주거침입죄에 있어서 주거란 단순히 가옥 자체만을 말하는 것이 아니라 그 정원 등 위요지를 포함한다. 따라서 다가구용 단독주택이나 다세대주택·연립주택·아파트 등 공동주택 안에서 공용으로 사용하는 엘리베이터, 계단과 복도는 주거로 사용하는 각 가구 또는 세대의 전용 부분에 필수적으로 부속하는 부분으로서 그 거주자들에 의하여 일상생활에서 감시·관리가 예정되어 있고 사실상의 주거의 평온을 보호할 필요성이 있는 부분이므로, 다가구용 단독주택이나 다세대주택·연립주택·아파트 등 공동주택의 내부에 있는 엘리베이터, 공용 계단과 복도는 특별한 사정이 없는 한 주거침입죄의 객체인 '사람의 주거'에 해당하고, 위 장소에 거주자의 명시적, 묵시적 의사에 반하여 침입하는 행위는 주거침입죄를 구성한다. [2] 피고인이 강간할 목적으로 피해자를 따라 피해자가 거주하는 아파트 내부의 엘리베이터에 탄 다음 그 안에서 폭행을 가하여 반항을 억압한 후 계단으로 끌고 가 피해자를 강간하고 상해를 입힌 사안에서, 피고인이 성폭력범죄의 처벌 및 피해자보호 등에 관한 법률 제5조 제1항에 정한 주거침입범의 신분을 가지게 되었다는 이유로, 주거침입을 인정하지 않고 강간상해죄만을 선고한 원심판결을 파기한 사례(대판 2009.9.10. 2009도4335). **[COMMENT]** 판례에서의 성폭력범죄의처벌및피해자보호등에관한법률 제5조 제1항은 현행 성폭력범죄의 처벌 등에 관한 특례법 제8조 제1항의 범죄가 된다.

Ⅱ. 강간 등 살인·치사죄 (제9조)

1. 관련 조문

> **제9조 (강간 등 살인·치사)**
> ① 제3조부터 제7조까지, 제15조(제3조부터 제7조까지의 미수범으로 한정한다)의 죄 또는 형법 제297조(강간), 제297조의2(유사강간) 및 제298조(강제추행)부터 제300조(미수범)까지의 죄를 범한 사람이 다른 사람을 살해한 때에는 사형 또는 무기징역에 처한다.
> ② 제4조, 제5조 또는 제15조(제4조 또는 제5조의 미수범으로 한정한다)의 죄를 범한 사람이 다른 사람을 사망에 이르게 한 때에는 무기징역 또는 10년 이상의 징역에 처한다.
> ③ 제6조, 제7조 또는 제15조(제6조 또는 제7조의 미수범으로 한정한다)의 죄를 범한 사람이 다른 사람을 사망에 이르게 한 때에는 사형, 무기징역 또는 10년 이상의 징역에 처한다.

2. 주요 내용

일정한 성폭법위반죄 및 형법상의 강간, 유사강간, 강제추행죄, 준강간, 준강제추행죄와 각 미수범를 범한 자가 사람을 살해하거나, 일정한 성폭법위반죄를 범한 자가 사람을 사망에 이르게 한 경우에 가중처벌하는 규정이다.

제8절 | 업무상 위력 등에 의한 추행 (제10조)

1. 관련 조문

> **제10조 (업무상 위력 등에 의한 추행)**
> ① 업무, 고용이나 그 밖의 관계로 인하여 자기의 보호, 감독을 받는 사람에 대하여 위계 또는 위력으로 추행한 사람은 3년 이하의 징역 또는 1천500만원 이하의 벌금에 처한다. 〈개정 2018.10.16.〉
> ② 법률에 따라 구금된 사람을 감호하는 사람이 그 사람을 추행한 때에는 5년 이하의 징역 또는 2천만원 이하의 벌금에 처한다. 〈개정 2018.10.16.〉[30)]

2. 주요 내용

형법 제303조는 업무상위력등에 의한 간음을 처벌하는 규정이지만, 본조는 업무상 위력등에 의한 추행을 처벌하는 규정이라는 점에서 차이가 있다.

3. 관련 판례

〈업무상위력등에의한추행죄에서 위력의 의미〉 성폭력범죄의 처벌 등에 관한 특례법 위반 (업무상위력등에의한추행)죄에서 <u>위력이라 함은 피해자의 자유의사를 제압하기에 충분한 세력을 말하고, 유형적이든 무형적이든 묻지 않으므로 폭행·협박뿐 아니라 사회적·경제적·정치적인 지위나 권세를 이용하는 것도 가능하며, 위력행위 자체가 추행행위라고 인정되는 경우도 포함되고,</u> 이때의 위력은 현실적으로 피해자의 자유의사가 제압될 것임을 요하는 것은 아니라 할 것이고, 추행이라 함은 객관적으로 일반인에게 성적 수치심이나 혐오감을 일으키게 하고 선량한 성적 도덕관념에 반하는 것이다(대판 2020.5.14. 2019도9872).

〈편의점 업주가 아르바이트 구인 광고를 보고 연락한 사람을 추행한 사건〉 [1] 성폭력범죄의 처벌 등에 관한 특례법 제10조는 '업무상 위력 등에 의한 추행'에 관한 처벌 규정인데, 제1항에서 "업무, 고용이나 그 밖의 관계로 인하여 자기의 보호, 감독을 받는 사람에 대하여 위계 또는 위력으로 추행한 사람은 3년 이하의 징역 또는 1천 500만 원 이하의 벌금에 처한다."라고 정하고 있다. '<u>업무, 고용이나 그 밖의 관계로 인하여 자기의 보호, 감독을 받는 사람</u>'에는 직장 안에서 보호 또는 감독을 받거나 사실상 보호 또는 감독을 받는 상황에 있는 사람뿐만 아니라 채용 절차에서 영향력의 범위 안에 있는 사람도 포함된다. [2] 편의점 업주인 피고인이 아르바이트 구인 광고를 보고 연락한 갑을 채용을 빌미로 불러내 면접을 한 후 자신의 집으로 유인하여 갑의 성기를 만지고 갑에게 피고인의 성기를

---

30) 2018.10.16.의 개정으로 형벌을 상향조정하였다.

만지게 하였다고 하여 성폭력범죄의 처벌 등에 관한 특례법 위반(업무상위력등에의한추행)으로 기소된 사안에서, 피고인이 채용 권한을 가지고 있는 지위를 이용하여 갑의 자유의사를 제압하여 갑을 추행하였다고 본 원심판단이 정당하다고 한 사례(대판 2020.7.9. 2020도5646).

〈성폭법상의 업무상위력등에의한추행죄에서의 위력이라 함은 피해자의 자유의사를 제압하기에 충분한 세력을 말하고, 유형적이든 무형적이든 묻지 않으므로 폭행·협박뿐 아니라 사회적·경제적·정치적인 지위나 권세를 이용하는 것도 가능하며, 위력행위 자체가 추행행위라고 인정되는 경우도 포함되고, 이 경우에 있어서의 위력은 현실적으로 피해자의 자유의사가 제압될 것임을 요하는 것은 아니라는 판례〉 [1] 성폭력범죄의처벌및피해자보호등에관한법률(업무상위력등에의한추행)상의 위력이라 함은 피해자의 자유의사를 제압하기에 충분한 세력을 말하고, 유형적이든 무형적이든 묻지 않으므로 폭행·협박뿐 아니라 사회적·경제적·정치적인 지위나 권세를 이용하는 것도 가능하며, <u>위력행위 자체가 추행행위라고 인정되는 경우도 포함되고, 이 경우에 있어서의 위력은 현실적으로 피해자의 자유의사가 제압될 것임을 요하는 것은 아니라 할 것이고,</u> 추행이라 함은 객관적으로 일반인에게 성적 수치심이나 혐오감을 일으키게 하고 선량한 성적 도덕관념에 반하는 것이라고 할 것이다. [2] 성폭력범죄의처벌및피해자보호등에관한법률상의 업무상위력등에의한추행죄는 개인의 성적 자유를 보호법익으로 하는 것이므로 결국 이에 해당하는지 여부는 개인의 성적 자유가 현저히 침해되고, 또한 일반인의 입장에서 보아도 추행행위라고 평가될 경우에 한정하여야 할 것이고, 이러한 의미에서 키스, 포옹 등과 같은 경우에 있어서 그것이 추행행위에 해당하는가에 대하여는 피해자의 의사, 성별, 연령, 행위자와 피해자의 이전부터의 관계, 그 행위에 이르게 된 경위, 구체적 행위태양, 주위의 객관적 상황과 그 시대의 성적 도덕관념 등을 종합적으로 고려하여 신중히 검토하여야만 한다(대판 1998.1.23. 97도2506).

〈병원 응급실에서 당직 근무를 하던 의사가 가벼운 교통사고로 인하여 비교적 경미한 상처를 입고 입원한 여성 환자들의 바지와 속옷을 내리고 음부 윗부분을 진료행위를 가장하여 수회 누른 행위가 업무상 위력 등에 의한 추행에 해당한다고 한 판례〉 [1] '추행'이라 함은 객관적으로 일반인에게 성적 수치심이나 혐오감을 일으키게 하고 선량한 성적 도덕관념에 반하는 행위로서 피해자의 성적 자유를 침해하는 것이라고 할 것이고, 이에 해당하는지 여부는 피해자의 의사, 성별, 연령, 행위자와 피해자의 이전부터의 관계, 그 행위에 이르게 된 경위, 구체적 행위태양, 주위의 객관적 상황과 그 시대의 성적 도덕관념 등을 종합적으로 고려하여 신중히 결정되어야 할 것이다. [2] <u>병원 응급실에서 당직 근무를 하던 의사가 가벼운 교통사고로 인하여 비교적 경미한 상처를 입고 입원한 여성 환자들의 바지와 속옷을 내리고 음부 윗부분을 진료행위를 가장하여 수회 누른 행위가 업무상 위력 등에 의한 추행에 해당한다고 한 사례</u>(대판 2005.7.14. 2003도7107).

〈직장 상사가 등 뒤에서 피해자의 의사에 명백히 반하여 어깨를 주무르면 추행에 해당한다는 판례〉 [1] '추행'이라 함은 객관적으로 일반인에게 성적 수치심이나 혐오감을 일으키게 하고 선량한 성적 도덕관념에 반하는 행위로서 피해자의 성적 자유를 침해하는 것이라고 할 것이고, 이에 해당하는지 여부는 피해자의 의사, 성별, 연령, 행위자와 피해자의 이전부터의 관계, 그 행위에 이르게 된 경위, 구체적 행위태양, 주위의 객관적 상황과 그 시대의 성적 도덕관념 등을 종합적으로 고려하여 신중히 결정되어야 할 것이다. [2] 직장 상사가 등 뒤에서 피해자의 의사에 명백히 반하여 어깨를 주무른 경우, 여성에 대한 추행에 있어 신체 부위에 따라 본질적인 차이가 있다고 볼 수 없다는 이유로 추행에 해당한다고 한 사례(대판 2004.4.16. 2004도52). **[판결이유 중 일부 인용]** 여성에 대한 추행에 있어 신체 부위에 따라 본질적인 차이가 있다고 볼 수는 없다 할 것인데, 위에서 본 사실관계에 의하면 피고인의 어깨를 주무르는 것에 대하여 평소 수치스럽게 생각하여 오던 피해자에 대하여 그 의사에 명백히 반하여 그의 어깨를 주무르고 이로 인하여 피해자로 하여금 소름이 끼치도록 혐오감을 느끼게 하였고, 이어 나중에는 피해자를 껴안기까지 한 일련의 행위에서 드러난 피고인의 추행 성행을 앞서 본 추행에 관한 법리에 비추어 볼 때 이는 20대 초반의 미혼 여성인 피해자의 성적 자유를 침해할 뿐만 아니라 일반인의 입장에서도 도덕적 비난을 넘어 추행행위라고 평가할 만한 것이라 할 것이고, 나아가 추행행위의 행태와 당시의 경위 등에 비추어 볼 때 피고인의 범의나 업무상 위력이 행사된 점 또한 넉넉히 인정할 수 있다.

제9절 | 기타 성폭법 위반 행위

I. 공중 밀집 장소에서의 추행 (제11조)

1. 관련 조문

> **제11조 (공중 밀집 장소에서의 추행)**
> 대중교통수단, 공연·집회 장소, 그 밖에 공중이 밀집하는 장소에서 사람을 추행한 사람은 3년 이하의 징역 또는 3천만원 이하의 벌금에 처한다.

2. 관련 판례

〈찜질방 수면실에서 옆에 누워 있던 피해자의 가슴 등을 손으로 만진 행위가 성폭법상의 공중밀집장소에서의 추행행위에 해당한다고 한 판례〉 [1] 공중밀집장소에서의 추행죄를 규정한 성폭력범죄의 처벌 및 피해자보호 등에 관한 법률 제13조의 입법 취지, 위 법률 조항에서 그 범행장소를 공중이 '밀집한' 장소로 한정하는 대신 공중이 '밀집하는' 장소로 달리 규정하고 있는 문언의 내용, 그 규정상 예시적으로 열거한 대중교통수단, 공연·집회 장소 등의 가능한 다양한 형태 등에 비추어 보면, 여기서 말하는 '공중이 밀집하는 장소'에는 현실적으로 사람들이 빽빽이 들어서 있어 서로간의 신체적 접촉이 이루어지고 있는 곳만을 의미하는 것이 아니라 이 사건 찜질방 등과 같이 공중의 이용에 상시적으로 제공·개방된 상태에 놓여 있는 곳 일반을 의미한다. 또한, 위 공중밀집장소의 의미를 이와 같이 해석하는 한 그 장소의 성격과 이용현황, 피고인과 피해자 사이의 친분관계 등 구체적 사실관계에 비추어, 공중밀집장소의 일반적 특성을 이용한 추행행위라고 보기 어려운 특별한 사정이 있는 경우에 해당하지 않는 한, 그 행위 당시의 현실적인 밀집도 내지 혼잡도에 따라 그 규정의 적용 여부를 달리한다고 할 수는 없다. [2] 찜질방 수면실에서 옆에 누워 있던 피해자의 가슴 등을 손으로 만진 행위가 성폭력범죄의 처벌 및 피해자보호 등에 관한 법률 제13조에서 정한 공중밀집장소에서의 추행행위에 해당한다고 한 사례(대판 2009.10.29. 2009도5704). [COMMENT] 판례에서의 성폭력범죄의 처벌 및 피해자보호 등에 관한 법률 제13조는 현행 성폭력범죄의 처벌 등에 관한 특례법 제11조가 된다.

〈지하철 성추행 사건(피해자가 성적 수치심이나 혐오감을 반드시 실제로 느껴야 하는 것은 아니라는 판례)〉 [1] 구 성폭력범죄의 처벌 등에 관한 특례법(2020. 5. 19. 법률 제17264호로 개정되기 전의 것) 제11조는 '대중교통수단, 공연·집회 장소, 그 밖에 공중이 밀집하는 장소에서 사람을 추행한 사람'을 1년 이하의 징역 또는 300만 원 이하의 벌금에 처하도록 하고 있다. 입법 취지는 도시화된 현대사회에서 다중이 출입하는 공공연한 장소에서 추행 발생의 개연성과 함께 그에 대한 처벌의 필요성이 높아진 반면, 피해자와 접근이 용이하고 추행장소가 공개되어 있는 등의 사정으로 피해자의 명시적·적극적인 저항이나 회피가 어려운 상황을 이용하여 유형력을 행사하는 것 이외의 방법으로 이루어지는 추행행위로 말미암아 형법 등 다른 법률에 따른 처벌이 여의치 않은 상황에 대처하기 위한 것이다. 여기에서 '추행'이란 일반인을 기준으로 객관적으로 성적 수치심이나 혐오감을 일으키게 하고 선량한 성적 도덕관념에 반하는 행위로서 피해자의 성적 자기 결정권을 침해하는 것을 말한다. 이에 해당하는지는 피해자의 성별, 연령, 행위자와 피해자의 관계, 그 행위에 이르게 된 경위, 구체적 행위 양태, 주위의 객관적 상황과 그 시대의 성적 도덕관념 등을 종합적으로 고려하여 신중히 결정해야 한다. [2] 피고인이 지하철 내에서 갑(여)의 등 뒤에 밀착하여 무릎을 굽힌 후 성기를 갑의 엉덩이 부분에 붙이고 앞으로 내미는 등 갑을 추행하였다고 하여 구 성폭력범죄의 처벌 등에 관한 특례법 (2020. 5. 19. 법률 제17264호로 개정되기 전의 것) 위반(공중밀집장소에서의 추행)의 주위적 공소사실로 기소된 사안에서, 위 죄가 기수에 이르기 위해서는 객관적으로 일반인에게 성적 수치심이나 혐오감을 일으키게 할 만한 행위로서 선량한 성적 도덕관념에 반하는 행위를 행위자가 대상자를 상대로 실행하는 것으로 충분하고, 행위자의 행위로 말미암아 대상자가 성적 수치심이나 혐오감을 반드시 실제로 느껴야 하는 것은 아니라는 이유로 공소사실을 유죄로 인정한 원심판단이 정당하다고 한 사례(대판 2020.6.25. 2015도7102)

〈자폐성 장애 겸 지적장애인이 '추행'의 고의를 부인한 사례〉 [1] 성폭력처벌법 제11조 위반죄가 성립하기 위해서는 주관적 구성요건으로서 추행을 한다는 인식을 전제로 적어도 미필적으로나마 이를 용인하는 내심의 의사가 있어야 하므로, 피고인이 추행의 고의를 부인하는 경우에는 고의와 상당한 관련성이 있는 간접사실을 증명하는 방법에 따를 수밖에 없다. [2] 이 경우 피고인의 나이 · 지능 · 지적능력 및 판단능력, 직업 및 경력, 피고인이 공소사실 기재 행위에 이르게 된 경위와 동기, 피고인과 피해자의 관계, 구체적 행위 태양 및 행위 전후의 정황, 피고인의 평소 행동양태 · 습관 등 객관적 사정을 종합하여 판단해야 하고, 피고인이 고의로 추행을 하였다고 볼 만한 징표와 어긋나는 사실의 의문점이 해소되어야 한다. [3] 이는 피고인이 자폐성 장애인이거나 지적장애인에 해당하는 경우에도 마찬가지로서, 외관상 드러난 피고인의 언행이 비장애인의 관점에서 이례적이라거나 합리적이지 않다는 이유만으로 함부로 고의를 추단하거나 이를 뒷받침하는 간접사실로 평가하여서는 아니 되고, 전문가의 진단이나 감정 등을 통해 피고인의 장애 정도, 지적 · 판단능력 및 행동양식 등을 구체적으로 심리한 후 피고인이 공소사실 기재 행위 당시 특정 범행의 구성요건 해당 여부에 관한 인식을 전제로 이를 용인하는 내심의 의사까지 있었다는 점에 관하여 합리적인 의심을 할 여지가 없을 정도의 확신에 이르러야 한다(대판 2024.1.14. 2023도13081).

> 甲은 손님이 몰려있는 ○○대형마트에서 물건을 사고 있는 여성 A의 옷 위로 가슴을 만졌다. 甲의 죄책은? (10점) [2015 1차]

II. 성적 목적을 위한 공공장소 침입행위 (제12조)

1. 관련 조문

> **제12조 (성적 목적을 위한 다중이용장소 침입행위)**
> 자기의 성적 욕망을 만족시킬 목적으로 화장실, 목욕장·목욕실 또는 발한실(發汗室),
> 모유수유시설, 탈의실 등 불특정 다수가 이용하는 다중이용장소에 침입하거나 같은 장소
> 에서 퇴거의 요구를 받고 응하지 아니하는 사람은 1년 이하의 징역 또는 1천만원 이하의
> 벌금에 처한다. [개정 2017.12.12]

2. 2017.12.12. 개정 내용

2017.12.12. 개정 이전의 법은 자기의 성적 욕망을 만족시킬 목적으로 공중화장실 등 공공장소에 침입하는 행위에 대한 처벌규정을 두고 있으나, 최근 판례는 주점 화장실에 침입하여 피해자가 용변을 보는 모습을 엿보았다고 하더라도 그 화장실이 현행법의 적용 대상인 '공중화장실 등에 관한 법률'에 따른 공중화장실에 해당하지 않는다는 이유로 무죄를 선고하여 논란이 되고 있으므로 이러한 처벌의 미비를 보완하기 위하여 제12조의 내용을 개정하였고, 부칙에 따르면 공포한 날로부터 시행한다.

III. 통신매체를 이용한 음란행위 (제13조)

1. 관련 조문

> **제13조 (통신매체를 이용한 음란행위)**
> 자기 또는 다른 사람의 성적 욕망을 유발하거나 만족시킬 목적으로 전화, 우편, 컴퓨터, 그
> 밖의 통신매체를 통하여 성적 수치심이나 혐오감을 일으키는 말, 음향, 글, 그림, 영상 또는 물
> 건을 상대방에게 도달하게 한 사람은 2년 이하의 징역 또는 2천만원 이하의 벌금에 처한다.

2. 관련 판례

〈통신매체를 이용하지 아니한 채 직접 상대방에게 말, 글, 물건 등을 도달하게 하는 행위를 성폭력범죄의 처벌 등에 관한 특례법 제13조로 처벌할 수 없다는 판례〉 [1] 성폭력범죄의 처벌 등에 관한 특례법 제13조는 "자기 또는 다른 사람의 성적 욕망을 유발하거나 만족시킬 목적으로 전화, 우편, 컴퓨터, 그 밖의 통신매체를 통하여 성적 수치심이나 혐오감을 일으키는 말, 음향, 글, 그림, 영상 또는 물건을 상대방에게 도달하게 한 사람은 2년 이하의 징역 또는 500만 원 이하의 벌금에 처한다."고 규정하고 있다. [2] 위 규정 문언에 의하면, 위 규정은 자기 또는 다른 사람의 성적 욕망을 유발하는 등의 목적으로 '전화, 우편, 컴퓨터나 그 밖에 일반적으로 통신매체라고 인식되는 수단을 이용하여' 성적 수치

심 등을 일으키는 말, 글, 물건 등을 상대방에게 전달하는 행위를 처벌하고자 하는 것임이 문언상 명백하므로, <u>위와 같은 통신매체를 이용하지 아니한 채 '직접' 상대방에게 말, 글, 물건 등을 도달하게 하는 행위까지 포함하여 위 규정으로 처벌할 수 있다고 보는 것은 법문의 가능한 의미의 범위를 벗어난 해석으로서 실정법 이상으로 처벌 범위를 확대하는 것이다</u>(대판 2016.3.10. 2015도17847).

〈상대방에게 성적 수치심을 일으키는 그림 등이 있는 웹페이지 등에 대한 인터넷 링크(internet link)를 보내는 행위도 상대방에게 도달하게 하는 것이라는 판례〉 [사실관계] 갑은 을녀와 식당을 동업하면서 알게 되었는데, 2013. 10. 16. 18 : 20경 을과 성관계를 하면서 찍은 을의 나체 사진 2장을 다른 사람과 함께 있는 을에게 휴대전화 카카오톡 메신저를 이용하여 전송하였다. 갑에게 성폭법 제13조(통신매체이용음란)위반죄가 성립하는가? [판결요지] 성폭력범죄의 처벌 등에 관한 특례법 제13조에서 '<u>성적 수치심이나 혐오감을 일으키는 말, 음향, 글, 그림, 영상 또는 물건(이하 '성적 수치심을 일으키는 그림 등'이라 한다)을 상대방에게 도달하게 한다'는 것은 '상대방이 성적 수치심을 일으키는 그림 등을 직접 접하는 경우뿐만 아니라 상대방이 실제로 이를 인식할 수 있는 상태에 두는 것'을 의미한다. 따라서 행위자의 의사와 그 내용, 웹페이지의 성격과 사용된 링크기술의 구체적인 방식 등 모든 사정을 종합하여 볼 때 상대방에게 성적 수치심을 일으키는 그림 등이 담겨 있는 웹페이지 등에 대한 인터넷 링크(internet link)를 보내는 행위를 통해 그와 같은 그림 등이 상대방에 의하여 인식될 수 있는 상태에 놓이고 실질에 있어서 이를 직접 전달하는 것과 다를 바 없다고 평가되고, 이에 따라 상대방이 이러한 링크를 이용하여 별다른 제한 없이 성적 수치심을 일으키는 그림 등에 바로 접할 수 있는 상태가 실제로 조성되었다면, 그러한 행위는 전체로 보아 성적 수치심을 일으키는 그림 등을 상대방에게 도달하게 한다는 구성요건을 충족한다</u>(대판 2017.6.8. 2016도21389).

〈피해자가 성적 매력이 없다는 문자메세지 보낸 사건〉 [1] 성폭력범죄의 처벌 등에 관한 특례법 제13조의 '<u>성적 욕망</u>'에는 성행위나 성관계를 직접적인 목적이나 전제로 하는 욕망뿐만 아니라, 상대방을 성적으로 비하하거나 조롱하는 등 상대방에게 성적 수치심을 줌으로써 자신의 심리적 만족을 얻고자 하는 욕망도 포함된다. 또한 이러한 '성적 욕망'이 상대방에 대한 분노감과 결합되어 있다 하더라도 달리 볼 것은 아니다. [2] <u>피고인이 연인관계에 있었던 피해자로부터 '피고인보다 성기가 큰 사람과 함께 살았다'라는 말을 듣자 화가 나 결별을 선언한 후, 피해자에게 피해자의 성기를 비하, 조롱하고 피해자가 성적인 매력이 없다는 취지의 문자메시지를 반복하여 보낸 사안에서, 피고인이 피해자와 성적인 관계를 욕망하지는 않았더라도</u>, 피해자로부터 다른 남자와 성적으로 비교당하여 열등한 취급을 받았다는 분노감에, 피해자의 성기를 비하, 조롱하는 등 성적 수치심을 느끼게 함으로써, 피해자에게 자신이 받은 것과 같은 상처를 주고 동시에 자신의 손상된 성적 자존심을 회복하고자 하는 목적에서 위와 같은 행위를 하였던 것으로 보이고, 이러한 심리적 만족을 얻고자 하는 욕망 역시 성적 욕망에 포함되므로, 피고인의 성적 욕망을 만족시킬 목적이 인정된다고 판단하여, 이 부분 공소사실을 무죄로 판단한 원심을 파기한 사례(대판 2018.9.13. 2018도9775).

Ⅳ. 카메라 등을 이용한 촬영 (제14조)

1. 관련 조문

> **제14조 (카메라 등을 이용한 촬영)**
> ① 카메라나 그 밖에 이와 유사한 기능을 갖춘 기계장치를 이용하여 성적 욕망 또는 수치심을 유발할 수 있는 사람의 신체를 촬영대상자의 의사에 반하여 촬영한 자는 7년 이하의 징역 또는 5천만원 이하의 벌금에 처한다. 〈개정 2018.12.18, 2020.5.19〉
> ② 제1항에 따른 촬영물 또는 복제물(복제물의 복제물을 포함한다. 이하 이 조에서 같다)을 반포ㆍ판매ㆍ임대ㆍ제공 또는 공공연하게 전시ㆍ상영(이하 "반포등"이라 한다)한 자 또는 제1항의 촬영이 촬영 당시에는 촬영대상자의 의사에 반하지 아니한 경우(자신의 신체를 직접 촬영한 경우를 포함한다)에도 사후에 그 촬영물 또는 복제물을 촬영대상자의 의사에 반하여 반포등을 한 자는 7년 이하의 징역 또는 5천만원 이하의 벌금에 처한다. 〈개정 2018.12.18, 2020.5.19〉
> ③ 영리를 목적으로 촬영대상자의 의사에 반하여 「정보통신망 이용촉진 및 정보보호 등에 관한 법률」 제2조제1항제1호의 정보통신망(이하 "정보통신망"이라 한다)을 이용하여 제2항의 죄를 범한 자는 3년 이상의 유기징역에 처한다. 〈개정 2018.12.18, 2020.5.19〉
> ④ 제1항 또는 제2항의 촬영물 또는 복제물을 소지ㆍ구입ㆍ저장 또는 시청한 자는 3년 이하의 징역 또는 3천만원 이하의 벌금에 처한다. 〈신설 2020.5.19〉
> ⑤ 상습으로 제1항부터 제3항까지의 죄를 범한 때에는 그 죄에 정한 형의 2분의 1까지 가중한다. 〈신설 2020.5.19〉

2. 2018.12.28. 개정 내용

2018.12.28. 개정으로 ① 자의에 의해 스스로 자신의 신체를 촬영한 촬영물을 촬영대상자의 의사에 반하여 유포한 경우에도 처벌할 수 있도록 하고, ② 유포의 객체에 사람의 신체를 촬영한 촬영물 외에 복제물(복제물의 복제물을 포함한다)을 추가하였으며, ③ 전체적으로 형량을 상향 조정하였다.

3. 2020.5.19. 개정 내용

2020.5.19. 개정으로 ① 카메라 등을 이용한 촬영과 반포 등의 죄의 법정형을 상향하고, ② 자신의 신체를 직접 촬영한 경우에도 그 촬영물을 촬영대상자의 의사에 반하여 반포등을 한 사람은 처벌된다는 점을 명확히 규정하고(제14조 제1항부터 제3항까지), ③ 불법 성적 촬영물 등을 소지ㆍ구입ㆍ저장 또는 시청한 자도 처벌하도록 하였으며(제14조 제4항 신설), ④ 상습범을 가중처벌하도록 하였다(제14조 제5항 신설).

4. 관련 판례

〈남녀의 성관계를 촬영한 동영상 중 일부를 캡처한 사진 사건〉 [1] 성폭력범죄의 처벌 등에 관한 특례법(이하 '성폭력처벌법'이라 한다)은 제14조 제1항에서 '카메라나 그 밖에 이와 유사한 기능을 갖춘 기계장치를 이용하여 성적 욕망 또는 수치심을 유발할 수 있는 사람의 신체를 촬영대상자의 의사에 반하여 촬영'하는 행위를 처벌하면서, 같은 조 제2항에서 '그 촬영물 또는 복제물(이하 '촬영물 등'이라 한다)을 반포·판매·임대·제공 또는 공공연하게 전시·상영(이하 '반포 등'이라 한다)하거나 촬영 당시에는 촬영대상자의 의사에 반하지 아니한 경우에도 사후에 그 촬영물 등을 촬영대상자의 의사에 반하여 반포 등'을 하는 행위도 처벌대상으로 정하고 있다. [2] 이와 같이 성폭력처벌법 제14조 제2항 위반죄는 반포 등 행위 시를 기준으로 촬영대상자의 의사에 반하여 그 행위를 함으로써 성립하고, 촬영이 촬영대상자의 의사에 반하지 아니하였더라도 그 성립에 지장이 없다. 촬영대상자의 신원이 파악되지 않는 등 촬영대상자의 의사를 명확히 확인할 수 없는 경우 촬영대상자의 의사에 반하여 반포 등을 하였는지 여부는, 촬영물 등을 토대로 확인할 수 있는 촬영대상자와 촬영자의 관계 및 촬영 경위, 그 내용이 성적 욕망 또는 수치심을 유발하는 정도, 촬영대상자의 특정가능성, 촬영물 등의 취득·반포 등이 이루어진 경위 등을 종합하여 판단하여야 한다. 이때 해당 촬영물 등이 인터넷 등 정보통신망을 통하여 급속도로 광범위하게 유포될 경우 피해자에게 심각한 피해와 고통을 초래할 수 있다는 점도 아울러 고려하여야 한다(대판 2023.6.15. 2022도15414).

〈성폭법위반(카메라등이용촬영)죄의 실행의 착수 시기〉 [1] 「성폭력범죄의 처벌 등에 관한 특례법」(이하 '성폭력처벌법'이라고 한다) 위반(카메라등이용촬영)죄는 카메라 등을 이용하여 성적 욕망 또는 수치심을 유발할 수 있는 타인의 신체를 그 의사에 반하여 촬영함으로써 성립하는 범죄이고, 여기서 '촬영'이란 카메라나 그 밖에 이와 유사한 기능을 갖춘 기계장치 속에 들어 있는 필름이나 저장장치에 피사체에 대한 영상정보를 입력하는 행위를 의미한다. 따라서 범인이 피해자를 촬영하기 위하여 육안 또는 캠코더의 줌 기능을 이용하여 피해자가 있는지 여부를 탐색하다가 피해자를 발견하지 못하고 촬영을 포기한 경우에는 촬영을 위한 준비행위에 불과하여 성폭력처벌법위반(카메라등이용촬영)죄의 실행에 착수한 것으로 볼 수 없다. 이에 반하여 범인이 카메라 기능이 설치된 휴대전화를 피해자의 치마 밑으로 들이밀거나, 피해자가 용변을 보고 있는 화장실 칸 밑 공간 사이로 집어넣는 등 카메라 등 이용 촬영 범행에 밀접한 행위를 개시한 경우에는 성폭력처벌법위반(카메라등이용촬영)죄의 실행에 착수하였다고 볼 수 있다(대법원 2021. 3. 25. 선고 2021도749 판결 참조). [2] 편의점에서 카메라 기능이 설치된 휴대전화를 손에 쥔 채 치마를 입은 피해자들을 향해 쪼그려 앉아 피해자의 치마 안쪽을 비추는 등 행위를 한 피고인에 대해 성폭력처벌법위반(카메라등이용촬영)죄의 실행의 착수를 인정한 사례(대판 2021.8.12. 2021도7035).

〈피고인이 카메라 기능이 켜진 휴대전화를 화장실 칸 너머로 향하게 하여 용변을 보던 피해자를 촬영하려 한 사건〉 [1] 「성폭력범죄의 처벌 등에 관한 특례법」(이하 '성폭력처벌법'이라고 한다) 위반(카메라등이용촬영)죄는 카메라 등을 이용하여 성적 욕망 또는 수치심을 유발할 수 있는 타인의 신체를 그 의사에 반하여 촬영함으로써 성립하는 범죄이고, 여기서 '촬영'이란 카메라나 그 밖에 이와 유사한 기능을 갖춘 기계장치 속에 들어 있는 필름이나 저장장치에 피사체에 대한 영상정보를 입력하는 행위를 의미한다. 따라서 범인이 피해자를 촬영하기 위하여 육안 또는 캠코더의 줌 기능을 이용하여 피해자가 있는지 여부를 탐색하다가 피해자를 발견하지 못하고 촬영을 포기한 경우에는 촬영을 위한 준비행위에 불과하여 성폭력처벌법위반(카메라등이용촬영)죄의 실행에 착수한 것으로 볼 수 없다. [2] 이에 반하여 범인이 카메라 기능이 설치된 휴대전화를 피해자의 치마 밑으로 들이밀거나, 피해자가 용변을 보고 있는 화장실 칸 밑 공간 사이로 집어넣는 등 카메라 등 이용 촬영 범행에 밀접한 행위를 개시한 경우에는 성폭력처벌법위반(카메라등이용촬영)죄의 실행에 착수하였다고 볼 수 있다(대판 2021.3.25. 2021도749).

〈레깅스 사건〉 [1] 구 성폭력처벌법 제14조 제1항에서 정한 '카메라등이용촬영죄'는 이른바 '몰래카메라'의 폐해가 사회문제가 되면서 촬영대상자의 의사에 반하는 촬영 및 반포 등의 행위를 처벌하기 위하여 신설된 조항으로서, 피해자의 성적 자기결정권 및 일반적 인격권 보호, 사회의 건전한 성풍속 확립을 그 보호법익으로 하며, 구체적으로 인격체인 피해자의 성적 자유와 함부로 촬영당하지 아니할 자유를 보호하기 위한 것이다. 여기에서 '성적 자유'는 소극적으로 자기 의사에 반하여 성적 대상화가 되지 않을 자유를 의미한다. [2] 촬영한 대상이 '성적 욕망 또는 수치심을 유발할 수 있는 다른 사람의 신체'에 해당하는지는 객관적으로 피해자와 같은 성별, 연령대의 일반적이고 평균적인 사람들의 관점에서 성적 욕망 또는 수치심을 유발할 수 있는 신체에 해당하는지를 고려함과 아울러, 피해자의 옷차림, 노출의 정도 등은 물론, 촬영자의 의도와 촬영에 이르게 된 경위, 촬영 장소와 촬영 각도 및 촬영 거리, 촬영된 원판의 이미지, 특정 신체 부위의 부각 여부 등을 종합적으로 고려하여 구체적·개별적·상대적으로 결정하여야 한다. [3] 한 편, 이와 같이 '성적 욕망 또는 수치심을 유발할 수 있는 신체'란 특정한 신체의 부분으로 일률적으로 결정되는 것이 아니고 촬영의 맥락과 촬영의 결과물을 고려하여 그와 같이 촬영을 하거나 촬영을 당하였을 때 '성적 욕망 또는 수치심을 유발할 수 있는 경우'를 의미한다. 따라서 피해자가 공개된 장소에서 자신의 의사에 의하여 드러낸 신체 부분이라고 하더라도 이를 촬영하거나 촬영 당하였을 때에는 성적 욕망 또는 수치심이 유발될 수 있으므로 카메라등이용촬영죄의 대상이 되지 않는다고 섣불리 단정하여서는 아니 된다. [4] 피해자가 레깅스 바지를 입고 있었더라도 이 사건 동영상에 촬영된 피해자의 엉덩이 부위 등 하반신은 '성적 욕망 또는 수치심을 유발할 수 있는 타인의 신체'에 해당한다는 이유로 원심판결을 파기한 사례(대판 2020.12.24. 2019도16258).

〈야간에 버스 안에서 휴대폰 카메라로 옆 좌석에 앉은 여성(18세)의 치마 밑으로 드러난 허벅다리 부분을 촬영하였다면 성폭법상의 카메라등을 이용한 촬영죄가 성립한다는 판례〉 [1] 카메라 기타 이와 유사한 기능을 갖춘 기계장치를 이용하여 성적 욕망 또는 수치심을 유발할 수 있는 타인의 신체를 그 의사에 반하여 촬영하는 행위를 처벌하는 성폭력범죄의 처벌 및 피해자보호 등에 관한 법률 제14조의2 제1항은 인격체인 피해자의 성적 자유 및 함부로 촬영당하지 않을 자유를 보호하기 위한 것이다. [2] (위 판례 [2]와 동일한 내용) [3 야간에 버스 안에서 휴대폰 카메라로 옆 좌석에 앉은 여성(18세)의 치마 밑으로 드러난 허벅다리 부분을 촬영한 사안에서, 그 촬영 부위가 성폭력범죄의 처벌 및 피해자 보호 등에 관한 법률 제14조의2 제1항의 '성적 욕망 또는 수치심을 유발할 수 있는 타인의 신체'에 해당한다고 보아 위 조항 위반죄의 성립을 인정한 사례(대판 2008.9.25. 2008도7007). **[COMMENT]** 판례에서의 성폭력범죄의 처벌 및 피해자보호 등에 관한 법률 제14조의2는 현행 성폭력범죄의 처벌 등에 관한 특례법 제14조가 된다.

〈성폭법 제14조 제1항 후단의 입법 취지 및 위 조항에서 '타인의 신체를 그 의사에 반하여 촬영한 촬영물'을 반포·판매·임대 또는 공연히 전시·상영한 자가 반드시 촬영물을 촬영한 자와 동일인이어야 할 필요는 없다는 판례〉 성폭력범죄의 처벌 등에 관한 특례법 제14조 제1항 후단의 문언 자체가 "촬영하거나 그 촬영물을 반포·판매·임대 또는 공연히 전시·상영한 자"라고 함으로써 촬영행위 또는 반포 등 유통행위를 선택적으로 규정하고 있을 뿐 아니라, 위 조항의 입법 취지는, 개정 전에는 카메라 등을 이용하여 성적 욕망 또는 수치심을 유발할 수 있는 타인의 신체를 그 의사에 반하여 촬영한 자만을 처벌하였으나, '타인의 신체를 그 의사에 반하여 촬영한 촬영물'(이하 '촬영물'이라 한다)이 인터넷 등 정보통신망을 통하여 급속도로 광범위하게 유포됨으로써 피해자에게 엄청난 피해와 고통을 초래하는 사회적 문제를 감안하여, 죄책이나 비난 가능성이 촬영행위 못지않게 크다고 할 수 있는 촬영물의 시중 유포 행위를 한 자에 대해서도 촬영자와 동일하게 처벌하기 위한 것인 점을 고려하면, <u>위 조항에서 촬영물을 반포·판매·임대 또는 공연히 전시·상영한 자는 반드시 촬영물을 촬영한 자와 동일인이어야 하는 것은 아니고, 행위의 대상이 되는 촬영물은 누가 촬영한 것인지를 묻지 아니한다</u>(대판 2016.10.13. 2016도6172). **[COMMENT]** 판례에서의 성폭력범죄의 처벌 등에 관한 특례법 제14조 제1항 후단은 현행 성폭력범죄의 처벌 등에 관한 특례법 제14조 제2항 전단이 된다.

〈성폭법 제14조 제2항에서 정한 '반포'와 '제공'의 의미 및 반포할 의사 없이 특정한 1인 또는 소수의 사람에게 무상으로 교부하는 것이 '제공'에 해당한다는 판례〉 [1] 성폭력범죄의 처벌 등에 관한 특례법 제14조 제2항은 카메라나 그 밖에 이와 유사한 기능을 갖춘 기계장치를 이용하여 성적 욕망 또는 수치심을 유발할 수 있는 다른 사람의 신체를 촬영한 촬영물이 촬영 당시에는 촬영대상자의 의사에 반하지 아니하는 경우에도 사후에 의사에 반하여 촬영물을 반포·판매·임대·제공 또는 공공연하게 전시·상영한 사람을 처벌하도록 규정하고 있다. [2] 여기에서 <u>'반포'는 불특정 또는 다수인에게 무상으로 교부하는 것을 말하고, 계속적·반복적으로 전달하여 불특정 또는 다수인에게 반포하려는 의사를 가지고 있다면 특정한 1인 또는 소수의 사람에게 교부하는 것도 반포에 해당할 수 있다.</u> [3] 한편 <u>'반포'와 별도로 열거된 '제공'은 '반포'에 이르지 아니하는 무상 교부 행위를 말하며, '반포'할 의사 없이 특정한 1인 또는 소수의 사람에게 무상으로 교부하는 것은 '제공'에 해당한다</u>(대판 2016.12.27. 2016도16676). **[판결이유 중 일부 인용]** (1) 피고인은 2015. 1.경 피해자를 만나 사귀는 관계로서 피해자의 동의를 얻어 피해자와의 성관계 동영상, 나체 사진 등을 자신의 휴대전화로 촬영하였다. (2) 피고인은 2015. 11. 27. 밤늦게 귀가한 피해자로부터 공소외인과 함께 모텔에 있었다는 말을 듣고 화가 나 피해자와 다투었고, 다음 날 오전에 화가 난 상태에서 공소외인의 휴대전화에 이제는 피고인의 여자이니 피해자를 만나지 말라는 말과 함께 위 동영상 및 나체 사진의 일부(이하 '이 사건 촬영물'이라 한다)를 전송하였다. (3) 공소외인은 2013년경부터 피해자와 교제하면서 피해자에게 생활비 등을 지원해주는 관계였고, 이 사건 촬영물을 전송받기 전에 이미 피해자로부터 피고인과의 관계에 대하여 들어서 알고 있었으며, 피고인도 피해자와 교제를 시작한 후 피해자로부터 공소외인과의 관계에 대하여 들어서 알고 있었다. (4) 공소외인은 이 사건 촬영물을 전송받은 후 바로 삭제하였다. 위와 같은 사실관계를 앞에서 본 법리에 비추어 살펴보면, <u>피고인은 피해자가 공소외인을 다시 만난 것을 알고 화가 나자 공소외인에게 피고인과 피해자의 관계를 분명히 알려 공소외인이 더 이상 피해자를 만나지 못하게 할 의도로 공소외인에게 이 사건 촬영물을 전송한 것으로 보이고, 불특정 또는 다수인에게 교부하거나 전달할 의사로 공소외인에게 이 사건 촬영물을 전송하였다고 보기는 어렵다.</u>

〈성폭법 제14조 제1항에서의 제공에는 피해자 본인에게 교부하는 행위는 포함되지 않는다는 판례〉 [1] 성폭력범죄의 처벌 등에 관한 특례법(이하 '성폭력처벌법'이라 한다) 제14조 제1항에서 촬영행위뿐만 아니라 촬영물을 반포·판매·임대·제공 또는 공공연하게 전시·상영하는 행위까지 처벌하는 것은, 성적 욕망 또는 수치심을 유발할 수 있는 타인의 신체를 촬영한 촬영물이 인터넷 등 정보통신망을 통하여 급속도로 광범위하게 유포됨으로써 피해자에게 엄청난 피해와 고통을 초래하는 사회적 문제를 감안하여, 죄책이나 비난가능성이 촬영행위 못지않게 크다고 할 수 있는 촬영물의 유포행위를 한 자를 촬영자와 동일하게 처벌하기 위해서이다. [2] 성폭력처벌법 제14조 제1항에서 '반포'와 별도로 열거된 '제공'은, '반포'에 이르지 아니하는 무상 교부행위로서 '반포'할 의사 없이 '특정한 1인 또는 소수의 사람'에게 무상으로 교부하는 것을 의미하는데, 성폭력처벌법 제14조 제1항에서 촬영행위뿐만 아니라 촬영물을 반포·판매·임대·제공 또는 공공연하게 전시·상영하는 행위까지 처벌하는 것이 촬영물의 유포행위를 방지함으로써 피해자를 보호하기 위한 것임에 비추어 볼 때, 촬영의 대상이 된 피해자 본인은 성폭력처벌법 제14조 제1항에서 말하는 '제공'의 상대방인 '특정한 1인 또는 소수의 사람'에 포함되지 않는다고 봄이 타당하다. 따라서 피해자 본인에게 촬영물을 교부하는 행위는 다른 특별한 사정이 없는 한 성폭력처벌법 제14조 제1항의 '제공'에 해당한다고 할 수 없다(대판 2018.8.1. 2018도1481). [COMMENT] 판례에서의 성폭력범죄의 처벌 등에 관한 특례법 제14조 제1항 후단은 현행 성폭력범죄의 처벌 등에 관한 특례법 제14조 제2항 전단이 된다.

V. 허위영상물 등의 반포등 (제14조의2)

1. 관련 조문

〈성폭법 제14조의2〉
제14조의2(허위영상물 등의 반포등)
① 반포등을 할 목적으로 사람의 얼굴·신체 또는 음성을 대상으로 한 촬영물·영상물 또는 음성물(이하 이 조에서 "영상물등"이라 한다)을 영상물등의 대상자의 의사에 반하여 성적 욕망 또는 수치심을 유발할 수 있는 형태로 편집·합성 또는 가공(이하 이 조에서 "편집등"이라 한다)한 자는 5년 이하의 징역 또는 5천만원 이하의 벌금에 처한다.
② 제1항에 따른 편집물·합성물·가공물(이하 이 항에서 "편집물등"이라 한다) 또는 복제물(복제물의 복제물을 포함한다. 이하 이 항에서 같다)을 반포등을 한 자 또는 제1항의 편집등을 할 당시에는 영상물등의 대상자의 의사에 반하지 아니한 경우에도 사후에 그 편집물등 또는 복제물을 영상물등의 대상자의 의사에 반하여 반포등을 한 자는 5년 이하의 징역 또는 5천만원 이하의 벌금에 처한다.
③ 영리를 목적으로 영상물등의 대상자의 의사에 반하여 정보통신망을 이용하여 제2항의 죄를 범한 자는 7년 이하의 징역에 처한다.[본조신설 2020.3.24, 시행 2020. 6. 25.]
④ 상습으로 제1항부터 제3항까지의 죄를 범한 때에는 그 죄에 정한 형의 2분의 1까지 가중한다. 〈신설 2020.5.19.〉 [본조신설 2020.3.24]

2. 주요 내용

특정 인물의 신체 등을 대상으로 한 영상물 등을 성적 욕망 또는 수치심을 유발할 수 있는 형태로 편집하는 딥페이크 등으로 인한 피해가 증가하고 있는데, 현행 규정으로는 이를 처벌하기 어렵거나 처벌이 미약하여 이에 대한 별도의 처벌 규정을 마련할 필요성이 증가하고 있다.

이에 반포 등을 할 목적으로 사람의 신체 등을 대상으로 한 촬영물 등을 대상자의 의사에 반하여 성적 욕망 또는 수치심을 유발할 수 있는 형태로 편집·합성·가공한 자, 이러한 편집물·합성물 또는 복제물의 반포 등을 한 자, 편집·합성·가공 당시에는 대상자의 의사에 반하지 아니하였으나 사후에 그 편집물 등을 대상자의 의사에 반하여 반포 등을 한 자에 대한 처벌 근거를 마련하고, 영리를 목적으로 정보통신망을 이용하여 이러한 죄를 범한 자를 가중처벌할 수 있도록 하였다.

VI. 촬영물 등을 이용한 협박·강요 (제14조의3)

1. 관련 조문

> 제14조의3(촬영물 등을 이용한 협박·강요)
> ① 성적 욕망 또는 수치심을 유발할 수 있는 촬영물 또는 복제물(복제물의 복제물을 포함한다)을 이용하여 사람을 협박한 자는 1년 이상의 유기징역에 처한다.
> ② 제1항에 따른 협박으로 사람의 권리행사를 방해하거나 의무 없는 일을 하게 한 자는 3년 이상의 유기징역에 처한다.
> ③ 상습으로 제1항 및 제2항의 죄를 범한 경우에는 그 죄에 정한 형의 2분의 1까지 가중한다.[본조신설 2020.5.19]

2. 주요 내용

성적 욕망 또는 수치심을 유발할 수 있는 촬영물 등을 이용하여 사람을 협박 또는 강요한 자를 처벌할 수 있도록 하였다.

> 甲은 평소 좋아하던 A(여, 20세)로부터 A의 은밀한 신체 부위가 드러난 사진을 전송받은 사실이 있다. 甲은 A와 영상 통화를 하면서 A에게 시키는 대로 하지 않으면 기존에 전송받은 신체 사진을 유포하겠다고 A를 협박하여 이에 겁을 먹은 A로 하여금 가슴과 음부를 스스로 만지게 하였다. 甲의 죄책은? (7점) [2021 변시]

> 甲은 유흥비를 마련하기 위하여 휴대전화 메신저 어플리케이션을 이용하여 옛 여자친구 A에게 "내일까지 네가 3개월 전에 나한테서 빌려간 돈 100만 원을 무조건 갚아. 안 그러면 네 가족과 친구들이 이 동영상을 보게 될 거야."라는 메시지를 보내면서 과거 A와 성관계를 하면서 합의하에 촬영한 동영상을 캡처한 사진 파일을 첨부하였다. 위 메시지와 사진 파일을 받아 본 A는 겁을 먹고 경찰에 신고하였다. 甲의 죄책은? [2022 변시]

> 甲은 B(여, 21세)와 평소 친밀한 관계를 유지해 오던 중 B에게 시키는 대로 하지 않으면 자신이 가지고 있는 B의 은밀한 신체 부위가 드러난 사진을 유포하겠다고 말하였다. 이에 겁을 먹은 B는 甲이 시키는 대로 B 스스로 가슴 사진, 가슴을 만지는 동영상을 촬영하여 甲의 휴대전화로 전송하였다. 甲의 죄책은? (13점) [2022 3차]

제10절 | 미수범과 예비,음모의 처벌 (제15조, 제15조의2)

1. 관련 조문

> **제15조 (미수범)**
> 제3조부터 제9조까지, 제14조, 제14조의2 및 제14조의3의 미수범은 처벌한다. [전문개정 2020.5.19.]
>
> **제15조의2 (예비, 음모)**
> 제3조부터 제7조까지의 죄를 범할 목적으로 예비 또는 음모한 사람은 3년 이하의 징역에 처한다. [본조신설 2020.5.19]

2. 주의할 점

주의할 점은 ① 본조에 의하여 제9조 제1항의 미수범을 처벌함에 따라 형법 제301조의2 강간 등 살인죄의 미수범이 처벌되며 ② 제8조와 제9조의 미수범을 처벌함에 따라 성폭법상의 특수강간 등 치사상죄라는 결과적가중범의 미수가 논의되며 ③ 2020.5.19.의 개정으로 제14조, 제14조의2 및 제14조의3의 미수범과 제3조부터 제7조까지의 예비 또는 음모도 처벌되게 되었다.

3. 관련 판례

〈전자충격기 강간미수 사건(위험한 물건인 전자충격기를 사용하여 강간을 시도하다가 미수에 그치고, 피해자에게 약 2주간의 치료를 요하는 안면부 좌상 등의 상해를 입힌 사안에서, 성폭법상 특수강간치상죄의 기수가 성립한다고 본 판례)〉 [1] 성폭력범죄의 처벌 및 피해자보호 등에 관한 법률 제9조 제1항에 의하면 같은 법 제6조 제1항에서 규정하는 특수강간의 죄를 범한 자뿐만 아니라, 특수강간이 미수에 그쳤다고 하더라도 그로 인하여 피해자가 상해를 입었으면 특수강간치상죄가 성립하는 것이고, 같은 법 제12조에서 규정한 위 제9조 제1항에 대한 미수범 처벌규정은 제9조 제1항에서 특수강간치상죄와 함께 규정된 특수강간상해죄의 미수에 그친 경우, 즉 특수강간의 죄를 범하거나 미수에 그친 자가 피해자에 대하여 상해의 고의를 가지고 피해자에게 상해를 입히려다가 미수에 그친 경우 등에도 적용된다. [2] 위험한 물건인 전자충격기를 사용하여 강간을 시도하다가 미수에 그치고, 피해자에게 약 2주간의 치료를 요하는 안면부 좌상 등의 상해를 입힌 사안에서, 성폭력범죄의 처벌 및 피해자보호등에 관한 법률에 의한 특수강간치상죄가 성립한다고 본 사례(대판 2008.4.24. 2007도10058). **[COMMENT]** 판례에서의 성폭력범죄의 처벌 및 피해자보호 등에 관한 법률 제9조 제1항, 제12조는 현행 성폭력범죄의 처벌 등에 관한 특례법 제8조의 제1항, 제15조가 된다. 그리고 본 판례는 결과적가중범의 미수를 부정한 대표적인 판례이다.

〈성폭법상의 주거침입강간미수죄로 공소제기된 사안을 공소장변경없이 성폭법상의 주거침입강제추행죄로 인정할 수 없다는 판례〉 성폭력범죄의 처벌 및 피해자보호 등에 관한 법률 제5조 제1항의 주거침입에 의한 강간미수죄와 주거침입에 의한 강제추행죄의 법정형은 동일하지만, <u>전자의 경우 형법 제25조 제2항에 의한 미수감경을 할 수 있어 법원의 감경 여부에 따라 처단형의 하한에 차이가 발생할 수 있다.</u> 따라서 <u>법원이 성폭력범죄의 처벌 및 피해자보호 등에 관한 법률상 주거침입강간미수의 공소사실을 공소장 변경 없이 직권으로 같은 법의 주거침입강제추행죄로 인정하여 미수감경의 가능성을 배제하는 것은 피고인의 방어권 행사에 실질적인 불이익을 초래할 염려가 있어 위법하다</u>(대판 2008.9.11. 2008도2409). [COMMENT] 판례에서의 성폭력범죄의처벌및피해자보호등에관한법률 제5조 제1항은 현행 성폭력범죄의 처벌 등에 관한 특례법 제3조 제1항의 범죄가 된다.

甲과 乙은 공원을 배회하던 중 혼자 걸어가던 여성 A(22세)를 함께 강간하기로 모의하고 A를 으슥한 곳으로 끌고 간 다음 乙이 망을 보고 있는 사이 甲은 A를 세게 밀어 바닥에 넘어뜨리고 A의 위에 올라타 수 차례 뺨을 때리면서 옷을 벗기려 하였다. 이에 A는 비명을 지르며 필사적으로 반항하면서 도망하다가 돌부리에 걸려 넘어지면서 발목이 부러지는 상해를 입었고, 그때 공원을 순찰 중이던 경찰관 P가 A의 비명소리를 듣고 달려왔다. 이를 본 乙은 혼자서 급히 다른 곳으로 도주해 버렸고 甲은 바닥에 떨어져 있던 A의 핸드백을 들고 도주하였다. 그 장면을 목격한 P가 도주하는 甲을 100여 미터 추적하여 붙잡으려 하자, 甲은 체포를 당하지 않으려고 주먹으로 P의 얼굴을 세게 때려 P의 코뼈를 부러뜨리는 상해를 가하였다. 甲과 乙의 죄책은? (40점)
[2016 변시]

甲은 평소 좋아하던 A(여, 20세)에게 여러 차례 만나자고 하였으나 A가 만나 주지 않자 A를 강간하기로 마음먹고 A가 거주하는 00아파트 1층 현관 부근에 숨어 있다가 귀가하는 A를 발견하고 A가 엘리베이터를 타자 따라 들어가 주먹으로 A의 얼굴을 2회 때리고 5층에서 내린 다음 계단으로 끌고 가 미리 준비한 청테이프로 A의 양손을 묶어 반항을 억압한 후 A를 간음하여 하였으나 A가 그만두라고 애원하자 자신의 행동을 뉘우치고 범행을 단념하였다. 그런데 A는 계단으로 끌려가는 과정에서 甲의 손을 뿌리치다가 넘어져 3주간의 치료가 필요한 발목이 골절되는 상해를 입었다. 甲의 죄책은? (25점) [2021 변시]

甲은 ○○아파트에 들어가려는 A(여, 27세)를 뒤따라가다가 A가 아파트 현관으로 들어가자 같이 따라 들어갔다. 그리고 현관복도에서 엘리베이터를 기다리고 있는 A를 껴안으려고 양팔을 들자 인기척을 느낀 A가 갑자기 뒤돌아보며 놀라 "왜 이러세요." 라고 소리치며 피하려다가 넘어져 3주간의 치료를 요하는 상처를 입었다. 이에 甲도 놀라 도망쳤다. 甲의 변호인의 입장에서, 甲이 미수감경을 받을 수 있도록 하는 변론의 주장과 논거를 제시하시오. (10점) [2019 1차]

甲은 야간에 혼자 걸어가는 여성 A를 발견하고 A의 핸드백에서 몰래 꺼낸 전자충격기로 A를 협박하며 강간하려다가 A가 애원하자 양심의 가책을 느끼고 강간을 포기하면서 그 전자충격기를 가지고 도망하였다. 그러나 A는 저항하는 과정에서 2주의 치료를 요하는 상해를 입었다. 甲의 죄책은? (10점) [2021 3차]

甲은 2022. 4. 4. 19:20경 피해자 A녀(17세)를 강간하기로 마음먹고 입막음용 청테이프를 소지하고 A를 뒤따라가 A의 주거지인 X아파트 7동에 들어간 다음 1층 계단을 오르는 A의 뒤에서 자기의 휴대폰으로 A의 교복 치마 안쪽을 사진 찍고 난 후 갑자기 치마 안으로 손을 넣다가 누군가가 오는 발자국 소리를 듣고 황급히 그 자리를 떠나갔다. 甲의 죄책은? [2023 2차]

제11절 | 공소시효의 특례 등

Ⅰ. 공소시효의 특례 (제21조)

1. 관련 조문

> **제21조 (공소시효에 관한 특례)**
>
> ① 미성년자에 대한 성폭력범죄의 공소시효는 형사소송법 제252조제1항 및 군사법원법 제294조제1항에도 불구하고 해당 성폭력범죄로 피해를 당한 미성년자가 성년에 달한 날부터 진행한다.
>
> ② 제2조제3호 및 제4호의 죄와 제3조부터 제9조까지의 죄는 디엔에이(DNA)증거 등 그 죄를 증명할 수 있는 과학적인 증거가 있는 때에는 공소시효가 10년 연장된다.
>
> ③ 13세 미만의 사람 및 신체적인 또는 정신적인 장애가 있는 사람에 대하여 다음 각 호의 죄를 범한 경우에는 제1항과 제2항에도 불구하고 형사소송법 제249조부터 제253조까지 및 군사법원법 제291조부터 제295조까지에 규정된 공소시효를 적용하지 아니한다.
>
>   1. 형법 제297조(강간), 제298조(강제추행), 제299조(준강간, 준강제추행), 제301조(강간등 상해 · 치상), 제301조의2(강간등 살인 · 치사) 또는 제305조(미성년자에 대한 간음, 추행)의 죄
>
>   2. 제6조제2항, 제7조제2항, 제8조, 제9조의 죄
>
>   3. 아동 · 청소년의 성보호에 관한 법률 제9조 또는 제10조의 죄
>
> ④ 다음 각 호의 죄를 범한 경우에는 제1항과 제2항에도 불구하고 형사소송법 제249조부터 제253조까지 및 군사법원법 제291조부터 제295조까지에 규정된 공소시효를 적용하지 아니한다.
>
>   1. 형법 제301조의2(강간등 살인 · 치사)의 죄(강간등 살인에 한정한다)
>
>   2. 제9조제1항의 죄
>
>   3. 아동 · 청소년의 성보호에 관한 법률 제10조제1항의 죄
>
>   4. 군형법 제92조의8의 죄(강간 등 살인에 한정한다)

2. 주요 내용

성범죄에 대한 공소시효의 특칙을 인정하고 있으며, 2013년의 개정으로 공소시효의 적용 배제 대상을 확대하였다.

3. 관련 판례

〈미성년자에 대한 성폭법범죄의 공소시효의 기산점은 피해를 당한 미성년자가 성년에 달한 날부터 진행된다는 판례〉[1] 원심이 유죄로 인정한 2007. 8. 6. 카메라 이용 촬영의 공소사실(이하 '이 사건 범죄'라고 한다)은 구 '성폭력범죄의 처벌 및 피해자보호 등에 관한 법률'[2010. 4. 15. 법률 제10258호 '성폭력범죄의 처벌 등에 관한 특례법'(이하 '법률 제10258호 성폭력특례법'이라고 한다) 부칙 제5조 제10항에 의하여 '성폭력범죄의 피해자보호 등에 관한 법률'로 개정된 뒤 2010. 4. 15. 법률 제10261호 '성폭력방지 및 피해자보호 등에 관한 법률' 부칙 제2조로 폐지] 제14조의2 제1항에 의하여 그 법정형이 5년 이하의 징역 또는 1천만 원 이하의 벌금에 해당하는 범죄로서, 형사소송법 부칙(2007. 12. 21.) 제3조, 구 형사소송법(2007. 12. 21. 법률 제8730호로 개정되기 전의 것) 제249조 제1항 제4호에 의하여 공소시효는 5년이다. [2] 그런데 법률 제10258호 성폭력특례법 제20조 제1항은 "미성년자에 대한 성폭력범죄의 공소시효는 형사소송법 제252조 제1항에도 불구하고 해당 성폭력범죄로 피해를 당한 미성년자가 성년에 달한 날부터 진행한다"고 규정하고, 그 부칙 제3조는 "이 법 시행 전에 행하여진 성폭력범죄로 아직 공소시효가 완성되지 아니한 것에 대하여도 제20조를 적용한다"고 정하였다. 피해자가 1992. 2. 19.생으로서 당시 미성년자였던 이 사건 범죄의 경우, 법률 제10258호 성폭력특례법이 시행된 2010. 4. 15. 기준으로 5년의 공소시효는 아직 완성되지 아니하였으므로, 그 공소시효는 위 규정에 따라 피해자가 성년에 달한 날부터 진행하게 되는데, 이 사건 공소는 그처럼 피해자가 성년에 달한 날부터 5년이 경과하지 않은 2013. 3. 14. 제기되었음이 기록상 명백하다. [3] 따라서 이 사건 범죄의 공소시효가 완성되었음을 전제로 한 상고이유 주장은 받아들일 수 없다(대판 2014.3.27. 2013도13095).

〈성폭법 제21조 제3항은 소급적용할 수 없다는 판례〉 법원이 어떠한 법률조항을 해석·적용함에 있어서 한 가지 해석방법에 의하면 헌법에 위배되는 결과가 되고 다른 해석방법에 의하면 헌법에 합치하는 것으로 볼 수 있을 때에는 위헌적인 해석을 피하고 헌법에 합치하는 해석방법을 택하여야 한다. 이는 입법방식에 다소 부족한 점이 있어 어느 법률조항의 적용 범위 등에 관하여 불명확한 부분이 있는 경우에도 마찬가지이다. 이러한 관점에서 보면, 공소시효를 정지·연장·배제하는 내용의 특례조항을 신설하면서 소급적용에 관한 명시적인 경과규정을 두지 아니한 경우에 그 조항을 소급하여 적용할 수 있다고 볼 것인지에 관하여는 이를 해결할 보편타당한 일반원칙이 존재할 수 없는 터이므로 적법절차원칙과 소급금지원칙을 천명한 헌법 제12조 제1항과 제13조 제1항의 정신을 바탕으로 하여 법적 안정성과 신뢰보호원칙을 포함한 법치주의 이념을 훼손하지 아니하도록 신중히 판단하여야 한다(대판 2015.5.28. 2015도1362,2015전도19). [판결이유 중 일부 인용] 원심은, 이 사건 법률을 통하여 피고인에게 불리한 내용의 공소시효 배제조항을 신설하면서 신법을 적용하도록 하는 경과규정을 두지 아니한 경우 그 공소시효 배제조항의 시적 적용 범위에 관하여는 보편타당한 일반원칙이 존재하지 아니하므로 각국의 현실과 사정에 따라 그 적용 범위를 달리 규율할 수 있는데, 2007. 12. 21. 법률 제8730호로 개정된 형사소송법이 종전의 공소시효 기간을 연장하면서도 그 부칙 제3조에서 "이 법 시행 전에 범한 죄에 대하여는 종전의 규정을 적용한다."고 규정함으로써 소급효를 인정하지 아니한다는 원칙을 밝힌 점, 특별법에 소급적용에 관한 명시적인 경과규정이 없는 경우에는 일반법에 규정된 경과규정이 적용되어야 하는 점 등에 비추어 공소시효가 피고인에게 불리하게 변경되는 경우에는 피고인에게 유리한 종전 규정을 적용하여야 하고, 이 사건 법률에는 소급적용에 관한 명시적인 경과규정이 없어 이 사건 장애인 준강간의 점에 대하여는 이 사건 법률 제20조 제3항을 소급하여 적용할 수 없으므로 그 범행에 대한 공소가 범죄행위 종료일부터 7년이 경과한 후에 제기되어 공소시효가 완성되었다는 이유로, 이를 유죄로 판단한 제1심판결을 파기하고 이 부분 공소사실에 대하여 면소를 선고하였다. 원심판결 이유를 앞서 본 법리에 비추어 살펴보면 원심의 판단은 정당하고, 거기에 상고이유의 주장과 같이 형벌불소급의 원칙 및 공소시효 배제규정에 대한 부진정소급효에 관한 법리를 오해하는 등으로 판결 결과에 영향을 미친 위법이 없다.

Ⅱ. 고소 제한에 대한 예외 (제18조)

제18조 (고소 제한에 대한 예외)
성폭력범죄에 대하여는 형사소송법 제224조(고소의 제한) 및 군사법원법 제266조에도 불구하고 자기 또는 배우자의 직계존속을 고소할 수 있다.

Ⅲ. 감경규정에 관한 특례 (제20조)

제20조 (형법상 감경규정에 관한 특례)
음주 또는 약물로 인한 심신장애 상태에서 성폭력범죄(제2조제1항제1호의 죄는 제외한다)를 범한 때에는 형법 제10조제1항·제2항 및 제11조를 적용하지 아니할 수 있다.

제12절 | 아동·청소년의 성보호에 관한 법률

I. 아청법의 적용대상 (제2조)

1. 관련 조문

> **제2조 (정의) – 1호 (아동·청소년)**
> 1. "아동·청소년"이란 19세 미만의 자를 말한다. 다만, 19세에 도달하는 연도의 1월 1일을 맞이한 자는 제외한다.

2. 주요 내용

아청법 제7조의 적용에 있어 13세 미만의 자인 경우에는 성폭법 제7조가 우선 적용된다. 따라서 아청법의 적용 대상은 13세 이상 19세 미만자(단, 19세에 도달하는 연도의 1월 1일을 맞이한 자는 제외)이다.

II. 아동·청소년에 대한 강간·강제추행 등 죄 (제7조)

1. 관련 조문

> **제7조(아동·청소년에 대한 강간·강제추행 등)**
> ① 폭행 또는 협박으로 아동·청소년을 강간한 사람은 무기징역 또는 5년 이상의 유기징역에 처한다.
> ② 아동·청소년에 대하여 폭행이나 협박으로 다음 각 호의 어느 하나에 해당하는 행위를 한 자는 5년 이상의 유기징역에 처한다.
>   1. 구강·항문 등 신체(성기는 제외한다)의 내부에 성기를 넣는 행위
>   2. 성기·항문에 손가락 등 신체(성기는 제외한다)의 일부나 도구를 넣는 행위
> ③ 아동·청소년에 대하여 형법 제298조의 죄를 범한 자는 2년 이상의 유기징역 또는 1천만원 이상 3천만원 이하의 벌금에 처한다.
> ④ 아동·청소년에 대하여 형법 제299조의 죄를 범한 자는 제1항부터 제3항까지의 예에 따른다.
> ⑤ 위계(僞計) 또는 위력으로써 아동·청소년을 간음하거나 아동·청소년을 추행한 자는 제1항부터 제3항까지의 예에 따른다.
> ⑥ 제1항부터 제5항까지의 미수범은 처벌한다.
>
> **제7조의2(예비, 음모)**
> 제7조의 죄를 범할 목적으로 예비 또는 음모한 사람은 3년 이하의 징역에 처한다. [본조신설 2020.6.2]

2. 주요 내용

성폭력법 제7조와 객체와 형량에서만 차이가 있을 뿐 기본적인 내용은 동일하다. 그리고 2012. 12. 18.의 개정으로 친고죄조항과 반의사불벌죄조항이 모두 삭제되었다. 또한 2020.6.2.에는 예비, 음모를 처벌하는 규정을 신설하였다.

본 규정에서의 위계의 의미에 대하여 종래 판례는 '위계에 의한 간음죄에서 행위자가 간음의 목적으로 상대방에게 일으킨 오인, 착각, 부지는 간음행위 자체에 대한 오인, 착각, 부지를 말하는 것이지 간음행위와 불가분적 관련성이 인정되지 않는 다른 조건에 관한 오인, 착각, 부지를 가리키는 것은 아니다'라고 하였으나, 대법원은 2020.8.27. 2015도9436 전합 판례에서 '행위자가 간음의 목적으로 피해자에게 오인, 착각, 부지를 일으키고 피해자의 그러한 심적 상태를 이용하여 간음의 목적을 달성하였다면 위계와 간음행위 사이의 인과관계를 인정할 수 있고, 따라서 위계에 의한 간음죄가 성립한다'고 하여 위계의 의미를 변경하였다.

3. 관련 판례

〈폭행행위 자체가 추행행위인 기습추행 사건(강제로 뒤에서 껴안으려다가 소리치며 돌아보는 바람에 껴안지 못했다면 강제추행미수가 성립한다는 판례)〉 [1] 강제추행죄는 상대방에 대하여 폭행 또는 협박을 가하여 항거를 곤란하게 한 뒤에 추행행위를 하는 경우뿐만 아니라 폭행행위 자체가 추행행위라고 인정되는 경우도 포함되며, 이 경우의 폭행은 반드시 상대방의 의사를 억압할 정도의 것일 필요는 없다. 추행은 객관적으로 일반인에게 성적 수치심이나 혐오감을 일으키게 하고 선량한 성적 도덕관념에 반하는 행위로서 피해자의 성적 자유를 침해하는 것을 말하며, 이에 해당하는지는 피해자의 의사, 성별, 연령, 행위자와 피해자의 이전부터의 관계, 행위에 이르게 된 경위, 구체적 행위태양, 주위의 객관적 상황과 그 시대의 성적 도덕관념 등을 종합적으로 고려하여 신중히 결정되어야 한다. 그리고 추행의 고의로 상대방의 의사에 반하는 유형력의 행사, 즉 폭행행위를 하여 실행행위에 착수하였으나 추행의 결과에 이르지 못한 때에는 강제추행미수죄가 성립하며, 이러한 법리는 폭행행위 자체가 추행행위라고 인정되는 이른바 '기습추행'의 경우에도 마찬가지로 적용된다. [2] 피고인이 밤에 술을 마시고 배회하던 중 버스에서 내려 혼자 걸어가는 피해자 甲(여, 17세)을 발견하고 마스크를 착용한 채 뒤따라가다가 인적이 없고 외진 곳에서 가까이 접근하여 껴안으려 하였으나, 甲이 뒤돌아보면서 소리치자 그 상태로 몇 초 동안 쳐다보다가 다시 오던 길로 되돌아갔다고 하여 아동·청소년의 성보호에 관한 법률 위반으로 기소된 사안에서, 피고인과 甲의 관계, 甲의 연령과 의사, 행위에 이르게 된 경위와 당시 상황, 행위 후 甲의 반응 및 행위가 甲에게 미친 영향 등을 고려하여 보면, 피고인은 甲을 추행하기 위해 뒤따라간 것으로 추행의 고의를 인정할 수 있고, 피고인이 가까이 접근하여 갑자기 뒤에서 껴안는 행위는 일반인에게 성적 수치심이나 혐오감을 일으키게 하고 선량한 성적 도덕관념에 반하는 행위로서 甲의 성적 자유를 침해하는 행위여서 그 자체로 이른바 '기습추행' 행위로 볼 수 있으므로, 피고인의 팔이 甲의 몸에 닿지 않았더라도 양팔을 높이 들어 갑자기 뒤에서 껴안으려는 행위는 甲의 의사에 반하는 유형력의 행사로서 폭행행위에 해당하며, 그때 '기습추행'에 관한 실행의 착수가 있는데, 마침 甲이 뒤돌아보면서 소리치는 바람에 몸을 껴안는 추행의 결과에 이르지 못하고 미수에 그쳤으므로, 피고인의 행위는 아동·청소년에 대한 강제추행미수죄에 해당한다고 한 사례(대판 2015.9.10. 2015도6980,2015모2524).

〈위계의 의미를 변경한 전합 판례〉[사실관계] 甲은 자신을 고등학교 2학년으로 가장하여 14세의 B와 온라인으로 교제하던 중, 교제를 지속하고 스토킹하는 여자를 떼어내려면 자신의 선배와 성관계하여야 한다는 취지로 B에게 거짓말을 하고, 이에 응한 B를 그 선배로 가장하여 간음하였다. 甲에게 위계에 의한 간음죄가 성립하는가? [판결요지] [1] 행위자가 간음의 목적으로 피해자에게 오인, 착각, 부지를 일으키고 피해자의 그러한 심적 상태를 이용하여 간음의 목적을 달성하였다면 위계와 간음행위 사이의 인과관계를 인정할 수 있고, 따라서 위계에 의한 간음죄가 성립한다. 다만 행위자의 위계적 언동이 존재하였다는 사정만으로 위계에 의한 간음죄가 성립하는 것은 아니므로 위계적 언동의 내용 중에 피해자가 성행위를 결심하게 된 중요한 동기를 이룰 만한 사정이 포함되어 있어 피해자의 자발적인 성적 자기결정권의 행사가 없었다고 평가할 수 있어야 한다. 이와 같은 인과관계를 판단함에 있어서는 피해자의 연령 및 행위자와의 관계, 범행에 이르게 된 경위, 범행 당시와 전후의 상황 등 여러 사정을 종합적으로 고려하여야 한다. [2] 한편 위계에 의한 간음죄가 보호대상으로 삼는 아동·청소년, 미성년자, 심신미약자, 피보호자·피감독자, 장애인 등의 성적 자기결정 능력은 그 나이, 성장과정, 환경, 지능 내지 정신기능 장애의 정도 등에 따라 개인별로 차이가 있으므로 간음행위와 인과관계가 있는 위계에 해당하는지 여부를 판단함에 있어서는 구체적인 범행 상황에 놓인 피해자의 입장과 관점이 충분히 고려되어야 하고, 일반적·평균적 판단능력을 갖춘 성인 또는 충분한 보호와 교육을 받은 또래의 시각에서 인과관계를 쉽사리 부정하여서는 안 된다(대판 2020.8.27. 2015도9436 전합). [판결이유 중 일부 인용] 이와 달리 위계에 의한 간음죄에서 행위자가 간음의 목적으로 상대방에게 일으킨 오인, 착각, 부지는 간음행위 자체에 대한 오인, 착각, 부지를 말하는 것이지 간음행위와 불가분적 관련성이 인정되지 않는 다른 조건에 관한 오인, 착각, 부지를 가리키는 것은 아니라는 취지의 종전 판례인 대법원 2001. 12. 24. 선고 2001도5074 판결, 대법원 2002. 7. 12. 선고 2002도2029 판결, 대법원 2007. 9. 21. 선고 2007도6190 판결, 대법원 2012. 9. 27. 선고 2012도9119 판결, 대법원 2014. 9. 4. 선고 2014도8423, 2014전도151 판결 등은 이 판결과 배치되는 부분이 있으므로 그 범위에서 이를 변경하기로 한다. 📖 위계에 의한 간음죄가 성립한다.

〈제7조 제5항의 위계와 위력과의 관계〉[1] 청소년성보호법 제7조 제5항이 정한 위계에 의한 간음죄는 행위자가 간음의 목적으로 피해자에게 오인, 착각, 부지를 일으키고 피해자의 그러한 심적 상태를 이용하여 간음의 목적을 달성하였다면 위계와 간음행위 사이의 인과관계를 인정할 수 있고, 따라서 위계에 의한 간음죄가 성립한다. [2] 왜곡된 성적 결정에 기초하여 성행위를 하였다면 왜곡이 발생한 지점이 성행위 그 자체인지 성행위에 이르게 된 동기인지는 성적 자기결정권에 대한 침해가 발생한 것은 마찬가지라는 점에서 핵심적인 부분이라고 하기 어렵다. 피해자가 오인, 착각, 부지에 빠지게 되는 대상은 간음행위 자체일 수도 있고, 간음행위에 이르게 된 동기이거나 간음행위와 결부된 금전적·비금전적 대가와 같은 요소일 수도 있다. 다만 행위자의 위계적 언동이 존재하였다는 사정만으로 위계에 의한 간음죄가 성립하는 것은 아니므로 위계적 언동의 내용 중에 피해자가 성행위를 결심하게 된 중요한 동기를 이룰 만한 사정이 포함되어 있어 피해자의 자발적인 성적 자기결정권의 행사가 없었다고 평가할 수 있어야 한다. 이와 같은 인과관계를 판단함에 있어서는 피해자의 연령 및 행위자와의 관계, 범행에 이르게 된 경위, 범행 당시와 전후의 상황 등 여러 사정을 종합적으로 고려하여야 한다(대법원 2020. 8. 27. 선고 2015도9436 전원합의체 판결 참조). [3] 청소년성보호법 제7조 제5항이 정한 위력에 의한 간음죄의 경우도 마찬가지로 볼 수 있다(대판 2020.10.29. 2020도4015).

> 甲은 2022. 4. 4. 22:30경에 Y아파트 인근에서 피해자 B녀(17세)를 발견하고서 추행하기로 마음먹고 B를 뒤따라 Y아파트 상가 1층에 들어가, 그곳에서 엘리베이터를 기다리는 B의 뒤에서 갑자기 B의 교복 치마 안으로 손을 넣어 B의 음부를 만졌다. 甲의 죄책은? [2023 2차]

Ⅲ. 장애인인 아동·청소년에 대한 간음 등 죄 (제8조)

1. 관련 조문

> 제8조 (장애인인 아동·청소년에 대한 간음 등)
> ① 19세 이상의 사람이 장애 아동·청소년(장애인복지법 제2조제1항에 따른 장애인으로서 신체적인 또는 정신적인 장애로 사물을 변별하거나 의사를 결정할 능력이 미약한 13세 이상의 아동·청소년을 말한다. 이하 이 조에서 같다)을 간음하거나 장애 아동·청소년으로 하여금 다른 사람을 간음하게 하는 경우에는 3년 이상의 유기징역에 처한다.
> ② 19세 이상의 사람이 장애 아동·청소년을 추행한 경우 또는 장애 아동·청소년으로 하여금 다른 사람을 추행하게 하는 경우에는 10년 이하의 징역 또는 1천500만원 이하의 벌금에 처한다.

2. 관련 판례

〈비록 장애가 있더라도 성적 자기결정권을 완전하게 행사할 능력이 충분히 있다고 인정되는 경우에는 아청법 제8조의 '사물을 변별하거나 의사를 결정할 능력이 미약한 아동·청소년'에 해당하지 않는다는 판례〉 [1] 아동·청소년의 성보호에 관한 법률 제8조 제1항에서 말하는 '사물을 변별할 능력'이란 사물의 선악과 시비를 합리적으로 판단하여 정할 수 있는 능력을 의미하고, '의사를 결정할 능력'이란 사물을 변별한 바에 따라 의지를 정하여 자기의 행위를 통제할 수 있는 능력을 의미하는데, 이러한 사물변별능력이나 의사결정능력은 판단능력 또는 의지능력과 관련된 것으로서 사실의 인식능력이나 기억능력과는 반드시 일치하는 것은 아니다. 한편 위 각 능력이 미약한지 여부는 전문가의 의견뿐 아니라 아동·청소년의 평소 언행에 관한 제3자의 진술 등 객관적 증거, 공소사실과 관련된 아동·청소년의 언행 및 사건의 경위 등 여러 사정을 종합하여 판단할 수 있는데, 이때 해당 연령의 아동·청소년이 통상 갖추고 있는 능력에 비하여 어느 정도 낮은 수준으로서 그로 인하여 성적 자기결정권을 행사할 능력이 부족하다고 판단되면 충분하다. [2] 아동·청소년의 성보호에 관한 법률 제8조 제1항은 일반 아동·청소년보다 판단능력이 미약하고 성적 자기결정권을 행사할 능력이 부족한 장애 아동·청소년을 대상으로 성적 행위를 한 자를 엄중하게 처벌함으로써 성적 학대나 착취로부터 장애 아동·청소년을 보호하기 위해 마련된 것으로 입법의 필요성과 정당성이 인정된다. 한편 비록 장애가 있더라도 성적 자기결정권을 완전하게 행사할 능력이 충분히 있다고 인정되는 경우에는 위 조항의 '사물을 변별하거나 의사를 결정할 능력이 미약한 아동·청소년'에 해당하지 않게 되어, 이러한 아동·청소년과의 간음행위를 위 조항으로 처벌할 수 없으므로, 위 조항이 장애인의 일반적인 성적 자기결정권을 과도하게 침해한다고 볼 수 없다(대판 2015.3.20. 2014도17346).

Ⅳ. 13세 이상 16세 미만 아동·청소년에 대한 간음 등 죄 (제8조의2)

1. 관련 조문

> 제8조의2(13세 이상 16세 미만 아동·청소년에 대한 간음 등)
> ① 19세 이상의 사람이 13세 이상 16세 미만인 아동·청소년(제8조에 따른 장애 아동·청소년으로서 16세 미만인 자는 제외한다. 이하 이 조에서 같다)의 궁박(궁박)한 상태를 이용하여 해당 아동·청소년을 간음하거나 해당 아동·청소년으로 하여금 다른 사람을 간음하게 하는 경우에는 3년 이상의 유기징역에 처한다.
> ② 19세 이상의 사람이 13세 이상 16세 미만인 아동·청소년의 궁박한 상태를 이용하여 해당 아동·청소년을 추행한 경우 또는 해당 아동·청소년으로 하여금 다른 사람을 추행하게 하는 경우에는 10년 이하의 징역 또는 1천500만원 이하의 벌금에 처한다.[본조 신설 2019.1.15. 시행 2019.7.16.]

2. 주요 내용

13세 이상인 아동·청소년 중에서도 16세 미만인 아동·청소년의 경우에는 성적 행위에 대한 분별력이 완성되었다고 보기 어렵고, 특히 자신에게 궁박한 사정이 있는 경우에는 책임있는 의사결정이 더욱 제약되기 때문에 이러한 사정을 이용하여 아동·청소년을 간음·추행하는 경우에 대한 강화된 처벌이 필요하다. 따라서 2019.1.15. 개정으로 19세 이상의 사람이 13세 이상 16세 미만인 아동·청소년의 궁박한 상태를 이용하여 해당 아동·청소년을 간음하거나 추행하는 경우 등을 장애인인 아동·청소년에 대한 간음 등에 준하여 처벌하게 하였다.

Ⅴ. 강간 등 상해·치상 등 죄와 살인·치사 등 죄 (제9조, 제10조)

제9조 (강간 등 상해·치상)
제7조의 죄를 범한 사람이 다른 사람을 상해하거나 상해에 이르게 한 때에는 무기징역 또는 7년 이상의 징역에 처한다.

제10조 (강간 등 살인·치사)
① 제7조의 죄를 범한 사람이 다른 사람을 살해한 때에는 사형 또는 무기징역에 처한다.
② 제7조의 죄를 범한 사람이 다른 사람을 사망에 이르게 한 때에는 사형, 무기징역 또는 10년 이상의 징역에 처한다.

Ⅵ. 아동·청소년이용음란물의 제작·반포 등 (제11조)

1. 관련 조문

제11조 (아동·청소년성착취물의 제작·배포 등)
① 아동·청소년성착취물을 제작·수입 또는 수출한 자는 무기징역 또는 5년 이상의 유기징역에 처한다. 〈개정 2020.6.2〉
② 영리를 목적으로 아동·청소년성착취물을 판매·대여·배포·제공하거나 이를 목적으로 소지·운반·광고·소개하거나 공연히 전시 또는 상영한 자는 5년 이상의 징역에 처한다. 〈개정 2020.6.2〉
③ 아동·청소년성착취물을 배포·제공하거나 이를 목적으로 광고·소개하거나 공연히 전시 또는 상영한 자는 3년 이상의 징역에 처한다. 〈개정 2020.6.2〉
④ 아동·청소년성착취물을 제작할 것이라는 정황을 알면서 아동·청소년을 아동·청소년성착취물의 제작자에게 알선한 자는 3년 이상의 징역에 처한다. 〈개정 2020.6.2〉
⑤ 아동·청소년성착취물을 구입하거나 아동·청소년성착취물임을 알면서 이를 소지·시청한 자는 1년 이상의 징역에 처한다. 〈개정 2020.6.2〉
⑥ 제1항의 미수범은 처벌한다
⑦ 상습적으로 제1항의 죄를 범한 자는 그 죄에 대하여 정하는 형의 2분의 1까지 가중한다. 〈신설 2020.6.2.〉 [제목개정 2020.6.2]

〈참조 조문〉
제2조 (정의) – 5호 (아동·청소년성착취물)
　5. "아동·청소년성착취물"이란 아동·청소년 또는 아동·청소년으로 명백하게 인식될 수 있는 사람이나 표현물이 등장하여 제4호의 어느 하나에 해당하는 행위를 하거나 그 밖의 성적 행위를 하는 내용을 표현하는 것으로서 필름·비디오물·게임물 또는 컴퓨터나 그 밖의 통신매체를 통한 화상·영상 등의 형태로 된 것을 말한다.

2. 관련 판례

〈고등학교 여자기숙사 사건 – 아동·청소년이용음란물 해당 여부가 문제된 사안〉구 아동·청소년의 성보호에 관한 법률(2020. 6. 2. 법률 제17338호로 개정되기 전의 것)의 입법목적은 아동·청소년을 대상으로 성적 행위를 한 자를 엄중하게 처벌함으로써 성적 학대나 착취로부터 아동·청소년을 보호하고 아동·청소년이 책임 있고 건강한 사회구성원으로 성장할 수 있도록 하려는 데 있다. 아동·청소년이용음란물은 그 직접 피해자인 아동·청소년에게는 치유하기 어려운 정신적 상처를 안겨줄 뿐만 아니라, 이를 시청하는 사람들에게까지 성에 대한 왜곡된 인식과 비정상적 가치관을 조장한다. 아동·청소년이용음란물에 대한 지속적 접촉이 아동·청소년을 상대로 한 성범죄로 이어질 수 있다는 점을 부인하기 어렵다. 따라서 잠재적인 성범죄로부터 아동·청소년을 보호하기 위해서는 아동·청소년을 성적 대상화하는 행위를 엄격하게 규율하여 위반행위를 처벌할 필요가 있다. 위와 같은 입법 목적 등에 비추어 살펴보면, 아동·청소년 등이 일상적인 생활을 하면서 신체를 노출한 것일 뿐 적극적인 성적 행위를 한 것이 아니더라도 이를 몰래 촬영하는 방식 등으로 성적 대상화하였다면 이와 같은 행위를 표현한 영상 등은 아동·청소년이용음란물에 해당한다(대판 2023.11.16. 2021도4265).

〈아동·청소년을 협박하여 그들로 하여금 스스로 음란물을 촬영하게 하여도 음란물제작죄가 성립한다는 판례〉[1] 피고인이 아동·청소년으로 하여금 스스로 자신을 대상으로 하는 음란물을 촬영하게 한 경우 피고인이 직접 촬영행위를 하지 않았더라도 그 영상을 만드는 것을 기획하고 촬영행위를 하게 하거나 만드는 과정에서 구체적인 지시를 하였다면, 특별한 사정이 없는 한 아동·청소년이용음란물 '제작'에 해당하고, 이러한 촬영을 마쳐 재생이 가능한 형태로 저장이 된 때에 제작은 기수에 이른다. [2] 피고인이 공범들과 공모하여 아동·청소년인 피해자들의 비공개 정보를 수집한 후 이를 빌미로 피해자들을 협박하여 피해자들로 하여금 스스로 자신을 대상으로 한 음란 사진 및 동영상을 촬영하게 한 사안에서 아동·청소년의성보호에관한법률위반(음란물제작·배포등)죄의 성립을 인정한 원심을 수긍한 사례(대판 2021.3.25. 2020도18285).

〈대상이 된 아동·청소년의 동의하에 촬영하였다거나 사적인 소지·보관을 1차적 목적으로 아동·청소년의 성적 행위를 촬영한 영상물을 제작하였다고 하더라도, 헌법상 보장되는 사적인 생활 영역에서 사리분별력 있는 사람의 자기결정권의 정당한 행사에 해당한다고 볼 수 있는 예외적인 경우가 아닌 한 처벌의 대상이 된다고 본 판례〉[1] 구 아동·청소년의 성보호에 관한 법률(2012. 12. 18. 법률 제11572호로 전부 개정되기 전의 것, 이하 '구 아청법'이라 한다)은 제2조 제5호, 제4호에 '아동·청소년이용음란물'의 의미에 관한 별도의 규정을 두면서도, 제8조 제1항에서 아동·청소년이용음란물을 제작하는 등의 행위를 처벌하도록 규정하고 있을 뿐 그 범죄성립의 요건으로 제작 등의 의도나 음란물이 아동·청소년의 의사에 반하여 촬영되었는지 여부 등을 부가하고 있지 아니하다. [2] 여기에다가 아동·청소년을 대상으로 성적 행위를 한 자를 엄중하게 처벌함으로써 성적 학대나 착취로부터 아동·청소년을 보호하는 한편 아동·청소년이 책임 있고 건강한 사회구성원으로 성장할 수 있도록 하려는 구 아청법의 입법목적과 취지, 정신적으로 미성숙하고 충동적이며 경제적으로도 독립적이지 못한 아동·청소년의 특성, 아동·청소년이용음란물은 그 직접 피해자인 아동·청소년에게는 치유하기 어려운 정신적 상처를 안겨줄 뿐 아니라, 이를 시청하는 사람들에게까지 성에 대한 왜곡된 인식과 비정상적 가치관을 조장하므로 이를 그 제작 단계에서부터 원천적으로 차단함으로써 아동·청소년을 성적 대상으로 보는 데서 비롯되는 잠재적 성범죄로부터 아동·청소년을 보호할 필요가 있는 점, 인터넷 등 정보통신매체의 발달로 인하여 음란물이 일단 제작되면 제작 후 사정의 변경에 따라, 또는 제작자의 의도와 관계없이 언제라도 무분별하고 무차별적으로 유통에 제공될 가능성을 배제할 수 없는 점 등을 더하여 보면, 제작한 영상물이 객관적으로 아동·청소년이 등장하여 성적 행위를 하는 내용을 표현한 영상물에 해당하는 한 대상이 된 아동·청소년의 동의하에 촬영한 것이라거나 사적인 소지·보관을 1차적 목적으로 제작한 것이라고 하여 구 아청법 제8조 제1항의 '아동·청소년이용음란물'에 해당하지 아니한다거나 이를 '제작'한 것이 아니라고 할 수 없다. [3] 다만 아동·청소년인 행위자 본인이 사적인 소지를 위하여 자신을 대상으로 '아동·청소년이용음란물'에 해당하는 영상 등을 제작하거나 그 밖에 이에 준하는 경우로서, 영상의 제작행위가 헌법상 보장되는 인격권, 행복추구권 또는 사생활의 자유 등을 이루는 사적인 생활 영역에서 사리분별력 있는 사람의 자기결정권의 정당한 행사에 해당한다고 볼 수 있는 예외적인 경우에는 위법성이 없다고 볼 수 있을 것이다. 아동·청소년은 성적 가치관과 판단능력이 충분히 형성되지 아니하여 성적 자기결정권을 행사하고 자신을 보호할 능력이 부족한 경우가 대부분이므로 영상의 제작행위가 이에 해당하는지 여부는 아동·청소년의 나이와 지적·사회적 능력, 제작의 목적과 그 동기 및 경위, 촬영 과정에서 강제력이나 위계 혹은 대가가 결부되었는지 여부, 아동·청소년의 동의나 관여가 자발적이고 진지하게 이루어졌는지 여부, 아동·청소년과 영상 등에 등장하는 다른 인물과의 관계, 영상 등에 표현된 성적 행위의 내용과 태양 등을 종합적으로 고려하여 신중하게 판단하여야 한다. [4] 대상이 된 아동·청소년의 동의하에 촬영하였다거나 사적인 소지·보관을 1차적 목적으로 아동·청소년의 성적 행위를 촬영한 영상물을 제작하였다고 하더라도, 아동·청소년의 나이와 지적·사회적 능력, 촬영 과정에서 강제력이나 위계 혹은 대가가 결부되었는지 여부, 아동·청소년과 영상 등에 등장하는 다른 인물과의 관계 등을 종합적으로 고려하여, 아동·청소년인 행위자 본인이 사적인 소지를 위하여 자신을 대상으로 영상을 제작하거나 그 밖에 이에 준하는 경우로서, 헌법상 보장되는 사적인 생활 영역에서 사리분별력 있는 사람의 자기결정권의 정당한 행사에 해당한다고 볼 수 있는 예외적인 경우가 아닌 한 처벌의 대상이 된다고 본 사안(대판 2015.2.12. 2014도11501,2014전도197). [COMMENT] 본 판례에서의 제8조 제1항은 현행법 제11조 제1항을 의미한다.

〈구 아청법 제2조 제5호의 '아동·청소년으로 인식될 수 있는 사람이 등장하는 아동·청소년 이용음란물'이라고 하기 위해서는 그 주된 내용이 아동·청소년의 성교행위 등을 표현하는 것이어야 할 뿐만 아니라, 여러 사정을 종합적으로 고려하여 사회 평균인의 시각에서 객관적으로 관찰할 때 외관상 의심의 여지 없이 명백하게 아동·청소년으로 인식되는 경우여야 한다는 판례〉 [1] 구 아동·청소년의 성보호에 관한 법률(2012. 12. 18. 법률 제11572호로 전부 개정되기 전의 것, 이하 '구 아청법'이라고 한다) 제2조 제1호는 "아동·청소년은 19세 미만의 자를 말한다. 다만, 19세에 도달하는 해의 1월 1일을 맞이한 자는 제외한다."라고 규정하고, 같은 법 제2조 제5호에서 "아동·청소년이용음란물"을 '아동·청소년 또는 아동·청소년으로 인식될 수 있는 사람이나 표현물이 등장하여 제4호의 어느 하나에 해당하는 행위를 하거나 그 밖의 성적 행위를 하는 내용을 표현하는 것으로서 필름·비디오물·게임물 또는 컴퓨터나 그 밖의 통신매체를 통한 화상·영상 등의 형태로 된 것'으로 정의하면서, 위 법 제8조 제4항에서 아동·청소년이용음란물을 배포하거나 공연히 전시 또는 상영한 자는 3년 이하의 징역 또는 2천만 원 이하의 벌금에 처하도록 규정하고 있다. 그런데 ① 국가형벌권의 자의적인 행사로부터 개인의 자유와 권리를 보호하기 위하여 형벌법규는 엄격히 해석되어야 하고 명문의 형벌 법규의 의미를 피고인에게 불리한 방향으로 지나치게 확장해석하거나 유추해석하는 것은 죄형법정주의 원칙에 어긋나는 것으로 허용되지 않는 점, ② 구 아청법 제2조 제5호의 아동·청소년이용음란물 정의 규정 중 '아동·청소년으로 인식될 수 있는 사람이나 표현물'이라는 문언이 다소 모호한 측면이 있고, 일선 수사기관의 자의적 판정으로 뜻하지 않게 처벌의 범위가 지나치게 넓어질 우려가 있게 되자, 그 의미를 분명히 하기 위해서 2012. 12. 18. 법률 제11572호로 구 아청법을 개정하면서 '명백하게'라는 문구를 추가하여 '아동·청소년으로 명백하게 인식될 수 있는 사람이나 표현물'이라고 규정한 점 등 구 아청법의 입법목적과 개정 연혁, 그리고 법 규범의 체계적 구조 등에 비추어 보면, <u>구 아청법 제2조 제5호의 '아동·청소년으로 인식될 수 있는 사람이 등장하는 아동·청소년이용음란물'이라고 하기 위해서는 그 주된 내용이 아동·청소년의 성교행위 등을 표현하는 것이어야 할 뿐만 아니라, 그 등장인물의 외모나 신체발육 상태, 영상물의 출처나 제작 경위, 등장인물의 신원 등에 대하여 주어진 여러 정보 등을 종합적으로 고려하여 사회 평균인의 시각에서 객관적으로 관찰할 때 외관상 의심의 여지 없이 명백하게 아동·청소년으로 인식되는 경우라야 하고, 등장인물이 다소 어려 보인다는 사정만으로 쉽사리 '아동·청소년으로 인식될 수 있는 사람이 등장하는 아동·청소년이용음란물'이라고 단정해서는 아니 된다.</u> [2] 피고인이 인터넷 파일공유사이트에 동영상을 업로드하여 아동·청소년이용음란물을 배포하였다는 내용으로 기소된 사건에서, 구 아청법 제2조 제5호의 '아동·청소년으로 인식될 수 있는 사람이 등장하는 아동·청소년이용음란물'에 해당하기 위해서는 그 주된 내용이 아동·청소년의 성교행위 등을 표현하는 것이어야 할 뿐만 아니라, 그 등장인물이 외모나 신체발육 등에 비추어 외관상 의심의 여지 없이 아동·청소년으로 명백히 인식되는 경우라야 한다는 이유로, 동영상의 내용만을 기준으로 이 사건 동영상을 아동·청소년이용음란물이라고 인정한 원심을 파기한 사안(대판 2014.9.24. 2013도4503). [COMMENT] 본 판례에서의 제8조 제4항은 현행법 제11조 제3항을 의미한다.

〈인터넷 웹하드 사이트 만화 동영상 사건〉[1] 구 아동·청소년의 성보호에 관한 법률(2012. 12. 18. 법률 제11572호로 전부 개정되기 전의 것)의 입법 목적과 개정 연혁, 표현물의 특징 등에 비추어 보면, 위 법률 제2조 제5호에서 말하는 '아동·청소년으로 인식될 수 있는 표현물'이란 사회 평균인의 시각에서 객관적으로 보아 명백하게 청소년으로 인식될 수 있는 표현물을 의미하고, 개별적인 사안에서 표현물이 나타내고 있는 인물의 외모와 신체발육에 대한 묘사, 음성 또는 말투, 복장, 상황 설정, 영상물의 배경이나 줄거리 등 여러 사정을 종합적으로 고려하여 신중하게 판단하여야 한다. [2] 甲이 甲 회사를 통하여 운영한 인터넷 웹하드 사이트인 'ㅇㅇㅇㅇㅇㅇ'에 乙이 게시한 만화 동영상에 등장하는 표현물의 외관이 19세 미만으로 보이고, 극중 설정에서도 아동·청소년에 해당하는 표현물이 등장하여 성교 행위를 하는 점 등의 여러 사정을 종합하면, 이 사건 만화 동영상은 구 청소년성보호법에서 정한 아동·청소년이용음란물에 해당한다. 乙은 이 사건 만화 동영상이 아동·청소년이용음란물에 해당한다는 사실을 알면서 게시하였고, 甲은 인터넷 웹하드 사이트를 운영하면서 이 사건 만화 동영상을 비롯한 아동·청소년이용음란물이 게시될 가능성이 있음을 알면서도 이를 용인하였다고 본 사례(대판 2019.5.30. 2015도863). [판결이유 중 일부 인용] 구 아동·청소년의 성보호에 관한 법률(2012. 12. 18. 법률 제11572호로 전부 개정되기 전의 것, 이하 '구 청소년성보호법'이라 한다) 제2조 제5호는 구 아동·청소년의 성보호에 관한 법률(2011. 9. 15. 법률 제11047호로 개정되기 전의 것)과는 달리 실제로 아동·청소년이 등장하는 경우뿐만 아니라 '아동·청소년으로 인식될 수 있는 사람이나 표현물'이 등장하는 경우도 아동·청소년이용음란물에 포함시켰다. 그 이유는 실제 아동·청소년이 등장하는지와 상관없이 아동·청소년이 성적 행위를 하는 것으로 묘사하는 각종 매체물의 시청이 아동·청소년을 상대로 한 성범죄를 유발할 수 있다는 점을 고려하여 잠재적 성범죄로부터 아동·청소년을 보호하려는 데 있다(헌법재판소 2015. 6. 25. 선고 2013헌가17, 24, 2013헌바85 전원재판부 결정 등 참조). 그 후 구 청소년성보호법이 2012. 12. 18. 법률 제11572호로 개정되면서 제2조 제5호가 '아동·청소년으로 명백하게 인식될 수 있는 사람이나 표현물'이라고 변경되어 '명백하게'라는 문구가 추가되었다.

〈카카오톡 메신저로 지시하여 아동·청소년에게 스스로 음란물을 촬영하게 한 사건(아동·청소년이용음란물 제작의 기수 시기는 아동·청소년이 음란물의 촬영을 마쳐 자신의 휴대전화에 재생이 가능한 형태로 저장이 된 때라는 판례)〉[1] 피고인이 직접 아동·청소년의 면전에서 촬영행위를 하지 않았더라도 아동·청소년이용음란물을 만드는 것을 기획하고 타인으로 하여금 촬영행위를 하게 하거나 만드는 과정에서 구체적인 지시를 하였다면, 특별한 사정이 없는 한 아동·청소년이용음란물 '제작'에 해당한다. 이러한 촬영을 마쳐 재생이 가능한 형태로 저장이 된 때에 제작은 기수에 이르고 반드시 피고인이 그와 같이 제작된 아동·청소년이용음란물을 재생하거나 피고인의 기기로 재생할 수 있는 상태에 이르러야만 하는 것은 아니다. 이러한 법리는 피고인이 아동·청소년으로 하여금 스스로 자신을 대상으로 하는 음란물을 촬영하게 한 경우에도 마찬가지이다. [2] 카카오톡 메신저로 아동·청소년에게 지시하여 스스로 자기의 신체를 대상으로 한 음란물을 촬영하도록 한 사안에서, 아동·청소년이 음란물의 촬영을 마쳐 자신의 휴대전화에 재생이 가능한 형태로 저장이 된 때에 아동·청소년이용음란물 제작 범행은 기수에 이르렀다고 보아, 피고인의 핸드폰에 따로 음란동영상이 저장되지 않아 범행의 기수에 이르지 않았다고 주장하는 피고인의 상고를 기각한 사례(대판 2018.9.13. 2018도9340).

〈구 아청법 제11조 제2항에서 규정한 '영리의 목적'의 의미와 범위〉 [1] 구 아동·청소년의 성보호에 관한 법률(2020. 6. 2. 법률 제17338호로 개정되기 전의 것) 제11조 제2항은 영리를 목적으로 아동·청소년이용음란물을 공연히 전시한 자는 10년 이하의 징역에 처한다고 규정한다. [2] 위 조항에서 규정하는 <u>'영리의 목적'이란 위 법률이 정한 구체적 위반행위를 함에 있어서 재산적 이득을 얻으려는 의사 또는 이윤을 추구하는 의사를 말하며, 이는 널리 경제적인 이익을 취득할 목적을 말하는 것으로서 반드시 아동·청소년이용 음란물 배포 등 위반행위의 직접적인 대가가 아니라 위반행위를 통하여 간접적으로 얻게 될 이익을 위한 경우에도 영리의 목적이 인정된다.</u> [3] 따라서 사설 인터넷 도박사이트를 운영하는 사람이, 먼저 소셜 네트워크 서비스 앱에 오픈채팅방을 개설하여 아동·청소년이용음란 동영상을 게시하고 1:1 대화를 통해 불특정 다수를 위 오픈채팅방 회원으로 가입시킨 다음, 그 오픈채팅방에서 자신이 운영하는 도박사이트를 홍보하면서 회원들이 가입 시 입력한 이름, 전화번호 등을 이용하여 전화를 걸어 위 도박사이트 가입을 승인해주는 등의 방법으로 가입을 유도하고 그 도박사이트를 이용하여 도박을 하게 하였다면, 영리를 목적으로 도박공간을 개설한 행위가 인정됨은 물론, 나아가 영리를 목적으로 아동·청소년이용음란물을 공연히 전시한 행위도 인정된다(대판 2020.9.24. 2020도8978).

〈아동·청소년으로 하여금 아동·청소년이용음란물을 제작하게 한 후 이를 전송받아 보관한 경우에는 아동·청소년이용음란물 제작죄 외에 아동·청소년이용음란물 소지죄가 별도로 성립하는지 않는다는 판례〉 구「아동·청소년의 성보호에 관한 법률」(2020. 6. 2. 법률 제17338호로 개정되기 전의 것, 이하「아동·청소년의 성보호에 관한 법률」를 '청소년성보호법'이라고 한다) 제11조 제5항의 청소년성보호법 위반(음란물소지)죄는 아동·청소년이용음란물임을 알면서 이를 소지하는 행위를 처벌함으로써 아동·청소년이용음란물의 제작을 근원적으로 차단하기 위한 처벌규정이다. 그리고 구 청소년성보호법 제11조 제1항의 청소년성보호법 위반(음란물제작·배포등)죄의 법정형이 무기징역 또는 5년 이상의 유기징역인 반면, 청소년성보호법 위반(음란물소지)죄의 법정형이 1년 이하의 징역 또는 2천만 원 이하의 벌금형이고, 아동·청소년이용음란물 제작행위에 아동·청소년이용음란물 소지행위가 수반되는 경우 아동·청소년이용음란물을 제작한 자에 대하여 자신이 제작한 아동·청소년이용음란물을 소지하는 행위를 별도로 처벌하지 않더라도 정의 관념에 현저히 반하거나 해당규정의 기본취지에 반한다고 보기 어렵다. 따라서 아동·청소년이용음란물을 제작한 자가 그 음란물을 소지하게 되는 경우 청소년성보호법 위반(음란물소지)죄는 청소년성보호법 위반(음란물제작·배포등)죄에 흡수된다고 봄이 타당하다. 다만 아동·청소년이용음란물을 제작한 자가 제작에 수반된 소지행위를 벗어나 사회통념상 새로운 소지가 있었다고 평가할 수 있는 별도의 소지행위를 개시하였다면 이는 청소년성보호법 위반(음란물제작·배포등)죄와 별개의 청소년성보호법 위반(음란물소지)죄에 해당한다(대판 2021.7.8. 2021도2993).

〈구 아청법 제11조 제5항의 아동·청소년이용음란물 '소지' 여부가 문제된 사건〉 [1] 형벌법규의 해석은 엄격하여야 하고 문언의 의미를 피고인에게 불리한 방향으로 지나치게 확장해석하는 것은 죄형법정주의 원칙에 어긋나는 것이다. [2] 구 아동·청소년의 성보호에 관한 법률(2020. 6. 2. 법률 제17338호로 개정되기 전의 것) 제11조 제5항은 "아동·청소년이용음란물임을 알면서 이를 소지한 자는 1년 이하의 징역 또는 2천만 원 이하의 벌금에 처한다."라고 규정하고 있다. 여기서 '소지'란 아동·청소년이용음란물을 자기가 지배할 수 있는 상태에 두고 지배관계를 지속시키는 행위를 말하고, 인터넷 주소(URL)는 인터넷에서 링크하고자 하는 웹페이지나 웹사이트 등의 서버에 저장된 개개의 영상물 등의 웹 위치 정보 또는 경로를 나타낸 것에 불과하다. [3] 따라서 아동·청소년이용음란물 파일을 구입하여 시청할 수 있는 상태 또는 접근할 수 있는 상태만으로 곧바로 이를 소지로 보는 것은 소지에 대한 문언 해석의 한계를 넘어서는 것이어서 허용될 수 없으므로, 피고인이 자신이 지배하지 않는 서버 등에 저장된 아동·청소년이용음란물에 접근하여 다운로드받을 수 있는 인터넷 주소 등을 제공받은 것에 그친다면 특별한 사정이 없는 한 아동·청소년이용음란물을 '소지'한 것으로 평가하기는 어렵다. [4] 한편 2020. 6. 2. 법률 제17338호로 개정된 아동·청소년의 성보호에 관한 법률 제11조 제5항은 아동·청소년성착취물을 구입하거나 시청한 사람을 처벌하는 규정을 신설하였고, 2020. 5. 19. 법률 제17264호로 개정된 성폭력범죄의 처벌 등에 관한 특례법 제14조 제4항은 카메라 등을 이용하여 성적 욕망 또는 수치심을 유발할 수 있는 사람의 신체를 촬영대상자의 의사에 반하여 촬영한 촬영물 또는 복제물을 소지·구입·저장 또는 시청한 사람을 처벌하는 규정을 신설하였다. 따라서 아동·청소년성착취물 등을 구입한 다음 직접 다운로드받을 수 있는 인터넷 주소를 제공받았다면 위 규정에 따라 처벌되므로 처벌공백의 문제도 더 이상 발생하지 않는다(대판 2023.6.29. 2022도6278).

〈아청법 제11조 제5항에서 정한 '소지'의 의미 및 위 조항 위반(성착취물소지)죄가 이른바 계속범이라는 판례〉 「아동·청소년의 성보호에 관한 법률」(2020. 6. 2. 법률 제17338호로 개정되어 같은 날 시행된 것, 이하 '청소년성보호법'이라고 한다) 제11조 제5항에서 정한 소지란 아동·청소년성착취물을 자기가 지배할 수 있는 상태에 두고 지배관계를 지속시키는 행위를 말하므로, 청소년성보호법 위반(성착취물소지)죄는 아동·청소년성착취물임을 알면서 소지를 개시한 때부터 지배관계가 종료한 때까지 하나의 죄로 평가되는 이른바 계속범이다. 원칙적으로 계속범에 대해서는 실행행위가 종료되는 시점의 법률이 적용된다(대판 2023.3.16. 2022도15319).

Ⅶ. 기 타

1. 아동·청소년 매매 행위 (제12조)

> 제12조 (아동·청소년 매매행위)
> ① 아동·청소년의 성을 사는 행위 또는 아동·청소년이용음란물을 제작하는 행위의 대상이 될 것을 알면서 아동·청소년을 매매 또는 국외에 이송하거나 국외에 거주하는 아동·청소년을 국내에 이송한 자는 무기징역 또는 5년 이상의 징역에 처한다.
> ② 제1항의 미수범은 처벌한다.

2. 아동·청소년의 성을 사는 행위 (제13조)

> 제13조 (아동·청소년의 성을 사는 행위 등)
> ① 아동·청소년의 성을 사는 행위를 한 자는 1년 이상 10년 이하의 징역 또는 2천만원 이상 5천만원 이하의 벌금에 처한다.
> ② 아동·청소년의 성을 사기 위하여 아동·청소년을 유인하거나 성을 팔도록 권유한 자는 3년 이하의 징역 또는 3천만원 이하의 벌금에 처한다.
> ③ 16세 미만의 아동·청소년 및 장애 아동·청소년을 대상으로 제1항 또는 제2항의 죄를 범한 경우에는 그 죄에 정한 형의 2분의 1까지 가중처벌한다. 〈신설 2020.5.19, 2020.12.8, 시행 2021.6.9.〉

3. 아동·청소년에 대한 강요행위 (제14조)

> 제14조 (아동·청소년에 대한 강요행위 등)
> ① 다음 각 호의 어느 하나에 해당하는 자는 5년 이상의 유기징역에 처한다.
>   1. 폭행이나 협박으로 아동·청소년으로 하여금 아동·청소년의 성을 사는 행위의 상대방이 되게 한 자
>   2. 선불금(先拂金), 그 밖의 채무를 이용하는 등의 방법으로 아동·청소년을 곤경에 빠뜨리거나 위계 또는 위력으로 아동·청소년으로 하여금 아동·청소년의 성을 사는 행위의 상대방이 되게 한 자
>   3. 업무·고용이나 그 밖의 관계로 자신의 보호 또는 감독을 받는 것을 이용하여 아동·청소년으로 하여금 아동·청소년의 성을 사는 행위의 상대방이 되게 한 자
>   4. 영업으로 아동·청소년을 아동·청소년의 성을 사는 행위의 상대방이 되도록 유인·권유한 자

② 제1항제1호부터 제3호까지의 죄를 범한 자가 그 대가의 전부 또는 일부를 받거나 이를 요구 또는 약속한 때에는 7년 이상의 유기징역에 처한다.

③ 아동 · 청소년의 성을 사는 행위의 상대방이 되도록 유인 · 권유한 자는 7년 이하의 징역 또는 5천만원 이하의 벌금에 처한다.

④ 제1항과 제2항의 미수범은 처벌한다.

4. 알선영업행위등 (제15조)

(1) 관련 조문

제15조 (알선영업행위 등)

① 다음 각 호의 어느 하나에 해당하는 자는 7년 이상의 유기징역에 처한다.

　1. 아동 · 청소년의 성을 사는 행위의 장소를 제공하는 행위를 업으로 하는 자

　2. 아동 · 청소년의 성을 사는 행위를 알선하거나 정보통신망에서 알선정보를 제공하는 행위를 업으로 하는 자

　3. 제1호 또는 제2호의 범죄에 사용되는 사실을 알면서 자금 · 토지 또는 건물을 제공한 자

　4. 영업으로 아동 · 청소년의 성을 사는 행위의 장소를 제공 · 알선하는 업소에 아동 · 청소년을 고용하도록 한 자

② 다음 각 호의 어느 하나에 해당하는 자는 7년 이하의 징역 또는 5천만원 이하의 벌금에 처한다.

　1. 영업으로 아동 · 청소년의 성을 사는 행위를 하도록 유인 · 권유 또는 강요한 자

　2. 아동 · 청소년의 성을 사는 행위의 장소를 제공한 자

　3. 아동 · 청소년의 성을 사는 행위를 알선하거나 정보통신망에서 알선정보를 제공한 자

　4. 영업으로 제2호 또는 제3호의 행위를 약속한 자

③ 아동 · 청소년의 성을 사는 행위를 하도록 유인 · 권유 또는 강요한 자는 5년 이하의 징역 또는 3천만원 이하의 벌금에 처한다.

(2) 관련 판례

〈아동 · 청소년의 성을 사는 행위를 알선하는 행위를 업으로 하여 청소년성보호법 제15조 제1항 제2호의 위반죄가 성립하기 위해서는 알선행위를 업으로 하는 사람이 아동 · 청소년을 알선의 대상으로 삼아 그 성을 사는 행위를 알선한다는 것을 인식하여야 하지만, 이에 더하여 알선행위로 아동 · 청소년의 성을 사는 행위를 한 사람이 행위의 상대방이 아동 · 청소년임을 인식하여야 한다고 볼 수는 없다는 판례〉 아동 · 청소년의 성보호에 관한 법률(이하 '청소

년성보호법'이라고 한다)은 성매매의 대상이 된 아동·청소년을 보호·구제하려는 데 입법 취지가 있고, 청소년성보호법에서 '아동·청소년의 성매매 행위'가 아닌 '아동·청소년의 성을 사는 행위'라는 용어를 사용한 것은 아동·청소년은 보호대상에 해당하고 성매매의 주체가 될 수 없어 아동·청소년의 성을 사는 사람을 주체로 표현한 것이다. 그리고 아동·청소년의 성을 사는 행위를 알선하는 행위를 업으로 하는 사람이 알선의 대상이 아동·청소년임을 인식하면서 알선행위를 하였다면, 알선행위로 아동·청소년의 성을 사는 행위를 한 사람이 행위의 상대방이 아동·청소년임을 인식하고 있었는지는 알선행위를 한 사람의 책임에 영향을 미칠 이유가 없다. 따라서 아동·청소년의 성을 사는 행위를 알선하는 행위를 업으로 하여 청소년성보호법 제15조 제1항 제2호의 위반죄가 성립하기 위해서는 알선행위를 업으로 하는 사람이 아동·청소년을 알선의 대상으로 삼아 그 성을 사는 행위를 알선한다는 것을 인식하여야 하지만, 이에 더하여 알선행위로 아동·청소년의 성을 사는 행위를 한 사람이 행위의 상대방이 아동·청소년임을 인식하여야 한다고 볼 수는 없다(대판 2016.2.18. 2015도15664).

5. 아동·청소년에 대한 성착취 목적 대화 등 (제15조의2)

제15조의2(아동·청소년에 대한 성착취 목적 대화 등)
① 19세 이상의 사람이 성적 착취를 목적으로 정보통신망을 통하여 아동·청소년에게 다음 각 호의 어느 하나에 해당하는 행위를 한 경우에는 3년 이하의 징역 또는 3천만원 이하의 벌금에 처한다.
   1. 성적 욕망이나 수치심 또는 혐오감을 유발할 수 있는 대화를 지속적 또는 반복적으로 하거나 그러한 대화에 지속적 또는 반복적으로 참여시키는 행위
   2. 제2조제4호 각 목의 어느 하나에 해당하는 행위를 하도록 유인·권유하는 행위
② 19세 이상의 사람이 정보통신망을 통하여 16세 미만인 아동·청소년에게 제1항 각 호의 어느 하나에 해당하는 행위를 한 경우 제1항과 동일한 형으로 처벌한다. [본조신설 2021.3.23]

6. 피해자 등에 대한 강요행위 (제16조)

제16조 (피해자 등에 대한 강요행위)
폭행이나 협박으로 아동·청소년대상 성범죄의 피해자 또는 아동복지법 제3조제3호에 따른 보호자를 상대로 합의를 강요한 자는 7년 이하의 유기징역에 처한다.

7. 온라인서비스제공자의 의무 (제17조)

제17조 (온라인서비스제공자의 의무)

① 자신이 관리하는 정보통신망에서 아동·청소년이용음란물을 발견하기 위하여 대통령령으로 정하는 조치를 취하지 아니하거나 발견된 아동·청소년이용음란물을 즉시 삭제하고, 전송을 방지 또는 중단하는 기술적인 조치를 취하지 아니한 온라인서비스제공자는 3년 이하의 징역 또는 2천만원 이하의 벌금에 처한다. 다만, 온라인서비스제공자가 정보통신망에서 아동·청소년이용음란물을 발견하기 위하여 상당한 주의를 게을리하지 아니하였거나 발견된 아동·청소년이용음란물의 전송을 방지하거나 중단시키고자 하였으나 기술적으로 현저히 곤란한 경우에는 그러하지 아니하다.

② 저작권법 제104조에 따른 특수한 유형의 온라인서비스제공자는 이용자가 컴퓨터 등에 저장된 저작물 등을 검색하거나 업로드 또는 다운로드를 할 경우 해당 화면이나 전송 프로그램에 아동·청소년이용음란물을 제작·배포·소지한 자는 처벌을 받을 수 있다는 내용이 명확하게 표현된 경고문구를 대통령령으로 정하는 바에 따라 표시하여야 한다.

8. 신고의무자의 성범죄에 대한 가중처벌 (제18조)

제18조 (신고의무자의 성범죄에 대한 가중처벌)

제34조제2항 각 호의 기관·시설 또는 단체의 장과 그 종사자가 자기의 보호·감독 또는 진료를 받는 아동·청소년을 대상으로 성범죄를 범한 경우에는 그 죄에 정한 형의 2분의 1까지 가중처벌한다.

9. 감경규정의 특례 (제19조)

제19조 (형법상 감경규정에 관한 특례)

음주 또는 약물로 인한 심신장애 상태에서 아동·청소년대상 성폭력범죄를 범한 때에는 형법 제10조제1항·제2항 및 제11조를 적용하지 아니할 수 있다.

10. 공소시효의 특례 (제20조)

제20조 (공소시효에 관한 특례)
① 아동·청소년대상 성범죄의 공소시효는 형사소송법 제252조제1항에도 불구하고 해당 성범죄로 피해를 당한 아동·청소년이 성년에 달한 날부터 진행한다.
② 제7조의 죄는 디엔에이(DNA)증거 등 그 죄를 증명할 수 있는 과학적인 증거가 있는 때에는 공소시효가 10년 연장된다.
③ 13세 미만의 사람 및 신체적인 또는 정신적인 장애가 있는 사람에 대하여 다음 각 호의 죄를 범한 경우에는 제1항과 제2항에도 불구하고 형사소송법 제249조 부터 제253조까지 및 군사법원법 제291조 부터 제295조까지에 규정된 공소시효를 적용하지 아니한다.
    1. 형법 제297조(강간), 제298조(강제추행), 제299조(준강간, 준강제추행), 제301조(강간등 상해·치상) 또는 제301조의2(강간등 살인·치사)의 죄
    2. 제9조 및 제10조의 죄
    3. 성폭력범죄의 처벌 등에 관한 특례법 제6조제2항, 제7조제2항, 제8조, 제9조의 죄
④ 다음 각 호의 죄를 범한 경우에는 제1항과 제2항에도 불구하고 형사소송법 제249조부터 제253조까지및 군사법원법 제291조 부터 제295조까지에 규정된 공소시효를 적용하지 아니한다.
    1. 형법 제301조의2(강간등 살인·치사)의 죄(강간등 살인에 한정한다)
    2. 제10조제1항의 죄
    3. 성폭력범죄의 처벌 등에 관한 특례법 제9조제1항의 죄

11. 영상물의 촬영·보존 등 (제26조)

제26조 (영상물의 촬영·보존 등)
① 아동·청소년대상 성범죄 피해자의 진술내용과 조사과정은 비디오녹화기 등 영상물 녹화장치로 촬영·보존하여야 한다.
② 제1항에 따른 영상물 녹화는 피해자 또는 법정대리인이 이를 원하지 아니하는 의사를 표시한 때에는 촬영을 하여서는 아니 된다. 다만, 가해자가 친권자 중 일방인 경우는 그러하지 아니하다.
③ 제1항에 따른 영상물 녹화는 조사의 개시부터 종료까지의 전 과정 및 객관적 정황을 녹화하여야 하고, 녹화가 완료된 때에는 지체 없이 그 원본을 피해자 또는 변호사 앞에서 봉인하고 피해자로 하여금 기명날인 또는 서명하게 하여야 한다.

④ 검사 또는 사법경찰관은 피해자가 제1항의 녹화장소에 도착한 시각, 녹화를 시작하고 마친 시각, 그 밖에 녹화과정의 진행경과를 확인하기 위하여 필요한 사항을 조서 또는 별도의 서면에 기록한 후 수사기록에 편철하여야 한다.

⑤ 검사 또는 사법경찰관은 피해자 또는 법정대리인이 신청하는 경우에는 영상물 촬영과정에서 작성한 조서의 사본을 신청인에게 교부하거나 영상물을 재생하여 시청하게 하여야 한다.

⑥ 제1항부터 제4항까지의 절차에 따라 촬영한 영상물에 수록된 피해자의 진술은 공판준비기일 또는 공판기일에 피해자 또는 조사과정에 동석하였던 신뢰관계에 있는 자의 진술에 의하여 그 성립의 진정함이 인정된 때에는 증거로 할 수 있다.

⑦ 누구든지 제1항에 따라 촬영한 영상물을 수사 및 재판의 용도 외에 다른 목적으로 사용하여서는 아니 된다.

12. 증거보전의 특례 (제27조)

제27조 (증거보전의 특례)
① 아동·청소년대상 성범죄의 피해자, 그 법정대리인 또는 경찰은 피해자가 공판기일에 출석하여 증언하는 것에 현저히 곤란한 사정이 있을 때에는 그 사유를 소명하여 제26조에 따라 촬영된 영상물 또는 그 밖의 다른 증거물에 대하여 해당 성범죄를 수사하는 검사에게 형사소송법 제184조제1항에 따른 증거보전의 청구를 할 것을 요청할 수 있다.
② 제1항의 요청을 받은 검사는 그 요청이 상당한 이유가 있다고 인정하는 때에는 증거보전의 청구를 하여야 한다.

제3장 | 특정범죄 가중처벌 등에 관한 법률

☑ GUIDE |

본 장에서는 특정범죄 가중처벌 등에 관한 법률 중에서 교통사고와 관련된 조문을 제외한 부분 중에서 가장 출제가능성이 높은 조문에 대한 내용을 정리한다.

제1절 뇌물죄 관련 (제2조, 제3조, 제4조)

제2절 상습강도 · 절도 등의 가중처벌 (제5조의4)

제3절 기타 특가법 규정

제1절 | 뇌물죄 관련[31)

I. 뇌물죄의 가중처벌

1. 관련 조문

> **제2조 (뇌물죄의 가중처벌)**
> ① 형법 제129조 · 제130조 또는 제132조에 규정된 죄를 범한 사람은 그 수수(收受) · 요구 또는 약속한 뇌물의 가액(價額)(이하 이 조에서 "수뢰액"이라 한다)에 따라 다음 각 호와 같이 가중처벌한다.
> 　1. 수뢰액이 1억원 이상인 경우에는 무기 또는 10년 이상의 징역에 처한다.
> 　2. 수뢰액이 5천만원 이상 1억원 미만인 경우에는 7년 이상의 유기징역에 처한다.
> 　3. 수뢰액이 3천만원 이상 5천만원 미만인 경우에는 5년 이상의 유기징역에 처한다.
> ② 형법 제129조 · 제130조 또는 제132조에 규정된 죄를 범한 사람은 그 죄에 대하여 정한 형(제1항의 경우를 포함한다)에 수뢰액의 2배 이상 5배 이하의 벌금을 병과(併科)한다.

2. 주요 내용

특가법 제2조는 형법상의 단순수뢰죄, 사전수뢰죄, 제3자뇌물제공죄, 알선수뢰죄를 범한 사람만 규정하고 있지만, <u>판례에 의하면 수뢰후 부정처사죄, 사후수뢰죄를 범한 사람을 포함</u>하며, 이러한 수뢰죄에 대하여 그 수뢰액수에 따라 가중처벌하는 규정이다.

---

31) 특가법은 형법상의 뇌물죄와 비교하여 뇌물액수에 따라 가중처벌(제2조)하고, 공무원아닌 자도 알선수재죄로 처벌(제3조)하고, 뇌물죄 적용대상의 범위를 확대(제4조)하고 있다.

3. 관련 판례

〈형법 제131조 제1항 및 제 2항의 죄를 범한 자도 특가법 제2조의 적용대상이 된다는 판례〉
형법 제131조 제1, 제2항의 죄를 범한 자는 특정범죄가중처벌 등에 관한 법률 제2조의
형법 제129조, 제130조에 규정된 죄를 범한 자에 해당된다(대판 1969.12.9. 69도1288). **[판결이
유 중 일부 인용]** 형법 제131조 제1항은 공무원 또는 중재인이 형법 제129조, 제130조의
죄를 범한 후에 부정한 행위를 한 때에 가중처벌 한다는 규정이고, 같은 조문 제2항은
공무원 또는 중재인이 그 직무상 부정한 행위를 한 후 뇌물을 수수, 요구 또는 약속하거
나 제3자에게 이를 공여하게 하거나, 공여를 요구 또는 약속한 때, 즉 형법 제129조,
제130조의 죄를 범한 때에 가중처벌한다는 규정이므로, 형법 제131조 제1, 2항의 죄를
범한 자는 특정범죄가중처벌등에관한법률 제2조의 형법 제129조, 제130조에 규정된 죄를
범한 자에 해당된다고 보아야 할 것임에도 불구하고, 원판결이 위에서 본 바와 같이 판단
하여 특정범죄가중처벌등에관한법률 제2조 제1항을 적용하지 아니하였음은 법률적용
을 그르쳐 판결에 영향을 미쳤다 할 것이므로 논지는 이유 있다.

〈특가법 제2조 제1항의 적용 여부를 가리는 수뢰액을 정함에 있어서는 그 공범자 전원의 수뢰
액을 합한 금액을 기준으로 하여야 한다는 판례〉 수인이 공동하여 뇌물수수죄를 범한 경우
에 공범자는 자기의 수뢰액뿐만 아니라 다른 공범자의 수뢰액에 대하여도 그 죄책을
면할 수 없는 것이므로, 특정범죄가중처벌등에관한법률 제2조 제1항의 적용 여부를 가리
는 수뢰액을 정함에 있어서는 그 공범자 전원의 수뢰액을 합한 금액을 기준으로 하여야 할
것이고, 각 공범자들이 실제로 취득한 금액이나 분배받기로 한 금액을 기준으로 할 것이
아니다(대판 1999.8.20. 99도1557).

〈특가법 제2조 제1항의 적용 여부를 가리는 수뢰액을 정함에 있어서는 단순일죄와 포괄일죄
의 합산액을 말하므로 경합범으로 처벌되는 경우에는 합산할 수 없다는 판례〉 특정범죄가중
처벌 등에 관한 법률 제2조 제1항 제2호 소정 수뢰액이 50만원 이상(500만원 미만)인
때라 함은 단순일죄로 처단되는 뇌물죄 또는 포괄하여 하나의 뇌물죄가 성립되는 경우에
그 수뢰액의 합산액이 50만원이상인 때를 말하는 것이지 경합범으로 처벌될 별개의 뇌물
죄에 있어 그 수뢰액을 합한 금액이 50만원 이상인 경우까지 포함되는 것이라고는 해석할
수 없다(대판 1976.4.27. 76도634).

Ⅱ. 알선수재 (제3조)

1. 관련 조문

> **제3조 (알선수재)**
> 공무원의 직무에 속한 사항의 알선에 관하여 금품이나 이익을 수수 · 요구 또는 약속한
> 사람은 5년 이하의 징역 또는 1천만원 이하의 벌금에 처한다.

2. 주요 내용

본죄는 형법상의 알선수뢰와는 달리 주체에 제한이 없음을 주의하여야 한다.

3. 관련 판례

〈특가법 제3조의 알선의 주체에는 공무원의 신분을 요하지 않는다는 판례〉 [1] 공무원 신분을 가지지 않은 자도 학연이나 지연 또는 개인의 영향력 등을 이용하여 공무원의 직무에 영향력을 미칠 수 있으므로 이러한 자가 공무원의 직무와 관련하여 알선자 내지는 중개자로서 알선을 명목으로 금품 등을 수수하는 등의 행위를 하게 되면, 공무원의 직무집행의 공정성은 의심받게 될 것이므로, 특정범죄 가중처벌 등에 관한 법률 제3조에서는 공무원의 직무에 속한 사항에 관해 알선을 명목으로 금품 등을 수수하면 형사처벌을 하고 있다. 여기서 '알선'이란 형식을 불문하고 '일정한 사항에 관하여 어떤 사람과 그 상대방의 사이에 서서 중개하거나 편의를 도모하는 것'을 의미하므로, 어떤 사람이 청탁한 취지를 상대방에게 전하거나 그 사람을 대신하여 스스로 상대방에게 청탁을 하는 행위는 '알선'에 해당하고, 그 알선행위가 정당한 직무행위를 대상으로 하는 경우에도 이에 포함된다. [2] 피고인이 국공립학교 교장 등에게 청탁하여 인조잔디 제품 납품업체들이 학교에 제품 등을 납품하게 해 준 후 그 대가로 금품을 수수하였다고 하여 특정범죄 가중처벌 등에 관한 법률(이하 '특가법'이라고 한다) 위반(알선수재)으로 기소된 사안에서, 피고인과 납품업체들 사이의 계약 체결 경위, 학교에 인조잔디를 납품하는 과정에서 피고인이 한 역할 등 제반 사정을 종합할 때, 피고인이 비록 중개대리상의 외형을 가지고 있더라도 실질은 학교장 등 공무원과의 친분관계 및 인맥을 통해 그들에게 청탁하여 위 인조잔디 제품 납품업체들이 학교의 납품업체로 선정되게 해 주는 대가로 금품을 수수한 것이어서 피고인의 행위가 특가법 제3조의 알선수재죄에 해당함에도, 이와 달리 보아 무죄를 선고한 원심판결에 법리오해의 위법이 있다고 한 사례(대판 2014.6.26. 2011도3106).

〈특가법 제3조의 알선수재죄에서 공무원의 직무에 속한 사항의 알선과 수수한 금품 사이에 대가관계가 있는지 판단하는 기준〉 알선수재죄는 '공무원의 직무에 속한 사항을 알선한다는 명목'으로 '금품 등을 수수'함으로써 성립하는 범죄이다. 공무원의 직무에 속한 사항의 알선과 수수한 금품 사이에 대가관계가 있는지 여부는 당해 알선의 내용, 알선자와 이익 제공자 사이의 친분관계 여부, 이익의 다과, 이익을 수수한 경위와 시기 등 제반 사정을 종합하여 결정하되, 알선과 수수한 금품 사이에 전체적·포괄적으로 대가관계가 있으면 족하다(대법원 2008. 1. 31. 선고 2007도8117 판결 등 참조)(대판 2015.3.12. 2013도363).

Ⅲ. 뇌물죄 적용대상의 확대

1. 관련 조문

> **제4조 (뇌물죄 적용대상의 확대)**
> ① 다음 각 호의 어느 하나에 해당하는 기관 또는 단체로서 대통령령으로 정하는 기관 또는 단체의 간부직원은 형법 제129조부터 제132조까지의 규정을 적용할 때에는 공무원으로 본다.
> 　1. 국가 또는 지방자치단체가 직접 또는 간접으로 자본금의 2분의 1 이상을 출자하였거나 출연금·보조금 등 그 재정지원의 규모가 그 기관 또는 단체 기본재산의 2분의 1 이상인 기관 또는 단체
> 　2. 국민경제 및 산업에 중대한 영향을 미치고 있고 업무의 공공성(公共性)이 현저하여 국가 또는 지방자치단체가 법령에서 정하는 바에 따라 지도·감독하거나 주주권의 행사 등을 통하여 중요 사업의 결정 및 임원의 임면(任免) 등 운영 전반에 관하여 실질적인 지배력을 행사하고 있는 기관 또는 단체
> ② 제1항의 간부직원의 범위는 제1항의 기관 또는 단체의 설립목적, 자산, 직원의 규모 및 해당 직원의 구체적인 업무 등을 고려하여 대통령령으로 정한다.

2. 관련 판례

〈특가법 제4조 제1항에서 확대적용되는 정부관리기업체의 간부직원도 형법상 수뢰죄의 죄책을 진다는 판례〉 특정범죄가중처벌등에관한법률 제4조 제1항은 형법 제129조 내지 제132조의 적용에 있어서는 뇌물죄의 적용대상을 원래 공무원이 아닌 정부관리기업체의 간부직원에게로 확대 적용한다는 것으로, 정부관리기업체의 간부직원이 그 직무에 관하여 형법 제129조 내지 제132조의 죄를 범하였을 때는 그 죄가 성립하는 것으로 하여 그 각 법조의 특정범죄가중처벌등에관한법률을 적용한다는 뜻임은 문언상 명백하므로 이를 가중처벌하는 경우가 아닌 단순한 형법 제129조 내지 제132조에 해당하는 경우에는 정부관리기업체의 간부를 공무원으로 보아 처벌할 수 없다는 규정이라고 풀이할 수는 없다(대판 1990.9.28. 90도1092).

〈정부관리기업체의 간부직원아닌 자도 간부직원과 함께 뇌물수수죄의 공동정범이 될 수 있다는 판례〉 [1] 특정범죄가중처벌등에관한법률 제4조 제2항, 같은법시행령 제3조 제1호 소정의 정부관리기업체의 간부직원이 아닌 직원도 다른 간부직원인 직원과 함께 뇌물수수죄의 공동정범이 될 수 있다. [2] 특정범죄가중처벌등에관한법률 제4조 제1항은 형법 제129조 내지 제132조의 적용에 있어서 뇌물죄의 적용대상을 원래 공무원이 아닌 정부관리기업체의 간부직원에게로 확대 적용한다는 것으로서, 정부관리기업체의 간부직원이 그 직무에 관하여 형법 제129조 내지 제132조의 죄를 범하였을 때에는 그 죄가 성립하는 것으로 하여 그 각 법조의 특정범죄가중처벌등에관한법률을 적용한다는 뜻임은 문언상 명백하다(대판 1999.8.20. 99도1557).

제2절 | 상습강도·절도 등의 가중처벌

1. 관련 조문[32]

> ### 제5조의4 (상습 강도·절도죄 등의 가중처벌)
> ① 삭제 [2016.1.6.]
> ② 5명 이상이 공동하여 상습적으로 형법 제329조부터 제331조까지의 죄 또는 그 미수죄를 범한 사람은 2년 이상 20년 이하의 징역에 처한다. [개정 2016.1.6.]
> ③ 삭제 [2016.1.6.]
> ④ 삭제 [2016.1.6.]
> ⑤ 형법 제329조부터 제331조까지, 제333조부터 제336조까지 및 제340조·제362조의 죄 또는 그 미수죄로 세 번 이상 징역형을 받은 사람이 다시 이들 죄를 범하여 누범(累犯)으로 처벌하는 경우에는 다음 각 호의 구분에 따라 가중처벌한다. [개정 2016.1.6.]
> 1. 형법 제329조부터 제331조까지의 죄(미수범을 포함한다)를 범한 경우에는 2년 이상 20년 이하의 징역에 처한다.
> 2. 형법 제333조부터 제336조까지의 죄 및 제340조제1항의 죄(미수범을 포함한다)를 범한 경우에는 무기 또는 10년 이상의 징역에 처한다.
> 3. 형법 제362조의 죄를 범한 경우에는 2년 이상 20년 이하의 징역에 처한다.
> ⑥ 상습적으로 형법 제329조부터 제331조까지의 죄나 그 미수죄 또는 제2항의 죄로 두 번 이상 실형을 선고받고 그 집행이 끝나거나 면제된 후 3년 이내에 다시 상습적으로 형법 제329조부터 제331조까지의 죄나 그 미수죄 또는 제2항의 죄를 범한 경우에는 3년 이상 25년 이하의 징역에 처한다. [개정 2016.1.6.]
>
> ### 제5조의5 (강도상해 등 재범자의 가중처벌)
> 형법 제337조·제339조의 죄 또는 그 미수죄로 형을 선고받고 그 집행이 끝나거나 면제된 후 3년 내에 다시 이들 죄를 범한 사람은 사형, 무기 또는 10년 이상의 징역에 처한다.
> [전문개정 2010.3.31]

2. 주요 내용

(1) 5인 이상 공동 상습절도 (제5조의4 제2항)

5명 이상이 공동하여 상습적으로 형법 제329조부터 제331조까지의 죄 또는 그 미수죄를 범한 사람은 2년 이상 20년 이하의 징역에 처한다.

---

[32] 특정범죄 가중처벌 등에 관한 법률(2010. 3. 31. 법률 제10210호로 개정된 것) 제5조의4 조문은 2015.2.26. 위헌결정을 받은 후 2016.1.6. 제1항, 제3항, 제4항이 삭제되었다.

(2) **절도와 강도의 누범 (제5조의4 제5항)**

1) 절도(미수 포함)나 강도(미수 포함) 및 장물의 죄로 3번 이상 징역형을 받은 사람이 다시 범죄를 범한 것이 누범이 되는 경우에는 가중처벌하는 규정이다.

2) 형법 제329조부터 제331조까지의 죄(미수범을 포함한다)를 범한 경우에는 2년 이상 20년 이하의 징역에 처한다.

3) 형법 제333조부터 제336조까지의 죄 및 제340조제1항의 죄(미수범을 포함한다)를 범한 경우에는 무기 또는 10년 이상의 징역에 처한다.

4) 형법 제362조의 죄를 범한 경우에는 2년 이상 20년 이하의 징역에 처한다.

(3) **상습절도 누범 (제5조의4 제6항)**

상습적으로 형법 제329조부터 제331조까지의 죄나 그 미수죄 또는 제2항의 죄로 두 번 이상 실형을 선고받고 그 집행이 끝나거나 면제된 후 3년 이내에 다시 상습적으로 형법 제329조부터 제331조까지의 죄나 그 미수죄 또는 제2항의 죄를 범한 경우에는 3년 이상 25년 이하의 징역에 처한다. 이는 특가법상의 새로운 구성요건을 창설한 것이므로 형법 제35조에 대한 누범가중의 특례규정은 아니다.

(4) **강도상해 등 재범자의 가중처벌 (제5조의5)**

형법 제337조 · 제339조의 죄 또는 그 미수죄로 형을 선고받고 그 집행이 끝나거나 면제된 후 3년 내에 다시 이들 죄를 범한 사람은 사형, 무기 또는 10년 이상의 징역에 처한다.

3. 관련 판례

(1) **절도와 강도의 누범 (제5항) 관련 판례**

〈특가법 제5조의4 제5항에서 정한 '징역형'에 형법 제332조 상습절도죄로 처벌받은 전력도 포함된다는 판례〉 특정범죄가중법은 형법에 규정된 특정범죄에 대한 가중처벌 등을 규정함으로써 건전한 사회질서의 유지와 국민경제의 발전에 이바지함을 그 목적으로 한다(제1조 참조). 이 사건 처벌규정은 '형법 제329조부터 제331조까지의 죄 또는 그 미수죄로 세 번 이상 징역형을 받은 사람이 다시 이들 죄를 범하여 누범으로 처벌하는 경우에는 2년 이상 20년 이하의 징역에 처한다.'고 규정하고 있는데, 형법 제332조(상습범)는 '상습으로 제329조 내지 제331조의2의 죄를 범한 자는 그 죄에 정한 형의 2분의 1까지 가중한다.'고 규정하고 있는 등 상습절도죄의 구성요건에 '형법 제329조부터 제331조까지의 죄'를 포함하고 있다. 그리고 상습절도죄의 전과를 이 사건 처벌규정에서 정한 '징역형'에 포함하지 않을 경우 단순 절도죄의 전력이 세 번인 자가 절도를 저지른 경우에는 이 사건 조항으로 가중처벌 받는 반면, 세 번의 절도 전력 중 상습절도의 전력이 있는 자가 절도를 저지른 경우에는 단순 절도죄로 처벌받게 되는 데에 그치는 처벌의 불균형이 발생한다. 이러한 특정범죄가중법의 목적, 이 사건 처벌규정과 형법 제332조의 내용,

처벌의 불균형 등에 비추어 보면, 이 사건 처벌규정에서 정한 '징역형'에는 절도의 습벽이 인정되어 형법 제329조부터 제331조까지의 죄 또는 그 미수죄의 형보다 가중 처벌되는 형법 제332조의 상습절도죄로 처벌받은 전력도 포함되는 것으로 해석해야 한다(대판 2021.6.3. 2021도1349).

〈'세 번 이상 징역형'에는 사후적 경합범도 포함된다는 판례〉 [1] 특정범죄 가중처벌 등에 관한 법률 제5조의4 제5항 제1호(이하 '처벌조항'이라 한다)는 '형법 제329조부터 제331조까지의 죄 또는 그 미수죄로 세 번 이상 징역형을 받은 사람이 다시 이들 죄(미수범을 포함한다)를 범하여 누범으로 처벌하는 경우에는 2년 이상 20년 이하의 징역에 처한다.'라고 규정하고 있다. 처벌조항은 전범(전범)과 후범(후범)이 모두 동종의 절도 고의범일 것이라는 실질적 관련성을 요구하고, 전범에 대하여 '3회 이상의 징역형'을 선고받아 형이 아직 실효되지 아니하여야 하며, 후범을 '누범'으로 처벌하는 경우여야 하는 등 상당히 엄격한 구성요건을 설정하고 있다. 그리고 그 구성요건을 충족하는 행위가 3차례에 걸친 전범에 대한 형벌의 경고기능을 무시하고 다시 누범기간 내에 동종의 절도 범행을 저지른 것이라는 점에서 그 불법성과 비난가능성을 무겁게 평가하여 징벌의 강도를 높임으로써 결국 이와 같은 범죄를 예방하려는 데 처벌조항의 목적이 있다. [2] 특정범죄 가중처벌 등에 관한 법률 제5조의4 제5항 제1호(이하 '처벌조항'이라 한다)의 문언 내용 및 입법 취지, 형법 제37조 후단과 제39조 제1항의 규정은 법원이 형법 제37조 후단 경합범(이하 '후단 경합범'이라고 한다)인 판결을 받지 아니한 죄에 대한 판결을 선고할 경우 판결이 확정된 죄와 동시에 판결할 경우와의 형평을 고려하여야 한다는 형의 양정(형법 제51조)에 관한 추가적인 고려사항과 형평에 맞지 않는다고 판단되는 경우에는 형의 임의적 감면을 할 수 있음을 제시한 것일 뿐 판결이 확정된 죄에 대한 형의 선고와 그 판결확정 전에 범한 죄에 대한 형의 선고를 하나의 형의 선고와 동일하게 취급하라는 것이 아닌 점 등을 고려하면, 처벌조항 중 '세 번 이상 징역형을 받은 사람'은 그 문언대로 형법 제329조 등의 죄로 세 번 이상 징역형을 받은 사실이 인정되는 사람으로 해석하면 충분하고, 전범 중 일부가 나머지 전범과 사이에 후단 경합범의 관계에 있다고 하여 이를 처벌조항에 규정된 처벌받은 형의 수를 산정할 때 제외할 것은 아니다(대판 2020.3.12. 2019도17381).

〈형이 실효된 경우에는 형의 선고에 의한 법적 효과가 장래에 향하여 소멸되므로, 그 전과는 특가법 제5조의4 제5항에서 정한 징역형의 선고를 받은 경우로 볼 수 없다는 판례〉 [1] 형의 실효 등에 관한 법률 제7조 제1항은 '수형인이 자격정지 이상의 형을 받음이 없이 형의 집행을 종료하거나 그 집행이 면제된 날부터 같은 항 각 호에서 정한 기간이 경과한 때에는 그 형은 실효된다'고 규정하고 있으며, 같은 항 제2호에서 3년 이하의 징역·금고형의 경우는 그 기간을 5년으로 정하고 있다. 위 규정에 따라 형이 실효된 경우에는 형의 선고에 의한 법적 효과가 장래에 향하여 소멸되므로, 그 전과를 구 특정범죄 가중처벌 등에 관한 법률(2010. 3. 31. 법률 제10210호로 개정되기 전의 것) 제5조의4 제5항에서 정한 징역형의 선고를 받은 경우로 볼 수 없다. [2] 형의 실효 등에 관한 법률의 입법 취지에 비추어 보아, 과거 2번 이상의 징역형을 받은 자가 자격정지 이상의 형을 받음이 없이 마지막 형의 집행을 종료한 날부터 위 법에서 정한 기간을 경과한 때에는 그 마지막 형 이전의 형도 모두 실효되는 것으로 보아야 할 것이다(대판 2010.3.25. 2010도8).

〈재심판결이 확정된 전과는 「형의 실효 등에 관한 법률」 제7조 제1항에서 정한 '자격정지 이상의 형'을 받은 경우에 해당하지 않는다는 판례〉 「형의 실효 등에 관한 법률」(이하 '형실효법'이라고 한다) 제7조 제1항은 '수형인이 자격정지 이상의 형을 받음이 없이 형의 집행을 종료하거나 그 집행이 면제된 날부터 같은 항 각 호에서 정한 기간이 경과한 때에는 그 형은 실효된다'고 정하고, 같은 항 제2호에서 3년 이하의 징역·금고형의 경우는 그 기간을 5년으로 정하고 있다. 위 규정에 따라 형이 실효된 경우에는 형의 선고에 의한 법적 효과가 장래에 향하여 소멸되므로, 그 전과를 「특정범죄 가중처벌 등에 관한 법률」(이하 '특정범죄가중법'이라고 한다) 제5조의4 제5항에서 정한 "징역형을 받은 경우"로 볼 수 없다. 한편 형실효법의 입법취지에 비추어 보면, 2번 이상의 징역형을 받은 자가 자격정지 이상의 형을 받음이 없이 마지막 형의 집행을 종료한 날부터 위 법에서 정한 기간을 경과한 때에는 그 마지막 형에 앞서는 형도 모두 실효되는 것으로 보아야 한다(대판 2023.11.30. 2023도10699).

〈특가법 제5조의4 제5항의 범죄에 대하여 누범가중할 수 있다는 판례〉 2016. 1. 6. 법률 제13717호로 개정·시행된 특정범죄 가중처벌 등에 관한 법률 제5조의4 제5항은 "형법 제329조부터 제331조까지, 제333조부터 제336조까지 및 제340조·제362조의 죄 또는 그 미수죄로 세 번 이상 징역형을 받은 사람이 다시 이들 죄를 범하여 누범으로 처벌하는 경우에는 다음 각호의 구분에 따라 가중처벌한다."라고 규정하면서, 같은 항 제1호(이하 '처벌 규정'이라고 한다)는 '형법 제329조부터 제331조까지의 죄(미수범을 포함한다)를 범한 경우에는 2년 이상 20년 이하의 징역에 처한다'고 규정하고 있다. 처벌 규정은 입법 취지가 반복적으로 범행을 저지르는 절도 사범에 관한 법정형을 강화하기 위한 데 있고, 조문의 체계가 일정한 구성요건을 규정하는 형식으로 되어 있으며, 적용요건이나 효과도 형법 제35조와 달리 규정되어 있다. 이러한 처벌 규정의 입법 취지, 형식 및 형법 제35조와의 차이점 등에 비추어 보면, <u>처벌 규정은 형법 제35조(누범) 규정과는 별개로 '형법 제329조부터 제331조까지의 죄(미수범 포함)를 범하여 세 번 이상 징역형을 받은 사람이 그 누범 기간 중에 다시 해당 범죄를 저지른 경우에 형법보다 무거운 법정형으로 처벌한다'는 내용의 새로운 구성요건을 창설한 것으로 해석해야 한다. 따라서 처벌 규정에 정한 형에 다시 형법 제35조의 누범가중한 형기범위 내에서 처단형을 정하여야 한다</u>(대판 2020.5.14. 2019도18947).

〈집행유예기간이 경과함으로써 형 선고의 효력이 상실된 판결을 대상으로 재심판결이 새로 선고된 경우, 위 재심판결에서 다시 징역형의 집행유예가 선고·확정된 후 유예기간이 경과되지 않은 경우라면, 특가법 제5조의4 제5항의 입법취지에 비추어 위 재심판결은 위 조항에서 정한 "징역형"에 포함되지 아니한다는 판례〉특정범죄가중법 제5조의4 제5항은 "형법 제329조부터 제331조까지, 제333조부터 제336조까지 및 제340조·제362조의 죄 또는 그 미수죄로 세 번 이상 징역형을 받은 사람이 다시 이들 죄를 범하여 누범으로 처벌하는 경우에는 다음 각 호의 구분에 따라 가중처벌한다."라고 규정하고, 같은 항 제1호는 "형법 제329조부터 제331조까지의 죄(미수범을 포함한다)를 범한 경우에는 2년 이상 20년 이하의 징역에 처한다."라고 규정한다. 징역형의 집행유예를 선고한 판결이 확정된 후 선고의 실효 또는 취소 없이 유예기간을 경과함에 따라 형 선고의 효력이 소멸되어 그 확정판결이 특정범죄가중법 제5조의4 제5항에서 정한 "징역형"에 해당하지 않음에도(대법원 2010. 9. 9. 선고 2010도8021 판결 참조), 위 확정판결에 적용된 형벌 규정에 대한 위헌결정 취지에 따른 재심판결에서 다시 징역형의 집행유예가 선고·확정된 후 유예기간이 경과되지 않은 경우라면, 특정범죄가중법 제5조의4 제5항의 입법취지에 비추어 위 재심판결은 위 조항에서 정한 "징역형"에 포함되지 아니한다(대판 2022.7.28. 2020도13705).

(2) 상습절도 누범 (제6항) 관련 판례

〈특가법 제5조의4 제1항 중 형법 제329조에 관한 부분, 같은 항 중 형법 제329조의 미수죄에 관한 부분, 같은 조 제4항 중 형법 제363조 가운데 형법 제362조 제1항의 '취득'에 관한 부분에 대한 헌법재판소 위헌결정의 효력이 특정범죄 가중처벌 등에 관한 법률 제5조의4 제6항에 미치지 않는다는 판례〉헌법재판소법 제47조에 의한 헌법재판소의 위헌결정의 효력은 그 대상이 되는 법률 또는 법률조항에 대하여만 미치고, 특별한 사정이 없는 한 그 밖의 법률 또는 법률조항에는 미치지 아니함이 원칙이다. 헌법재판소는 2015. 2. 26. 선고 2014헌가16, 19, 23(병합) 사건에서 "「특정범죄 가중처벌 등에 관한 법률」(2010. 3. 31. 법률 제10210호로 개정된 것. 이하 '특정범죄가중법'이라 한다) 제5조의4 제1항 중 형법 제329조에 관한 부분, 같은 항 중 형법 제329조의 미수죄에 관한 부분, 같은 조 제4항 중 형법 제363조 가운데 형법 제362조 제1항의 '취득'에 관한 부분은 헌법에 위반된다."는 결정을 선고하였으므로, 그 밖의 법률조항인 특정범죄가중법 제5조의4 제6항에 대하여는 이 사건 위헌결정의 효력이 미치지 아니한다(대판 2015.5.14. 2015도2602,2015전도40).

〈형의 실효 등에 관한 법률 제7조 제1항에 따라 그 형이 실효된 때에는 특가법 제5조의4 제6항에서 정한 "실형을 선고받은 경우"에 해당한다고 볼 수 없다는 판례〉형의 실효 등에 관한 법률 제7조 제1항은 수형인이 자격정지 이상의 형을 받음이 없이 형의 집행을 종료하거나 그 집행이 면제된 날부터 같은 항 각 호에서 정한 기간이 경과한 때에는 그 형은 실효된다고 규정하고 있고, 같은 항 제2호에서 3년 이하의 징역·금고형의 경우는 그 기간을 5년으로 정하고 있다. 위 규정에 따라 형이 실효된 경우에는 형의 선고에 의한 법적 효과가 장래에 향하여 소멸되므로 특정범죄 가중처벌 등에 관한 법률(이하 '특가법'이라고 한다) 제5조의4 제1항 또는 제2항에서 정한 형을 선고받았다고 하더라도 형의 실효 등에 관한 법률 제7조 제1항에 따라 그 형이 실효된 때에는 특가법 제5조의4 제6항에서 정한 "실형을 선고받은 경우"에 해당한다고 볼 수 없다(대판 2015.1.29. 2014도13805).

〈특가법 제5조의4 제6항에 해당하는 범죄가 누범인 경우에는 제6항에 정한 형에 다시 형법 제35조의 누범가중한 형기범위 내에서 처단형을 정하는 것이 옳다는 판례〉 2005. 8. 4. 법률 제7654호로 개정 · 시행된 특정범죄 가중처벌 등에 관한 법률 제5조의4 제6항은 그 입법 취지가 2005. 8. 4. 법률 제7656호로 공포 · 시행된 사회보호법 폐지법률에 의하여 사회 보호법이 폐지됨에 따라 상습절도 사범 등에 관한 법정형을 강화하기 위한 데 있다고 보이고, 조문의 체계가 일정한 구성요건을 규정하는 형식으로 되어 있으며, 적용요건이나 효과도 형법 제35조와 달리 규정되어 있는 점 등에 비추어 볼 때, 위 법률 제5조의4 제1항 또는 제2항의 죄로 2회 이상 실형을 받아 그 집행을 종료하거나 면제받은 후 3년 이내에 다시 위 제1항 또는 제2항의 죄를 범한 때에는 그 죄에 정한 형의 단기의 2배까지 가중한 법정형에 의하여 처벌한다는 내용의 새로운 구성요건을 창설한 규정이라고 새겨야 할 것이므로, 이러한 경우 위 제6항에 정한 형에 다시 형법 제35조의 누범가중한 형기범위 내에서 처단형을 정하는 것이 옳다(대판 2006.12.8. 2006도6886).

〈특가법 제5조의4 제6항 상습절도죄가 성립하면 주거침입죄는 이에 흡수된다는 판례〉 특정 범죄 가중처벌 등에 관한 법률 제5조의4 제6항에 규정된 상습절도 등 죄를 범한 범인이 그 범행의 수단으로 주거침입을 한 경우에 주거침입행위는 상습절도 등 죄에 흡수되어 위 조문에 규정된 상습절도 등 죄의 1죄만이 성립하고 별개로 주거침입죄를 구성하지 않으며, 또 위 상습절도 등 죄를 범한 범인이 그 범행 외에 상습적인 절도의 목적으로 주거침입을 하였다가 절도에 이르지 아니하고 주거침입에 그친 경우에도 그것이 절도상 습성의 발현이라고 보이는 이상 주거침입행위는 다른 상습절도 등 죄에 흡수되어 위 조문에 규정된 상습절도 등 죄의 1죄만을 구성하고 상습절도 등 죄와 별개로 주거침입 죄를 구성하지 않는다(대판 2017.7.11. 2017도4044). [COMMENT] 형법상의 상습절도가 각 유형의 절도범죄의 2분의 1을 가중하는 것과 달리 종합하여 3년 이상 25년 이하의 징역이라는 독자적인 형벌을 과하므로 특가법 제5조의4 제6항이 성립되는 경우에는 주거침입 죄를 흡수시키고 있다.

제3절 | 기타 특가법 규정

I. 보복범죄의 가중처벌 등 (제5조의9)

1. 관련 조문

> **제5조의9 (보복범죄의 가중처벌 등)**
> ① 자기 또는 타인의 형사사건의 수사 또는 재판과 관련하여 고소·고발 등 수사단서의 제공, 진술, 증언 또는 자료제출에 대한 보복의 목적으로 형법 제250조제1항의 죄를 범한 사람은 사형, 무기 또는 10년 이상의 징역에 처한다. 고소·고발 등 수사단서의 제공, 진술, 증언 또는 자료제출을 하지 못하게 하거나 고소·고발을 취소하게 하거나 거짓으로 진술·증언·자료제출을 하게 할 목적인 경우에도 또한 같다.
> ② 제1항과 같은 목적으로 형법 제257조제1항·제260조제1항·제276조제1항 또는 제283조제1항의 죄를 범한 사람은 1년 이상의 유기징역에 처한다.
> ③ 제2항의 죄 중 형법 제257조제1항·제260조제1항 또는 제276조제1항의 죄를 범하여 사람을 사망에 이르게 한 경우에는 무기 또는 3년 이상의 징역에 처한다.
> ④ 자기 또는 타인의 형사사건의 수사 또는 재판과 관련하여 필요한 사실을 알고 있는 사람 또는 그 친족에게 정당한 사유 없이 면담을 강요하거나 위력(威力)을 행사한 사람은 3년 이하의 징역 또는 300만원 이하의 벌금에 처한다.

2. 관련 판례

〈특가법 제5조의9 제1항 위반죄의 '보복의 목적'은 검사가 엄격한 증명으로 증명해야 한다는 판례〉 형사재판에서 공소가 제기된 범죄의 구성요건을 이루는 사실에 대한 증명책임은 검사에게 있으므로 특정범죄 가중처벌 등에 관한 법률 제5조의9 제1항 위반의 죄의 행위자에게 보복의 목적이 있었다는 점 또한 검사가 증명하여야 하고 그러한 증명은 법관으로 하여금 합리적인 의심을 할 여지가 없을 정도의 확신을 생기게 하는 엄격한 증명에 의하여야 하며 이와 같은 증명이 없다면 피고인의 이익으로 판단할 수밖에 없다. 다만 피고인의 자백이 없는 이상 피고인에게 보복의 목적이 있었는지 여부는 피해자와의 인적 관계, 수사단서의 제공 등 보복의 대상이 된 피해자의 행위(이하 '수사단서의 제공 등'이라 한다)에 대한 피고인의 반응과 이후 수사 또는 재판과정에서의 태도 변화, 수사단서의 제공 등으로 피고인이 입게 된 불이익의 내용과 정도, 피고인과 피해자가 범행 시점에 만나게 된 경위, 범행 시각과 장소 등 주변환경, 흉기 등 범행도구의 사용 여부를 비롯한 범행의 수단·방법, 범행의 내용과 태양, 수사단서의 제공 등 이후 범행에 이르기까지의 피고인과 피해자의 언행, 피고인의 성행과 평소 행동특성, 범행의 예견가능성, 범행 전후의 정황 등과 같은 여러 객관적인 사정을 종합적으로 고려하여 판단할 수밖에 없다(대판 2014.9.26. 2014도9030).

Ⅱ. 운전자에 대한 폭행 등의 가중처벌 (제5조의10)

1. 관련 조문

> **제5조의10 (운행 중인 자동차 운전자에 대한 폭행 등의 가중처벌)**
> ① 운행 중(여객자동차 운수사업법 제2조제3호에 따른 여객자동차운송사업을 위하여 사용되는 자동차를 운행하는 중 운전자가 여객의 승차·하차 등을 위하여 일시 정차한 경우를 포함한다)인 자동차의 운전자를 폭행하거나 협박한 사람은 5년 이하의 징역 또는 2천만원 이하의 벌금에 처한다.
> ② 제1항의 죄를 범하여 사람을 상해에 이르게 한 경우에는 3년 이상의 유기징역에 처하고, 사망에 이르게 한 경우에는 무기 또는 5년 이상의 징역에 처한다.

2. 관련 판례

〈운행 중인 자동차의 운전자를 폭행하거나 협박하여 운전자나 승객 또는 보행자 등을 상해나 사망에 이르게 하였다면 이로써 특가법 제5조의10 제2항의 구성요건을 충족한다는 판례〉 [1] 특정범죄 가중처벌 등에 관한 법률(이하 '특정범죄가중법'이라 한다) 제5조의10 제1항, 제2항은 운행 중인 자동차의 운전자를 폭행하거나 협박하여 운전자나 승객 또는 보행자 등의 안전을 위협하는 행위를 엄중하게 처벌함으로써 교통질서를 확립하고 시민의 안전을 도모하려는 목적에서 특정범죄가중법이 2007. 1. 3. 법률 제8169호로 개정되면서 신설된 것이다. [2] 법 해석의 법리에 따라 법률에 사용된 문언의 통상적인 의미에 기초를 두고 입법 취지와 목적, 보호법익 등을 함께 고려하여 살펴보면, 특정범죄가중법 제5조의10의 죄는 제1항, 제2항 모두 운행 중인 자동차의 운전자를 대상으로 하는 범행이 교통질서와 시민의 안전 등 공공의 안전에 대한 위험을 초래할 수 있다고 보아 이를 가중처벌하는 <u>이른바 추상적 위험범에 해당</u>하고, 그중 제2항은 제1항의 죄를 범하여 사람을 상해나 사망이라는 중한 결과에 이르게 한 경우 제1항에 정한 형보다 중한 형으로 처벌하는 결과적 가중범 규정으로 해석할 수 있다. 따라서 <u>운행 중인 자동차의 운전자를 폭행하거나 협박하여 운전자나 승객 또는 보행자 등을 상해나 사망에 이르게 하였다면 이로써 특정범죄가중법 제5조의10 제2항의 구성요건을 충족한다</u>(대판 2015.3.26. 2014도13345). **[판결이유 중 일부 인용]** 피해자는 2013. 3. 20. 23 : 10경 술에 취한 피고인을 (차량 번호 생략) 그랜저 승용차의 뒷좌석에 태운 채 서울 송파구 신천동 7 소재 교통회관 앞 도로에서 신호대기를 위하여 정차 중이었는데, 그곳은 차량의 통행이 잦은 넓은 도로인 사실, 피고인은 별다른 이유 없이 화를 내며 손으로 피해자의 얼굴을 2회 때리고 목을 졸라 피해자에게 14일간의 치료가 필요한 기타 유리체 장애 등의 상해를 가한 사실 등을 알 수 있다. 이러한 사실관계를 앞서 본 법리에 비추어 살펴보면, 피고인이 운행 중인 자동차의 운전자인 피해자를 폭행하여 피해자가 상해를 입게 되었으므로 피고인의 행위는 특정범죄가중법 제5조의10 제2항의 구성요건을 충족한다고 볼 여지가 있다. <u>그럼에도 원심은 그 판시와 같은 이유로 특정범죄가중법 제5조의10 제2항은 운전자에 대한 폭행·협박으로 인하여 교통사고의 발생 등과 같은 구체적 위험을 초래하는 중간 매개원인이 유발</u>

되고 그 결과로써 불특정 다중에게 상해나 사망의 결과를 발생시킨 경우에만 적용될 수 있을 뿐, 교통사고 등의 발생 없이 직접적으로 운전자에 대한 상해의 결과만을 발생시킨 경우에는 적용되지 아니한다고 보아, 이 사건 주위적 공소사실이 범죄로 되지 아니하는 때에 해당한다고 판단하였으니, 원심판결에는 특정범죄가중법 제5조의10 제2항의 적용범위에 관한 법리를 오해하여 판결 결과에 영향을 미친 위법이 있다. 이 점을 지적하는 검사의 상고이유의 주장은 이유 있다.

〈정차한 버스 안에서 버스운전사인 피해자를 폭행한 사건〉 피고인이 정차한 버스 안에서 버스운전사인 피해자를 폭행한 사안에서, 「특정범죄 가중처벌 등에 관한 법률」제5조의10 제1항의 '운행 중'에 '여객자동차운송사업을 위하여 사용되는 자동차를 운행하는 중 운전자가 여객의 승차ㆍ하차 등을 위하여 일시 정차한 경우를 포함한다'고 규정되어 있는 점, 피고인이 피해자를 폭행한 시각은 귀가 승객이 몰리는 퇴근시간 무렵이었고 피해자가 이 사건 버스를 정차한 곳은 ○○경찰서 버스정류장으로서, 공중의 교통안전과 질서를 저해할 우려가 있는 장소였던 점, 당시 이 사건 버스의 승객이 적지 않았던 점, 피고인은 이 사건 버스가 정차하고 2분이 채 지나지 않은 시점에 피해자를 폭행하였고 피해자는 피고인만 하차하면 즉시 버스를 출발할 예정이었던바, 피해자에게는 버스에 관한 계속적인 운행의사가 있었던 점 등에 비추어 보면, 이 사건 범행이 운행 중인 자동차 운전자에 대한 폭행에 해당된다는 이유로 「특정범죄 가중처벌 등에 관한 법률」위반(운전자폭행등)죄를 유죄로 인정한 사례(대판 2021.10.14. 2021도10243).

〈특가법위반(운전자폭행등)죄의 대상인 자동차의 운전자에 도로교통법상 원동기장치자전거의 운전자는 포함되지 않는다는 판례〉 [1] 특정범죄 가중처벌 등에 관한 법률(이하 '특정범죄가중법'이라 한다) 제5조의10 제1항은 "운행 중(여객자동차 운수사업법 제2조 제3호에 따른 여객자동차운송사업을 위하여 사용되는 자동차를 운행하는 중 운전자가 여객의 승차ㆍ하차 등을 위하여 일시 정차한 경우를 포함한다)인 자동차의 운전자를 폭행하거나 협박한 사람은 5년 이하의 징역 또는 2천만 원 이하의 벌금에 처한다.", 제2항은 "제1항의 죄를 범하여 사람을 상해에 이르게 한 경우에는 3년 이상의 유기징역에 처하고, 사망에 이르게 한 경우에는 무기 또는 5년 이상의 징역에 처한다."라고 규정하여 운행 중인 자동차의 운전자를 폭행ㆍ협박하거나 이로 인하여 상해 또는 사망에 이르게 한 경우를 가중처벌하고 있다. 특정범죄가중법 제5조의10의 문언 형식, 입법 취지 및 보호법익, 특정범죄가중법상 다른 자동차 등 관련 범죄의 가중처벌 규정과의 체계적 해석 등을 종합하면, 특정범죄가중법 제5조의10의 '자동차'는 도로교통법상의 자동차를 의미하고 도로교통법상 원동기장치자전거는 '자동차'에 포함되지 않는다. [2] 자동차관리법 제2조 제1호, 제3조 제1항은 '자동차'의 범위에 모든 이륜자동차가 포함되는 것으로 규정하고, 도로교통법 제2조 제18호 (가)목 단서, 제19호는 자동차관리법 제3조에 정한 이륜자동차 중 원동기장치자전거, 즉 '배기량 125cc 이하(전기를 동력으로 하는 경우에는 최고정격출력 11kW 이하)의 이륜자동차'는 '자동차'의 범위에서 제외한다고 규정하고 있다. 이와 같이 자동차관리법과 도로교통법이 '자동차'의 범위를 달리 정한 것은 자동차관리법은 자동차의 등록, 안전기준 등에 관한 사항을 정하여 자동차를 효율적으로 관리하고 자동차의 성능 및 안전을 확보하는 것을 목적으로 하는 데 비하여 도로교통법은 도로에서 일어나는 교통상의 모든 위험과 장해를 방지하고 제거하여 안전하고 원활한 교통을 확보하는 것을 목적으로 하여 입법 목적이 서로 다르기 때문이다. 특정범죄가중처벌 등에 관한 법률 제5조의10은 운행 중인 자동차의 운전자를 상대로 폭력 등을 행사하여 운전자나 승객 또는 보행자 등의 안전을 위협하는 행위를 엄중하게 처벌함으로써 교통질서를 확립하고 시민의 안전을 도모하기 위한 것이다. 이와 같은 입법 취지는, 자동차관리법의 입법 취지보다는 도로에서 일어나는 교통상의 모든 위험과 장해를 방지하고 제거하여 안전하고 원활한 교통을 확보하는 것을 목적으로 하는 도로교통법의 입법 취지에 가장 부합한다. [3] 보행 중인 피고인이 오토바이를 운전 중인 피해자의 멱살을 잡아 내리게 한 후 상해를 가한 행위에 관하여 특정범죄가중법위반(운전자폭행 등)죄로 기소한 사건에서, 이 사건 규정이 정한 '자동차'의 범위에 도로교통법상 원동기장치자전거가 포함되지 않는다는 이유로 이 부분 공소사실을 무죄로 판단하고 위 공소사실에 포함된 상해죄를 유죄로 인정한 원심의 판단을 수긍하여 상고기각한 사례(대판 2022.4.28. 2022도1013).

제4장 | 특정경제범죄 가중처벌 등에 관한 법률

☑ GUIDE |

본 장에서는 특정경제범죄 가중처벌 등에 관한 법률에 대한 내용을 정리한다.

제1절 특정재산범죄의 가중처벌 (제3조)

제2절 금융기관 임직원의 수재 등 (제5조)

제1절 | 특정재산범죄의 가중처벌 (제3조)

1. 관련 조문

> **제3조 (특정재산범죄의 가중처벌)**
>
> ① 형법 제347조(사기), 제347조의2(컴퓨터등 사용사기), 제350조(공갈), 제350조의2(특수공갈), 제351조(제347조, 제347조의2, 제350조 및 제350조의2의 상습범만 해당한다), 제355조(횡령·배임) 또는 제356조(업무상의 횡령과 배임)의 죄를 범한 사람은 그 범죄행위로 인하여 취득하거나 제3자로 하여금 취득하게 한 재물 또는 재산상 이익의 가액(이하 이 조에서 "이득액"이라 한다)이 5억원 이상일 때에는 다음 각 호의 구분에 따라 가중처벌한다. 〈개정 2016.1.6, 2017.12.19〉
>
> 　　1. 이득액이 50억원 이상일 때 : 무기 또는 5년 이상의 징역
>
> 　　2. 이득액이 5억원 이상 50억원 미만일 때 : 3년 이상의 유기징역
>
> ② 제1항의 경우 이득액 이하에 상당하는 벌금을 병과할 수 있다.

2. 주요 내용

사기, 컴퓨터등 사용사기, 상습사기, 공갈, 특수공갈, 상습공갈, 횡령, 업무상횡령, 배임, 업무상배임을 범한 사람의 이득액이 5억원을 이상일 때 이를 가중처벌하는 규정이다.

3. 관련 판례

(1) 사기관련 판례

〈대출의뢰를 초과하여 대출받았다면 대출금액 전부에 대한 사기죄가 성립한다는 판례〉 자금중개업자인 피고인이 대출의뢰인 갑에게서 일정 금액을 대출해 달라는 부탁을 받았음에

도 위임받은 범위를 초과한 금액의 대출의뢰를 받은 것처럼 사채업자 을을 속여 돈을 대출받아 편취하였다고 하여 구 특정경제범죄 가중처벌 등에 관한 법률 위반(사기)으로 기소된 사안에서, 피고인이 을로부터 교부받은 돈 전부를 편취액으로 인정한 원심판단을 정당하다고 한 사례(대판 2012.4.13. 2012도216).

〈담보로 제공할 목적물의 가액을 허위로 부풀려 금융기관으로부터 대출을 받은 경우 대출가능금액을 공제할 수 없다는 판례〉 담보로 제공할 목적물의 가액을 허위로 부풀려 금융기관으로부터 대출을 받은 경우 그 대출이 기망행위에 의하여 이루어진 이상 그로써 사기죄는 성립하고, 이 경우 사기죄의 이득액에서 담보물의 실제 가액을 전제로 한 대출가능금액을 공제하여야 하는 것은 아니다(대판 2019.4.3. 2018도19772). [판결이유 중 일부 인용] 원심판결 이유 및 적법하게 채택된 증거에 의하면, 피고인은 2012. 5. 11. 제1심 공동피고인으로부터 이 사건 토지를 합계 16억 5,000만 원에 매수하였으면서도 2012. 6. 25. 매매대금을 26억 5,000만 원으로 부풀려 매매계약서를 작성한 후 그 무렵 이를 피해자에게 제출하여 부동산담보대출을 신청한 사실, 피해자는 감정평가액과 매매계약서상 실제 매매대금 중 더 낮은 금액을 기준으로 대출가능금액을 정하는데 감정평가액이 2,233,539,000원으로 위와 같이 부풀린 매매대금보다 낮게 나오자 감정평가액을 기준으로 15억 9,000만 원을 대출한 사실을 알 수 있다. 위와 같은 사실을 앞에서 본 법리에 비추어 살펴보면, 담보 부동산의 매매계약서상 매매대금은 피해자가 대출가능금액을 산정하는 데 기준이 되는 사항이므로 피고인이 피해자에게 이를 허위로 부풀려 기재한 매매계약서를 제출한 행위는 기망행위에 해당하고, 위와 같이 부풀린 금액이 정당한 매매대금임을 전제로 하여 대출금을 교부받은 이상 사기죄가 성립하며, 지급받은 대출금 전부가 사기죄의 이득액에 해당한다.

〈부동산의 편취에서 부동산에 근저당권설정등기가 경료되어 있거나 압류 또는 가압류 등이 이루어져 있는 때에는 특별한 사정이 없는 한 아무런 부담이 없는 상태에서의 그 부동산의 시가 상당액에서 근저당권의 채권최고액 범위 내에서의 피담보채권액, 압류에 걸린 집행채권액, 가압류에 걸린 청구금액 범위 내에서의 피보전채권액 등을 뺀 실제의 교환가치를 그 부동산의 가액으로 보아야 한다는 판례〉 [다수의견] [1] 형법 제347조의 사기죄는 사람을 기망하여 재물의 교부를 받거나 재산상의 이익을 취득하거나 제3자로 하여금 재물의 교부를 받게 하거나 재산상의 이익을 취득하게 함으로써 성립하고, 그 교부받은 재물이나 재산상 이익의 가액이 얼마인지는 문제되지 아니하는 데 비하여, 사기로 인한 특정경제범죄 가중처벌 등에 관한 법률 위반죄에 있어서는 편취한 재물이나 재산상 이익의 가액이 5억 원 이상 또는 50억 원 이상이라는 것이 범죄구성요건의 일부로 되어 있고 그 가액에 따라 그 죄에 대한 형벌도 가중되어 있으므로, 이를 적용함에 있어서는 편취한 재물이나 재산상 이익의 가액을 엄격하고 신중하게 산정함으로써, 범죄와 형벌 사이에 적정한 균형이 이루어져야 한다는 죄형균형 원칙이나 형벌은 책임에 기초하고 그 책임에 비례하여야 한다는 책임주의 원칙이 훼손되지 않도록 유의하여야 한다. [2] 따라서 사람을 기망하여 부동산의 소유권을 이전받거나 제3자로 하여금 이전받게 함으로써 이를 편취한 경우에 특정경제범죄 가중처벌 등에 관한 법률 제3조의 적용을 전제로 하여 그 부동산의 가액을 산정함에 있어서는, 그 부동산에 아무런 부담이 없는 때에는 그 부동산의 시가 상당액이 곧 그 가액이라고 볼 것이지만, 그 부동산에 근저당권설정등기가 경료되어 있거나 압류 또는 가압류 등이 이루어져 있는 때에는 특별한 사정이 없는 한 아무런 부담이 없는 상태에서의 그 부동산의 시가 상당액에서 근저당권의 채권최고액 범위 내에서의 피담보채권액, 압류에 걸린 집행채권액, 가압류에 걸린 청구금액 범위 내에서의 피보전채권액 등을 뺀 실제의 교환가치를 그 부동산의 가액으로 보아야 한다(대판 2007.4.19. 2005도7288 전합).

〈제3자를 기망하여 부동산에 근저당한 경우에 이득가액은 원칙적으로 그 부동산의 시가 범위 내의 채권 최고액이지만, 그 부동산에 이미 다른 근저당이 설정되어 있다면 원칙적으로 그 부동산의 시가에서 다시 선순위 근저당권의 채권 최고액을 공제한 잔액 상당액을 기망자가 얻는 이득액의 한도로 보아야 할 것이지만, 선순위 근저당권의 담보가치가 실제 피담보채권 액만큼만 파악되고 있는 것으로 인정하였다고 볼 수 있는 특별한 사정이 있는 경우에는 근저당권 설정 당시의 그 부동산의 시가에서 그 선순위 근저당권의 실제 피담보채권액을 공제한 잔액 상당액을 그 이득액의 한도로 볼 수 있다는 판례〉 제3자로부터 금원을 융자받거나 물품을 외상으로 공급받을 목적으로 타인을 기망하여 그 타인 소유의 부동산에 제3자 앞으로 근저당권을 설정케 한 자가 그로 인하여 취득하는 재산상 이익은 그 타인 소유의 부동산을 자신의 제3자와의 거래에 대한 담보로 이용할 수 있는 이익이고, 그 가액(이득액)은 원칙적으로 그 부동산의 시가 범위 내의 채권 최고액 상당이라 할 것인데, 한편 그 부동산에 이미 다른 근저당권이 설정되어 있는 경우에, 그 부동산에 대하여 후순위 근저당권을 취득하는 자로서는 선순위 근저당권의 채권 최고액만큼의 담보가치가 이미 선순위 근저당권자에 의하여 파악되고 있는 것으로 인정하고 거래하는 것이 보통이므로, 원칙적으로 그 부동산의 시가에서 다시 선순위 근저당권의 채권 최고액을 공제한 잔액 상당액을 기망자가 얻는 이득액의 한도로 보아야 할 것이나, 다만 그 부동산에 이미 다른 근저당권이 설정되어 있는 경우에도 후순위 근저당권을 취득하는 자로서 선순위 근저당권의 담보가치가 실제 피담보채권액만큼만 파악되고 있는 것으로 인정하였다고 볼 수 있는 특별한 사정이 있는 경우에는 근저당권 설정 당시의 그 부동산의 시가에서 그 선순위 근저당권의 실제 피담보채권액을 공제한 잔액 상당액을 그 이득액의 한도로 볼 수 있다 할 것이다(대판 2000.4.25. 2000도137).

〈해상면세유 사건(상대방을 기망하여 부당하게 저가로 재물을 매수함으로써 편취한 경우, 특별한 사정이 없는 한 그 재물의 가액은 기망행위의 결과 실제로 지급된 가격이 아니라 기망행위가 없었더라면 지급하였을 가격 혹은 시가에 의하여 평가하여야 할 것이라는 판례)〉 [1] 특정경제범죄 가중처벌 등에 관한 법률(이하, '특경법'이라고만 한다) 제3조 제1항의 이득액은 거기에 열거된 범죄행위로 인하여 취득하거나 제3자로 하여금 취득하게 한 불법영득의 대상이 된 재물이나 재산상 이익의 가액의 합계이고, 궁극적으로 그와 같은 이득을 실현할 것인지 여부는 영향이 없다고 할 것인바, 항만의 선박에 유류를 공급하는 회사를 운영하면서 외국 국적선에 공급하는 유류의 종류나 양을 허위로 기재한 서류를 작성, 제출하고 정유회사로부터 해상면세유를 매입함으로써 피해자인 정유회사로부터 해당 부분 유류, 즉 재물을 편취함에 의한 특경법 위반(사기) 사건에 있어서도, 이득액은 편취한 유류의 가액의 합계라고 보아야 할 것이므로, 위와 같이 편취한 유류를 타에 처분함으로써 얻은 이윤을 특경법 제3조 제1항 소정의 이득액으로 보아야 한다는 취지의 주장은 이유 없다. [2] 그리고 상대방을 기망하여 부당하게 저가로 재물을 매수함으로써 편취한 경우, 특별한 사정이 없는 한 그 재물의 가액은 기망행위의 결과 실제로 지급된 가격이 아니라 기망행위가 없었더라면 지급하였을 가격 혹은 시가에 의하여 평가하여야 할 것이므로, 피해자를 기망하여 유류를 공급받으면서 실제로 지급한 면세유 가격, 즉 세금과 공과금 등이 모두 공제된 가격이 아니라, 그것이 모두 합산된 일반 시중가격을 기준으로 편취된 재물인 유류의 가액을 평가하여 이득액을 산정한 원심의 조치는 위와 같은 법리에 따른 것으로서 정당하고, 거기에 소론과 같은 위법이 없다(대판 2006.3.10. 2005도9387).

〈어음·수표의 할인에 의한 사기죄의 이득액은 어음·수표의 액면금이 아니라 피고인이 수령한 현금액이라는 판례〉 [1] 수표나 어음이 지급기일에 결제되지 않으리라는 점을 예견하였거나 지급기일에 지급될 수 있다는 확신이 없으면서도 그러한 내용을 수취인에게 고지하지 아니하고 이를 속여서 할인을 받으면 사기죄가 성립한다. [2] 어음·수표의 할인에 의한 사기죄에 있어서 피고인이 피해자로부터 수령한 현금액이 피고인이 피해자에게 교부한 어음·수표의 액면금보다 적을 경우, 피고인이 취득한 재산상의 이익액은, 당사자가 선이자와 비용을 공제한 현금액만을 실제로 수수하면서도 선이자와 비용을 합한 금액을 대여원금으로 하기로 하고 대여이율을 정하는 등의 소비대차특약을 한 경우는 별론으로 하고, 위 어음·수표의 액면금이 아니라 피고인이 수령한 현금액이라고 할 것이다. [3] 약속어음 또는 당좌수표를 수수함에 의하여 채무이행을 연기받는 것도 재산상의 이익이 되므로, 채무이행을 연기받은 사기죄는 성립할 수 있으나, 채무이행을 연기받은 것에 의한 재산상의 이익액은 이를 산출할 수 없으므로 이는 특정경제범죄가중처벌등에관한법률 제3조 제1항 제2호의 이득액을 계산함에 있어서는 합산될 것이 아니다(대판 1998.12.9. 98도3282).

〈특경법 제3조 제1항의 적용 여부를 가리는 이득액을 정함에 있어서는 그 범행의 모든 공범자가 받은 이득액을 합한 금액을 기준으로 하여야 한다는 판례〉 [1] 공동으로 사기죄를 범한 경우에 공범자는 자기가 받은 이득액뿐만 아니라 다른 공범자가 받은 이득액에 대하여도 그 죄책을 면할 수 없는 것이므로, 특정경제범죄가중처벌등에관한법률 제3조 제1항의 적용 여부를 가리는 이득액을 정함에 있어서는 그 범행의 모든 공범자가 받은 이득액을 합한 금액을 기준으로 하여야 한다. [2] 특정경제범죄가중처벌등에관한법률 제3조 제1항이 1990.12.31. 개정되었다 하더라도 범행으로 취득한 이득이 5억원인 경우는 개정 전후를 통하여 형의 경중은 없으므로, 행위시법인 개정 전 법률을 적용하여야 한다(대판 1991.10.8. 91도1911).

〈특경법 제3조에서 말하는 '이득액'과 죄수 판단에 대한 판례〉 특정경제범죄 가중처벌 등에 관한 법률 제3조에서 말하는 이득액은 단순일죄의 이득액이나 혹은 포괄일죄가 성립하는 경우의 이득액의 합산액을 의미하는 것이고, 경합범으로 처벌될 수죄의 각 이득액을 합한 금액을 의미하는 것은 아니며(대법원 2000. 3. 24. 선고 2000도28 판결 등 참조), 다수의 피해자에 대하여 각별로 기망행위를 하여 각각 재산상 이익을 편취한 경우에는 범의가 단일하고 범행방법이 동일하더라도 각 피해자의 피해법익은 독립한 것이므로 이를 포괄일죄로 파악할 수 없고 피해자별로 독립한 사기죄가 성립된다(대법원 1993. 6. 22. 선고 93도743 판결 참조). 다만 피해자들이 하나의 동업체를 구성하는 등으로 피해 법익이 동일하다고 볼 수 있는 사정이 있는 경우에는 피해자가 복수이더라도 이들에 대한 사기죄를 포괄하여 일죄로 볼 수도 있을 것이다(대법원 2011. 4. 14. 선고 2011도769 판결 등 참조). 그리고 1개의 기망행위에 의하여 다수의 피해자로부터 각각 재산상 이익을 편취한 경우에는 피해자별로 수 개의 사기죄가 성립하고, 그 사이에는 상상적 경합의 관계에 있는 것으로 보아야 한다(대법원 2011. 1. 13. 선고 2010도9330 판결 등 참조)(대판 2015.4.23. 2014도16980).
[COMMENT] 특경법상의 이득액의 합산은 단순일죄나 포괄일죄가 성립하는 경우의 이득액의 합산이며, 경합범으로 처벌될 수죄의 이득액의 합산은 아니라는 판례이다. 그리고 사기죄의 포괄일죄와 상상적 경합에 대한 판단 기준을 설시하고 있으므로 일독을 하는 것이 바람직하다.

(2) 횡령관련 판례

〈특경법상 횡령액의 산정〉 [1] 형법 제355조 제1항의 횡령죄는 타인의 재물을 보관하는 자가 재물을 횡령하거나 반환을 거부함으로써 성립하고 재물의 가액이 얼마인지는 문제되지 아니하는 데 비하여, 횡령으로 인한 특정경제범죄 가중처벌 등에 관한 법률 위반죄에 있어서는 횡령한 재물의 가액이 5억 원 이상 또는 50억 원 이상이라는 것이 범죄구성요건의 일부로 되어 있고 그 가액에 따라 그 죄에 대한 형벌도 가중되어 있으므로, 이를 적용함에 있어서는 횡령한 재물의 가액을 엄격하고 신중하게 산정함으로써 범죄와 형벌 사이에 적정한 균형이 이루어져야 한다는 죄형균형 원칙 및 형벌은 책임에 기초하고 그 책임에 비례하여야 한다는 책임주의 원칙이 훼손되지 않도록 유의하여야 한다. [2] 피고인이 피해자 갑으로부터 명의신탁을 받아 보관 중인 토지 9필지와 건물 1채에 갑의 승낙 없이 임의로 채권최고액 266,000,000원의 근저당권을 설정하였는데, 당시 위 각 부동산 중 토지 7필지의 시가는 합계 724,379,000원, 나머지 2필지와 건물 1채의 시가는 미상인 반면 위 각 부동산에는 그 이전에 채권최고액 434,000,000원의 근저당권설정등기가 마쳐져 있고, 이에 대하여 갑은 220,000,000원의 피담보채무를 부담하고 있는 사안에서, 피고인이 근저당권설정등기를 마치는 방법으로 위 각 부동산을 횡령하여 취득한 구체적인 이득액은 위 각 부동산의 시가 상당액에서 위 범행 전에 설정된 피담보채무액을 공제한 잔액이 아니라 위 각 부동산을 담보로 제공한 피담보채무액 내지 그 채권최고액이라고 보아야 하고, 이 경우 피고인의 이득액은 5억 원 미만이므로 구 특정경제범죄 가중처벌 등에 관한 법률(2012. 2. 10. 법률 제11304호로 개정되기 전의 것, 이하 '특경가법'이라 한다) 제3조 제1항을 적용할 수 없는데도, 이와 달리 특경가법 위반(횡령)죄를 인정한 원심판결에 법리오해의 잘못이 있다고 한 사례(대판 2013.5.9. 2013도2857).

(3) 배임관련 판례

〈가액을 구체적으로 산정할 수 없는 사건은 특경법으로 의율할 수 없다는 판례〉 업무상 배임죄에 있어서 재산상 손해는 인정할 수 있으나 그 가액을 구체적으로 산정할 수 없으므로 재산상 이득액을 기준으로 가중 처벌하는 특정경제범죄가중처벌등에관한법률위반(배임)죄로 의율할 수 없다고 한 사례(대판 2001.11.13. 2001도3531).

〈피고인이 알 수 없는 경위로 피해자의 비트코인을 자신의 계정으로 이체 받은 후 자신의 다른 계정으로 이체한 사건〉 [1] 가상자산 권리자의 착오나 가상자산 운영 시스템의 오류 등으로 법률상 원인관계 없이 다른 사람의 가상자산 전자지갑에 가상자산이 이체된 경우, 가상자산을 이체받은 자는 가상자산의 권리자 등에 대한 부당이득반환의무를 부담하게 될 수 있다. 그러나 이는 당사자 사이의 민사상 채무에 지나지 않고 이러한 사정만으로 가상자산을 이체받은 사람이 신임관계에 기초하여 가상자산을 보존하거나 관리하는 지위에 있다고 볼 수 없다. 가상자산은 국가에 의해 통제받지 않고 블록체인 등 암호화된 분산원장에 의하여 부여된 경제적인 가치가 디지털로 표상된 정보로서 재산상 이익에 해당한다. 가상자산은 보관되었던 전자지갑의 주소만을 확인할 수 있을 뿐 그 주소를 사용하는 사람의 인적사항을 알 수 없고, 거래 내역이 분산 기록되어 있어 다른 계좌로 보낼 때 당사자 이외의 다른 사람이 참여해야 하는 등 일반적인 자산과는 구별되는 특징이 있다. 이와 같은 가상자산에 대해서는 현재까지 관련 법률에 따라 법정화폐에 준하는 규제가 이루어지지 않는 등 법정화폐와 동일하게 취급되고 있지 않고 그 거래에 위험이 수반되므로, 형법을 적용하면서 법정화폐와 동일하게 보호해야 하는 것은 아니다. 원인불명으로 재산상 이익인 가상자산을 이체받은 자가 가상자산을 사용·처분한 경우 이를 형사처벌하는 명문의 규정이 없는 현재의 상황에서 착오송금 시 횡령죄 성립을 긍정한 판례를 유추하여 신의칙을 근거로 피고인을 배임죄로 처벌하는 것은 죄형법정주의에 반한다. [2] 피고인이 알 수 없는 경위로 갑의 특정 거래소 가상지갑에 들어 있던 비트코인을 자신의 계정으로 이체받은 후 이를 자신의 다른 계정으로 이체하여 재산상 이익을 취득하고 갑에게 손해를 가하였다고 하여 특정경제범죄 가중처벌 등에 관한 법률 위반(배임)의 예비적 공소사실로 기소된 사안에서, 비트코인이 법률상 원인관계 없이 갑으로부터 피고인 명의의 전자지갑으로 이체되었더라도 피고인이 신임관계에 기초하여 갑의 사무를 맡아 처리하는 것으로 볼 수 없는 이상 갑에 대한 관계에서 '타인의 사무를 처리하는 자'에 해당하지 않는다는 이유로, 이와 달리 보아 공소사실을 유죄로 인정한 원심판단에 배임죄에서 '타인의 사무를 처리하는 자'에 관한 법리오해의 잘못이 있다고 한 사례(대판 2021.12.16. 2020도9789).

〈금융기관의 대출담당 직원이 아파트를 담보로 대출을 해준 후 그 아파트에 임차인이 전입신고를 하는 등으로 대항력을 갖추고 나서야 아파트에 대한 근저당권설정등기를 경료한 경우에 금융기관이 입은 손해는 아파트에 대한 대출액수와 대출 당시 부동산가액에서 대항력이 발생한 임대차보증금의 액수를 공제한 차액이라는 판례〉 [1] 배임죄에서 손해를 가한 때라 함은 현실적으로 실해를 가한 경우 뿐만 아니라 실해발생의 위험을 초래케 할 경우도 포함하는 것이므로 손해액이 구체적으로 명백하게 산정되지 않았다고 하더라도 배임죄의 성립에는 영향이 없고, 설사 손해액이나 이득액의 계산에 잘못이 있다 하더라도 그 금액이 특정경제범죄 가중처벌 등에 관한 법률 제3조 제1항 각 호 중 어느 것에 해당한다면 그 잘못은 같은 법 조항을 적용한 판결의 결과에는 영향이 없다. [2] 그리고 이 사건과 같이 금융기관의 대출담당 직원이 아파트를 담보로 대출을 해준 후 그 아파트에 임차인이 전입신고를 하는 등으로 대항력을 갖추고 나서야 아파트에 대한 근저당권설정등기를 경료한 경우, 금융기관이 입은 손해는 아파트에 대한 대출액수와 대출 당시 부동산가액에서 대항력이 발생한 임대차보증금의 액수를 공제한 나머지 금액을 비교하여, 부동산 가액에서 위 임대차보증금 액수를 공제한 잔액 즉 잔존 담보가치가 대출액수에 미달하는 때에 그 부족분에 해당하는 금액이라고 봄이 상당하다(대판 2009.7.23. 2009도3712).

(4) 친족상도례의 적용

〈특경법에는 친족상도례를 배제한다는 명시적인 규정이 없으므로 친족상도례가 적용된다는 판례〉 형법 제354조, 제328조의 규정을 종합하면, 직계혈족, 배우자, 동거친족, 호주, 가족 또는 그 배우자 간의 사기 및 사기미수의 각 죄는 그 형을 면제하여야 하고, 그 외의 친족 간에는 고소가 있어야 공소를 제기할 수 있으며, 또한 형법상 사기죄의 성질은 특정경제범죄가중처벌등에관한법률 제3조 제1항에 의해 가중처벌되는 경우에도 그대로 유지되고, 특별법인 특정경제범죄가중처벌등에관한법률에 친족상도례에 관한 형법 제354조, 제328조의 적용을 배제한다는 명시적인 규정이 없으므로, 형법 제354조는 특정경제범죄가중처벌등에관한법률 제3조 제1항 위반죄에도 그대로 적용된다(대판 2000.10.13. 99오1).

제2절 | 금융기관 임직원의 수재 등

I. 금융기관 임직원의 수재 등 (제5조)

1. 관련 조문

> **제5조 (수재 등의 죄)**
> ① 금융회사등의 임직원이 그 직무에 관하여 금품이나 그 밖의 이익을 수수, 요구 또는 약속하였을 때에는 5년 이하의 징역 또는 10년 이하의 자격정지에 처한다.
> ② 금융회사등의 임직원이 그 직무에 관하여 부정한 청탁을 받고 제3자에게 금품이나 그 밖의 이익을 공여하게 하거나 공여하게 할 것을 요구 또는 약속하였을 때에는 제1항과 같은 형에 처한다.
> ③ 금융회사등의 임직원이 그 지위를 이용하여 소속 금융회사등 또는 다른 금융회사등의 임직원의 직무에 속하는 사항의 알선에 관하여 금품이나 그 밖의 이익을 수수, 요구 또는 약속하였을 때에는 제1항과 같은 형에 처한다.
> ④ 제1항부터 제3항까지의 경우에 수수, 요구 또는 약속한 금품이나 그 밖의 이익의 가액(이하 이 조에서 "수수액"이라 한다)이 3천만원 이상일 때에는 다음 각 호의 구분에 따라 가중처벌한다.
>   1. 수수액이 1억원 이상일 때 : 무기 또는 10년 이상의 징역
>   2. 수수액이 5천만원 이상 1억원 미만일 때 : 7년 이상의 유기징역
>   3. 수수액이 3천만원 이상 5천만원 미만일 때 : 5년 이상의 유기징역
> ⑤ 제1항부터 제4항까지의 경우에 수수액의 2배 이상 5배 이하의 벌금을 병과한다.

2. 주요 내용

금융회사 등의 임직원이 직무에 관하여 단순수재, 제3자수재, 알선수재하는 경우를 처벌하고, 3천만원 이상을 수수하였을 경우에 가중처벌하는 규정이다.[33]

3. 관련 판례

〈공모공동정범관계에 있는 수재죄의 공범자들이 금품이나 이익을 수수하였다면, 사전에 특정 금액 이하로만 받기로 약정하였다든가 수수한 금액이 공모 과정에서 도저히 예상할 수 없는 고액이라는 등과 같은 특별한 사정이 없는 한, 그 수수한 금품이나 이익 전부에 관하여 공모공동정범이 성립한다는 판례〉 구 특정범죄 가중처벌 등에 관한 법률(2010. 3. 31. 법률 제10210호로 개정되기 전의 것) 제3조와 특정경제범죄 가중처벌 등에 관한 법률 제7조 알선수재 및 구 변호사법(2000. 1. 28. 법률 제6207호로 전부 개정되기 전의 것) 제90조 제2호 법률사건에 관한 화해 · 청탁 알선 등의 공모공동정범에서, 공범자들 사이에 그

---

33) 금융회사 등의 범위에 대하여는 특경법 제2조 제1호 참조.

알선 등과 관련하여 금품이나 이익을 수수하기로 명시적 또는 암묵적인 공모관계가 성립하고 그 공모 내용에 따라 공범자 중 1인이 금품이나 이익을 수수하였다면, 사전에 특정 금액 이하로만 받기로 약정하였다든가 수수한 금액이 공모 과정에서 도저히 예상할 수 없는 고액이라는 등과 같은 특별한 사정이 없는 한, 그 수수한 금품이나 이익 전부에 관하여 위 각 죄의 공모공동정범이 성립하는 것이며, 수수할 금품이나 이익의 규모나 정도 등에 대하여 사전에 서로 의사의 연락이 있거나 수수한 금품 등의 구체적 금액을 공범자가 알아야 공모공동정범이 성립하는 것은 아니고, 이와 같은 법리는 특정경제범죄 가중처벌 등에 관한 법률 제5조가 정한 수재의 공모공동정범에서도 마찬가지로 적용된다(대판 2010.10.14. 2010도387).

〈특경법 제5조의 금융기관 임·직원이 수수한 금품에 직무행위에 대한 대가로서의 성질과 직무 외의 행위에 대한 사례로서의 성질이 불가분적으로 결합되어 있는 경우에는 그 전부가 불가분적으로 직무행위에 대한 대가로서의 성질을 가진다는 판례〉 [1] 특정경제범죄가중처벌등에관한법률 제5조 제1항의 '금융기관의 임·직원이 그 직무에 관하여'라고 하는 것은 '금융기관의 임·직원이 그 지위에 수반하여 취급하는 일체의 사무와 관련하여'라는 뜻이고, 금융기관의 임·직원이 거래처 고객으로부터 금품 기타 이익을 받은 때에는 그것이 당해 거래처 고객이 종전에 금융기관의 임·직원으로부터 접대 또는 수수받은 것을 갚는 것으로서 사회상규에 비추어 볼 때에 의례상의 대가에 불과한 것이라고 여겨지거나, 개인적인 친분관계가 있어서 교분상의 필요에 의한 것이라고 명백하게 인정할 수 있는 경우 등 특별한 사정이 없는 한 직무와의 관련성이 없는 것으로 볼 수 없다. [2] 특정경제범죄가중처벌등에관한법률 제5조의 금융기관 임·직원이 수수한 금품에 직무행위에 대한 대가로서의 성질과 직무 외의 행위에 대한 사례로서의 성질이 불가분적으로 결합되어 있는 경우에는 그 전부가 불가분적으로 직무행위에 대한 대가로서의 성질을 가진다고 할 것이고, 이는 위 법률 제5조 제4항의 금품수수액을 정함에 있어서도 마찬가지이다(대판 2002.8.23. 2002도46).

Ⅱ. 금융기관 임직원 등에 대한 증재 등 (제6조)

> **제6조 (증재 등의 죄)**
> ① 제5조에 따른 금품이나 그 밖의 이익을 약속, 공여 또는 공여의 의사를 표시한 사람은 5년 이하의 징역 또는 3천만원 이하의 벌금에 처한다.
> ② 제1항의 행위에 제공할 목적으로 제3자에게 금품을 교부하거나 그 정황을 알면서 교부받은 사람은 제1항과 같은 형에 처한다.

Ⅲ. 금융기관 임직원의 알선수재 (제7조)

1. 관련 조문

> **제7조 (알선수재의 죄)**
> 금융회사등의 임직원의 직무에 속하는 사항의 알선에 관하여 금품이나 그 밖의 이익을 수수, 요구 또는 약속한 사람 또는 제3자에게 이를 공여하게 하거나 공여하게 할 것을 요구 또는 약속한 사람은 5년 이하의 징역 또는 5천만원 이하의 벌금에 처한다.

2. 관련 판례

〈대표이사가 알선행위를 하고 대가로 수수료를 받았다면 수수료에 대한 권리가 회사에 귀속된다 하더라도 행위자인 대표이사에게 몰수 또는 추징할 수 있다는 판례〉[1] 갑 주식회사 대표이사인 피고인이 금융기관에 청탁하여 을 주식회사가 대출을 받을 수 있도록 알선행위를 하고 그 대가로 용역대금 명목의 수수료를 갑 회사 계좌를 통해 송금받아 특정경제범죄 가중처벌 등에 관한 법률 위반(알선수재)죄가 인정된 사안에서, <u>피고인이 갑 회사의 대표이사로서 같은 법 제7조에 해당하는 행위를 하고 당해 행위로 인한 대가로 수수료를 받았다면, 수수료에 대한 권리가 갑 회사에 귀속된다 하더라도 행위자인 피고인으로부터 수수료로 받은 금품을 몰수 또는 그 가액을 추징할 수 있으므로, 피고인이 개인적으로 실제 사용한 금품이 없더라도 마찬가지라고 본 원심판단을 정당하다고 한 사례.</u> [2] 뇌물수수나 알선수재에 이용된 공급계약이 실제 공급이 없는 형식적 계약에 불과하여 부가가치세 과세대상이 아니라면 그에 관한 납세의무가 없으므로, 설령 부가가치세 명목의 금전을 포함한 대가를 받았다고 하더라도 그 일부를 부가가치세로 거래 징수하였다고 할 수 없어 수수한 금액 전부가 범죄로 얻은 이익에 해당하여 추징대상이 되며, 그 후에 이를 부가가치세로 신고·납부하였다고 하더라도 달리 볼 수 없다(대판 2015.1.15. 2012도7571).

제5장 | 부정수표단속법

제1절 | 부정수표 발행인의 형사책임

I. 부정수표의 발행 · 작성 (제2조 제1항)

1. 관련 조문

> 제2조 (부정수표 발행인의 형사책임)
> ① 다음 각 호의 어느 하나에 해당하는 부정수표를 발행하거나 작성한 자는 5년 이하의
> 징역 또는 수표금액의 10배 이하의 벌금에 처한다.
> 1. 가공인물의 명의로 발행한 수표
> 2. 금융기관(우체국을 포함한다. 이하 같다)과의 수표계약 없이 발행하거나 금융기관
>   으로부터 거래정지처분을 받은 후에 발행한 수표
> 3. 금융기관에 등록된 것과 다른 서명 또는 기명날인으로 발행한 수표

2. 주요 내용

(1) 의 의

본죄는 ① 가공인물의 명의로 수표를 발행 · 작성하거나 ② 금융기관(우체국 포함, 이하 같다)과의 수표계약없이 수표를 발행 · 작성하거나 ③ 금융기관으로 부터 거래정지처분을 받은 후에 수표를 발행 · 작성하거나 ④ 금융기관에 등록된 것과 다른 서명 또는 기명날인으로 수표를 발행 · 작성하는 경우에 성립하는 범죄이다.

(2) 수표의 발행 · 작성의 의미

1) 수표의 발행 : 수표용지에 수표의 기본요건을 작성하여 상대방에게 교부하는 것을 말한다. 따라서 단순히 수표의 기본요건을 작성하는 것만으로는 발행이라고 할 수 없다.

2) 수표의 작성 : 발행인과 공모하거나 그의 포괄적 위임 아래 수표를 만드는 것을 말하며, 발행과 동일시할 수 있을 정도의 외관을 요한다.

3. 관련 판례

〈이미 적법하게 발행된 백지수표의 금액이나 발행일을 기입 완성하는 행위는 이를 수표의 발행이라고 할 수 없다는 판례〉 부정수표단속법이 규정하는 수표의 발행이라 함은 수표용지에 수표의 기본요건을 작성하여 상대방에 교부하는 행위를 일컫는다 할 것이고, 이미 적법하게 발행된 백지수표의 금액이나 발행일을 기입 완성하는 행위는 보충권의 행사로서 이 보충행위를 가리켜 동법에서 규정하는 수표의 발행으로 볼 수 없다(대판 2004.2.13. 2002도4464).

〈은행으로부터 거래정지 처분을 받은 후 채권채무를 확인하기 위한 증표로 수표를 발행했어도 부정수표를 발행한 책임이 있다는 판례〉 거래은행으로부터 거래정지 처분을 받은 후 수표를 발행한 이상 이는 부정수표단속법 제2조 제1항 제2호에 해당하는 범죄를 구성하고, 비록 수표가 수표법상 유효하다 할 수 없더라도 수표가 갖는 유통증권으로서의 실제적 기능에는 아무런 영향이 없으므로 수표를 피해자와의 채권채무를 확인하기 위한 증표로 발행하였더라도 그것만으로는 그 죄책을 면할 수 없다(대판 1993.9.28. 93도1835).

II. 부도수표의 발행 · 작성 (제2조 제2항)

1. 관련 조문

제2조 (부정수표 발행인의 형사책임)
② 수표를 발행하거나 작성한 자가 수표를 발행한 후에 예금부족, 거래정지처분이나 수표계약의 해제 또는 해지로 인하여 제시기일에 지급되지 아니하게 한 경우에도 제1항과 같다.

〈참조 조문〉
수표법 제29조 (지급제시기간)
① 국내에서 발행하고 지급할 수표는 10일 내에 지급을 받기 위한 제시를 하여야 한다.
② 지급지의 국가와 다른 국가에서 발행된 수표는 발행지와 지급지가 동일한 주(洲)에 있는 경우에는 20일 내에, 다른 주에 있는 경우에는 70일 내에 이를 제시하여야 한다.
③ 제2항에 관하여는 유럽주의 한 국가에서 발행하여 지중해 연안의 한 국가에서 지급할 수표 또는 지중해 연안의 한 국가에서 발행하여 유럽주의 한 국가에서 지급할 수표는 동일한 주에서 발행하고 지급할 수표로 본다.
④ 제1항부터 제3항까지의 기간은 수표에 적힌 발행일부터 기산(起算)한다.

수표법 제61조 (기간과 초일 불산입)
이 법에서 규정하는 기간에는 그 첫날을 산입하지 아니한다.

2. 주요 내용

(1) 의 의

본죄는 수표를 발행하거나 작성한 자가 수표를 발행한 후에 예금부족, 거래정지처분이나 수표계약의 해제 또는 해지로 인하여 제시기일에 지급되지 아니하게 한 경우에 성립하는 범죄이다.

(2) 성립시기

본죄의 성립시기에 대하여는 ① 수표발행시설과 ② 지급거절시설의 대립이 있으나, 판례는 '부정수표단속법 제2조 제2항 위반의 범죄는 예금부족으로 인하여 제시일에 지급되지 아니할 것이라는 결과 발생을 예견하고 발행인이 수표를 발행한 때에 바로 성립한다'라고 하여 수표발행시설의 입장이다.

(3) 죄 수

부도수표 발행·작성죄의 죄수는 수표 매수에 따라 판단한다. 따라서 발행수표의 수만큼 부정수표단속법위반죄가 성립하고 그 수죄는 실체적 경합관계에 있다.

3. 관련 판례

(1) 제2조 제2항의 적용을 긍정한 판례

〈수표상에 기재된 액면금액과 발행일자 등이 적법하게 정정된 경우 정정된 발행일자로부터 기산하여 지급제시기간 내에 지급제시가 되었다면 예금부족이나 무거래 등을 이유로 한 지급거절에 대하여 발행인은 부정수표 단속법 제2조 제2항의 책임을 져야 한다는 판례〉 부정수표단속법은 국민의 경제생활의 안정과 유통증권인 수표의 기능을 보장하기 위하여 제정된 것이므로 수표가 유통증권으로서의 기능을 하는 이상 부정수표 단속법의 적용대상이 된다. 따라서 수표상에 기재된 액면금액과 발행일자 등을 지급제시기간 내에 적법하게 정정한 경우는 물론 그 기간이 경과한 후라 하더라도 발행인이 소지인의 양해 아래 적법하게 발행일자를 정정한 경우에는, 정정된 발행일자로부터 기산하여 지급제시기간 내에 지급제시가 되었다면 예금부족이나 무거래 등을 이유로 한 지급거절에 대하여 발행인은 부정수표 단속법 제2조 제2항의 책임을 져야 한다(대판 2014.11.13. 2011도17120).

〈선일자수표를 소지인이 특약에 반하여 그 발행일자 도래전에 제시하여 예금부족으로 지급되지 않았다면 부정수표라는 판례〉 선일자수표를 소지인이 특약에 반하여 그 발행일자 도래전에 제시한 경우 예금부족으로 지급되지 아니하면 부도수표단속법상의 부정수표로 보아야 한다(대판 1974.2.12. 73도3445).

〈발행일의 기재가 없는 것은 부정수표단속법 제2조 제2항의 요건을 충족할 수 없지만, 발행지의 기재가 흠결된 수표는 부정수표단속법 제2조 제2항의 적용대상이 된다는 판례〉 [1] 수표의 발행일란의 발행년월일중 월의 기재가 없는 수표는 발행일의 기재가 없는 수표로 볼 수밖에 없고 이러한 수표는 수표법 소정의 지급제시기간내에 제시되었는지의 여부를 확정할 길이 없으므로 부정수표단속법 제2조 제2항 소정의 구성요건을 충족하지 못하는 것이다. [2] [다수의견] 국내수표의 경우에 발행지 기재의 요건이 흠결되었다고 하여도 (발행지를 백지로 발행하였다가 보충함이 없이 지급제시된 경우 포함) 발행지의 기재 유무는 수표의 유통증권으로서의 실제적 기능에 아무런 영향이 없고 실제 거래에 있어서도 발행지기재의 흠결을 이유로 지급거절이 됨이 없이 유통되고 있는 이상, 수표법상 유효한 수표는 아니나 부정수표단속법이 보호하고자하는 유통적 기능을 가진 수표라고 보아 발행지 기재가 없는 것만으로는 부정수표단속법 제2조 제2항의 적용 대상에서 제외될 수 없다. [반대의견] 발행지의 기재없는 수표는 발행일의 기재없는 수표와 마찬가지로 미완성수표로서 그러한 백지수표의 지급제시는 수표법상 적법한 제시라고 할 수 없으니 부정수표단속법상의 규제대상이 되지 아니한다(대판 1983.5.10. 83도340 전합).

〈수표의 발행에 대내적 사정이 있어도 부정수표발행의 책임을 지는 것이 원칙이지만, 발행인이 특별한 사정이 있어 수표가 지급제시되지 않으리라고 믿고 있었고 그와 같은 믿음이 정당한 것으로 수긍되는 예외적인 경우에 부정수표발행의 죄책을 면할 수 있을 뿐이라는 판례〉 구 부정수표 단속법(2010. 3. 24. 법률 제10185호로 개정되기 전의 것) 제2조 제2항 위반의 죄는 예금부족 등으로 인하여 제시일에 지급되지 아니할 것이라는 결과발생을 예견하고 발행인이 수표를 발행할 때에 성립하고, 그 예견은 미필적이라 하더라도 영향이 없으며, 기타 지급제시를 하지 않는다는 특약이나 수표를 발행하게 된 경위 또는 지급하지 못하게 된 경위 등에 대내적 사유가 있다는 사정만으로 부정수표발행의 죄책을 면할 수 없고, 다만 발행인이 그와 같은 결과발생을 예견하지 아니하였거나 특별한 사정이 있어 수표가 지급제시되지 않으리라고 믿고 있었고 그와 같은 믿음이 정당한 것으로 수긍되는 예외적인 경우에 부정수표발행의 죄책을 면할 수 있을 뿐이다(대판 2010.9.30. 2010도6490).

〈인적항변사유에 불과한 사정이 있었더라도 부정수표발행이 된다는 판례〉 수표가 피고인의 의사에 의하여 발행되어 거래의 유통에 제공된 이상, 수표의 할인을 의뢰하였는데 의뢰를 받은 자가 이를 타에 유통시키고 할인금을 교부하지 아니함으로써 결국 부도가 발생하게 된 것이라고 하더라도 인적항변사유에 불과한 위 사정의 존부 여하에 따라 위 수표의 대외적 효력에 어떠한 영향을 미치는 것이 아니므로 피고인은 위 수표가 지급되지 아니한 데에 대하여 책임을 면할 수 없다(대판 1996.4.26. 96도435).

〈명확한 확보책 없이 수표 발행했다면 부정수표발행이 된다는 판례〉 부정수표단속법 제2조 제2항의 위반죄는 예금부족으로 인하여 제시일에 지급되지 아니할 것이라는 결과발생을 예견하고 발행인이 수표를 발행한 때에 성립하는 것이므로 수표금액에 상당한 예금이나 수표금지급을 위한 당좌예금의 명확한 확보책도 없이 수표를 발행하여 제시기일에 지급되지 아니한 결과를 발생케 하였다면 동 조항 위반의 죄에 해당한다(대판 2000.3.14. 99도4923).

〈타인의 기망에 의하여 발행된 수표라도 부정수표발행이 된다는 판례〉수표가 제시기일에 지급되지 아니하고 부도가 된 이상 설사 그 수표가 타인의 기망에 의하여 발행된 것이라 하더라도 수표발행인으로서는 부정수표단속법 제2조 제2항의 죄책을 면할 수 없다(대판 1987.11.24. 87도2127).

(2) 제2조 제2항의 적용을 부정한 판례

〈수표를 견질용으로 발행하였으나 충분한 담보를 제공하였고, 담보로만 보관하겠다고 각서까지 써 주었다면 부정수표발행이 아니라는 판례〉[1] 부정수표단속법 제2조 제2항 위반의 죄는 예금부족 등으로 인하여 제시일에 지급되지 아니할 것이라는 결과발생을 예견하고 발행인이 수표를 발행할 때에 성립하고, 그 예견은 미필적이라 하더라도 영향이 없으며, 기타 지급제시를 하지 않는다는 특약이나 수표를 발행하게 된 경위 또는 지급하지 못하게 된 경위 등에 대내적 사유가 있다는 사정만으로 부정수표발행의 죄책을 면할 수 없으나, 발행인이 그와 같은 결과발생을 예견하지 아니하였거나 특별한 사정이 있어 수표가 지급제시되지 않으리라고 믿고 있었고 그와 같은 믿음이 정당한 것으로 수긍되는 것이라면, 부정수표발행의 죄책을 인정할 수 없다. [2] 피고인이 갑으로부터 돈을 빌리고 그 채무를 담보하기 위하여 소위 견질용으로 수표를 발행한 것이나 갑의 요구에 따라 여러 부동산에 근저당권설정등기 또는 가등기를 하는 방법으로 충분한 담보를 제공하였고, 갑은 피고인이 원리금을 다 갚을 때까지 위 수표를 담보로만 보관하고 있겠다고 각서까지 써 주어서 피고인이 제공한 다른 담보가 있는 한 갑이 수표를 지급제시하지 아니할 것으로 믿었고, 그 후 수표의 원인된 채무가 모두 변제되어서 피고인은 이 수표가 지급제시되지 아니하고 반환될 것으로 믿고 있었고 그 믿음이 정당한데 그 소지인인 갑이 이를 피고인에게 반환하여야 할 의무에 위배하고 백지로 된 발행일을 무단기재하여 부당하게 지급제시한 것이라면, 피고인에게는 이 수표금이 지급되지 아니함에 따른 위 법 제2조 제2항 위반의 책임을 물을 수 없다(대판 1992.9.22. 92도1207).

〈채무를 모두 변제하였으나 수표를 반환받지 못했다면 부정수표발행이 아니라는 판례〉[1] 수표를 발행한 사람이 예금부족 등의 사유로 인하여 제시기일에 지급되지 아니할 것이라는 결과발생을 예견하고 수표를 발행하면 부정수표단속법 제2조 제2항 위반의 죄가 성립하고, 그 예견은 미필적이라도 되며, 기타 지급제시를 하지 않는다는 특약이나 수표를 발행하게 된 경위 또는 지급하지 못하게 된 경위 등에 대내적 사유가 있다는 사정만으로는 그 책임을 면할 수 없으나, 발행 당시에 그와 같은 결과발생을 예견하지 아니하였거나 특별한 사정이 있어 수표가 지급제시되지 않으리라고 믿고 있었고 그와 같이 믿은 데에 정당한 이유가 있으면 그 책임을 지지 않는다. [2] 피고인 개인의 채무를 담보하기 위하여 백지수표를 발행한 후 그 채무를 모두 변제하였으나 수표를 반환받지 못한 상태에서 수표소지인이 피고인이 연대보증한 회사의 채무를 변제받기 위하여 수표를 지급제시한 경우, 피고인에 대하여 부정수표단속법 제2조 제2항 위반의 책임을 물을 수 없다고 한 원심의 판단을 수긍한 사례(대판 2000.9.5. 2000도2190).

〈수표의 발행일자를 사후에 정정하는 행위는 수표의 발행이라 할 수 없고, 부적법하게 정정된 경우에는 정정전의 발행일자로부터 기산된 지급제시기간 내에 지급제시가 이루어져야 발행인이 부정수표발행의 책임을 진다는 판례〉 [1] 부정수표단속법이 규정하는 '수표의 발행'이라 함은 수표 용지에 수표의 기본요건을 작성하여 상대방에 교부하는 행위를 말하므로 이미 적법하게 발행된 수표의 발행일자 등을 수표 소지인의 양해 아래 정정하는 수표 문언의 사후 정정행위는 위 법 제2조 제2항에서 규정하는 '수표의 발행'이라고 할 수 없고, 수표의 액면금액 및 발행일자 등을 함께 정정한다거나 법인의 종전 대표자가 발행한 수표의 발행일자 등을 교체된 새로운 대표자가 정정한다고 하여 달리 볼 것이 아니다. [2] 수표 발행자의 죄책은 그 후의 정정행위와는 별개로 결정되어야 하므로, 수표상에 기재된 발행일자가 그 지급제시기간 내에 적법하게 정정된 경우에는 정정된 발행일자로부터 지급제시기간이 기산되어 그 기간 내에 지급제시가 이루어지면 그 발행자에 대하여 부정수표단속법 제2조 제2항 위반죄에 의한 처벌이 가능하지만, 법인의 대표자가 수표를 발행한 후 그 대표자가 아닌 타인이 대표자 본인의 위임이나 동의 없이 정정한 경우에는 그 타인이 정정하기 전의 발행일자로부터 기산된 지급제시기간 내에 지급제시가 이루어지지 않는 한, 그 수표를 발행한 대표자 본인을 위 법조항 위반죄로 처벌할 수는 없다(대판 2008.1.31. 2007도727).

〈내부결재용란에 발행일자 적었더라도 발행일란에는 여전히 발행일의 횡서기재가 지워지지 않은 채 유효한 발행일 기재로서 남아 있기 때문에 결재용 칸에 추가로 한 기재는 발행일의 정정기재로서 적법 유효한 것이라고 볼 수 없으므로, 부정수표단속법 제2조 제2항 소정의 구성요건을 충족하지 못한다는 판례〉 [1] 부정수표단속법 제2조 제2항 소정의 부정수표는 수표법 소정의 지급제시기간 내에 제시된 것임을 요하는 것으로서 위와 같은 제시기간의 준수 여부를 확정하기 위하여 발행일의 기재는 필수적인 것임을 알 수 있고, 또한 수표는 문언증권이고 유통증권이므로 그 문언에 따라 해석함이 원칙이라고 할 것이며 문언에 기재된 내용에 의하여 수표법 소정의 지급제시기간 내에 제시되었는지의 여부를 확정할 수 있어야 할 것이어서, 그렇지 못한 경우에는 부정수표단속법 제2조 제2항 소정의 구성요건을 충족하지 못한다. [2] 수표의 정정된 발행일란의 발행일의 횡서기재를 그대로 둔 상태에서 발행일란으로부터 약 1cm 간격을 두고 우측변에 있는 금융기관이 내부결재용으로 사용하는 상하로 3칸으로 나누어진 곳 중 중간 칸에 새로운 일자를 기재하여 지급제시를 하였으나 무거래라는 사유로 지급거절된 경우, 수표의 금융기관의 내부결재용 칸에 기재된 숫자를 정정된 발행일인 월, 일을 기재하려는 의도에서 기재된 것이라고 보더라도 그 숫자가 기재된 곳이 발행일란이 아닌 금융기관의 내부결재용 칸일 뿐만 아니라, 발행일란에는 여전히 발행일의 횡서기재가 지워지지 않은 채 유효한 발행일 기재로서 남아 있기 때문에 결재용 칸에 추가로 한 기재는 발행일의 정정기재로서 적법 유효한 것이라고 볼 수 없으므로, 부정수표단속법 제2조 제2항 소정의 구성요건을 충족하지 못한 것이라고 한 사례(대판 2003.9.5. 2003도3099).

〈지급거절이 '예금부족 · 거래정지처분 또는 수표계약의 해제 · 해지' 이외의 사유로 인한 것인 때에는 부정수표단속법 제2조 제2항 위반죄가 성립하지 않으므로 허위의 사고신고서 제출 및 지급정지 의뢰로 지급되지 않은 경우에는 부정수표가 아니라는 판례〉 부정수표단속법 제2조 제2항의 지급거절 사유는 제한적으로 열거된 것이라고 보아야 하므로, 수표가 발행인 또는 작성자의 책임으로 돌릴 수 있는 사유로 인하여 지급거절되었다 하더라도 그 지급거절이 위 규정의 '예금부족 · 거래정지처분 또는 수표계약의 해제 · 해지' 이외의 사유로 인한 것인 때에는 그 수표의 발행인 또는 작성자에 대하여 부정수표단속법 제2조 제2항 위반죄가 성립하지 않는다. 따라서 당좌수표가 그 발행인의 허위의 사고신고서 제출 및 지급정지 의뢰로 지급되지 않았다면, 그 당좌수표는 같은 법 제2조 제2항의 '예금부족으로 인하여' 지급되지 않았다고 볼 수 없고, '거래정지처분이나 수표계약의 해제 또는 해지로 인하여' 지급되지 않은 경우에 해당하지도 않으며, 당좌수표가 지급거절될 당시 그 수표의 당좌계정의 예금 잔고가 부족하여 발행인의 사고신고서 제출 및 지급정지 의뢰가 없었더라도 예금부족으로 인하여 지급이 거절될 수밖에 없었다거나 제출된 사고신고서의 내용이 허위임이 밝혀졌다고 하더라도, 허위신고자 및 그 공모자가 부정수표단속법 제4조의 허위신고죄로 처벌받을 수 있을지언정 그러한 사정만으로 위 당좌수표가 부정수표단속법 제2조 제2항의 '예금부족으로 인하여' 지급되지 않았다고 볼 수는 없다(대판 2006.10.26. 2006도5147).

〈지급거절이 회사정리법에 의하여 가해진 지급제한에 따른 것이라면 부정수표발행이 아니라는 판례〉 [1] 회사정리법상의 보전처분이 있을 경우에는 수표의 지급을 위탁받은 은행은 예금이 있는지의 여부에 관계없이 보전처분을 이유로 당연히 지급거절을 하여야 하는 것이므로 수표가 발행회사에 대한 회사정리법상의 보전처분이 있은 후에 지급제시가 되었다면 비록 은행이 지급거절사유를 "예금부족"으로 하였다 하더라도 그 지급거절이 회사정리법에 의하여 가해진 지급제한에 따른 것인 이상 위 수표의 발행행위는 부정수표단속법 제2조 제2항 위반의 범죄를 구성하지 않는다 할 것이다. [2] 회사정리법상의 보전처분에 따른 법률적 효과로서 일체의 채무변제가 금지되고 그 결과 제시기일에 수표금이 지급되지 아니하게 된 것은 회사의 갱생을 목적으로 하는 회사정리제도의 실효를 거두기 위하여 불가피하다 할 것이므로 이를 가리켜 헌법상의 평등의 원칙에 위배되거나 법질서를 해치는 것이라고도 할 수 없다(대판 1990.8.14. 90도1317).

(3) 기타 판례

〈부정수표발행의 기수시기는 수표를 발행한 때라는 판례〉 부정수표단속법 제2조 제2항 위반의 범죄는 예금부족으로 인하여 제시일에 지급되지 아니할 것이라는 결과 발생을 예견하고 발행인이 수표를 발행한 때에 바로 성립하는 것이고 수표소지인이 발행일자를 보충기재하여 제시하고 그 제시일에 수표금의 지급이 거절된 때에 범죄가 성립하는 것은 아니다(대판 2003.9.26. 2003도3394). [판결이유 중 일부 인용] 이와 같은 취지에서 원심이 이 부분 공소사실에 대하여 공소시효가 완성된 때에 해당한다고 판단하여 면소를 선고한 제1심 판결을 그대로 유지한 것은 정당한 것으로 수긍이 가고, 거기에 상고이유로 주장하는 바와 같이 부정수표단속법 제2조 제2항 위반죄의 공소시효 기산점에 관한 법리를 오해한 위법이 있다고 할 수 없다.

〈발행일을 백지로 하여 발행된 수표의 백지보충권의 소멸시효기간은 백지보충권을 행사할 수 있는 때로부터 6개월로 봄이 상당하므로 소멸시효기간이 완성된 후에 백지부분이 보충되어 지급제시되었더라도 부정수표발행은 아니라는 판례〉 [1] 발행일을 백지로 하여 발행된 수표의 백지보충권의 소멸시효는 다른 특별한 사정이 없는 한 그 수표발행의 원인관계에 비추어 발행 당사자 사이에 수표상의 권리행사가 법률적으로 가능하게 된 때부터 진행한다고 보아야 할 것인바, 백지수표의 보충권 행사에 의하여 생기는 채권은 수표금 채권이고, 수표법 제51조에 의하여 수표의 발행인에 대한 소구권은 제시기간 경과 후 6개월간 행사하지 아니하면 소멸시효가 완성되는 점 등을 고려하면, 발행일을 백지로 하여 발행된 수표의 백지보충권의 소멸시효기간은 백지보충권을 행사할 수 있는 때로부터 6개월로 봄이 상당하다. [2] 백지보충권의 소멸시효가 완성된 다음 수표상의 백지부분을 보충하였다고 하더라도 이는 적법한 보충이라고 할 수 없으므로, 소멸시효기간이 완성된 후 백지수표의 백지부분이 보충되어 지급제시되었다면, 그 수표가 예금부족 또는 거래정지처분 등의 사유로 지급거절되었다고 하더라도, 이에 대하여는 부정수표단속법 위반죄의 죄책을 물을 수 없다(대판 2002.1.11. 2001도206).

〈부정수표는 증거물인 서면이므로 전문법칙이 적용되지 않는다는 판례〉 피고인이 수표를 발행하였으나 예금부족 또는 거래정지처분으로 지급되지 아니하게 하였다는 부정수표단속법위반의 공소사실을 증명하기 위하여 제출되는 수표는 그 서류의 존재 또는 상태 자체가 증거가 되는 것이어서 증거물인 서면에 해당하고 어떠한 사실을 직접 경험한 사람의 진술에 갈음하는 대체물이 아니므로, 증거능력은 증거물의 예에 의하여 판단하여야 하고, 이에 대하여는 형사소송법 제310조의2에서 정한 전문법칙이 적용될 여지가 없다. 이때 수표 원본이 아니라 전자복사기를 사용하여 복사한 사본이 증거로 제출되었고 피고인이 이를 증거로 하는 데 부동의한 경우 위 수표 사본을 증거로 사용하기 위해서는 수표 원본을 법정에 제출할 수 없거나 제출이 곤란한 사정이 있고 수표 원본이 존재하거나 존재하였으며 증거로 제출된 수표 사본이 이를 정확하게 전사한 것이라는 사실이 증명되어야 한다(대판 2015.4.23. 2015도2275).

Ⅲ. 과실에 의한 부정수표·부도수표의 발행·작성 (제2조 제3항)

제2조 (부정수표 발행인의 형사책임)
③ 과실로 제1항과 제2항의 죄를 범한 자는 3년 이하의 금고 또는 수표금액의 5배 이하의 벌금에 처한다.

IV. 수표회수 및 반의사불벌 (제2조 제4항)

1. 관련 조문

> 제2조 (부정수표 발행인의 형사책임)
> ④ 제2항과 제3항의 죄는 수표를 발행하거나 작성한 자가 그 수표를 회수한 경우 또는 회수하지 못하였더라도 수표 소지인의 명시적 의사에 반하는 경우 공소를 제기할 수 없다.
> [전문개정 2010.3.24]

2. 주요 내용

(1) 의 의

고의로 부도수표를 발행·작성하거나 과실로 부정수표를 발행·작성한 경우에 수표를 발행하거나 작성한 자가 그 수표를 회수한 경우 또는 회수하지 못하였더라도 수표소지인의 명시적 의사에 반하는 경우 공소를 제기할 수 없다.

(2) 회수 또는 처벌불원의사표시의 효과

부도수표를 회수하거나 소지인이 처벌불원의 의사표시를 한 경우에 그 시점이 ① 공소제기전이라면 제327조 제2호에 따라 공소기각판결의 선고를 하여야 하고 ② 공소제기 후 제1심판결선고 전이라면 형사소송법 제327조 제6호에 따라 공소기각판결의 선고를 하여야 하고 ③ 제1심판결선고후라면 공소기각의 판결의 선고할 수 없다.

3. 관련 판례

〈제1심판결 선고 전에 공범에 의하여 부도수표가 회수되었더라도 공소기각의 판결을 하여야 한다는 판례〉 부정수표단속법 제2조 제4항에서 부정수표가 회수된 경우 공소를 제기할 수 없도록 하는 취지는 부정수표가 회수된 경우에는 수표소지인이 부정수표 발행자 또는 작성자의 처벌을 희망하지 아니하는 것과 마찬가지로 보아 같은 조 제2항 및 제3항의 죄를 이른바 반의사불벌죄로 규정한 취지로서 부도수표 회수나 수표소지인의 처벌을 희망하지 아니하는 의사의 표시가 제1심판결 선고 이전까지 이루어지는 경우에는 공소기각의 판결을 선고하여야 할 것이고, 이는 부정수표가 공범에 의하여 회수된 경우에도 마찬가지라고 할 것이다(대판 2005.10.7. 2005도4435). [판결이유 중 일부 인용] 앞서 본 바와 같이 위 2장의 당좌수표는 모두 공소제기 전에 회수되었고, 이는 이 부분 공소제기의 절차가 법률의 규정에 위반하여 무효인 때에 해당하므로 형사소송법 제327조 제2호의 규정에 의하여 이 부분 공소를 각 기각한다.

〈부정수표가 공범에 의하여 회수된 경우에 그 소추조건으로서의 효력은 회수 당시 소지인의 의사와 관계없이 다른 공범자에게도 당연히 미치는 것으로 보아야한다는 판례〉 부정수표단속법 제2조 제4항은 수표를 발행하거나 작성한 자가 그 수표를 회수한 경우 수표소지인이 처벌을 희망하지 아니하는 의사표시를 한 것과 마찬가지로 보아 같은 조 제2항 및 제3항의 죄를 이른바 반의사불벌죄로 규정한 취지라고 해석함이 상당하고, 친고죄에 있어서 고소 및 고소취소 불가분의 원칙을 규정한 형사소송법 제233조의 규정이 반의사불벌죄에 준용되지 아니하나, 부정수표단속법 제2조 제4항의 입법 취지는 수표거래질서의 확보를 위한 본래의 법기능을 그대로 유지하면서 부정수표를 회수한 경우 등에는 공소를 제기할 수 없도록 함으로써 부도를 낸 기업인의 기업회생을 도모하려는 데에 있는 것인바, 부정수표의 회수는 수표소지인이 수표를 여전히 소지하면서 단순히 처벌을 희망하지 아니하는 의사만을 표시하는 경우와는 달리 그 회수사실 자체가 소극적 소추조건이 되고, 그 소지인의 의사가 구체적·개별적으로 외부에 표출되지도 아니하며, 부정수표가 회수되면 그 회수 당시의 소지인은 더 이상 수표상의 권리를 행사할 수 없게 되는 점, 부정수표단속법 제2조 제4항의 규정 내용에 비추어, 부정수표를 돌려주거나 처벌을 희망하지 아니하는 의사를 표시할 수 있는 수표소지인이라 함은 그 수표의 발행자나 작성자 및 그 공범 이외의 자를 말하는 것으로 봄이 상당하므로, 부정수표가 그 발행자나 작성자 및 그 공범에 의하여 이미 회수된 경우에는 그 수표에 관한 한 처벌을 희망하지 아니하는 의사를 표시할 수 있는 수표소지인은 더 이상 존재하지 아니하게 되는 점 및 부정수표단속법 제2조 제4항의 규정 형식상 '수표소지인의 명시한 의사'는 수표를 회수하지 못하였을 경우에 소추조건이 되도록 규정되어 있는 점 등에 비추어 보면, 부정수표가 공범에 의하여 회수된 경우에 그 소추조건으로서의 효력은 회수 당시 소지인의 의사와 관계없이 다른 공범자에게도 당연히 미치는 것으로 보아야 할 것이고, 부정수표를 실제로 회수한 공범이 다른 공범자의 처벌을 원한다고 하여 달리 볼 것이 아니다(대판 1999.5.14. 99도900).

〈처벌불원의 의사표시를 할 수 있는 소지인이란 처벌불원의 의사를 표시할 당시의 수표 소지인을 말하는 것으로서 통상 지급제시를 한 자가 이에 해당한다고 할 것이나 지급거절 이후 당해 수표가 전자에게 환수되었다면 환수받아 실제로 이를 소지하고 있는 자가 이에 해당한다는 판례〉 [1] 이른바 반의사 불벌죄에 있어서 처벌불원의 의사표시의 부존재는 소위 소극적 소송조건으로서 직권조사사항이라 할 것이므로 당사자가 항소이유로 주장하지 아니하였다고 하더라도 법원은 이를 직권으로 조사·판단하여야 한다. [2] 부정수표단속법 제2조 제4항에 의하면 같은 조 제2항 위반죄는 수표의 소지인의 명시한 의사에 반하여 공소를 제기할 수 없다고 규정하고 있고, 이러한 처벌불원의 의사표시를 할 수 있는 소지인이란 이러한 의사를 표시할 당시의 수표 소지인을 말하는 것으로서 통상 지급제시를 한 자가 이에 해당한다고 할 것이나 지급거절 이후 당해 수표가 전자에게 환수되었다면 환수받아 실제로 이를 소지하고 있는 자가 이에 해당하고, 이 경우 만약 환수받은 수표를 분실하였다면 그 분실 당시의 소지인이 이러한 처벌불원의 의사를 표시할 수 있다고 하여야 할 것이며, 그러한 처벌불원의 의사는 제1심판결 선고 전까지 하면 된다(형사소송법 제232조 제1항, 제3항 참조)(대판 2001.4.24. 2000도3172).

〈수표액면금액 상당의 돈을 변제공탁하여 수표소지인이 이를 수령하였더라도 공소제기를 할 수 없는 사유는 아니라는 판례〉 피고인이 발행하여 그 소지인이 제시기일 내에 지급을 위한 제시를 하였으나 무거래로 지급되지 아니한 당좌수표의 액면금액 상당의 돈을 수표소지인 앞으로 변제공탁하여 수표소지인이 이를 수령하였다는 것은, 부정수표단속법 제2조 제4항에서 공소제기를 할 수 없는 사유로 규정하고 있는 수표를 발행한 자가 수표를 회수한 경우, 수표소지인의 명시한 의사에 반하는 경우 중 어느 것에도 해당된다고 볼 수 없다(대판 1994.10.21. 94도789).

제2절 | 법인·단체 등의 형사책임 (제3조)

1. 관련 조문

> **제3조 (법인·단체 등의 형사책임)**
> ① 제2조의 경우에 발행인이 법인이나 그 밖의 단체일 때에는 그 수표에 적혀 있는 대표자 또는 작성자를 처벌하며, 그 법인 또는 그 밖의 단체에도 해당 조문의 벌금형을 과한다. 다만, 법인 또는 그 밖의 단체가 그 위반행위를 방지하기 위하여 해당 업무에 관하여 상당한 주의와 감독을 게을리하지 아니한 경우에는 그러하지 아니하다.
> ② 대리인이 수표를 발행한 경우에는 본인을 처벌하는 외에 그 대리인도 처벌한다.

2. 주요 내용

(1) 법인이나 그 밖의 단체에 의한 발행의 경우

제2조의 수표의 발행인 또는 작성인이 법인이나 그 밖의 단체일 때에는 ① 그 수표에 적혀있는 대표자 또는 작성자를 처벌하고 ② 법인 또는 그 밖의 단체도 과실이 있는 경우에 처벌한다.

(2) 대리인에 의한 발행의 경우

제2조의 수표의 발행인 또는 작성인이 대리인인 경우에는 ① 본인을 처벌하는 외에 ② 대리인도 처벌한다.

3. 관련 판례

〈부정수표단속법 제3조 제2항 소정의 대리인이 수표를 발행한 경우의 의미〉 부정수표단속법 제3조 제2항 소정의 대리인이 수표를 발행한 경우라 함은 수표상에 대리인이 본인(발행인)을 위하여 하는 것이라는 대리문구를 기재하여 대리인이 기명 날인한 경우를 말한다(대판 1981.7.28. 80도1603).

제3절 | 거짓 신고자의 형사책임 (제4조)

1. 관련 조문

> **제4조 (거짓 신고자의 형사책임)**
> 수표금액의 지급 또는 거래정지처분을 면할 목적으로 금융기관에 거짓 신고를 한 자는 10년 이하의 징역 또는 20만원 이하의 벌금에 처한다.

2. 주요 내용

(1) 의 의

본죄는 수표금액의 지급 또는 거래정지처분을 면할 목적으로 금융기관에 거짓 신고를 하는 경우에는 성립하는 범죄이다. 주로 선일자수표의 경우가 문제된다.

(2) 주 체

본죄의 주체의 범위에 대하여는 논의가 있지만 발행인에 국한된다는 것이 판례의 태도이다.

(3) 허위신고

허위신고의 사유는 분실·도난 또는 사취당하였다는 것이다. 그리고 허위신고의 상대방은 금융기관에 한한다.

(4) 고의와 목적

본죄는 고의이외에 수표금액의 지급 또는 거래정지처분을 면할 목적이 있어야 하는 목적범이다.

3. 관련 판례

〈명의차용자가 발행명의인과 공모하였다면 허위신고죄의 주체가 될 수 있다는 판례〉 타인으로부터 명의를 차용하여 수표를 발행한 자가 수표의 발행명의인과 공모한 경우, 부정수표단속법 제4조가 정한 허위신고죄의 주체가 될 수 있다(대판 2007.5.11. 2005도6360).

〈명의차용인이 고의없는 명의자를 이용하여 허위신고할 수 없다고 본 판례 (허위신고죄를 자수범으로 본 판례)〉 부정수표단속법 제4조가 '수표금액의 지급 또는 거래정지처분을 면할 목적'을 요건으로 하고, 수표금액의 지급책임을 부담하는 자 또는 거래정지처분을 당하는 자는 발행인에 국한되는 점에 비추어 볼 때 그와 같은 발행인이 아닌 자는 부정수표단속법 제4조가 정한 허위신고죄의 주체가 될 수 없고, 발행인이 아닌 자는 허위신고의 고의 없는 발행인을 이용하여 간접정범의 형태로 허위신고죄를 범할 수도 없다 할 것인바, 타인으로부터 명의를 차용하여 수표를 발행하는 경우에 있어서도 수표가 제시됨으로써 당좌예금계좌에서 수표금액이 지출되거나 거래정지처분을 당하게 되는 자는 결국 수표의 지급인인 은행과 당좌예금계약을 체결한 자인 수표의 발행명의인이 되고, 수표가 제시된다고 하더라도 수표금액이 지출되거나 거래정지처분을 당하게 되는 자에 해당된다고 볼 수 없는 명의차용인은 부정수표단속법 제4조가 정한 허위신고죄의 주체가 될 수 없다(대판 2007.3.15. 2006도7318). [판결이유 중 일부 인용] 같은 취지에서 이 사건 수표의 명의차용인인 피고인이 허위신고의 고의 없는 공소외 1 주식회사의 대표이사인 공소외 2를 이용하여 허위의 신고를 하였다고 하더라도 부정수표단속법 제4조 위반죄가 성립되지 않는다고 한 원심의 판단은 정당하고, 거기에 상고이유에서 주장하는 법리오해의 위법은 없다.

〈허위신고죄의 기수시기는 금융기관에 허위신고를 한 때라는 판례〉 [1] 부정수표단속법 제4조는 수표의 유통기능을 보장하기 위하여 수표금액의 지급 또는 거래정지처분을 면탈할 목적으로 금융기관에 허위신고를 한 자를 처벌하는 규정으로서, 금융기관에 허위신고를 한 때에 기수가 된다. [2] 부정수표단속법 제4조 규정의 취지나 내용에 비추어 보면 같은 법 제4조 위반죄의 성립에 있어, 반드시 수표가 적법하게 지급제시되어 허위신고를 한 발행인이 수표금의 지급의무를 실제로 부담하게 되는 것을 전제로 하는 것은 아니다. [3] 수표 발행인이 허위신고를 할 당시 지급제시된 수표의 발행일이 보충되지 아니하였더라도 부정수표단속법 제4조 위반죄가 성립한다고 한 사례(대판 2004.7.22. 2004도1168).

제4절 | 위조 · 변조자의 형사책임 (제5조)

1. 관련 조문

> 제5조 (위조 · 변조자의 형사책임)
> 수표를 위조하거나 변조한 자는 1년 이상의 유기징역과 수표금액의 10배 이하의 벌금에
> 처한다.

2. 주요 내용

(1) 의 의

본죄는 수표를 위조하거나 변조한 경우에 성립하는 범죄이다. 형법상의 유가증권위
조 · 변조죄에 비하여 수표는 특히 국민경제에 미치는 영향을 고려하여 형을 가중하
여 처벌하고 있으므로 형법 214조에 대한 특별규정이다.

(2) 위조 · 변조의 의미와 정도

위조 · 변조의 의미와 정도는 형법상의 유가증권의 위조 · 변조의 내용과 동일하다.

(3) 행사할 목적의 요부

형법상의 유가증권의 위조 · 변조죄는 행사할 목적이 있어야 하지만, 본죄는 행사할
목적을 명시하지 않고 있다. 본죄의 경우에도 행사할 목적이 필요하다는 견해도 있
지만, 판례는 '부정수표단속법 제5조의 문언상 본조는 수표의 강한 유통성과 거래수
단으로서의 중요성을 감안하여 유가증권 중 수표의 위 · 변조행위에 관하여는 범죄
성립요건을 완화하여 초과주관적 구성요건인 '행사할 목적'을 요구하지 아니한다'라
고 하여 불요설의 입장이다.

3. 관련 판례

〈수표의 배서를 위조 · 변조한 경우에는 수표의 권리의무에 관한 기재를 위조한 것으로서, 형
법 제214조 제2항에 해당하는지 여부는 별론으로 하고 부정수표 단속법 제5조에는 해당하지
않는다는 판례〉 [1] 형법 제214조에서 발행에 관한 위조 · 변조는 대상을 '유가증권'으로,
배서 등에 관한 위조 · 변조는 대상을 '유가증권의 권리의무에 관한 기재'로 구분하여
표현하고 있는데, 구 부정수표 단속법 제5조는 위조 · 변조 대상을 '수표'라고만 표현하
고 있다. 구 부정수표 단속법 제5조는 유가증권에 관한 형법 제214조 제1항 위반 행위를
가중처벌하려는 규정이므로, 그 처벌범위가 지나치게 넓어지지 않도록 제한적으로 해
석할 필요가 있다. 따라서 구 부정수표 단속법 제5조에서 처벌하는 행위는 수표의 발행
에 관한 위조 · 변조를 말하고, 수표의 배서를 위조 · 변조한 경우에는 수표의 권리의무
에 관한 기재를 위조한 것으로서, 형법 제214조 제2항에 해당하는지 여부는 별론으로

하고 구 부정수표 단속법 제5조에는 해당하지 않는다. [2] 피고인이 甲으로부터 견질용으로 받은 당좌수표 1장의 배서인란에 타인(甲) 명의를 모용하여 배서하였고, 검사가 구 부정수표 단속법 제5조를 적용하여 공소제기한 사건에서, 형법 제214조, 부정수표 단속법 입법취지와 규율대상, 구 부정수표 단속법 제5조의 의의, 형법 제214조와 구 부정수표 단속법 제5조 사이의 관계 등에 비추어 볼 때, 구 부정수표 단속법 제5조에서 정한 '수표의 위조·변조'는 수표의 발행에 관한 위조·변조를 의미하고, 수표의 배서 위조·변조는 구 부정수표 단속법 제5조에 해당하지 않는다고 판단하여 파기환송한 사례(대판 2019.11.28. 2019도12022).

〈부정수표단속법 제5조 위반죄는 행사할 목적을 요구하지 아니한다는 판례〉 유가증권위조·변조죄에 관한 형법 제214조 제1항은 "행사할 목적으로 대한민국 또는 외국의 공채증서 기타 유가증권을 위조 또는 변조한 자는 10년 이하의 징역에 처한다"라고 규정하고 있는 반면, 수표위조·변조죄에 관한 부정수표단속법 제5조는 "수표를 위조 또는 변조한 자는 1년 이상의 유기징역과 수표금액의 10배 이하의 벌금에 처한다"라고 규정하고 있는바, 이러한 부정수표단속법 제5조의 문언상 본조는 수표의 강한 유통성과 거래수단으로서의 중요성을 감안하여 유가증권 중 수표의 위·변조행위에 관하여는 범죄성립요건을 완화하여 초과주관적 구성요건인 '행사할 목적'을 요구하지 아니하는 한편, 형법 제214조 제1항 위반에 해당하는 다른 유가증권위조·변조행위보다 그 형을 가중하여 처벌하려는 취지의 규정이라고 해석하여야 한다(대판 2008.2.14. 2007도10100).

〈수표금액이 백지인 수표를 위조한 경우에는 벌금형을 병과할 수 없다는 판례〉 부정수표단속법 제5조는 "수표를 위조 또는 변조한 자는 1년 이상의 유기징역과 수표금액의 10배 이하의 벌금에 처한다."고 규정하고 있는바, 수표금액란이 백지인 채로 수표가 위조된 후 그 수표금액이 아직 보충되지 아니한 경우에는 벌금액수의 상한을 정하는 기준이 되는 수표금액이 정하여져 있지 아니하여 병과할 벌금형의 상한을 정할 수 없으므로 결국 벌금형을 병과할 수 없고, 설령 수표금액이 백지인 수표를 위조한 사람이 그 위조수표를 교부하면서 보충권을 수여한 경우라 할지라도 그 수표의 금액이 실제로 보충되기 전까지는 수표금액이 얼마로 정하여질지 알 수 없으므로 그 보충권의 상한액을 수표금액으로 보아 이를 기준으로 벌금형을 병과할 수도 없다(대판 2005.9.28. 2005도3947).

제6장 | 기타 주요 형사특별법

제1절 | 여신전문금융업법

Ⅰ. 벌칙 조항 (제70조)

제70조(벌칙)

① 다음 각 호의 어느 하나에 해당하는 자는 7년 이하의 징역 또는 5천만원 이하의 벌금에 처한다.

　　1. 신용카드등을 위조하거나 변조한 자

　　2. 위조되거나 변조된 신용카드등을 판매하거나 사용한 자

　　3. 분실하거나 도난당한 신용카드나 직불카드를 판매하거나 사용한 자

　　4. 강취(強取)·횡령하거나, 사람을 기망(欺罔)하거나 공갈(恐喝)하여 취득한 신용카드나 직불카드를 판매하거나 사용한 자

　　5. 행사할 목적으로 위조되거나 변조된 신용카드등을 취득한 자

　　── (이하 일부 생략)

② 제18조의3제4항 제2호,제19조제6항 또는 제24조의2제3항을 위반한 자는 5년 이하의 징역 또는 3천만원 이하의 벌금에 처한다.

③ 다음 각 호의 어느 하나에 해당하는 자는 3년 이하의 징역 또는 2천만원 이하의 벌금에 처한다.

　　1. 거짓이나 그 밖의 부정한 방법으로 제3조제2항에 따른 등록을 한 자

　　2. 다음 각 목의 어느 하나에 해당하는 행위를 통하여 자금을 융통하여 준 자 또는 이를 중개·알선한 자

가. 물품의 판매 또는 용역의 제공 등을 가장하거나 실제 매출금액을 넘겨 신용
카드로 거래하거나 이를 대행하게 하는 행위

나. 신용카드회원으로 하여금 신용카드로 구매하도록 한 물품·용역 등을 할인
하여 매입하는 행위

다. 제15조를 위반하여 신용카드에 질권을 설정하는 행위

—— (이하 일부 생략)

⑥ 제1항 제1호 및 제2호의 미수범은 처벌한다.

⑦ 제1항 제1호의 죄를 범할 목적으로 예비(豫備)하거나 음모(陰謀)한 자는 3년 이하의 징
역 또는 2천만원 이하의 벌금에 처한다. 다만, 그 목적한 죄를 실행하기 전에 자수한 자에
대하여는 그 형(刑)을 감경(減輕)하거나 면제한다.

Ⅱ. 관련 범죄 판례 정리[34]

1. 신용카드 등의 위조·변조 (제70조 제1항 제1호, 제2호)

〈'신용카드 등'은 신용카드업자가 발행한 신용카드·직불카드 또는 선불카드만을 의미할 뿐,
회원권카드나 현금카드 등은 신용카드 기능을 겸하고 있다는 등의 특별한 사정이 없는 한
이에 해당할 여지가 없다는 판례〉 [1] 회원권카드는 일반적으로 특정한 시설 이용을 목적
으로 하여 고객이 그 시설 경영 기업과 체결한 회원계약상의 지위를 나타낸 카드를 의미
하고, 현금카드는 은행에 예금계좌를 설정하여 둔 고객이 출납창구 이외에서 현금자동
입출금기 등을 이용하여 자신의 예금계좌로부터 현금을 인출할 수 있도록 은행이 고객
에게 발급하여 준 카드를 의미한다. 따라서 위에서 본 여신전문금융업법의 규정들을
종합하여 보면, 위 법 제70조 제1항 제1호에서 그 위조행위를 처벌하고 있는 '신용카드 등'
은 신용카드업자가 발행한 신용카드·직불카드 또는 선불카드만을 의미할 뿐, 회원권카드
나 현금카드 등은 신용카드 기능을 겸하고 있다는 등의 특별한 사정이 없는 한 이에 해당할
여지가 없는 것이다. [2] '현금카드' 또는 '회원권카드'인 것으로 보일 뿐 피고인이 위조한
각 카드의 성격 및 기능을 알 수 없는 사안에서, '신용카드 등' 위조로 인한 구 여신전문
금융업법 위반의 공소사실을 유죄로 인정한 원심판단에 법리오해의 위법이 있다고 한
사례(대판 2010.6.10. 2010도3409).

2. 신용카드·직불카드의 부정사용 (제70조 제1항 제3호, 제4호)

〈절취한 직불카드로 예금을 인출해도 본래의 용법에 따른 사용이 아니므로 부정사용죄는 성
립하지 않는다는 판례〉 여신전문금융업법 제70조 제1항 소정의 부정사용이라 함은 위
조·변조 또는 도난·분실된 신용카드나 직불카드를 진정한 카드로서 신용카드나 직불

---

34) 여신전문금융업법 부분의 내용 중 출제가능성이 높은 부분의 판례만 정리한다.

카드의 본래의 용법에 따라 사용하는 경우를 말하는 것이므로, 절취한 직불카드를 온라인 현금자동지급기에 넣고 비밀번호 등을 입력하여 피해자의 예금을 인출한 행위는 여신전문금융업법 제70조 제1항 소정의 부정사용의 개념에 포함될 수 없다(대판 2003.11.14. 2003도3977).

〈여전법 제70조 제1항 제4호의 해석에 대한 예전 판례〉 [1] 여신전문금융업법 제70조 제1항 제4호에 의하면, '강취·횡령하거나 사람을 기망·공갈하여 취득한 신용카드 또는 직불카드를 판매하거나 사용한 자'에 대하여 '7년 이하의 징역 또는 5천만 원 이하의 벌금에 처한다'고 규정하고 있는바, 여기서 강취, 횡령, 기망 또는 공갈로 취득한 신용카드는 소유자 또는 점유자의 의사에 기하지 않고, 그의 점유를 이탈하거나 그의 의사에 반하여 점유가 배제된 신용카드를 가리킨다. [2] 유흥주점 업주가 과다한 술값 청구에 항의하는 피해자들을 폭행 또는 협박하여 피해자들로부터 일정 금액을 지급받기로 합의한 다음, 피해자들이 결제하라고 건네준 신용카드로 합의에 따라 현금서비스를 받거나 물품을 구입한 경우, 신용카드에 대한 피해자들의 점유가 피해자들의 의사에 기하지 않고 이탈하였거나 배제되었다고 보기 어려워 여신전문금융업법상의 신용카드 부정사용에 해당하지 않는다고 한 사례(대판 2006.7.6. 2006도654).

〈여전법 제70조 제1항 제4호의 해석에 대한 최근 판례〉 [사실관계] 피고인은 구속되어 있던 피해자에게 피해자의 신용카드로 피해자의 재판을 위한 변호인에 대한 성공사례비를 지급한 뒤 피고인이 금방 그 카드대금을 갚겠다고 기망하여 피해자로부터 신용카드를 교부받음. 피고인은 그때로부터 약 한달 사이에 총 23회에 걸쳐 여러 용도로 피해자의 신용카드를 결제(결제 총액 29,997,718원)하여 재물 또는 재산상 이익을 취득하였다. [판결요지] [1] 법률을 해석할 때 입법 취지와 목적, 제·개정 연혁, 법질서 전체와의 조화, 다른 법령과의 관계 등을 고려하는 체계적·논리적 해석 방법을 사용할 수 있으나, 문언 자체가 비교적 명확한 개념으로 구성되어 있다면 원칙적으로 이러한 해석 방법은 활용할 필요가 없거나 제한되어야 한다. [2] 여신전문금융업법 제70조 제1항 제4호에서는 '강취·횡령하거나, 사람을 기망하거나 공갈하여 취득한 신용카드나 직불카드를 판매하거나 사용한 자'를 처벌하도록 규정하고 있는데, 여기에서 '사용'은 강취·횡령, 기망 또는 공갈로 취득한 신용카드나 직불카드를 진정한 카드로서 본래의 용법에 따라 사용하는 경우를 말한다. [3] 그리고 '기망하거나 공갈하여 취득한 신용카드나 직불카드'는 문언상 '기망이나 공갈을 수단으로 하여 다른 사람으로부터 취득한 신용카드나 직불카드'라는 의미이므로, '신용카드나 직불카드의 소유자 또는 점유자를 기망하거나 공갈하여 그들의 자유로운 의사에 의하지 않고 점유가 배제되어 그들로부터 사실상 처분권을 취득한 신용카드나 직불카드'라고 해석되어야 한다(대판 2022.12.16. 2022도10629). [판결이유 중 일부 인용] [원심의 판단] 원심은, 기망하여 취득한 신용카드 사용으로 인한 여신전문금융업법 위반죄는 신용카드 자체를 기망하여 취득한 후 소유자 또는 점유자의 의사에 의하지 않고 신용카드를 사용한 경우에 인정된다고 전제한 뒤, 판시와 같은 사정에 의하여 인정되는 피고인의 신용카드 사용 동기 및 경위에 비추어 보면 피해자가 피고인에게 신용카드 사용권한을 준 것으로 보이므로 비록 신용카드 사용대금에 대한 피고인의 편취행위가 인정된다고 하더라도 신용카드 부정사용이라고 할 수 없다고 보아, 이 부분 공소사실을 무죄로 판단하였다. [대법원의 판단] 원심판결 이유와 적법하게 채택된 증거에 의하면, 피고인은 교도소에 수용 중인 피해자를 기망하여 2019. 2. 22. 이 사건 신용카드를 교부받은 뒤, 2019. 2. 26.부터 같은 해 3. 25.까지 약 1개월 간 총 23회에 걸쳐 피고인의 의사에 따라 이 사건 신용카드를 사용하였으므로, 피해자는 피고인으로부터 기망당함으로써 피해자의 자유로운 의사에 의하지 않고 이 사건 신용카드에 대한 점유를 상실하였고, 피고인은 이 사건 신용카드에 대한 사실상 처분권을 취득하였다고 보아야 한다. 따라서 이 사건 신용카드는 피고인이 이 사건 신용카드의 소유자인 피해자를 기망하여 취득한 신용카드에 해당하고, 이를 사용한 피고인의 행위는 기망하여 취득한 신용카드 사용으로 인한 여신전문금융업법 위반죄에 해당한다.

〈신용카드부정사용죄가 성립하면 사문서위조죄 및 동행사죄는 이에 흡수된다는 판례〉 신용카드업법 제25조 제1항은 신용카드를 위조·변조하거나 도난·분실 또는 위조·변조된 신용카드를 사용한 자는 7년 이하의 징역 또는 5천만 원 이하의 벌금에 처한다고 규정하고 있는바, 위 부정사용죄의 구성요건적 행위인 신용카드의 사용이라 함은 신용카드의 소지인이 신용카드의 본래 용도인 대금결제를 위하여 가맹점에 신용카드를 제시하고 매출표에 서명하여 이를 교부하는 일련의 행위를 가리키고 단순히 신용카드를 제시하는 행위만을 가리키는 것은 아니라고 할 것이므로, 위 매출표의 서명 및 교부가 별도로 사문서위조 및 동행사의 죄의 구성요건을 충족한다고 하여도 이 사문서위조 및 동행사의 죄는 위 신용카드부정사용죄에 흡수되어 신용카드부정사용죄의 1죄만이 성립하고 별도로 사문서위조 및 동행사의 죄는 성립하지 않는다(대판 1992.6.9. 92도77). [COMMENT] 본 판례에서의 신용카드업법 제25조 제1항의 내용은 현재 여신전문금융업법 제70조 제1항으로 변경되어 있다.

〈절취한 신용카드로 여러번 물품 구입하면 사기죄는 실체적 경합이지만, 신용카드부정사용죄는 포괄일죄가 된다는 판례〉 [1] 신용카드를 절취한 후 이를 사용한 경우 신용카드의 부정사용행위는 새로운 법익의 침해로 보아야 하고 그 법익침해가 절도범행보다 큰 것이 대부분이므로 위와 같은 부정사용행위가 절도범행의 불가벌적 사후행위가 되는 것은 아니다. [2] 피고인은 절취한 카드로 가맹점들로부터 물품을 구입하겠다는 단일한 범의를 가지고 그 범의가 계속된 가운데 동종의 범행인 신용카드 부정사용행위를 동일한 방법으로 반복하여 행하였고, 또 위 신용카드의 각 부정사용의 피해법익도 모두 위 신용카드를 사용한 거래의 안전 및 이에 대한 공중의 신뢰인 것으로 동일하므로, 피고인이 동일한 신용카드를 위와 같이 부정사용한 행위는 포괄하여 일죄에 해당하고, 신용카드를 부정사용한 결과가 사기죄의 구성요건에 해당하고 그 각 사기죄가 실체적 경합관계에 해당한다고 하여도 신용카드부정사용죄와 사기죄는 그 보호법익이나 행위의 태양이 전혀 달라 실체적 경합관계에 있으므로 신용카드 부정사용행위를 포괄일죄로 취급하는데 아무런 지장이 없다고 한 사례(대판 1996.7.12. 96도1181).

같은 회사에 다니는 甲과 乙은 회사로부터 격려금을 받게 되자 술자리를 갖게 되었다. 늦게까지 술을 마시고 乙이 만취하여 졸고 있자, 甲은 乙의 외투 밖으로 나온 乙의 지갑에서 현금카드 겸용 신용카드를 몰래 꺼낸 후 밖으로 나가 인근 현금자동지급기에서 평소 알고 있던 乙의 신용카드 비밀번호를 이용하여 현금서비스로 100만 원을 찾았다. 이후 甲은 식당으로 돌아와 乙의 신용카드를 乙의 지갑에 몰래 다시 넣어두었다. 甲의 죄책은? (8점) [2022 2차]

3. 신용카드 자금융통 (제70조 제3항 제2호)

〈신용카드로 결제하고 물품 가져간 후 물품을 다시 판매해도 신용카드 자금융통죄는 성립하지 않는다는 판례〉 [1] 구 여신전문금융업법(2005. 5. 31. 법률 제7531호로 개정되기 전의 것) 제70조 제2항 제3호와 현행 여신전문금융업법 제70조 제2항 제3호 (가)목에서 규정하는 요건을 충족하기 위하여는 실제로 신용카드거래가 없었음에도 불구하고, 신용매출이 있었던 것으로 가장하거나 실제의 매출액을 초과하여 신용카드에 의한 거래를 할 것을 요하고, 실제로 신용카드에 의한 물품거래가 있었을 뿐만 아니라 그 매출금액 그대로 매출전표를 작성한 경우는 위 법조에서 규정하는 처벌대상에 포함되지 아니한다. [2] 편의점 업주가 인근 유흥주점 업주의 부탁을 받고 유흥주점 손님인 피해자들의 신용카드로 술값을 결제하도록 하고 결제대금 상당의 물품을 제공하여 유흥주점 업주가 이를 다른 사람들에게 정상가격이나 할인가격으로 처분한 사안에서, 피해자들에게 신용카드대금에 대한 결제의사는 있었으나 자금융통에 대한 의사는 없었고, 실제로 신용카드에 의한 물품거래가 있었으며 그 매출금액대로 매출전표가 작성된 이상 편의점 업주의 행위는 여신전문금융업법상 물품의 판매 또는 용역의 제공 등을 가장한 행위라고 보기 어렵다고 한 사례(대판 2006.7.6. 2006도654). [COMMENT] 판례에서의 제70조 제2항 제3호는 현행 제70조 제3항 제2호를 의미한다.

〈기업구매전용카드에 의한 거래는 신용카드에 의한 거래에 해당하지 않는다는 판례〉 기업구매전용카드가 여신전문금융업법에서 규정한 신용카드에 해당함을 전제로 이를 이용하여 물품의 판매 또는 용역의 제공을 가장하여 거래하는 방법으로 자금을 융통하여 줌으로써 위 법 제70조 제2항 제2호 '가'목을 위반하였다는 내용으로 기소된 사안에서, 기업구매전용카드에 의한 거래를 여신전문금융업법 제 70조 제2항 제2호가 규정한 '신용카드에 의한 거래'에 해당한다고 보기는 어렵다는 이유로 무죄를 선고한 원심을 수긍한 사안(대판 2013.7.25. 2011도14687). [COMMENT] 판례에서의 제70조 제2항 제2호는 현행 제70조 제3항 제2호를 의미한다.

〈신용카드 이용 자금융통행위에 있어서 '신용카드'라 함은 신용카드업자가 진정하게 발행한 신용카드만을 의미하며, 신용카드업자가 발행하지 아니한 위조·변조된 신용카드의 사용에 의한 가장거래에 따라 이루어진 자금융통행위는 이에 해당한다고 볼 수 없다는 판례〉 여신전문금융업법 제70조 제2항 제2호 가목에서는 신용카드를 이용한 변칙대출을 제재하고 소비자금융의 증가에 따른 신용거래질서의 확립을 도모하기 위하여 물품의 판매 또는 용역의 제공 등을 가장하거나 실제 매출금액을 넘겨 신용카드로 거래하거나 이를 대행하게 하는 행위를 통하여 자금을 융통하여 주는 행위를 처벌하는 규정을 마련하고 있고, 이와 같은 신용카드 이용 자금융통행위에 있어서 '신용카드'라 함은 같은 법 제2조 제3호에서 규정한 신용카드의 정의에 따를 때, 이를 제시함으로써 반복하여 신용카드가맹점에서 결제(단, 금전채무의 상환, 금융상품의 대가, 사행성 게임물 혹은 사행행위의 대가 등은 결제 대상에서 제외된다)할 수 있는 증표(證票)로서 신용카드업자(외국에서 신용카드업에 상당하는 영업을 영위하는 자를 포함한다)가 발행한 것을 말한다고 할 것이므로, 이 때 신용카드는 신용카드업자가 진정하게 발행한 신용카드만을 의미하며, 신용카드업자가 발행하지 아니한 위조·변조된 신용카드의 사용에 의한 가장거래에 따라 이루어진 자금융통행위는 이에 해당한다고 볼 수 없다(대판 2015.6.11. 2014도14550). [COMMENT] 판례에서의 제70조 제2항 제2호는 현행 제70조 제3항 제2호를 의미한다.

4. 신용카드 등의 위조·변조 등의 미수범 처벌 (제70조 제6항)

〈결제시 도난카드임이 밝혀져 매출취소로 거래가 종결되었다면 부정사용죄는 성립하지 않는다는 판례〉 신용카드를 절취한 사람이 대금을 결제하기 위하여 신용카드를 제시하고 카드회사의 승인까지 받았다고 하더라도 매출전표에 서명한 사실이 없고 도난카드임이 밝혀져 최종적으로 매출취소로 거래가 종결되었다면, 신용카드 부정사용의 미수행위에 불과하다고 한 사례(대판 2008.2.14. 2007도8767). [COMMENT] 신용카드부정사용죄의 경우에는 미수범을 처벌하지 아니한다. 여신전문금융업법 제70조 제6항 참조.

제2절 | 정보통신망 이용촉진 및 정보보호 등에 관한 법률

I. 정보통신망이용 명예훼손죄 (제70조)

1. 관련 조문

> **제70조 (벌칙)**
> ① 사람을 비방할 목적으로 정보통신망을 통하여 공공연하게 사실을 드러내어 다른 사람의 명예를 훼손한 자는 3년 이하의 징역 또는 3천만원 이하의 벌금에 처한다.
> ② 사람을 비방할 목적으로 정보통신망을 통하여 공공연하게 거짓의 사실을 드러내어 다른 사람의 명예를 훼손한 자는 7년 이하의 징역, 10년 이하의 자격정지 또는 5천만원 이하의 벌금에 처한다.
> ③ 제1항과 제2항의 죄는 피해자가 구체적으로 밝힌 의사에 반하여 공소를 제기할 수 없다.

2. 관련 판례

〈성형시술 사건(인터넷 포털사이트의 지식검색 질문·답변 게시판에 성형시술 결과가 만족스럽지 못하다는 주관적인 평가를 주된 내용으로 하는 한 줄의 댓글을 게시한 사안에서, 그 표현물은 전체적으로 보아 성형시술을 받을 것을 고려하고 있는 다수의 인터넷 사용자들의 의사결정에 도움이 되는 정보 및 의견의 제공이라는 공공의 이익에 관한 것이어서 비방할 목적이 있었다고 보기 어렵다고 한 판례)〉 [1] 구 정보통신망 이용촉진 및 정보보호 등에 관한 법률(2007. 12. 21. 법률 제8778호로 개정되기 전의 것) 제61조 제1항에 정한 '사람을 비방할 목적'이란 가해의 의사 내지 목적을 요하는 것으로서, 사람을 비방할 목적이 있는지 여부는 당해 적시 사실의 내용과 성질, 당해 사실의 공표가 이루어진 상대방의 범위, 그 표현의 방법 등 그 표현 자체에 관한 제반 사정을 감안함과 동시에 그 표현에 의하여 훼손되거나 훼손될 수 있는 명예의 침해 정도 등을 비교, 고려하여 결정하여야 하는데, 공공의 이익을 위한 것과는 행위자의 주관적 의도의 방향에 있어 서로 상반되는 관계에 있으므로, 적시한 사실이 공공의 이익에 관한 것인 경우에는 특별한 사정이 없는 한 비방할 목적은 부인된다고 봄이 상당하고, 공공의 이익에 관한 것에는 널리 국가·사회 기타 일반 다수인의 이익에 관한 것뿐만 아니라 특정한 사회집단이나 그 구성원 전체의 관심과 이익에 관한 것도 포함하는 것이고, 행위자의 주요한 동기 내지 목적이 공공의 이익을 위한 것이라면 부수적으로 다른 사익적 목적이나 동기가 내포되어 있더라도 비방할 목적이 있다고 보기는 어렵다. [2] 인터넷 포털사이트의 지식검색 질문·답변 게시판에 성형시술 결과가 만족스럽지 못하다는 주관적인 평가를 주된 내용으로 하는 한 줄의 댓글을 게시한 사안에서, 그 표현물은 전체적으로 보아 성형시술을 받을 것을 고려하고 있는 다수의 인터넷 사용자들의 의사결정에 도움이 되는 정보 및 의견의 제공이라는 공공의 이익에 관한 것이어서 비방할 목적이 있었다고 보기 어렵다고 한 사례(대판 2009.5.28. 2008도8812). [COMMENT] 본 판례에서의 제61조 제1항은 현행 제70조 제1항을 의미한다.

〈산후조리원 사건(주요한 동기나 목적이 공공의 이익을 위한 것이라면 부수적으로 산후조리원 이용대금 환불과 같은 다른 사익적 목적이나 동기가 내포되어 있다는 사정만으로 피고인에게 갑을 비방할 목적이 있었다고 보기 어렵다는 판례)〉 갑 운영의 산후조리원을 이용한 피고인이 9회에 걸쳐 임신, 육아 등과 관련한 유명 인터넷 카페나 자신의 블로그 등에 자신이 직접 겪은 불편사항 등을 후기 형태로 게시하여 갑의 명예를 훼손하였다는 내용으로 정보통신망 이용촉진 및 정보보호 등에 관한 법률 위반으로 기소된 사안에서, 피고인이 인터넷 카페 게시판 등에 올린 글은 자신이 산후조리원을 실제 이용하면서 겪은 일과 이에 대한 주관적 평가를 담은 이용 후기인 점, 위 글에 '갑의 막장 대응' 등과 같이 다소 과장된 표현이 사용되기도 하였으나, 인터넷 게시글에 적시된 주요 내용은 객관적 사실에 부합하는 점, 피고인이 게시한 글의 공표 상대방은 인터넷 카페 회원이나 산후조리원 정보를 검색하는 인터넷 사용자들에 한정되고 그렇지 않은 인터넷 사용자들에게 무분별하게 노출되는 것이라고 보기 어려운 점 등의 제반 사정에 비추어 볼 때, 피고인이 적시한 사실은 산후조리원에 대한 정보를 구하고자 하는 임산부의 의사결정에 도움이 되는 정보 및 의견 제공이라는 공공의 이익에 관한 것이라고 봄이 타당하고, 이처럼 피고인의 주요한 동기나 목적이 공공의 이익을 위한 것이라면 부수적으로 산후조리원 이용대금 환불과 같은 다른 사익적 목적이나 동기가 내포되어 있다는 사정만으로 피고인에게 갑을 비방할 목적이 있었다고 보기 어려운데도, 이와 달리 보아 유죄를 인정한 원심판결에 같은 법 제70조 제1항에서 정한 명예훼손죄 구성요건요소인 '사람을 비방할 목적'에 관한 법리오해의 위법이 있다고 한 사례(대판 2012.11.29. 2012도10392).

〈피고인이 고등학교 동창인 피해자로부터 사기 범행을 당했던 사실에 관하여 같은 학교 동창들이 참여한 단체 채팅방에서 '피해자가 내 돈을 갚지 못해 사기죄로 감방에서 몇 개월 살다가 나왔다. 집에서도 포기한 애다. 너희들도 조심해라.'라는 글을 올렸다고 하여도 비방할 목적은 인정되지 않는다는 판례〉 피고인이 고등학교 동창인 피해자로부터 사기 범행을 당했던 사실에 관하여 같은 학교 동창들이 참여한 단체 채팅방에서 '피해자가 내 돈을 갚지 못해 사기죄로 감방에서 몇 개월 살다가 나왔다. 집에서도 포기한 애다. 너희들도 조심해라.'라는 글을 올린 행위로 정보통신망 이용촉진 및 정보보호 등에 관한 법률 위반(명예훼손)으로 기소된 사안에서, 피고인이 드러낸 사실의 내용, 작성 경위와 동기 등 여러 사정을 위에서 본 법리에 비추어 살펴보면, 피고인이 이 사건 글을 작성한 주요한 동기와 목적이 공공의 이익을 위한 것으로 볼 여지가 있어 피고인에게 비방할 목적이 증명되었다고 보기 어렵다는 이유로, 이와 달리 원심이 이 사건 공소사실을 유죄로 인정한 것에 정보통신망 이용촉진 및 정보보호 등에 관한 법률 제70조 제1항에서 정한 '비방할 목적'에 관한 법리를 오해하여 판결에 영향을 미친 잘못이 있다고 보아 원심판결을 파기한 사례(대판 2022.7.28. 2022도4171).

X회사의 개발팀장으로 근무하는 甲은 2022. 4. 1. 위 회사가 입주한 Y상가 관리소장 A와 방문객 주차 문제로 언쟁을 벌인 후, A를 비방할 목적으로 상가 입주자 약 200여 명이 회원으로 가입된 Y상가 번영회 인터넷 카페 사이트 게시판에 'A에게 혼외자가 있다'는 허위사실을 게시하였다. 甲은 이 글의 신빙성을 높이기 위해 관리사무소 직원 B에게 부탁하여 'A가 혼외자와 함께 있는 것을 보았다'는 허위 내용이 기재된 B 명의의 사실확인서를 받아 위 게시물에 첨부하였다. 甲의 죄책은? (10점) [2023 변시]

甲(여)은 남편 A와 현재 별거상태에서 이혼소송을 제기한 후 그를 파멸시키고자 하였다. 이를 위해 甲은 A가 다니는 회사 내에서 애사심이 강한 乙을 만나 조작된 자료를 제시하며 A가 지난 해 회사 공금 5억 원을 횡령하였다는 허위 사실을 알려주었다. 이 제보를 진실한 것으로 섣불리 믿은 乙은 오로지 회사의 발전을 위해 A와 같은 비위자는 퇴사시켜야 마땅하다고 생각하였다. 다음 날 乙은 회사 모든 직원이 알 수 있도록 甲으로부터 전해들은 사실을 회사 내부통신망(intranet)의 게시판에 게재하였다. 그런데 마침 내부통신망의 게시판 관리자 X가 그 게시물을 보고 심각성을 느낀 나머지 乙의 동의 없이 그 게시물을 삭제하여 다른 직원들은 아직 그 게시물을 읽지 못하였다. X는 게시물 내용을 감사부서에 보고했고, 얼마 후 감사부서에서 A의 업무을 세밀히 감사한 결과 甲이 乙에게 전해준 정보는 거짓으로 밝혀졌다. 甲과 乙의 죄책을 논하고 다툼이 있는 경우 판례의 입장에 따라 결론을 도출하시오. (30점) [2020 2차]

II. 악성프로그램 전달·유포죄 (제70조의2)

제70조의2 (벌칙)

제48조제2항을 위반하여 악성프로그램을 전달 또는 유포하는 자는 7년 이하의 징역 또는 7천만원 이하의 벌금에 처한다. [본조신설 2016.3.22]

〈참조 조문〉

정보통신망법 제48조 (정보통신망 침해행위 등의 금지)

② 누구든지 정당한 사유 없이 정보통신시스템, 데이터 또는 프로그램 등을 훼손·멸실·변경·위조하거나 그 운용을 방해할 수 있는 프로그램(이하 "악성프로그램"이라 한다)을 전달 또는 유포하여서는 아니 된다.

III. 정보통신망 침입 등 죄 (제71조 제1항 제9호)

1. 관련 조문

제71조 (벌칙)

① 다음 각 호의 어느 하나에 해당하는 자는 5년 이하의 징역 또는 5천만원 이하의 벌금에 처한다.

—— (일부 생략)

9. 제48조제1항을 위반하여 정보통신망에 침입한 자

—— (이하 일부 생략)

② 제1항 제9호의 미수범은 처벌한다. [신설 2016.3.22] [시행일 2016.9.23]

〈참조 조문〉

정보통신망법 제48조 (정보통신망 침해행위 등의 금지)

① 누구든지 정당한 접근권한 없이 또는 허용된 접근권한을 넘어 정보통신망에 침입하여서는 아니된다.

2. 관련 판례

〈정통망 침입 여부가 문제된 사건 – 토플 모의고사 프로그램 가맹계약 중개 역할을 하는 피고인이 가맹학원의 관리자 ID로 접속한 것이 정보통신망 침입에 해당한다는 판례〉 [1] 구「정보통신망 이용촉진 및 정보보호 등에 관한 법률」(2014. 5. 28. 법률 제12681호로 개정되기 전의 것, 이하 '정보통신망법'이라고 한다) 제48조 제1항은 '정당한 접근권한 없이 또는 허용된 접근권한을 초과하여 정보통신망에 침입'하는 행위를 금지하고 있으므로, 정보통신망법은 그 보호조치에 대한 침해나 훼손이 수반되지 않더라도 부정한 방법으로 타인의 식별부호(아이디와 비밀번호)를 이용하거나 보호조치에 따른 제한을 면할 수 있게 하는 부정한 명령을 입력하는 등의 방법으로 침입하는 행위도 금지한다고 보아야 한다. 위 규정은 정보통신망 자체의 안정성과 그 정보의 신뢰성을 보호하기 위한 것이므로, 위 규정에서 접근권한을 부여하거나 허용되는 범위를 설정하는 주체는 서비스제공자이고 따라서 서비스제공자로부터 권한을 부여받은 이용자가 아닌 제3자가 정보통신망에 접속한 경우 그에게 접근권한이 있는지 여부는 서비스제공자가 부여한 접근권한을 기준으로 판단하여야 한다(대법원 2005. 11. 25. 선고 2005도870 판결 등 참조). [2] 공소외 회사가 제공하는 토플 온라인 모의고사 프로그램 가맹계약의 중개 역할을 하는 피고인 2(회사)의 경영자인 피고인 1이 공소외 회사와의 민사 분쟁으로 접속이 차단되자, 공소외 회사나 가맹학원의 승낙 없이 가맹학원의 관리자 ID로 위 토플 온라인 모의고사 관련 사이트에 접속하여 응시자가 시험을 볼 수 있게 한 사안에서, 이는 서비스제공자인 공소외 회사의 의사에 반하여 정당한 접근권한 없이 정보통신망에 침입한 것에 해당한다는 이유로 이 사건 공소사실을 유죄로 판단한 원심을 수긍한 사례(대판 2021.6.24. 2020도17860).

Ⅳ. 타인의 비밀 침해·도용·누설죄 (제71조 제1항 제11호)

1. 관련 조문

> **제71조 (벌칙)**
>
> ① 다음 각 호의 어느 하나에 해당하는 자는 5년 이하의 징역 또는 5천만원 이하의 벌금에 처한다.
>
> ―― (이하 일부 생략)
>
> 11. 제49조를 위반하여 타인의 정보를 훼손하거나 타인의 비밀을 침해·도용 또는 누설한 자
>
> **〈참조 조문〉**
>
> **정보통신망법 제49조 (비밀 등의 보호)**
>
> 누구든지 정보통신망에 의하여 처리·보관 또는 전송되는 타인의 정보를 훼손하거나 타인의 비밀을 침해·도용 또는 누설하여서는 아니 된다.

2. 관련 판례

〈정통망법 제49조에서 정한 '타인의 비밀', '정보통신망에 의하여 처리·보관 또는 전송되는 타인의 비밀 침해·도용'의 의미〉 정보통신망법 제49조에서 말하는 '타인의 비밀'이란 일반적으로 알려져 있지 않은 사실로서 이를 다른 사람에게 알리지 않는 것이 본인에게 이익이 되는 것을 뜻한다(대법원 2006. 3. 24. 선고 2005도7309 판결 참조). 그리고 위 조항에서 말하는 '정보통신망에 의하여 처리·보관 또는 전송되는 타인의 비밀 침해'란 정보통신망에 의하여 처리·보관 또는 전송되는 타인의 비밀을 정보통신망에 침입하는 등 부정한 수단 또는 방법으로 취득하는 행위를 말하고, '정보통신망에 의하여 처리·보관 또는 전송되는 타인의 비밀 도용'이란 정보통신망에 의하여 처리·보관 또는 전송되는 타인의 비밀을 정보통신망에 침입하는 등 부정한 수단 또는 방법으로 취득한 사람이나 그 비밀이 위와 같은 방법으로 취득된 것을 알고 있는 사람이 그 비밀을 사용하는 행위를 의미한다(대판 2015.1.15. 2013도15457). **[판결이유 중 일부 인용]** 즉, 이 사건 인터넷 쇼핑몰 회원들의 주문정보가 포함된 구매후기 게시글은 타인의 비밀에 해당하지 않지만, 회원들의 주민등록번호, ID, 비밀번호, 휴대전화번호, 주소 등의 개인정보는 타인의 비밀에 해당한다고 볼 수 있다. 그러나 피고인들은 인터넷 쇼핑몰 홈페이지 서버에 접근할 수 있는 정당한 권한이 있을 당시에 이를 취득한 것이고, 피고인들이 부정한 수단 또는 방법으로 타인의 비밀을 취득하였다고 볼 수 없으므로, 피고인 1이 운영하는 ○○사랑 홈페이지 서버 등에 이를 복사·저장하였다고 하더라도 그러한 행위만으로 타인의 비밀을 침해·도용한 것이라고 볼 수 없다. 앞서 본 법리에 따라 기록을 살펴보면, 원심의 위와 같은 판단은 정당하고, 거기에 논리와 경험의 법칙을 위반하여 자유심증주의의 한계를 벗어나거나, 타인의 비밀 침해·도용으로 인한 정보통신망법 위반죄에 관한 법리를 오해한 위법이 없다.

V. 음란영상 배포등(제74조 제1항 제2호)과 공포심·불안감 유발 문언의 반복적 도달(제74조 제1항 제3호)

1. 관련 조문

제74조 (벌칙) ① 다음 각 호의 어느 하나에 해당하는 자는 1년 이하의 징역 또는 1천만원 이하의 벌금에 처한다.
—— (이하 일부 생략)
　2. 제44조의7 제1항 제1호를 위반하여 음란한 부호·문언·음향·화상 또는 영상을 배포·판매·임대하거나 공공연하게 전시한 자
　3. 제44조의7 제1항 제3호를 위반하여 공포심이나 불안감을 유발하는 부호·문언·음향·화상 또는 영상을 반복적으로 상대방에게 도달하게 한 자
—— (이하 일부 생략)
② 제1항 제3호의 죄는 피해자가 구체적으로 밝힌 의사에 반하여 공소를 제기할 수 없다.
〈참조 조문〉
정보통신망법 제44조의7 (불법정보의 유통금지 등)
① 누구든지 정보통신망을 통하여 다음 각 호의 어느 하나에 해당하는 정보를 유통하여서는 아니 된다.
　1. 음란한 부호·문언·음향·화상 또는 영상을 배포·판매·임대하거나 공공연하게 전시하는 내용의 정보
　2. 사람을 비방할 목적으로 공공연하게 사실이나 거짓의 사실을 드러내어 타인의 명예를 훼손하는 내용의 정보
　3. 공포심이나 불안감을 유발하는 부호·문언·음향·화상 또는 영상을 반복적으로 상대방에게 도달하도록 하는 내용의 정보

2. 관련 판례

〈토렌트 사이트 사건(음란물 영상의 토렌트 파일을 웹사이트 등에 게시하여 불특정 또는 다수인에게 무상으로 다운로드받게 하는 행위 또는 그 토렌트 파일을 이용하여 별다른 제한 없이 해당 음란물 영상에 바로 접할 수 있는 상태를 실제로 조성한 행위는 전체적으로 보아 음란한 영상을 배포하거나 공공연하게 전시한다는 구성요건을 충족한다고 봄이 상당하다는 판례)〉
[1] 음란물 영상의 토렌트 파일을 웹사이트 등에 게시하여 불특정 또는 다수인에게 무상으로 다운로드받게 하는 행위 또는 그 토렌트 파일을 이용하여 별다른 제한 없이 해당 음란물 영상에 바로 접할 수 있는 상태를 실제로 조성한 행위는 정보통신망법 제74조 제1항 제2호에서 처벌 대상으로 삼고 있는 '같은 법 제44조의7 제1항 제1호를 위반하여 음란한 영상을 배포하거나 공공연하게 전시'한 것과 실질적으로 동일한 결과를 가져온다. 그러므로 위와 같은 행위는 전체적으로 보아 음란한 영상을 배포하거나 공공연하게 전시한다는 구성요건을 충족한다고 봄이 상당하다. [2] 자신이 운영하는 웹사이트(토렌트 사이트)에 음란물

영상 총 8,402개의 토렌트 파일을 게시하여 불특정 다수에게 다운로드 받도록 한 피고인이, 위 토렌트 파일은 메타데이터를 담고 있는 파일이지 음란한 영상이 아니므로 정보통신망을 통한 음란한 영상의 배포 또는 공공연한 전시에 해당하지 않는다고 다툰 사안에서, 피고인의 행위는 전체적으로 보아 정보통신망법 제74조 제1항 제2호에서 정한 '같은 법 제44조의7 제1항 제1호를 위반하여 음란한 영상을 배포하거나 공공연하게 전시'한 행위에 해당한다는 이유로, 피고인의 상고를 기각한 사례(대판 2019.7.25. 2019도5283).

〈투자금 반환과 관련하여 을로부터 지속적인 변제독촉을 받아오던 갑이 을의 핸드폰으로 하루 간격으로 2번 문자메시지를 발송한 행위는 일련의 반복적인 행위라고 단정할 수 없을 뿐만 아니라, 그 경위도 피해자의 불법적인 모욕행위에 격분하여 그러한 행위의 중단을 촉구하는 차원에서 일시적·충동적으로 다소 과격한 표현의 경고성 문구를 발송한 것이어서, '정통망법' 제74조 제1항 제3호에 정한 '공포심이나 불안감을 유발하는 문언을 반복적으로 도달하게 한 행위'에 해당하지 않는다고 한 판례〉 [1] 정보통신망 이용촉진 및 정보보호 등에 관한 법률 제74조 제1항 제3호, 제44조의7 제1항 제3호는 '정보통신망을 통하여 공포심이나 불안감을 유발하는 문언을 반복적으로 상대방에게 도달하게 한 자'를 처벌하고 있다. 이 범죄는 구성요건상 위 조항에서 정한 정보통신망을 이용하여 상대방의 불안감 등을 조성하는 일정 행위의 반복을 필수적인 요건으로 삼고 있을 뿐만 아니라, 그 입법 취지에 비추어 보더라도 위 정보통신망을 이용한 일련의 불안감 조성행위가 이에 해당한다고 하기 위해서는 각 행위 상호간에 일시·장소의 근접, 방법의 유사성, 기회의 동일, 범의의 계속 등 밀접한 관계가 있어 그 전체를 일련의 반복적인 행위로 평가할 수 있는 경우라야 한다. 따라서 그와 같이 평가될 수 없는 일회성 내지 비연속적인 단발성 행위가 수차 이루어진 것에 불과한 경우에는 그 문언의 구체적 내용 및 정도에 따라 협박죄나 경범죄처벌법상 불안감 조성행위 등 별개의 범죄로 처벌함은 별론으로 하더라도 위 법 위반죄로 처벌할 수는 없다. [2] 투자금 반환과 관련하여 을로부터 지속적인 변제독촉을 받아오던 갑이 을의 핸드폰으로 하루 간격으로 2번 문자메시지를 발송한 행위는 일련의 반복적인 행위라고 단정할 수 없을 뿐만 아니라, 그 경위도 피해자의 불법적인 모욕행위에 격분하여 그러한 행위의 중단을 촉구하는 차원에서 일시적·충동적으로 다소 과격한 표현의 경고성 문구를 발송한 것이어서, '정보통신망 이용촉진 및 정보보호 등에 관한 법률' 제74조 제1항 제3호에 정한 '공포심이나 불안감을 유발하는 문언을 반복적으로 도달하게 한 행위'에 해당하지 않는다고 한 사례(대판 2009.4.23. 2008도11595).

〈문자메세지가 스팸보관함에 저장된 사건(상대방의 휴대전화로 공포심이나 불안감을 유발하는 문자메시지를 전송함으로써 상대방이 별다른 제한 없이 문자메시지를 바로 접할 수 있는 상태에 이른 경우, 상대방이 실제로 문자메시지를 확인하였는지와 상관없이 '공포심이나 불안감을 유발하는 문언을 상대방에게 도달하게 한다'는 구성요건을 충족한다는 판례)〉 [1] 보통신망 이용촉진 및 정보보호 등에 관한 법률 제74조 제1항 제3호, 제44조의7 제1항 제3호는 정보통신망을 통하여 공포심이나 불안감을 유발하는 부호·문언·음향·화상 또는 영상을 반복적으로 상대방에게 도달하게 하는 행위를 처벌하고 있다. '공포심이나 불안감을 유발하는 문언을 반복적으로 상대방에게 도달하게 하는 행위'에 해당하는지는 피고인이 상대방에게 보낸 문언의 내용, 표현방법과 그 의미, 피고인과 상대방의 관계,

문언을 보낸 경위와 횟수, 그 전후의 사정, 상대방이 처한 상황 등을 종합적으로 고려해서 판단하여야 한다. '도달하게 한다'는 것은 '상대방이 공포심이나 불안감을 유발하는 문언 등을 직접 접하는 경우뿐만 아니라 상대방이 객관적으로 이를 인식할 수 있는 상태에 두는 것'을 의미한다. 따라서 피고인이 상대방의 휴대전화로 공포심이나 불안감을 유발하는 문자메시지를 전송함으로써 상대방이 별다른 제한 없이 문자메시지를 바로 접할 수 있는 상태에 이르렀다면, 그러한 행위는 공포심이나 불안감을 유발하는 문언을 상대방에게 도달하게 한다는 구성요건을 충족한다고 보아야 하고, 상대방이 실제로 문자메시지를 확인하였는지 여부와는 상관없다. [2] 피고인이 피해자의 휴대전화로 공포심이나 불안감을 유발하는 문자메시지를 반복적으로 전송한 경우, 비록 피해자의 수신차단으로 위 문자메시지들이 피해자 휴대전화의 스팸 보관함에 저장되어 있었다고 하더라도, 피해자가 위 문자메시지들을 바로 확인하여 인식할 수 있는 상태에 있었으므로, 정보통신망법 제74조 제1항 제3호, 제44조의7 제1항 제3호에 규정된 '도달'에 해당한다고 본 사례(대판 2018.11.15. 2018도14610).

〈대량문자메시지 발송사이트를 이용하여 불특정 다수의 휴대전화에 음란한 문언을 배포한 사건〉 피고인 갑 주식회사의 대표이사 피고인 을과 운영·관리자 피고인 병, 정이 공모하여, 갑 회사 사무실에서 대량문자메시지 발송사이트를 이용하여 불특정 다수의 휴대전화에 여성의 성기, 자위행위, 불특정 다수와의 성매매를 포함한 성행위 등을 저속하고 노골적으로 표현 또는 묘사하거나 이를 암시하는 문언이 기재된 31,342건의 문자메시지(이하 '문자메시지'라고 한다)를 전송함으로써 정보통신망을 통하여 음란한 문언을 배포하였다고 하여 정보통신망 이용촉진 및 정보보호 등에 관한 법률 위반(음란물 유포)으로 기소된 사안에서, 위 문언은 건전한 성의식을 저해하는 반사회적 성행위 등을 표현함에 있어 단순히 저속하다거나 문란한 느낌을 준다는 정도를 넘어서 사람의 존엄성과 가치를 심각하게 훼손·왜곡하였다고 평가할 수 있을 정도에 이른 점, 피고인 을, 병, 정은 성인 폰팅업체를 운영하거나 관리하는 사람들로 문자메시지를 수신하는 불특정 다수로 하여금 자신들의 업체를 이용하도록 광고하기 위한 목적을 가지고 있었으며, 문자메시지의 내용은 사회통념상 일반 보통인의 성욕을 자극하여 성적 흥분을 유발하고 정상적인 성적 수치심을 해하여 성적 도의관념에 반하는 점, 피고인 을, 병, 정이 문자메시지를 전송한 동기 및 그 내용에 비추어 위 문자메시지에서 하등의 문학적·예술적·사상적·과학적·의학적·교육적 가치를 발견할 수 없는 점을 종합하면 문자메시지는 '음란한 문언'에 해당한다는 이유로, 이와 달리 보아 공소사실을 무죄로 판단한 원심판결에 음란성에 관한 법리를 오해한 위법이 있다고 한 사례(대판 2019.1.10. 2016도8783).

채권자 甲은 채무자 A가 변제기에 채무를 이행하지 않자, 핸드폰 문자메시지로 '돈을 갚지 않으면 아들을 등교 길에 유괴할 수도 있다.'는 등으로 20여 차례에 걸쳐 협박하였다. 甲의 죄책은? (10점) [2012 변시]

제3절 | 변호사법

I. 비변호사의 법률사무 취급 · 알선 (제109조)

1. 관련 조문

제109조 (벌칙)
다음 각 호의 어느 하나에 해당하는 자는 7년 이하의 징역 또는 5천만원 이하의 벌금에 처한다. 이 경우 벌금과 징역은 병과(倂科)할 수 있다.
  1. 변호사가 아니면서 금품 · 향응 또는 그 밖의 이익을 받거나 받을 것을 약속하고 또는 제3자에게 이를 공여하게 하거나 공여하게 할 것을 약속하고 다음 각 목의 사건에 관하여 감정 · 대리 · 중재 · 화해 · 청탁 · 법률상담 또는 법률 관계 문서 작성, 그 밖의 법률사무를 취급하거나 이러한 행위를 알선한 자
    가. 소송 사건, 비송 사건, 가사 조정 또는 심판 사건
    나. 행정심판 또는 심사의 청구나 이의신청, 그 밖에 행정기관에 대한 불복신청 사건
    다. 수사기관에서 취급 중인 수사 사건
    라. 법령에 따라 설치된 조사기관에서 취급 중인 조사 사건
    마. 그 밖에 일반의 법률사건
  2. 제33조 또는 제34조(제57조,제58조의16 또는 제58조의30에 따라 준용되는 경우를 포함한다)를 위반한 자

〈참조 조문〉
변호사법 제33조 (독직행위의 금지)
변호사는 수임하고 있는 사건에 관하여 상대방으로부터 이익을 받거나 이를 요구 또는 약속하여서는 아니 된다.

변호사법 제34조 (변호사가 아닌 자와의 동업 금지 등)
① 누구든지 법률사건이나 법률사무의 수임에 관하여 다음 각 호의 행위를 하여서는 아니 된다.
  1. 사전에 금품 · 향응 또는 그 밖의 이익을 받거나 받기로 약속하고 당사자 또는 그 밖의 관계인을 특정한 변호사나 그 사무직원에게 소개 · 알선 또는 유인하는 행위
  2. 당사자 또는 그 밖의 관계인을 특정한 변호사나 그 사무직원에게 소개 · 알선 또는 유인한 후 그 대가로 금품 · 향응 또는 그 밖의 이익을 받거나 요구하는 행위
② 변호사나 그 사무직원은 법률사건이나 법률사무의 수임에 관하여 소개 · 알선 또는 유인의 대가로 금품 · 향응 또는 그 밖의 이익을 제공하거나 제공하기로 약속하여서는 아니 된다.

③변호사나 그 사무직원은 제109조제1호, 제111조 또는 제112조제1호에 규정된 자로부터 법률사건이나 법률사무의 수임을 알선받거나 이러한 자에게 자기의 명의를 이용하게 하여서는 아니 된다.

④변호사가 아닌 자는 변호사를 고용하여 법률사무소를 개설·운영하여서는 아니 된다.

⑤변호사가 아닌 자는 변호사가 아니면 할 수 없는 업무를 통하여 보수나 그 밖의 이익을 분배받아서는 아니 된다.

2. 관련 판례

〈변호사법 제109조 제1호 위반행위에서 당사자와 내용을 달리하는 법률사건에 관한 법률사무 취급은 각기 별개의 행위라는 판례〉 변호사가 아니면서 금품·향응 또는 그 밖의 이익을 받거나 받을 것을 약속하고 또는 제3자에게 이를 공여하게 하거나 공여하게 할 것을 약속하고 법률사건에 관하여 감정·대리·중재·화해·청탁·법률상담 또는 법률 관계 문서 작성, 그 밖의 법률사무를 취급하거나 이러한 행위를 알선하는 변호사법 제109조 제1호 위반 행위에서 당사자와 내용을 달리하는 법률사건에 관한 법률사무 취급은 각기 별개의 행위라고 할 것이므로, 변호사가 아닌 사람이 각기 다른 법률사건에 관한 법률사무를 취급하여 저지르는 위 변호사법위반의 각 범행은 특별한 사정이 없는 한 실체적 경합범이 되는 것이지 포괄일죄가 되는 것이 아니다(대판 2015.1.15. 2011도14198).

〈변호사법 제109조 제1호, 제2호 위반 행위의 판단기준 관련 판례〉 [1] 변호사가 자신의 명의로 개설한 법률사무소 사무직원('비변호사'를 뜻한다. 이하 같다)에게 자신의 명의를 이용하도록 함으로써 변호사법 제109조 제2호 위반행위를 하고, 그 사무직원이 그 변호사의 명의를 이용하여 법률사무를 취급함으로써 변호사법 제109조 제1호 위반행위를 하였는지 여부를 판단하기 위하여는, 취급한 법률사건의 최초 수임에서 최종 처리에 이르기까지의 전체적인 과정, 법률사건의 종류와 내용, 법률 사무의 성격과 그 처리에 필요한 법률지식의 수준, 법률상담이나 법률문서 작성 등의 업무처리에 대한 변호사의 관여 여부 및 그 내용·방법·빈도, 사무실의 개설 과정과 사무실의 운영 방식으로서 직원의 채용·관리 및 사무실의 수입금 관리의 주체·방법, 변호사와 사무직원 사이의 인적 관계, 명의 이용의 대가로 지급된 금원의 유무 등 여러 사정을 종합하여, 그 사무직원이 실질적으로 변호사의 지휘·감독을 받지 않고 자신의 책임과 계산으로 법률사무를 취급한 것으로 평가할 수 있는지를 살펴보아야 한다. [2] 나아가 법률사무소 사무직원이 법률사무소의 업무 전체가 아니라 일정 부분의 업무에 한하여 실질적으로 변호사의 지휘·감독을 받지 않고 자신의 책임과 계산으로 해당 법률사무를 변호사 명의로 취급·처리하였다면, 설령 변호사가 나머지 업무에 관하여 정상적인 활동을 하고 있다고 하더라도 사무직원과 변호사에게는 변호사법 제109조 제1호 및 제2호 위반죄가 성립될 수 있다(대판 2015.2.12. 2012도9571).

〈실비변상을 빙자하여 법률사무의 대가로서 경제적 이익을 취득하였다고 볼 수 있는 경우에는, 이익 수수가 외형상 실비변상의 형식을 취하고 있더라도 그와 같이 이익을 수수하고 법률사무를 하는 행위가 변호사법위반죄에 해당한다는 판례〉 [1] 변호사법 제109조 제1호는 소송사건 등에 관하여 법률사무를 하는 행위에 대한 벌칙을 규정하고 있는데, 위 조문은 금지되는 법률사무의 유형으로서 감정, 대리, 중재, 화해, 청탁, 법률상담, 법률 관계 문서 작성을 나열한 다음 '그 밖의 법률사무'라는 포괄적인 문구를 두고 있다. 위 조문에서 규정한 '그 밖의 법률사무'는 법률상의 효과를 발생·변경·소멸시키는 사항의 처리와 법률상의 효과를 보전하거나 명확하게 하는 사항의 처리를 의미하는데, 직접적으로 법률상의 효과를 발생·변경·소멸·보전·명확화하는 행위는 물론이고, 위 행위와 관련된 행위도 '그 밖의 법률사무'에 해당한다. [2] 변호사법 제109조 제1호는 변호사가 아닌 사람이 금품·향응 또는 그 밖의 이익을 받거나 받을 것을 약속하고 법률사무를 하는 행위에 대한 벌칙을 규정하고 있는데, 단순히 법률사무와 관련한 실비를 변상받았을 때에는 위 조문상의 이익을 수수하였다고 볼 수 없다. 그러나 위 조문은 변호사가 아닌 사람이 유상으로 법률사무를 하는 것을 금지하는 데 입법목적이 있으므로, 법률사무의 내용, 비용의 내역과 규모, 이익 수수 경위 등 여러 사정을 종합하여 볼 때 실비변상을 빙자하여 법률사무의 대가로서 경제적 이익을 취득하였다고 볼 수 있는 경우에는, 이익 수수가 외형상 실비변상의 형식을 취하고 있더라도 그와 같이 이익을 수수하고 법률사무를 하는 행위가 변호사법위반죄에 해당한다. 이때 일부 비용을 지출하였다고 하더라도 비용이 변호사법위반죄의 범행을 위하여 지출한 비용에 불과하다면 수수한 이익 전부를 법률사무의 대가로 보아야 하고, 이익에서 지출한 비용을 공제한 나머지 부분만을 법률사무의 대가로 볼 수는 없다(대판 2015.7.9. 2014도16204).

〈변호사가 아닌 사람이 의뢰인으로부터 법률사건을 수임하여 사실상 사건의 처리를 주도하면서 의뢰인을 위하여 사건의 신청 및 수행에 필요한 모든 절차를 실질적으로 대리한 행위를 한 경우, 그 중 일부 사무를 처리할 자격이 있었더라도 변호사법 제109조 제1호에서 금지하는 법률사무를 취급하는 행위에 해당한다는 판례〉 [1] 변호사가 아닌 사람이 의뢰인으로부터 법률사건을 수임하여 사실상 그 사건의 처리를 주도하면서 의뢰인을 위하여 그 사건의 신청 및 수행에 필요한 모든 절차를 실질적으로 대리한 행위를 하였다면, 비록 그 중 일부 사무를 처리할 자격이 있었다고 하더라도 위 행위는 그러한 사무 범위를 초과한 것으로서 변호사법 제109조 제1호에서 금지하는 법률사무를 취급하는 행위에 해당한다. [2] 또한 변호사법 제109조 제1호에서 금지하는 '대리'에는 본인의 위임을 받아 대리인의 이름으로 법률사건을 처리하는 법률상의 대리뿐만 아니라, 법률적 지식을 이용하는 것이 필요한 행위를 본인을 대신하여 행하거나, 법률적 지식이 없거나 부족한 본인을 위하여 사실상 사건의 처리를 주도하면서 그 외부적인 형식만 본인이 직접 행하는 것처럼 하는 경우도 포함된다. [3] 그리고 범죄사실의 인정은 합리적인 의심이 없는 정도의 증명에 이르러야 하나(형사소송법 제307조 제2항), 사실 인정의 전제로 행하여지는 증거의 취사선택 및 증거의 증명력은 사실심 법원의 자유판단에 속한다(형사소송법 제308조)(대판 2016.12.15. 2012도9672).

II. 재판·수사기관 공무원에게 제공 등 명목 금품수수 등 (제110조)

> **제110조 (벌칙)**
> 변호사나 그 사무직원이 다음 각 호의 어느 하나에 해당하는 행위를 한 경우에는 5년 이하의 징역 또는 3천만원 이하의 벌금에 처한다. 이 경우 벌금과 징역은 병과할 수 있다.
>   1. 판사·검사, 그 밖에 재판·수사기관의 공무원에게 제공하거나 그 공무원과 교제한다는 명목으로 금품이나 그 밖의 이익을 받거나 받기로 한 행위
>   2. 제1호에 규정된 공무원에게 제공하거나 그 공무원과 교제한다는 명목의 비용을 변호사 선임료·성공사례금에 명시적으로 포함시키는 행위

III. 공무원취급사건 청탁명목 금품수수등 (제111조)

1. 관련 조문

> **제111조 (벌칙)**
> ① 공무원이 취급하는 사건 또는 사무에 관하여 청탁 또는 알선을 한다는 명목으로 금품·향응. 그 밖의 이익을 받거나 받을 것을 약속한 자 또는 제3자에게 이를 공여하게 하거나 공여하게 할 것을 약속한 자는 5년 이하의 징역 또는 1천만원 이하의 벌금에 처한다. 이 경우 벌금과 징역은 병과할 수 있다.
> ② 다른 법률에 따라 형법 제129조부터 제132조까지의 규정에 따른 벌칙을 적용할 때에 공무원으로 보는 자는 제1항의 공무원으로 본다.

2. 관련 판례

〈정식으로 법률사건을 의뢰받은 변호사라 하더라도 변호사법 제110조 제1호 위반죄 및 제111조 제1항 위반죄가 성립할 수 있다고 본 판례〉 [1] 변호사법 제110조 제1호는 변호사가 판사·검사, 그 밖에 재판·수사기관의 공무원에게 제공하거나 그 공무원과 교제한다는 명목으로 금품이나 그 밖의 이익을 받거나 받기로 한 행위를 처벌하고 있고, 제111조 제1항 전문은 누구든지 공무원이 취급하는 사건 또는 사무에 관하여 청탁 또는 알선을 한다는 명목으로 금품·향응 그 밖의 이익을 받거나 받을 것을 약속하면 처벌하도록 하고 있다. [2] 변호사는 공공성을 지닌 법률전문직으로서 독립하여 자유롭게 그 직무를 수행한다(변호사법 제2조). 변호사의 위와 같은 지위, 사명과 직무를 감안하면, 정식으로 법률사건을 의뢰받은 변호사라 하더라도 의뢰받은 사건의 해결을 위한 접대나 향응, 뇌물의 제공, 사적인 연고관계나 친분관계를 부정하게 이용하는 등 공공성을 지닌 법률전문직으로서의 정상적인 활동이라고 보기 어려운 방법을 내세워 공무원과 직접·간접으로 접촉하거나 공무원에게 청탁 또는 알선을 한다는 명목으로 금품 등을 받거나 받기로 하는 등, 금품 등의 수수 명목이 변호사의 지위 및 직무범위와 무관하다고 평가할 수 있을 때에는 변호사법 제110조 제1호 위반죄 및 제111조 제1항 위반죄가 성립한다. [3] 그리고 변호사가 받은 금품

등이 정당한 변호활동에 대한 대가나 보수가 아니라 교제 명목 또는 청탁 내지 알선 명목으로 받은 것에 해당하는지는 당해 금품 등의 수수 경위와 액수, 변호사선임서 제출 여부, 구체적인 활동내역, 그 밖의 여러 사정을 종합하여 판단하여야 한다(대판 2019.3.14. 2015도1900).

Ⅳ. 수인제한 등 (제113조)

1. 관련 조문

> **제113조 (벌칙)**
> 다음 각 호의 어느 하나에 해당하는 자는 1년 이하의 징역 또는 1천만원 이하의 벌금에 처한다. 〈개정 2011.5.17. 2017.3.14.〉
> 　　5. 제31조제1항제3호(제57조, 제58조의16 또는 제58조의30에 따라 준용되는 경우를 포함한다)에 따른 사건을 수임한 변호사
>
> **제31조(수임제한)**
> ① 변호사는 다음 각 호의 어느 하나에 해당하는 사건에 관하여는 그 직무를 수행할 수 없다. 다만, 제2호 사건의 경우 수임하고 있는 사건의 위임인이 동의한 경우에는 그러하지 아니하다.
> 　　3. 공무원·조정위원 또는 중재인으로서 직무상 취급하거나 취급하게 된 사건

2. 관련 판례

〈변호사법 제113조 제5호, 제31조 제1항 제3호 위반죄의 공소시효 기산점은 수임행위가 종료한 때라는 판례〉 변호사법은 제31조 제1항 제3호에서 '변호사는 공무원으로서 직무상 취급하거나 취급하게 된 사건에 관하여는 그 직무를 수행할 수 없다.'고 규정하면서 제113조 제5호에서 변호사법 제31조 제1항 제3호에 따른 사건을 수임한 변호사를 1년 이하의 징역 또는 1천만 원 이하의 벌금에 처하도록 규정하고 있는바, 금지규정인 변호사법 제31조 제1항 제3호가 '공무원으로서 직무상 취급하거나 취급하게 된 사건'에 관한 '직무수행'을 금지하고 있는 반면 처벌규정인 변호사법 제113조 제5호는 '공무원으로서 직무상 취급하거나 취급하게 된 사건'을 '수임'한 행위를 처벌하고 있다. 위 금지규정에 관하여는 당초 처벌규정이 없다가 변호사법이 2000. 1. 28. 법률 제6207호로 전부개정되면서 변호사법 제31조의 수임제한에 해당하는 행위 유형 가운데 제31조 제1항 제3호에 따른 사건을 '수임'한 경우에만 처벌하는 처벌규정을 신설하였고, 다른 행위 유형은 징계 대상으로만 규정하였다(변호사법 제91조 제2항 제1호). 이러한 금지규정 및 처벌규정의 문언과 변호사법 제90조, 제91조에 따라 형사처벌이 되지 않는 변호사법 위반 행위에 대해서는 징계의 제재가 가능한 점 등을 종합적으로 고려하면, <u>변호사법 제113조 제5호, 제31조 제1항 제3호 위반죄의 공소시효는 그 범죄행위인 '수임'행위가 종료한 때로부터 진행된다고 봄이 타당하고, 수임에 따른 '수임사무의 수행'이 종료될 때까지 공소시효가 진행되지 않는다고 해석할 수는 없다</u>(대판 2022.1.14. 2017도18693).

제4절 | 통신비밀보호법

I. 증거능력 배제 관련 조문 (제3조, 제4조, 제14조)

1. 관련 조문

제3조 (통신 및 대화비밀의 보호)

① 누구든지 이 법과 형사소송법 또는 군사법원법의 규정에 의하지 아니하고는 우편물의 검열 · 전기통신의 감청 또는 통신사실확인자료의 제공을 하거나 공개되지 아니한 타인 간의 대화를 녹음 또는 청취하지 못한다. 다만, 다음 각호의 경우에는 당해 법률이 정하는 바에 의한다.

―― (이하 일부 생략)

제4조 (불법검열에 의한 우편물의 내용과 불법감청에 의한 전기통신내용의 증거사용 금지) 제3조의 규정에 위반하여, 불법검열에 의하여 취득한 우편물이나 그 내용 및 불법감청에 의하여 지득 또는 채록된 전기통신의 내용은 재판 또는 징계절차에서 증거로 사용할 수 없다.

제14조 (타인의 대화비밀 침해금지)

① 누구든지 공개되지 아니한 타인간의 대화를 녹음하거나 전자장치 또는 기계적 수단을 이용하여 청취할 수 없다.

② 제4조 내지 제8조, 제9조제1항 전단 및 제3항, 제9조의2, 제11조제1항 · 제3항 · 제4항 및 제12조의 규정은 제1항의 규정에 의한 녹음 또는 청취에 관하여 이를 적용한다. [개정 2001.12. 29.]

2. 내용

통신비밀보호법 제4조는 위법수집증거의 증거의 능력을 배제하는 규정으로서 형사소송법 제308조의2의 특칙 규정이다. 이와 관련하여 통비법 제3조와 제14조와의 관계에 대하여 해석론상 논의가 있을 수 있지만, 판례는 제3조를 일반적인 금지조항으로 보고 제14조는 이를 구체화하여 금지하고 있는 조항이라고 보고 있다.[35]

---

35) 이러한 판례의 태도에 대하여는 아래 대판 2016.5.12. 2013도15616 참조.

Ⅱ. 중요 벌칙 조문 (제16조)

1. 관련 조문

> **제16조 (벌칙)**
> ① 다음 각호의 1에 해당하는 자는 1년 이상 10년 이하의 징역과 5년 이하의 자격정지에 처한다. [개정 2014.1.14]
> 　　1. 제3조의 규정에 위반하여 우편물의 검열 또는 전기통신의 감청을 하거나 공개되지 아니한 타인간의 대화를 녹음 또는 청취한 자
> 　　2. 제1호의 규정에 의하여 지득한 통신 또는 대화의 내용을 공개하거나 누설한 자
> ── (이하 생략)

2. 관련 판례

(1) 기본 법리 판례

〈'악' '우당탕'사건(사물에서 발생하는 음향이나 비명소리가 통비법에서 보호하는 타인 간의 '대화'에 해당하지 않는다는 판례)〉 [사실관계] 甲은 乙과 통화를 마쳤으나 전화가 끊기지 않은 상태에서 휴대전화를 통하여 乙이 비명을 지르는 '악' 하는 소리와 소란스러운 '우당탕' 소리를 1~2분 정도 들었다. 그 상황은 A가 乙에게 상해를 입히는 상황이었으며, A가 상해죄로 공소제기 되자 甲은 휴대폰을 통해 들은 상황을 증언하였다. 이러한 甲의 증언은 증거능력이 인정되는가? [판결요지] [1] 통신비밀보호법 제1조, 제3조 제1항 본문, 제4조, 제14조 제1항, 제2항의 문언, 내용, 체계와 입법 취지 등에 비추어 보면, 통신비밀보호법에서 보호하는 타인 간의 '대화'는 원칙적으로 현장에 있는 당사자들이 육성으로 말을 주고받는 의사소통행위를 가리킨다. 따라서 사람의 육성이 아닌 사물에서 발생하는 음향은 타인 간의 '대화'에 해당하지 않는다. 또한 사람의 목소리라고 하더라도 상대방에게 의사를 전달하는 말이 아닌 단순한 비명소리나 탄식 등은 타인과 의사소통을 하기 위한 것이 아니라면 특별한 사정이 없는 한 타인 간의 '대화'에 해당한다고 볼 수 없다. [2] 한편 국민의 인간으로서의 존엄과 가치를 보장하는 것은 국가기관의 기본적인 의무에 속하고 이는 형사절차에서도 구현되어야 한다. 위와 같은 소리가 비록 통신비밀보호법에서 말하는 타인 간의 '대화'에는 해당하지 않더라도, 형사절차에서 그러한 증거를 사용할 수 있는지는 개별적인 사안에서 효과적인 형사소추와 형사절차상 진실발견이라는 공익과 개인의 인격적 이익 등의 보호이익을 비교형량하여 결정하여야 한다. 대화에 속하지 않는 사람의 목소리를 녹음하거나 청취하는 행위가 개인의 사생활의 비밀과 자유 또는 인격권을 중대하게 침해하여 사회통념상 허용되는 한도를 벗어난 것이라면, 단지 형사소추에 필요한 증거라는 사정만을 들어 곧바로 형사소송에서 진실발견이라는 공익이 개인의 인격적 이익 등 보호이익보다 우월한 것으로 섣불리 단정해서는 안 된다. 그러나 그러한 한도를 벗어난 것이 아니라면 위와 같은 목소리를 들었다는 진술을 형사절차에서 증거로 사용할 수 있다(대판 2017.3.15. 2016도19843).

〈대화당사자간의 비밀녹음은 적법하지만, 대화당사자의 일방만의 동의를 얻은 비밀녹음은 위법하다는 판례〉 통신비밀보호법 제3조 제1항은 누구든지 이 법과 형사소송법 또는 군사법원법의 규정에 의하지 아니하고는 전기통신의 감청을 하지 못한다고 규정하고, 제4조는 제3조의 규정에 위반하여 불법감청에 의하여 지득 또는 채록된 전기통신의 내용은 재판 또는 징계절차에서 증거로 사용할 수 없다고 규정하고 있다. 이에 따르면 전기통신의 감청은 제3자가 전기통신의 당사자인 송신인과 수신인의 동의를 받지 아니하고 전기통신 내용을 녹음하는 등의 행위를 하는 것만을 말한다고 해석함이 타당하므로, 전기통신에 해당하는 전화통화 당사자의 일방이 상대방 모르게 통화 내용을 녹음하는 것은 여기의 감청에 해당하지 않는다. 그러나 제3자의 경우는 설령 전화통화 당사자 일방의 동의를 받고 그 통화 내용을 녹음하였다 하더라도 그 상대방의 동의가 없었던 이상, 이는 여기의 감청에 해당하여 통신비밀보호법 제3조 제1항 위반이 되고, 이와 같이 제3조 제1항을 위반한 불법감청에 의하여 녹음된 전화통화의 내용은 제4조에 의하여 증거능력이 없다. 그리고 사생활 및 통신의 불가침을 국민의 기본권의 하나로 선언하고 있는 헌법규정과 통신비밀의 보호와 통신의 자유 신장을 목적으로 제정된 통신비밀보호법의 취지에 비추어 볼 때 피고인이나 변호인이 이를 증거로 함에 동의하였다고 하더라도 달리 볼 것은 아니다(대판 2019.3.14. 2015도1900).

〈통비법 제14조 제1항의 금지를 위반하는 행위는, 구 통신비밀보호법과 형사소송법 또는 군사법원법의 규정에 의한 것이라는 등의 특별한 사정이 없는 한, 같은 법 제3조 제1항 위반행위에 해당하여 같은 법 제16조 제1항 제1호의 처벌대상이 된다는 판례〉 [1] 구 통신비밀보호법(2014. 1. 14. 법률 제12229호로 개정되기 전의 것, 이하 같다)은 제3조 제1항에서 누구든지 이 법과 형사소송법 또는 군사법원법의 규정에 의하지 아니하고는 공개되지 아니한 타인간의 대화를 녹음 또는 청취하지 못하도록 규정하고, 제14조 제1항에서 위와 같이 금지하는 청취행위를 전자장치 또는 기계적 수단을 이용한 경우로 제한하는 한편, 제16조 제1항에서 위 제3조의 규정에 위반하여 공개되지 아니한 타인간의 대화를 녹음 또는 청취한 자(제1호)와 제1호에 의하여 지득한 대화의 내용을 공개하거나 누설한 자(제2호)를 처벌하고 있다. 위와 같은 구 통신비밀보호법의 내용 및 형식, 구 통신비밀보호법이 공개되지 아니한 타인간의 대화에 관한 녹음 또는 청취에 대하여 제3조 제1항에서 일반적으로 이를 금지하고 있음에도 제14조 제1항에서 구체화하여 금지되는 행위를 제한하고 있는 입법 취지와 체계 등에 비추어 보면, 구 통신비밀보호법 제14조 제1항의 금지를 위반하는 행위는, 구 통신비밀보호법과 형사소송법 또는 군사법원법의 규정에 의한 것이라는 등의 특별한 사정이 없는 한, 같은 법 제3조 제1항 위반행위에 해당하여 같은 법 제16조 제1항 제1호의 처벌대상이 된다. [2] 구 통신비밀보호법(2014. 1. 14. 법률 제12229호로 개정되기 전의 것) 제3조 제1항이 공개되지 아니한 타인간의 대화를 녹음 또는 청취하지 못하도록 한 것은, 대화에 원래부터 참여하지 않는 제3자가 그 대화를 하는 타인간의 발언을 녹음 또는 청취해서는 아니 된다는 취지이다. 따라서 대화에 원래부터 참여하지 않는 제3자가 일반 공중이 알 수 있도록 공개되지 아니한 타인간의 발언을 녹음하거나 전자장치 또는 기계적 수단을 이용하여 청취하는 것은 특별한 사정이 없는 한 같은 법 제3조 제1항에 위반된다(대판 2016.5.12. 2013도15616). [판결이유 중 일부 인용] 원심은 그 판시와 같은 이유를 들어, 피고인이 ○○○신문사 빌딩에서 휴대폰의 녹음기능을 작동시킨 상태로 공소외 1 재단법인(이하 '공소외 1 법인'이라고 한다)의 이사장실에서 집무 중이던 공소외 1 법인 이사장인 공소외 2의 휴대폰으로 전화를 걸어 공소외 2와 약 8분간의 전화통화를 마친 후 상대방에 대한 예우 차원에서 바로 전화통화를 끊지 않고 공소외 2가 전화를 먼저 끊기를 기다리던 중, 평소 친분이 있는 △△방송 기획홍보본부장 공소외 3이 공소외 2와 인사를 나누면서 △△방송 전략기획부장 공소외 4를 소개하는 목소리가 피고인의 휴대폰을 통해 들려오고, 때마침 공소외 2가 실수로 휴대폰의 통화종료 버튼을 누르지 아니한 채 이를 이사장실 내의 탁자 위에 놓아두자, 공소외 2의 휴대폰과 통화연결상태에 있는 자신의 휴대폰 수신 및 녹음기능을 이용하여 이 사건 대화를 몰래 청취하면서 녹음한 사실을 인정한 다음, 피고인은 이 사건 대화에 원래부터 참여하지 아니한 제3자이므로, 통화연결상태에 있는 휴대폰을 이용하여 이 사건 대화를 청취·녹음하는 행위는 작위에 의한 구 통신비밀보호법 제3조의 위반행위로서 같은 법 제16조 제1항 제1호에 의하여 처벌된다고 판단하였다. 원심판결 이유를 앞서 본 법리와 적법하게 채택된 증거들에 비추어 살펴보면, 원심의 위와 같은 판단은 정당하고, 거기에 상고이유 주장과 같이 구 통신비밀보호법 제3조 제1항에 정한 '공개되지 아니한 타인간의 대화'의 의미와 같은 법 제16조 제1항 제1호의 처벌대상 및 형법상 작위와 부작위의 구별에 관한 법리를 오해하는 등의 잘못이 없다. [COMMENT] 통비법 제3조 제1항과 제14조 제1항의 해석문제와 관련하여 판례는 제14조 제1항을 위반한 경우에도 제3조 제1항의 위반으로 보아 제16조에 따라 처벌할 수 있다고 보고 있다.

(2) 통비법 위반을 긍정한 판례

〈대화당사자가 스피커 폰으로 대화하는 것을 제3자가 대화당사자의 일방만의 동의에 따라 녹음한 것은 통비법위반이라는 판례〉 甲과 乙이 A(피고인)와의 통화 내용을 녹음하기로 합의한 후 甲이 스피커폰으로 A와 통화하고 乙이 옆에서 이를 녹음한 경우에 전화통화는 甲과 A사이에 이루어진 것이므로 전화통화의 당사자는 甲과 A이고, 乙은 위 전화통화에 있어서 제3자에 해당한다. 따라서 乙이 전화통화 당사자 일방인 甲의 동의를 받고 그 통화 내용을 녹음하였다고 하더라도 전화통화 상대방인 A의 동의가 없었던 이상 乙이 이들 간의 전화통화 내용을 녹음한 행위는 통신비밀보호법 제3조 제1항에 위반한 '전기통신의 감청'에 해당하여 제4조에 의하여 그 녹음파일은 재판절차에서 증거로 사용할 수 없다. A가 제1심에서 위 녹음파일 및 이를 채록한 녹취록에 대하여 증거동의를 하였다 하더라도 마찬가지이다(대판 2019.3.14. 2015도1900).

〈음식적 내부에 감시용 카메라와 도청마이크 등을 설치하여 타인간의 대화를 녹음하려 시도하거나 청취하면 통비법 위반이라는 판례〉 음식점 내부에 감시용 카메라와 도청마이크 등을 설치하여 타인간의 대화를 녹음하려 시도하거나 청취한 사안에서, 위 음식점 내에서 이루어진 타인간의 대화는 통신비밀보호법 제3조 제1항의 '공개되지 아니한 타인간의 대화'에 해당한다고 한 사례(대판 2007.12.27. 2007도9053).

(3) 통비법 위반을 부정한 판례

〈3자간의 대화 중 2명이 3자간 이외의 자의 지시에 따라 녹음하였어도 제3조 제1항 위반은 아니라는 판례〉甲과 乙 및 A와 대화하면서 甲과 乙이 위 3인 간의 대화를 녹음한 녹음파일은 통신비밀보호법 제3조 제1항에서 규정한 '타인 간의 대화'를 녹음한 경우에 해당하지 않고, 이들이 丙의 권유 또는 지시에 따라 녹음을 하였다고 하더라도 甲과 乙이 녹음의 주체이므로 제3자의 녹음행위로 볼 수 없다(대판 2019.3.14. 2015도1900).

> 사법경찰관 P는 X은행에서 일하는 甲의 동료 B가 자신과 甲이 대화한 내용을 비밀리에 녹음한 휴대폰을 B로부터 임의제출 받았다. 이 휴대폰에는 B가 甲에게 오피스텔을 양도한 과정을 묻고, 이에 대해 甲이 '강제집행을 피하기 위하여 허위로 양도했다'는 내용이 녹음되어 있었다. 甲이 증거부동의 하는 경우 이 녹음내용을 유죄의 증거로 사용할 수 있는가? (15점) [2023 1차]

〈3인 간의 대화에서 그중 한 사람이 그 대화를 녹음 또는 청취하는 경우에 다른 두 사람의 발언은 그 녹음자 또는 청취자에 대한 관계에서 통신비밀보호법 제3조 제1항에서 정한 '타인 간의 대화'라고 할 수 없으므로, 이러한 녹음 또는 청취하는 행위 및 그 내용을 공개하거나 누설하는 행위가 통비법 제16조 제1항에 해당한다고 볼 수 없다는 판례〉 통신비밀보호법 제3조 제1항은 법률이 정하는 경우를 제외하고는 공개되지 아니한 타인 간의 대화를 녹음 또는 청취하지 못하도록 정하고 있고, 제16조 제1항은 제3조의 규정에 위반하여 공개되지 아니한 타인 간의 대화를 녹음 또는 청취한 자(제1호)와 제1호에 의하여 지득한 대화의 내용을 공개하거나 누설한 자(제2호)를 처벌하고 있다. 이와 같이 공개되지 아니한 타인 간의 대화를 녹음 또는 청취하지 못하도록 한 것은, 대화에 원래부터 참여하지 않는 제3자가 그 대화를 하는 타인들 간의 발언을 녹음 또는 청취해서는 아니 된다는 취지이다. 따라서 3인 간의 대화에서 그중 한 사람이 그 대화를 녹음 또는 청취하는 경우에 다른 두 사람의 발언은 그 녹음자 또는 청취자에 대한 관계에서 통신비밀보호법 제3조 제1항에서 정한 '타인 간의 대화'라고 할 수 없으므로, 이러한 녹음 또는 청취하는 행위 및 그 내용을 공개하거나 누설하는 행위가 통신비밀보호법 제16조 제1항에 해당한다고 볼 수 없다(대판 2014.5.16. 2013도16404). [판결이유 중 일부 인용] 택시 운전기사인 피고인이 자신의 택시에 승차한 피해자들에게 질문하여 피해자들의 지속적인 답변을 유도하는 등의 방법으로 피해자들과의 대화를 이어나가면서 그 대화 내용을 공개하였다는 것인데, 피고인이 피해자들 사이의 대화에서 완전히 벗어나 있었다는 사정을 찾아볼 수 없고, 기록에 의하면 피해자들이 피고인의 질문에 응하여 답변하면서 자신들의 신상에 관련된 내용을 적극적으로 이야기한 사실을 알 수 있다. 위 사실관계를 앞서 본 법리에 비추어 살펴보면, 피고인 역시 피해자들과 함께 3인 사이에 이루어진 대화의 한 당사자로 보일 뿐 그 대화에 참여하지 않은 제3자라고 하기는 어려울 것이고, 피고인이 주로 질문을 하면서 듣는 등으로 그 발언 분량이 적었다거나 대화의 주제가 피해자들과 관련된 내용이고 피고인이 대화 내용을 공개할 의도가 있었다고 하여 달리 볼 것은 아니다. 따라서 피해자들의 발언은 피고인에 대한 관계에서 통신비밀보호법 제3조 제1항에서 정한 '타인 간의 대화'에 해당한다고 할 수 없으므로, 피고인이 피해자들 몰래 피해자들의 대화를 소형 촬영기와 무선통신장치를 이용하여 실시간으로 중계하는 방식으로 인터넷을 통하여 불특정 다수의 시청자에게 공개하였다고 하더라도, 피해자들에 대하여 초상권 등의 부당한 침해로 인한 민사상의 손해배상책임을 질 수는 있을지언정, 이를 두고 피고인이 통신비밀보호법 제3조 제1항에 위반하여 지득한 타인 간의 대화 내용을 공개한 것으로서 통신비밀보호법 16조 제1항 제2호에 해당한다고 볼 수는 없다.

MEMO